छत्तीसगढ़ी

बोली, व्याकरण और कोश

ISBN : 978-81-8361-276-0

छत्तीसगढ़ी
बोली, व्याकरण और कोश

संस्करण : 2018

मूल्य : ₹ 400

प्रकाशक
राधाकृष्ण प्रकाशन प्राइवेट लिमिटेड
जी-17, जगतपुरी, दिल्ली-110 051

शाखाएँ : अशोक राजपथ, साइंस कॉलेज के सामने, पटना-800 006
पहली मंजिल, दरबारी बिल्डिंग, महात्मा गांधी मार्ग, इलाहाबाद-211 001
36 ए, शेक्सपियर सरणी, कोलकाता-700 017

वेबसाइट : www.radhakrishnaprakashan.com
ई-मेल : info@radhakrishnaprakashan.com

मुद्रक
बी.के. ऑफसेट
नवीन शाहदरा, दिल्ली-110 032

CHHATTISGARHI : BOLI, VYAKARAN AUR KOSH
by Dr. Kanti Kumar Jain

छत्तीसगढ़ी

बोली, व्याकरण और कोश

डॉ. कान्तिकुमार जैन

एम.ए., पी-एच.डी.

राधाकृष्ण प्रकाशन

ISBN : 978-81-8361-276-0

छत्तीसगढ़ी
बोली, व्याकरण और कोश

पहला संस्करण : 1969
चौथा संस्करण : 2018

मूल्य : ₹695

प्रकाशक
राधाकृष्ण प्रकाशन प्राइवेट लिमिटेड
जी-17, जगतपुरी, दिल्ली-110 051

शाखाएँ : अशोक राजपथ, साइंस कॉलेज के सामने, पटना-800 006
पहली मंजिल, दरबारी बिल्डिंग, महात्मा गांधी मार्ग, इलाहाबाद-211 001
36 ए, शेक्सपियर सरणी, कोलकाता-700 017

वेबसाइट : www.radhakrishnaprakashan.com
ई-मेल : info@radhakrishnaprakashan.com

मुद्रक
बी.के. ऑफसेट
नवीन शाहदरा, दिल्ली-110 032

CHHATTISGARHI : BOLI, VYAKARAN AUR KOSH
by Dr. Kanti Kumar Jain

साधना को

अवध, ब्रज, हरियाणा आदि हिन्दी के अन्य बोली क्षेत्रों में क्रमशः अवधी, ब्रज, हरियाणवी आदि किसी एक ही बोली का व्यवहार होता है जबकि छत्तीसगढ़ अनेक भाषा-परिवारों की अनेकानेक छोटी-बड़ी बोलियों का अद्भुत संगम-स्थल है। छत्तीसगढ़ी आर्य परिवार की बोली होते हुए भी अपने ऐतिहासिक सन्दर्भों एवं भौगोलिक परिवेश के कारण आर्येतर बोलियों से पर्याप्त परिमाण में प्रभावित हुई है। छत्तीसगढ़ क्षेत्र में छत्तीसगढ़ी के प्रचलन-क्षेत्र के बीच-बीच में निषाद एवं द्राविड़ परिवार की जो बोलियाँ प्रचलित हैं, वे छत्तीसगढ़ी के शब्द-भंडार को ही प्रभावित नहीं करतीं अपितु छत्तीसगढ़ी वाक्य-रचना एवं व्याकरण पर भी उनकी स्पष्ट छाप है। छत्तीसगढ़ को एक घटक मानकर छत्तीसगढ़ की विभिन्न बोलियों का सर्वेक्षण खंड 1 में प्रस्तुत किया गया है। इस सर्वेक्षण से पहली बार यह ज्ञात हो सकेगा कि छत्तीसगढ़ की बोली और छत्तीसगढ़ी बोली समभिधान समानार्थी नहीं है। छत्तीसगढ़ की बोली उरांव भी है और खैरवारी भी, जबकि छत्तीसगढ़ी बोली पूर्वी हिन्दी की एक विशिष्ट बोली का नाम है। छत्तीसगढ़ी बोली बोलने वाला एक भाषाभाषी होता है जबकि छत्तीसगढ़ी को छोड़कर छत्तीसगढ़ की अन्य बोलियाँ बोलने वालों को बाध्य होकर द्विभाषाभाषी होना पड़ता है। इन विभिन्न बोलियों के पारस्परिक लेन-देन की चर्चा भी इस खंड में पर्याप्त विस्तारपूर्वक की गई है।

इस ग्रन्थ का सर्वाधिक महत्त्वपूर्ण खंड है दूसरा। इसमें पहली बार छत्तीसगढ़ी के आदर्श रूप एवं उसकी उपबोलियों का वैज्ञानिक आधार पर निर्धारण करने का प्रयास किया गया है एवं डॉ. ग्रियर्सन एवं परवर्ती अध्येताओं के मतों की परीक्षा की गई है। कलंगा, भुलिया, बिंझवारी, बैगानी जैसे संकुचित, सीमित एवं विकृत बोली-लहजों को छत्तीसगढ़ी की उपबोली की मान्यता देना युक्तिसंगत नहीं है। यदि जाति-विशेष द्वारा व्यवहृत किसी बोली के सामान्य विकृति वाले ठाठों को उपबोली मान लिया जाए तब तो किसी भी बोली के उपरूपों की संख्या अगणित हो जाएगी। जिस प्रकार भारत में सैकड़ों भाषाओं की उपस्थिति को मान्यता देना कल्पना-विलास एवं निरर्थक है, उसी प्रकार छत्तीसगढ़ी की दर्जनों उपबोलियों की भी। वस्तुतः इन भाषाविदों ने जिस बोली को छत्तीसगढ़ी की सबसे प्रमुख उपबोलियों में से एक मानना चाहिए था, उसे निष्कासित ही कर दिया। यह बस्तर में प्रचलित हल्बी है। विभिन्न क्षेत्रों से संकलित उदाहरणों के आधार पर छत्तीसगढ़ी के विविध रूपों का सम्यक् परिचय देने की चेष्टा मैंने की है और भौगोलिक आधार पर छत्तीसगढ़ी की उपबोलियों का निर्धारण एवं विश्लेषण करने का प्रयास किया गया है। उदाहरण मैंने सम्बन्धित क्षेत्र के निवासियों से प्रत्यक्ष ही प्राप्त किए हैं, अतः उनमें किसी प्रकार के व्याकरणिक अथवा ध्वनिगत प्रमाद के लिए अवकाश नहीं है। यदि बोली के सीमित विकृत लहजे एवं क्षेत्रीय उपरूप का अन्तर समझ लिया जाए तो छत्तीसगढ़ी के आठ-नौ उपरूपों के स्थान पर केवल पाँच मान्य उपरूप ही शेष बचते हैं।

तृतीय खंड में छत्तीसगढ़ी का व्याकरण प्रस्तुत किया गया है। छत्तीसगढ़ी का सर्वप्रथम व्याकरण डॉ. ग्रियर्सन की प्रेरणा और सहयोग से धमतरी के श्री हीरालाल

पहले संस्करण का आमुख

छत्तीसगढ़ी हिन्दी की अत्यन्त महत्त्वपूर्ण बोली है किन्तु खेद का विषय है कि अभी तक उसका विस्तृत एवं वैज्ञानिक परिचय देनेवाली एक भी कृति हिन्दी में नहीं है। हिन्दी की अन्य बोलियों की भाँति छत्तीसगढ़ी की ओर भी सर जार्ज अब्राहम ग्रियर्सन का ही ध्यान सर्वप्रथम आकृष्ट हुआ था। उन्होंने अपने प्रसिद्ध ग्रन्थ 'ए लिंग्विस्टिक सर्वे ऑफ इंडिया' के छठे खंड में पूर्वी हिन्दी की अन्य दो बोलियों–अवधी और बघेली–के साथ छत्तीसगढ़ी का भी विवरण प्रस्तुत किया था। किन्तु इस विवरण की अपनी सीमाएँ हैं। इसमें विस्तार भले ही हो, अपेक्षित प्रामाणिकता एवं गम्भीरता का अभाव है। विगत पचास-साठ वर्षों में छत्तीसगढ़ क्षेत्र एवं छत्तीसगढ़ी से सम्बन्धित विभिन्न तथ्यों में पर्याप्त परिवर्तन हुए हैं, किन्तु दुःख के साथ कहना पड़ता है कि हिन्दी के अधिकांश भाषाविद् नए तथ्यों की पूर्ण उपेक्षा कर अभी भी ग्रियर्सन महोदय का ही पिष्टपेषण करते आ रहे हैं। डॉ. ग्रियर्सन जाने या अनजाने जिन भ्रमों के शिकार हुए थे, आज भी छत्तीसगढ़ी सम्बन्धी विभिन्न विवरणों में उन्हीं की आवृत्ति हो रही है। छत्तीसगढ़ और छत्तीसगढ़ी के अपने निकट परिचय एवं तत्सम्बन्धी शोधकार्य के फलस्वरूप मैंने प्रस्तुत ग्रन्थ में अद्यतन तथ्यों का समावेश किया है और डॉ. ग्रियर्सन एवं छत्तीसगढ़ी के अन्य अध्येताओं–डॉ. धीरेन्द्र वर्मा, डॉ. बाबूराम सक्सेना, डॉ. भोलानाथ तिवारी, पं. लोचन प्रसाद पाण्डेय आदि के मतों का पुनरीक्षण करने का उद्योग किया है।

छत्तीसगढ़ पूर्णतः मध्य प्रदेश का भाग है। अपना वर्तमान स्वरूप ग्रहण करने में इसे अनेक परिवर्तनों के बीच होकर गुज़रना पड़ा है। छत्तीसगढ़ी, जो इस क्षेत्र की सर्वमान्य बोली है, छत्तीसगढ़ के इतिहास एवं भूगोल से अत्यधिक प्रभावित हुई है। छत्तीसगढ़ी की विभिन्न उपबोलियों के निर्धारण एवं उनके स्वस्थ विश्लेषण के लिए छत्तीसगढ़ के भौगोलिक आधार का अध्ययन अत्यधिक आवश्यक एवं उपयोगी है। इस क्षेत्र की संस्कृति एवं जनता का परिचय प्राप्त किए बिना छत्तीसगढ़ी के वास्तविक व्यक्तित्व का ज्ञान लगभग असम्भव है। छत्तीसगढ़ी से परिचित होने के लिए छत्तीसगढ़ से परिचित होना एवं छत्तीसगढ़ से परिचित होने के लिए छत्तीसगढ़ी से परिचित होना अत्यन्त आवश्यक है। इसीलिए छत्तीसगढ़ी बोली के व्याकरण और कोश की पीठिकास्वरूप छत्तीसगढ़ का सामान्य परिचय प्रस्तुत किया गया है।

अवध, ब्रज, हरियाणा आदि हिन्दी के अन्य बोली क्षेत्रों में क्रमशः अवधी, ब्रज, हरियाणवी आदि किसी एक ही बोली का व्यवहार होता है जबकि छत्तीसगढ़ अनेक भाषा-परिवारों की अनेकानेक छोटी-बड़ी बोलियों का अद्‌भुत संगम-स्थल है। छत्तीसगढ़ी आर्य परिवार की बोली होते हुए भी अपने ऐतिहासिक सन्दर्भों एवं भौगोलिक परिवेश के कारण आर्येतर बोलियों से पर्याप्त परिमाण में प्रभावित हुई है। छत्तीसगढ़ क्षेत्र में छत्तीसगढ़ी के प्रचलन-क्षेत्र के बीच-बीच में निषाद एवं द्राविड़ परिवार की जो बोलियाँ प्रचलित हैं, वे छत्तीसगढ़ी के शब्द-भंडार को ही प्रभावित नहीं करतीं अपितु छत्तीसगढ़ी वाक्य-रचना एवं व्याकरण पर भी उनकी स्पष्ट छाप है। छत्तीसगढ़ को एक घटक मानकर छत्तीसगढ़ी की विभिन्न बोलियों का सर्वेक्षण खंड 1 में प्रस्तुत किया गया है। इस सर्वेक्षण से पहली बार यह ज्ञात हो सकेगा कि छत्तीसगढ़ की बोली और छत्तीसगढ़ी बोली अभिधान समानार्थी नहीं हैं। छत्तीसगढ़ की बोली उराँव भी है और खेरवारी भी, जबकि छत्तीसगढ़ी बोली पूर्वी हिन्दी की एक विशिष्ट बोली का नाम है। छत्तीसगढ़ी बोली बोलने वाला एक भाषाभाषी होता है जबकि छत्तीसगढ़ी को छोड़कर छत्तीसगढ़ की अन्य बोलियाँ बोलने वालों को बाध्य होकर द्विभाषाभाषी होना पड़ता है। इन विभिन्न बोलियों के पारस्परिक लेन-देन की चर्चा भी इस खंड में पर्याप्त विस्तारपूर्वक की गई है।

इस ग्रन्थ का सर्वाधिक महत्त्वपूर्ण खंड है दूसरा। इसमें पहली बार छत्तीसगढ़ी के आदर्श रूप एवं उसकी उपबोलियों का वैज्ञानिक आधार पर निर्धारण करने का प्रयास किया गया है एवं डॉ. ग्रियर्सन एवं परवर्ती अध्येताओं के मतों की परीक्षा की गई है। कलंगा, भूलिया, बिंझवारी, बैगानी जैसे संकुचित, सीमित एवं विकृत बोली-लहज़ों को छत्तीसगढ़ी की उपबोली की मान्यता देना युक्तिसंगत नहीं है। यदि जाति-विशेष द्वारा व्यवहृत किसी बोली के स्वमान्य विकृति वाले ठाठों को उपबोली मान लिया जाए तब तो किसी भी बोली के उपरूपों की संख्या अगणित हो जाएगी। जिस प्रकार भारत में सैकड़ों भाषाओं की उपस्थिति को मान्यता देना कल्पना-विलास एवं निरर्थक है, उसी प्रकार छत्तीसगढ़ी की दसियों उपबोलियों को भी। वस्तुतः इन भाषाविदों ने जिस बोली को छत्तीसगढ़ी की सच्ची उपबोलियों में से एक मानना चाहिए था, उसे निष्कासित ही कर दिया। यह बस्तर में प्रचलित हल्बी है। विभिन्न क्षेत्रों से संकलित उदाहरणों के आधार पर छत्तीसगढ़ी के विविध रूपों का सम्यक् परिचय देने की चेष्टा मैंने की है और भौगोलिक आधार पर छत्तीसगढ़ी की उपबोलियों का निर्धारण एवं विश्लेषण करने का प्रयास किया गया है। उदाहरण मैंने सम्बन्धित क्षेत्र के निवासियों से प्रत्यक्ष ही प्राप्त किए हैं, अतः उनमें किसी प्रकार के व्याकरणिक अथवा ध्वनिगत प्रमाद के लिए अवकाश नहीं है। यदि बोली के सीमित विकृत लहज़े एवं क्षेत्रीय उपरूप का अन्तर समझ लिया जाए तो छत्तीसगढ़ी के आठ-नौ उपरूपों के स्थान पर केवल पाँच मान्य उपरूप ही शेष बचते हैं।

तृतीय खंड में छत्तीसगढ़ी का व्याकरण प्रस्तुत किया गया है। छत्तीसगढ़ी का सर्वप्रथम व्याकरण डॉ. ग्रियर्सन की प्रेरणा और सहयोग से धमतरी के श्री हीरालाल

काव्योपाध्याय और रायगढ़ के पं. लोचनप्रसाद पाण्डेय ने लिखा था। यह ग्रन्थ अत्यन्त उपादेय एवं महत्त्वपूर्ण है, किन्तु इसकी भी अपनी सीमाएँ हैं। यह ग्रन्थ अंग्रेज़ी में है और अब दुष्प्राप्य है। मैंने रायपुर, बिलासपुर एवं दुर्ग (पूर्वी भाग) में प्रचलित छत्तीसगढ़ी के आधार पर इस बोली का व्याकरण प्रस्तुत किया है। वस्तुतः छत्तीसगढ़ी का यही रूप आदर्श अथवा परिनिष्ठित कहा जा सकता है। व्याकरण के लिए मैंने दुरूह एवं जटिल पदावली के स्थान पर सरल एवं बोधगम्य पदावली का प्रयोग किया है। अधिकाधिक परिचित उदाहरणों द्वारा व्याकरण के नियमों का पूर्ण एवं स्पष्ट ज्ञान कराना मेरा लक्ष्य रहा है। इस ग्रन्थ की सामग्री के चयन के लिए मैंने अपने सभी पूर्ववर्ती अध्येताओं के ग्रन्थों का यथावश्यक लाभ उठाया है जिनमें पं. लोचनप्रसाद पाण्डेय द्वारा संशोधित 'ए ग्रामर ऑफ़ छत्तीसगढ़ी डायलेक्ट ऑफ़ हिन्दी' प्रमुख है। बोली में विभिन्न कारणों के फलस्वरूप जो परिवर्तन उपस्थित हुए हैं अथवा हो रहे हैं, उनकी जानकारी भी पाठकों को यथास्थान मिलेगी।

अन्तिम खंड में छत्तीसगढ़ी के लगभग 2000 शब्द संकलित हैं। छत्तीसगढ़ी के विपुल शब्द-भंडार को देखते हुए यह संख्या अत्यन्त सीमित है, इसमें सन्देह नहीं। किन्तु विस्तृत कोश के लिए यहाँ न तो अवसर था और न ही औचित्य। छत्तीसगढ़ी के विस्तृत शब्दकोश के निर्माण में मैं विगत दस-बारह वर्षों से संलग्न हूँ और अवसर आने पर वह अलग से प्रकाशित होगा। मैंने इस खंड में उन्हीं शब्दों का समावेश किया है जो छत्तीसगढ़ी के ठेठ अपने शब्द हैं।

छत्तीसगढ़ी पर अपने ढंग की यह पहली पुस्तक है। मुझे विश्वास है कि इस पुस्तक का उपयोग छत्तीसगढ़ी के अध्येताओं द्वारा तो होगा ही, छत्तीसगढ़ में काम करने वाले अधिकारियों, नेताओं, व्यापारियों एवं जन-सम्पर्क के कार्यों में रत विभिन्न व्यक्तियों द्वारा भी होगा। छत्तीसगढ़ एवं छत्तीसगढ़ी के सम्बन्ध में जो कुछ भी ज्ञातव्य है, वह एक साथ ही इस पुस्तक में मिल सकेगा।

इस ग्रन्थ के निर्माण में मुझे श्री प्यारेलाल गुप्त, श्री मुकुटधर पाण्डेय, आचार्य विनयमोहन शर्मा, डॉ. उदयनारायण तिवारी, डॉ. अम्बाप्रसाद 'सुमन', डॉ. बलदेवप्रसाद मिश्र प्रभृति विद्वानों से विपुल सहायता एवं प्रोत्साहन मिला है। सर्वश्री प्यारेलाल गुप्त एवं मुकुटधरजी पाण्डेय ने सैकड़ों शब्दों के वास्तविक मर्म तक पहुँचने में मेरा मार्गदर्शन किया है। सम्माननीय गुप्तजी छत्तीसगढ़ी का विस्तृत कोश तैयार करना चाहते थे। अपनी व्यस्तता के कारण ही वे यह कार्य सम्पन्न नहीं कर पाए। मुझे विश्वास है कि अपने लक्ष्य की आंशिक रूप में ही सही, पूर्ति देखकर वे निश्चय ही प्रसन्न होंगे। बोलियों के अध्ययन का चाव मेरे मन में डॉ. विनयमोहन शर्माजी ने उत्पन्न किया है। इस ग्रन्थ की अधिकांश सामग्री मैंने उनके निर्देशन में लिखित और कुरुक्षेत्र विश्वविद्यालय द्वारा स्वीकृत अपने शोधप्रबन्ध 'छत्तीसगढ़ी की ग्राम्य-जीवन-शब्दावली (सरगुजा ज़िले की बोली के आधार पर)' के लेखन की अवधि में जुटाई थी। डॉ. विनयमोहनजी के ही निरन्तर प्रोत्साहन से यह कार्य सम्पन्न हो सका है। डॉ. उदयनारायणजी तिवारी

बोलियों के मर्मज्ञ हैं। मेरी कई मान्यताओं की उन्होंने अत्यधिक सराहना की है। यह उनकी अतिशय उदारता एवं मेरे प्रति स्नेह का ही सूचक है। मैं इन सभी विद्वानों का उपकार मानता हूँ। उपर्युक्त हितैषियों के अतिरिक्त मैं उन सज्जनों का भी कृतज्ञ हूँ जिन्होंने प्रस्तुत ग्रन्थ के छत्तीसगढ़ी उदाहरणों के संकलन में मेरी सहायता की है। शासकीय महाविद्यालय जगदलपुर के कार्यकाल के मेरे सहयोगी दुर्ग निवासी डॉ. ध्रुवकुमार तिवारी एवं उनकी पत्नी श्रीमती शकुन्तला तिवारी से जहाँ कहीं भी मैं अटका हूँ--सहायता लेने में मैंने संकोच नहीं किया है। मेरे पिता श्री बाबूलालजी जैन 'जलज' एवं बहन श्रीमती कुन्तल गोयल ने क्रमशः ग्राम-वृद्धाओं एवं ग्रामनारियों से शब्दों के सम्यक् उच्चारण एवं उनकी विवक्षा की जानकारी प्राप्त करने में सहयोग देकर व्याकरण एवं शब्दकोश-विषयक खंडों को अधिकाधिक प्रामाणिक बनाया है। मेरी पत्नी साधना ने इस ग्रन्थ के निर्माण में सक्रिय सहयोग दिया है। मैं सभी का इस अवसर पर श्रद्धा अथवा स्नेहपूर्वक स्मरण करता हूँ।

यदि इस कृति से छत्तीसगढ़ी के विस्तृत विवेचन एवं विश्लेषण की दिशा में छत्तीसगढ़ी के छात्रों, विद्वानों एवं प्रेमियों का ध्यान आकृष्ट हुआ तो मैं अपना श्रम सार्थक समझूँगा।

–डॉ. कान्तिकुमार जैन

दूसरे संस्करण की भूमिका

'छत्तीसगढ़ी : बोली, व्याकरण और कोश' का प्रथम संस्करण आज से बयालीस वर्ष पूर्व सन् 1969 में प्रकाशित हुआ था। इन वर्षों में छत्तीसगढ़ क्षेत्र में अनेक प्रशासनिक, औद्योगिक एवं सांस्कृतिक परिवर्तन हुए हैं। इन सबका छत्तीसगढ़ की बोली पर प्रभाव पड़ा है। इस संस्करण में विगत वर्षों में हुए परिवर्तनों का भी लेखा-जोखा लिया गया है। पुस्तक में नए तथ्य जोड़े गए हैं। विगत संस्करण में शब्दकोश में संगृहीत शब्दों की संख्या 1750 थी जो इस संस्करण में 6000 से अधिक हो गई है। शब्दों के साथ व्याकरणिक कोटियों का भी उल्लेख कर दिया गया है।

छत्तीसगढ़ का नया राज्य 1 नवम्बर, 2000 को बना। छत्तीसगढ़ का पृथक् राज्य बनने से उसकी विशिष्ट पहचान बनी है। ऐसे में छत्तीसगढ़, छत्तीसगढ़ी बोली, उसके व्याकरण और उसके शब्दकोश की प्रामाणिक जानकारी पाने की लालसा छत्तीसगढ़ी के प्रेमियों, जिज्ञासुओं और शोधार्थियों में होना स्वाभाविक है। मुझे विश्वास है कि इस पुस्तक से उन सबको सन्तोष होगा।

—डॉ. कान्तिकुमार जैन

विषयानुक्रमणिका

बोलियाँ–(1) सामान्य परिचय, (2) छत्तीसगढ़ की आदिम जनप्रजातियाँ निषाद गोष्ठी की बोलियों का प्रयोग और उनका परिचय–(क) कुर्कू, (ख) खरिया, (ग) खेरबारी, खेरबारी की उपबोलियाँ, (घ) गदबा, (ङ) शबर, (च) अन्य बोलियाँ, (3) निषाद (मुंडा) परिवार की बोलियों की कतिपय सामान्य विशेषताएँ, 4. छत्तीसगढ़ में प्रचलित द्राविड़ परिवार की बोलियाँ–(क) कुरुख या उराँव–सामान्य परिचय, उराँव बोली का उदाहरण, उराँव सम्बन्धी अध्ययन, (ख) गोंडी–सामान्य परिचय, गोंडी (मुरिया) का उदाहरण (ग) दोरली–सामान्य परिचय, दोरली का उदाहरण (घ) परजी–सामान्य परिचय, परजी सम्बन्धी अध्ययन, अन्य बोलियाँ, 5. छत्तीसगढ़ में प्रचलित आर्य परिवार की बोलियाँ–(क) छत्तीसगढ़ी (ख) भतरी और उसकी उपबोलियाँ–सामान्य परिचय, भतरी का उदाहरण, भतरी की कतिपय सामान्य विशेषताएँ, भतरी की उपबोली (ग) आर्य परिवार की अन्य बोलियाँ।

11. छत्तीसगढ़ी सम्बन्धी भाषावैज्ञानिक अध्ययन-कार्य, 12. छत्तीसगढ़ी शब्द-समूह—(क) छत्तीसगढ़ी में भारतीय आर्य भाषाओं के शब्द, छत्तीसगढ़ी के तद्‌भव शब्द, आधुनिक आर्य भाषाओं के शब्द, छत्तीसगढ़ी और हल्बी के कतिपय समरूप समानार्थी शब्द, छत्तीसगढ़ी और उड़िया के कतिपय समरूप और समानार्थी शब्द, छत्तीसगढ़ी और मराठी के कतिपय समरूप समानार्थी शब्द, (ख) भारतीय अनार्य भाषाओं के शब्द, छत्तीसगढ़ और मुंडा भाषा के कतिपय समरूप समानार्थी शब्द, छत्तीसगढ़ी और कुरुख के कतिपय समरूप समानार्थी शब्द, (ग) छत्तीसगढ़ी में विदेशी भाषाओं के शब्द—उर्दू आदि भाषाओं के शब्द, अंग्रेजी आदि यूरोपीय भाषाओं के शब्द, (घ) छत्तीसगढ़ी में अन्य शब्द—द्विज, प्रतिध्वनिमूलक, द्विरुक्त, 13. कतिपय व्यंजक मुहावरे, 14. कतिपय कहावतें, 15. कतिपय वाक्य एवं अवतरण तथा उनके हिन्दी अनुवाद—एक टाँग के अक्किल, अर्थात्, अमित व्ययी पुत्र (रायपुर), (बिलासपुर), अर्थात्, 16. छत्तीसगढ़ी खड़ीबोली के साथ क्या करती है?—छत्तीसगढ़ी और खड़ी बोली के समानार्थी वाक्यों की तुलना दोनों की विशेषताओं का उद्‌घाटन करने में सहायक होगी।

खंड-3

(1) छत्तीसगढ़ी ध्वनिसमूह—(क) स्वर, (ख) व्यंजन, (ग) छत्तीसगढ़ी की मात्राएँ, (घ) परिवर्धित स्वरों के उदाहरण, (ङ) अनुनासिक स्वर, (च) व्यंजन, (2) रचनात्मक उपसर्ग तथा प्रत्यय—(क) उपसर्ग, (ख) प्रत्यय—यौगिक प्रत्यय, मूल प्रत्यय, (3) संज्ञा—(क) प्रतिपादिक शब्द—स्वरान्त संज्ञाएँ, व्यंजनान्त संज्ञाएँ, (ख) संज्ञा के रूप, (ग) लिंग, (घ) वचन, (ङ) कारक, (4) सर्वनाम—(क) पुरुषवाचक (मैं, तू)—उत्तम पुरुष (मैं), मध्यम पुरुष (तू), (ख) निजवाचक एवं आदरवाचक, (ग) निश्चयवाचक—निकटवर्ती, दूरवर्ती, (घ) नित्य सम्बन्धी, (ङ) प्रश्नवाचक, (च) अनिश्चयवाचक, (छ) कतिपय सार्वनामिक विशेषण—1. निकवटर्ती निश्चयवाचक, 2. दूरवर्ती निश्चयवाचक, 3. सम्बन्धवाचक, 4. नित्य सम्बन्धी, 5. प्रश्नवाचक, (5) विशेषण—लघु एवं गुरु रूप, विशेषणों में लिंग-भेद सम्बन्धी सामान्य बातें, तुलनात्मक श्रेणियाँ, विशेषण बनाने के निमय, विशेषण के भेद, सार्वनामिक विशेषण, गुणवाचक विशेषण, संख्यावाचक विशेषण—(1) निश्चित संख्यावाचक—गणनावाचक, पूर्णांक बोधक गणनावाचक, अपूर्णांक बोधक गणनावाचक, क्रमवाचक, आवृत्तिवाचक, समुदाय संख्यावाचक, प्रत्येक

बोधक, (2) अनिश्चित संख्यावाचक विशेषण, (3) परिमाण बोधक विशेषण–गुणात्मक संख्यावाचक, ऋणात्मक संख्यावाचक, (6) क्रियापद–प्रारम्भिक, छत्तीसगढ़ी धातुएँ–(क) सिद्ध धातु–(1) तद्भव धातुएँ, (2) उपसर्ग संयुक्त धातुएँ, (3) देशी धातुएँ, (ख) साधित धातुएँ–(1) प्रेरणार्थक क्रिया (णिजन्त)–प्रेरणार्थक क्रिया बनाने के नियम, (2) नाम धातु, (3) मिश्रित अथवा संयुक्त धातुएँ–संज्ञा और धातु का मिश्रण, धातु और धातु का मिश्रण, (4) अनुकरणात्मक धातुएँ, (5) द्वैत क्रियापद–(ग) कृदन्त, (घ) सहायक तथा अस्तित्ववाची क्रिया–हव् के वर्तमानकालिक रूप, (6) अव्यय–(1) क्रिया-विशेषण–(क) कालवाचक, (ख) स्थानवाचक, (ग) रीतिवाचक, (घ) परिमाणवाचक, (2) समुच्चय बोधक, (3) सम्बन्ध सूचक, (4) विस्मयादि बोधक, (7) समास–(1) संयोगमूलक या द्वन्द्व समास, (2) व्याख्यानमूलक या आश्रयमूलक समास–(क) तत्पुरुष, (ख) कर्मधारय, (ग) द्विगु, (3) वर्णनमूलक समास

खंड-4

छत्तीसगढ़ का सामान्य परिचय

1. विस्तार

भारत संघ राज्य के 18° और 24° उत्तर अक्षांश तथा 80° और 84° पूर्वी देशान्तर के मध्य स्थित भूभाग का नाम छत्तीसगढ़ है। छत्तीसगढ़ का वर्तमान रूप अनेक परिवर्तनों के उपरान्त स्थिर हो पाया है। आज की स्थिति में पूर्व मध्य प्रदेश के सुरगुजा, रायगढ़, बिलासपुर, रायपुर, दुर्ग एवं बस्तर जिलों की गणना छत्तीसगढ़ क्षेत्र के अन्तर्गत होती है। यहाँ यह उल्लेखनीय है कि इन जिलों को इनका प्रस्तुत रूप एक जनवरी, उन्नीस सौ अड़तालीस को 'ईस्टर्न स्टेट्स एजेंसी' की भूतपूर्व देशी रियासतों के मध्य प्रदेश में विलय के पश्चात् प्राप्त हुआ था। सुरगुजा जिले का निर्माण कोरिया, चाँगभखार एवं सुरगुजा की भूतपूर्व देशी रियासतों को मिलाकर हुआ था। रायगढ़ जिले में उदयपुर, जसपुर, रायगढ़ और सारंगगढ़ की भूतपूर्व रियासतें सम्मिलित थीं। दुर्ग जिले का निर्माण 1906 ई. में तत्कालीन बिलासपुर जिले की मुंगेली तहसील के कुछ भाग और रायपुर जिले की दुर्ग तहसील एवं सिमगा और धमतरी तहसीलों के कुछ भागों को मिलाकर हुआ था। 1907 ई. में चाँदा जिले की चार जमींदारियाँ भी इसमें सम्मिलित कर दी गई थीं। 1-1-1948 को कवर्धा, खैरागढ़, छुईखदान एवं राजनाँदगाँव की देशी रियासतों का भी इसमें विलय हुआ। बस्तर जिला बस्तर एवं काँकेर की भूतपूर्व रियासतों का समवाय था। बिलासपुर जिले का रूप भूतपूर्व सक्ती रियासत को मिलाकर बना था। रायपुर जिला यथापूर्व था। सन् 1998 में छत्तीसगढ़ के उपर्युक्त 7 जिलों का पुनर्गठन किया गया है और जिलों की संख्या अब 18 हो गई है।[1]

2. (क) जनसंख्या एवं क्षेत्रफल

2001 ई. के जनगणना-प्रतिवेदन के अनुसार छत्तीसगढ़ की जनसंख्या 20795956 है और क्षेत्रफल 1,35,237 वर्ग किलोमीटर। एतद् सम्बन्धी विस्तृत आँकड़े इस प्रकार हैं :

---

1. दे. पीठिका का अनुच्छेद 2 (ख)

क्र.सं.	जिले का नाम	क्षेत्रफल (वर्ग किमी)	जनसंख्या (2001)
	1. बिलासपुर संभाग		
1.	कोरिया	4311.7	585455
2.	सरगुजा	1577.1	1970661
3.	जशपुर	457.0	7369780
4.	रायगढ़	835.0	1265084
5.	कोरबा	9009.7	1012121
6.	जांजगीर-चाँपा	3672.4	1316140
7.	बिलासपुर	7214.9	1993042
	2. रायपुर संभाग		
8.	कवर्धा	1746.3	584667
9.	राजनाँदगाँव	9380.7	1281811
10.	दुर्ग	853.0	2801757
11.	रायपुर	1535.0	3009042
12.	महासमुंद	386.0	860176
13.	धमतरी	207.0	703569
	3. बस्तर संभाग		
14.	कांकेर	3122.3	651333
15.	बस्तर	26882.1	1302253
16.	दंतेवाड़ा	9109.6	719065
17.	नारायणपुर	नया जिला बस्तर से निर्मित	
18.	बीजापुर	नया जिला दंतेवाड़ा से निर्मित	
	कुल जिले	**कुल क्षेत्रफल**	**कुल जनसंख्या**
	18	**135237**	**20795956**

2 (ख) पुरुष और स्त्री का अनुपात

क्र.सं.	*जिला*	*पुरुष*	*स्त्री*	*अनुपात*
1.	कोरिया	300723	284732	947
2.	सरगुजा	999196	971465	972
3.	जशपुर	370287	369493	998
4.	रायगढ़	633993	631091	995
5.	कोरबा	515467	496654	964
6.	जांजगीर-चाँपा	658377	657763	999
7.	बिलासपुर	1009007	984035	975
8.	कवर्धा	292054	292613	1002
9.	राजनाँदगाँव	633292	648519	1024
10.	दुर्ग	1413785	1387972	982
11.	रायपुर	1520024	1489018	980
12.	महासमुंद	426011	434165	1019
13.	धमतरी	350962	352607	1005
14.	कांकेर	324678	326655	1006
15.	बस्तर	648068	654185	1009
16.	दंतेवाड़ा	356502	362185	1017
17.	नारायणपुर			
18.	बीजापुर			

2 (ग) जनसंख्या, वृद्धि दर, घनत्व एवं साक्षरता दर

क्र.सं.	राज्य/जिले	जनसंख्या 2001			दशक वृद्धि दर		जनसंख्या घनत्व	साक्षरता दर		
		व्यक्ति	पुरुष	महिलाएँ	1981-1991	1991-2001		व्यक्ति	पुरुष	महिलाएँ
1	2	3	4	5	6	7	8	9	10	11
	छत्तीसगढ़	**20,833,803**	**10,474,218**	**10,359,585**	**25.73**	**18.27**	**154**	**64.07**	**77.04**	**51.09**
1.	कोरिया	586,327	301,251	285,076	30.15	16.91	89	63.44	76.01	50.08
2.	सरगुजा	1,972,094	1,000,050	972,044	26.68	24.58	125	55.37	68.19	42.17
3.	जशपुर	743,160	371,697	371,463	16.75	12.71	127	65.37	76.70	54.09
4.	रायगढ़	1,265,529	634,597	630,932	20.99	18.68	179	70.50	83.10	57.90
5.	कोरबा	1,011,823	515,147	496,676	34.83	22.55	153	63.24	77.27	48.65
6.	जांजगीर-चाँपा	1,317,431	659,388	658,043	31.35	18.55	342	66.26	82.21	50.41
7.	बिलासपुर	1,998,355	1,013,875	984,480	24.00	17.59	241	63.68	78.98	48.08
8.	कवर्धा	584,552	291,963	292,589	26.24	13.86	138	55.39	71.35	39.60
9.	राजनाँदगाँव	1,283,224	634,342	648,882	22.43	17.70	159	77.58	87.54	67.92
10.	दुर्ग	2,810,436	1,417,893	1,392,543	26.80	16.88	328	75.84	86.59	64.91
11.	रायपुर	3,016,930	1,523,925	1,493,005	30.14	18.97	230	68.98	82.41	55.30
12.	महासमुंद	860,257	426,201	434,056	19.38	8.72	180	67.64	81.58	54.04
13.	धमतरी	706,591	352,524	354,067	24.15	19.72	208	75.16	86.78	63.66
14.	कांकेर	650,934	324,636	326,298	56.80	18.84	100	73.31	83.03	63.69
17.	बस्तर	1,306,673	649,801	656,872	12.00	18.28	87	45.48	57.09	33.97
16.	दंतेवाड़ा	719,487	356,928	362,559	21.94	15.56	41	30.01	39.59	20.59
17.	नारायणपुर[1]									
18.	बीजापुर[2]									

1, 2. इन जिलों का गठन स्वतन्त्रता संग्राम की 150वीं वर्षगाँठ के मौके पर किया गया। इनके सम्पूर्ण आँकड़े प्रतीक्षित हैं।

2 (घ) छत्तीसगढ़ में अनुसूचित जाति एवं अनुसूचित जनजाति का विवरण

(जनगणना 2001 के अन्तिम आँकड़ों के अनुसार)

क्र.सं.	राज्य/जिले	अनुसूचित जाति			अनुसूचित जनजाति		
		व्यक्ति	पुरुष	महिलाएँ	व्यक्ति	पुरुष	महिलाएँ
	छत्तीसगढ़	**2,418,722**	**1,213,194**	**1,205,528**	**6,616,596**	**3,287,334**	**3,329,262**
1.	कोरिया	48,205	24,604	23,601	260,040	131,957	128,083
2.	सरगुजा	94,837	47,931	46,906	1,076,669	541,949	534,720
3.	जशपुर	36,400	18,277	18,123	469,953	233,166	236,787
4.	रायगढ़	179,744	89,395	90,349	447,703	222,470	225,233
5.	कोरबा	100,960	51,464	49,496	419,889	210,373	209,615
6.	जांजगीर-चाँपा	296,199	148,073	148,126	153,069	75,454	77,615
7.	बिलासपुर	369,088	187,837	181,251	397,104	197,984	199,120
8.	कवर्धा	74,351	37,295	37,056	121,957	60,510	61,447
9.	राजनाँदगाँव	127,424	62,844	64,580	341,688	166,587	175,101
10.	दुर्ग	359,511	180,331	179,180	348,801	172,038	176,763
11.	रायपुर	487,723	244,295	243,428	365,273	181,409	183,864
12.	महासमुंद	104,391	51,505	52,886	232,485	114,221	118,264
13.	धमतरी	49,394	24,438	24,956	185,515	91,748	93,767
14.	कांकेर	27,663	13,540	14,123	365,031	180,825	184,206
17.	बस्तर	38,679	19,220	19,459	866,488	428,973	437,515
16.	दंतेवाड़ा	24,153	12,145	12,008	564,931	277,670	287,261
17.	नारायणपुर[1]						
18.	बीजापुर[2]						

1, 2. इन जिलों का गठन स्वतन्त्रता संग्राम की 150वीं वर्षगाँठ के मौके पर किया गया। इनके सम्पूर्ण आँकड़े प्रतीक्षित हैं।

2 (ङ) जनसंख्या का वितरण

छत्तीसगढ़ का सर्वाधिक जनसंख्या वाला जिला रायपुर है। दूसरा स्थान दुर्ग तथा तीसरा स्थान बिलासपुर का है। जनगणना (2001) के आँकड़ों के आधार पर छत्तीसगढ़ की तुलना पंजाब, हरियाणा, झारखंड तथा असम से की जा सकती है। इन सभी राज्यों की जनसंख्या 2 से 3 करोड़ के बीच है। छत्तीसगढ़, केरल तथा पांडुचेरी के बाद देश का तीसरा ऐसा राज्य है जहाँ स्त्री-पुरुष अनुपात में अन्तर सबसे कम है। छत्तीसगढ़ के कोरिया जिले में स्त्री-पुरुष के अन्तर का अनुपात सबसे कम है। जनसंख्या की दृष्टि से छत्तीसगढ़ का देश में 17वाँ स्थान है। सर्वाधिक जनघनत्व जांजगीर-चाँपा जिले में है जबकि सबसे कम दंतेवाड़ा में है।

3. भौगोलिक आधार

छत्तीसगढ़ क्षेत्र निम्नलिखित प्राकृतिक भागों में विभक्त किया जा सकता है :

(1) सतपुड़ा की उच्चसम भूमि,

(2) छत्तीसगढ़ का मैदान,

(3) बस्तर का पहाड़ी विभाग।

(1) सतपुड़ा की उच्चसम भूमि

(क) रचना : छत्तीसगढ़ का उत्तरी भाग सतपुड़ा की उच्चसम भूमि पर स्थित है। सम्पूर्ण सुरगुजा जिला, रायगढ़ जिले की जसपुर एवं उदयपुर तहसीलें एवं बिलासपुर जिले का उत्तरी सीमान्त इसमें सम्मिलित है। यह अधिकांशतः वह क्षेत्र है जो प्राचीन काल में झारखंड कहलाता था। यह मध्य प्रदेश का सर्वोच्च भाग है एवं दुर्गम वनों एवं गहन उपत्यकाओं में परिपूर्ण है। चारों ओर से ऊँचे-ऊँचे पर्वतों की स्वाभाविक दीवारों से घिरे होने के कारण इसकी रचना एक दुर्ग की भाँति है। उत्तर-पूर्व एवं दक्षिण में अभ्रभेदी पर्वत तथा पश्चिम में कोरिया एवं चाँगभखार के बीहड़ वन इसकी रक्षा करते हैं। सतपुड़ा की उच्चसम भूमि के पूर्व की ओर ऊपर घाट की उपत्यका छोटा नागपुर के पठार से मिल गई है।

(ख) पर्वत और नदियाँ : इस क्षेत्र में सतपुड़ा पर्वत क्षेणी की कई ऐसी उच्चसम भूमियाँ हैं जो समुद्र तल से लगभग 4,000 फुट ऊँची हैं। इन उच्चसम भूमियों का स्थानीय नाम पाट है। जमीरापाट, जैटगापाट, बनगवाँपाट, मेनपाट, लहसुन पाट, सामरी पाट आदि पाट उल्लेखनीय हैं। लहसुन पाट की मैलान नामक चोटी जिसकी ऊँचाई समुद्र तल से 4,024 फुट है, छत्तीसगढ़ स्थित सतपुड़ा की उच्चसम भूमि की सर्वोच्च चोटी है।

बीच में ऊँचा तथा उत्तर एवं दक्षिण में ढालू होने के कारण इस क्षेत्र की समस्त नदियों का प्रवाह उत्तर-दक्षिण की ओर है। रेणुका जिसे रेणु, रेंड अथवा रिहिन्द भी कहते

हैं, इस क्षेत्र की सबसे महत्त्वपूर्ण नदी है। रेणु नदी के साथ भगवान परशुराम की माता देवी रेणुका का पावन प्रसंग जुड़ा हुआ है। काशी खंड में रेणुका का माहात्म्य इस प्रकार उल्लिखित है :

स्मरणात् जन्मजं पापं, दर्शनेन त्रिजन्मजम्।
स्नात्वा जन्मसहस्त्राणां हन्ति रेणुः कलौयुगे।।

इस क्षेत्र की अन्य नदियाँ हैं—ईब, कन्हार, गोपथ, बनास, महान, माँद, शंख एवं हँसदो। इनमें से कोई भी नदी व्यापार करने योग्य नहीं है। वह पर्वत श्रेणी जिससे नदियों का उद्गम है, पूर्व से पश्चिम की ओर कोरिया और चाँगभखार तक चली गई है।

(ग) जलवायु : यहाँ वर्ष में औसतन 60 इंच वर्षा होती है। पहाड़ों की अधिकता एवं वर्षातिरेक के कारण इस भाग की जलवायु शीतल एवं रोगोत्पादक है।

(घ) अन्य : सतपुड़ा पर्वत-श्रेणियों की ऊँची-नीची भूमि पर बसे होने के कारण इस भूभाग में कृषि योग्य भूमि की विरलता है। आबादी भी कम एवं दूर-दूर बसी हुई है। स्वतन्त्रता के पूर्व इस क्षेत्र में आवागमन के मार्ग नाममात्र को ही थे। नृतत्व शास्त्र के विद्यार्थी के लिए छत्तीसगढ़ क्षेत्र में बस्तर के उपरान्त यह भाग सर्वाधिक रोचक एवं महत्त्वपूर्ण है।

(2) छत्तीसगढ़ का मैदान

(क) रचना : छत्तीसगढ़ के मैदानी भाग में सम्पूर्ण रायपुर जिला, सम्पूर्ण दुर्ग जिला, बिलासपुर जिले का दक्षिणी भाग एवं रायगढ़ जिले का पश्चिमी-दक्षिणी भाग (सभी पुराने) सम्मिलित किया जाता है। छत्तीसगढ़ के विशाल मैदान का निर्माण महानदी एवं उसकी सहायक नदियों द्वारा हुआ है। इस मैदान के प्रायः मध्य से महानदी अपनी यात्रा पर आगे बढ़ती है। इस मैदान के उत्तर में मैकल पर्वत, ईशान में सुरगुजा की उच्चसम भूमि, पूर्व में उड़ीसा की पहाड़ियाँ एवं आग्नेय में सिहावा के पहाड़ स्थित हैं। दक्षिण में बस्तर का दुर्गम पठार उठता चला गया है। उत्तर में सिसरिंगा की घाटी से जिस मैदान का प्रसार प्रारम्भ होता है उसकी दक्षिणी सीमा केसकाल की घाटी का स्पर्श करती है। इस प्रकार छत्तीसगढ़ का मैदान उत्तर से दक्षिण तक मध्य प्रदेश के पूर्वी भाग में फैला हुआ है। छत्तीसगढ़ के मैदान के पश्चिम में वेनगंगा एवं महानदी का जलविभाजक है और पूर्व में महानदी एवं बाम्हनी का। छत्तीसगढ़ का मैदान लगभग 80 मील चौड़ा है। इसके पश्चिमी भाग में महानदी एवं शिवनाथ नदियों के दोआब स्थित हैं। छत्तीसगढ़ के मैदान की उपमा एक ऐसी थाली से दी जा सकती है जिसके कगारे काफी उठे हुए हों।

(ख) पर्वत और नदियाँ : इस मैदान के मुख्य भाग में पर्वतों का लगभग अभाव है। सीमा पर ही पहाड़ों की स्थिति है जिनके कारण छत्तीसगढ़ का उत्तरी भाग सतपुड़ा की उच्चसम भूमि के रूप में एवं दक्षिणी भाग बस्तर के पठार के रूप में छत्तीसगढ़ के मैदान से पृथक् हो जाता है।

महानदी इस क्षेत्र की प्रमुख नदी है। यह सिहावा पर्वत से निकलकर रायपुर जिले में उत्तर की ओर बहती है। फिर पूर्व की ओर मुड़कर कुछ दूरी तक चली जाती है। मध्य प्रदेश की सीमा पर यह आग्नेय दिशा में उड़ीसा प्रान्त में प्रवेश करती है और जगन्नाथपुरी के निकट डेल्टा बनाकर बंगाल की खाड़ी में गिरती है। इस मैदान में महानदी से नहरें काटकर सिंचाई की जाती है। जोंक, हँसदो, शिवनाथ आदि नदियाँ महानदी की सहायक हैं।

(ग) जलवायु : छत्तीसगढ़ के मैदान में वर्षा नैऋत्य से आनेवाली मौसमी वायु से होती है। यहाँ के पश्चिमी भागों में 50 इंच से कम और पूर्वी भागों में 50 इंच से अधिक वर्षा होती है। यह भाग प्रचंड गर्मी के लिए विख्यात है। ठंड साधारण ही पड़ती है। जलवायु विषम, आर्द्र एवं रोगोत्पादक है।

(घ) अन्य : छत्तीसगढ़ का मैदान सम्पूर्ण छत्तीसगढ़ क्षेत्र में इतिहास, कला एवं संस्कृति की दृष्टि से अन्य विभागों की अपेक्षा अधिक गरिमामय, उन्नत एवं समृद्ध है। मंडला एवं जबलपुर के मार्ग से आनेवाले आर्यों ने इस क्षेत्र की अनार्य जातियों को पदच्युत कर सुदृढ़ राजवंशों की स्थापना की थी। इस क्षेत्र की मटासी एवं भाटा नामक मिट्टियों में जो धान उत्पन्न होती है वह भारत की श्रेष्ठतम धानों में गिनी जाती है। अन्य क्षेत्रों की अपेक्षा छत्तीसगढ़ के मैदानी विभाग की आबादी अधिक सघन है। छत्तीसगढ़ क्षेत्र के रायपुर, बिलासपुर, रायगढ़, दुर्ग आदि सभी महत्त्वपूर्ण नगर इसी भूभाग में बसे हुए हैं। भिलाई के लौह और कोरबा के अल्मूनियम के कारखानों के कारण यह भाग औद्योगिक दृष्टि से अत्यधिक महत्त्वपूर्ण हो गया है। इस क्षेत्र की सभ्यता एवं संस्कृति में जिस द्रुतगति से परिवर्तन उपस्थित हो रहे हैं उसके कारण छत्तीसगढ़ का मैदानी विभाग शीघ्र ही नवीन परिवेश धारण कर लेगा। छत्तीसगढ़ का चहुँमुखी विकास हमारे दौर की सराहनीय वास्तविकता है।

(3) बस्तर का पहाड़ी विभाग

(क) रचना : बस्तर का पहाड़ी विभाग मध्य प्रदेश के आग्नेय कोण में स्थित है। यह छत्तीसगढ़ का ध्रुव दक्षिणी भाग है। पूर्वी घाट की दुर्गम पर्वत श्रेणियों के प्रसार के कारण यह भाग छत्तीसगढ़ के ही नहीं अपितु भारत के अत्यधिक बीहड़ एवं अगम्य वन-प्रान्तरों में गिना जाता है। पूर्व बस्तर जिले की भानुप्रतापपुर एवं काँकेर तहसीलों को छोड़कर सम्पूर्ण बस्तर जिला (भूतपूर्व बस्तर रियासत) बस्तर के पहाड़ी भाग में स्थित है। केसकाल की अत्यन्त रमणीक घाटी से जिस पठार का प्रारम्भ होता है वह दक्षिण में आन्ध्र की सीमा का स्पर्श करता हुआ कोंटा तक चला गया है। सम्पूर्ण बस्तर की अनेक भौगोलिक इकाइयाँ हैं जिनके आधार पर बस्तर के पहाड़ी भाग के निम्नलिखित उप-विभाग किए जा सकते हैं :

(1) अबूझमाड़ का पहाड़ी विभाग,
(2) उत्तर-पूर्व की उच्चसम भूमि,
(3) दन्तेवाड़ा की तराई,

(4) कुटरु-बीजापुर का पठार,

(5) दक्षिण की उपत्यका।

(ख) पर्वत एवं नदियाँ : अबूझमाड़, चित्रकूट, बस्तर एवं सिहावा के पहाड़ इस भूभाग के मुख्य पहाड़ हैं। इस क्षेत्र की सम्पूर्ण संस्कृति दुर्गम वन-प्रान्तरों की गोद में क्रीड़ा करती है। अभी भी यहाँ कई ऐसे क्षेत्र हैं जहाँ आधुनिक सभ्यता का प्रवेश तक नहीं हो पाया है। इन्द्रावती इस क्षेत्र की मुख्य नदी है जो पूर्व से पश्चिम की ओर बहती है और गोदावरी में मिल जाती है। कोतरी, नारंगी, भँवरदिग, शंखिनी एवं साबरी इस क्षेत्र की कतिपय उल्लेखनीय नदियाँ हैं।

(ग) जलवायु : इस भाग में मौसमी वायु से 50 इंच से अधिक वर्षा होती है। पहाड़ी क्षेत्र होने के कारण जलवायु शीतल, आर्द्र एवं पित्तज है।

(घ) अन्य : बस्तर का पहाड़ी विभाग विभिन्न नृजातियों का जीवित संग्रहालय है। विभिन्न परिवारों की इतनी जातियाँ भारत के किसी भी अन्य क्षेत्र में ऐसी आदिम अवस्था में नहीं मिलेंगी। सभ्यता एवं संस्कृति से पूर्णतया असम्पृक्त यह भूभाग इतिहास के दुर्द्धर्ष रथ की वेगवान गति से अभी तक अप्रभावित था। सम्पूर्ण क्षेत्र में अभी भी आवागमन के मार्गों का घोर अभाव है। लगभग 13 हजार वर्गमील का यह भूक्षेत्र अपनी लगभग 11 लाख आबादी के कारण देश का विरलतम बसा हुआ क्षेत्र है।

4. नाम

छत्तीसगढ़ शब्द का अर्थ होता है छत्तीसगढ़ अर्थात् 36 किले। जो भूभाग इन दिनों छत्तीसगढ़ नाम से प्रख्यात है वह सदैव इसी नाम से नहीं पुकारा जाता था। छत्तीसगढ़ शब्द का उल्लेख न पुराणों में है, न और कहीं। महाभारत, रामायण, प्राचीन कथा-वार्त्ता—कहीं भी यह नाम नहीं पाया जाता।[1] विद्वानों का अनुमान है कि इस भूभाग के लिए छत्तीसगढ़ नाम विक्रम संवत् 1550 के लगभग प्रचार में आया।[2] इसके पहले प्रस्तुत छत्तीसगढ़ क्षेत्र के लिए सर्वत्र कोसल, महाकोसल या दक्षिण कोसल शब्दों का प्रयोग हुआ है।[3] कालिदास ने अयोध्या राज्य के लिए उत्तर कोसल अभिधा का प्रयोग किया है। उत्तर कोसल शब्द के प्रयोग से इस विश्वास को जन्म मिलना स्वाभाविक ही है कि उत्तर कोसल के साथ-साथ उस समय दक्षिण कोसल नाम का प्रचलन भी निश्चय ही होगा। महाकोसल शब्द की परम्परा के प्रारम्भ का निश्चित काल एवं कारण क्या है, यह प्रमाणपूर्वक नहीं कहा जा सकता। "जान पड़ता है कि कार्तवीर्य सहस्रार्जुन के

---

1. दे. प्यारेलाल गुप्त लिखित 'छत्तीसगढ़ की प्राचीनता' नामक लेख, युगधर्म—दीपावली विशेषांक—1962, पृ. 175
2. वही
3. "विदर्भ के पास पूर्व या प्राक् कोसल नामक देश का उल्लेख महाभारत और हरिवंश पुराण में हुआ है। पाणिनी के सूत्रों में जिनका काल सन् ई. के 700 वर्ष पूर्व माना गया है कोसल और कलिंग का उल्लेख है।"—प्यारेलाल गुप्त, स्व. लोचनप्रसाद पाण्डेय, पृ. 142।

वंशज चेदि-हैहयों ने जिनका कि इस ओर लगभग डेढ़ हजार वर्षों तक राज्य रहा, इसकी महत्ता बढ़ाने के लिए इसे महाकोसल कहना प्रारम्भ कर दिया हो—ठीक उसी तरह जैसे नदी का नाम महानदी हो गया, छोटे से इलाके का नाम महासमुन्द हो गया, आराध्या देवी का नाम महामाया हो गया और राजाओं का नाम भी महाशिवगुप्त आदि हो गया। इस दक्षिण कोसल अथवा महाकोसल का विशेष भाग इस समय छत्तीसगढ़ कहाता है।"[1]

(क) नाम की उत्पत्ति : छत्तीसगढ़ नाम की उत्पत्ति के सम्बन्ध में विद्वानों में मतभेद है। रायबहादुर हीरालाल प्रभृति विद्वान् इसे चेदीशगढ़ का विकृत रूप मानते हैं[2] किन्तु इस मत को स्वीकार करने में अनेक कठिनाइयाँ हैं। यद्यपि यह एक ऐतिहासिक तथ्य है कि इस भूभाग पर चेदिवंशीय हैहय राजाओं का बहुत लम्बे काल तक राज्य रहा है किन्तु इतिहास अथवा लोक परम्परा में कभी भी यह चेदीशगढ़ के रूप में उल्लिखित हुआ हो—इसका एक भी प्रमाण नहीं मिलता। "यदि चेदीशगढ़ बिगड़कर छत्तीसगढ़ हो गया होता तो बहुत पहले ही इसका प्रयोग ताम्रपत्रों एवं शिलालेखों में होने लगता। अतः चेदीशगढ़ शब्द का अस्तित्व तथ्यपूर्ण एवं प्रामाणिक नहीं ज्ञात होता। ऐसी स्थिति में छत्तीसगढ़ को चेदीशगढ़ का अपभ्रंश रूप मानना कपोल कल्पना के अतिरिक्त कुछ नहीं कहा जा सकता।"[3]

छत्तीसगढ़ नाम की सार्थकता पर विचार करते हुए टालेमी ने लिखा है कि इस प्रदेश का प्राचीन नाम अधिष्ठ्री था और बतलाया है कि अधिष्ठान पर्वतमाला इसके दक्षिण में है। कनिंघहम के अनुसार अधिष्ठ्री का अधिष् ही छत्तीस हो गया।[4] एक मत यह भी है कि 36 घर बिहार छोड़कर यहाँ आ बसे थे। यह 'छत्तीस घर' ही बाद में छत्तीसगढ़ हो गया। इस क्षेत्र के छत्तीसगढ़ नामकरण का एक सम्भावित कारण यह भी माना जाता है कि उस समय अष्टादश अटवी राज्य (अर्थात् अठारह जंगली राज्य या गढ़) उड़ीसा में थे। उनसे दूने होने की लिप्सा में यह प्रान्त छत्तीसगढ़ कहाने लगा। किन्तु ये मत प्रामाणिक नहीं माने जाते। कुछ लोग क्षत्रियों की 36 कुरियों (कुलों) से छत्तीसगढ़ का सम्बन्ध जोड़ते हैं। किन्तु लाला प्रद्युम्नसिंह, पं. लोचनप्रसाद पाण्डेय, डॉ. बलदेवप्रसाद मिश्र, श्री प्यारेलाल गुप्त प्रभृति विद्वानों का मत है कि इस भूभाग का नाम छत्तीसगढ़ इसलिए पड़ा क्योंकि यहाँ किसी समय छत्तीसगढ़ों का अस्तित्व था। प्राचीन काल में किसी राज्य या देसी रियासत की शक्ति का माप था उसके गढ़ों की

---

1. डॉ. बलदेवप्रसाद मिश्र, छत्तीसगढ़ परिचय, पृ. 101-102
2. (अ) गोकुलप्रसाद—रायपुर रश्मि, पृ. 18 पादटिप्पणी 1

   (आ) कालान्तर में उनके (रतनपुर के राजाओं के) दुर्ग या गढ़ों को चेदीशगढ़ कहना असम्भावित नहीं जान पड़ता। धीरे-धीरे कालान्तर में इसका छत्तीसगढ़ रूप ग्रहण करना कोई असाधारण बात नहीं—हि. सा. का बृहत् इतिहास (षोडश भाग) में पृ. 279 पर उद्धृत।

   (इ) दे. डिस्ट्रिक्ट गजेटियर, रायपुर डिस्ट्रिक्ट, वाल्यूम ए (1909), पृ. 49
3. दे. डॉ. बलदेवप्रसाद मिश्र, छत्तीसगढ़ परिचय, पृ. 105
4. कनिंघहम—आर्कियालाज़िकल सर्वे ऑफ़ इंडिया रिपोर्ट, पृ. 70

संख्या। आज भी छत्तीसगढ़ की देबार जाति प्राचीन राजाओं और राज्यों की गौरव-गाथा गाते समय प्रत्येक राज्य के नाम के पहले उसके गढ़ों की संख्या का उल्लेख करती है जैसे बावन गढ़ मड़िला, छत्तीसगढ़ रतनपुर, अट्ठारहगढ़ सम्बलपुर आदि। ऐसा लगता है कि कालक्रम में छत्तीसगढ़ रतनपुर नामक राज्य को लोग केवल छत्तीसगढ़ के नाम से ही पुकारने लगे।

यहाँ पर छत्तीसगढ़—रतनपुर राज्य के इतिहास का प्रासंगिक उल्लेख करते हुए कहा जा सकता है कि संवत् 1457 वि. के लगभग रतनपुर और रायपुर सम्मिलित थे और एक ही माने जाते थे। इस समस्त राज्य की राजधानी थी रतनपुर। इस रतनपुर-रायपुर राज्य में शिवनाथ नदी के उत्तर और दक्षिण में 18, 18—इस प्रकार सब मिलाकर 36 गढ़ थे।[1] इन गढ़ों की संख्या में समय-समय पर बराबर परिवर्तन होता रहा किन्तु मूलतः 36 गढ़ों वाले शिवनाथ नदी के उत्तर-दक्षिण व्यापी रतनपुर-रायपुर राज्य का नाम छत्तीसगढ़ रूढ़ हो गया। आगे चलकर रायपुर राज्य जो रतनपुर राज्य की छोटी शाखा था, मुख्य शाखा से शासकीय दृष्टि से स्वतन्त्र एवं पृथक् हो गया पर इससे इस भूभाग के छत्तीसगढ़ नाम में कोई परिवर्तन नहीं हुआ और वह आज तक ज्यों का त्यों चला आ रहा है।

(ख) नाम का इतिहास : छत्तीसगढ़ शब्द का प्रयोग हिन्दी के जिन कवियों की रचनाओं में मिलता है उनका काल ढाई सौ वर्षों से अधिक प्राचीन नहीं है। पं. लोचनप्रसाद

---

1. रतनपुर-रायपुर राज्य के अन्तर्गत परिगणित होनेवाले 36 गढ़ों की सूची इस प्रकार है :

1.	रतनपुर	1.	रायपुर
2.	मारो	2.	पाटन
3.	विजयपुर	3.	सिमगा
4.	खरोदगढ़	4.	सिंगारपुर
5.	कोटगढ़	5.	लबन
6.	नवागढ़	6.	अमीरा
7.	सोंठीगढ़	7.	दुर्ग
8.	ओखरगढ़	8.	सरदा
9.	पंडरभाटा	9.	सिरसा
10.	सेमुरियागढ़	10.	मोहदी
11.	मदनपुर	11.	खलारी
12.	लाफागढ़	12.	सिरपुर
13.	कोसगागढ़	13.	फिंगेश्वर
14.	केंदागढ़	14.	राजिम
15.	मातिनगढ़	15.	सिंगनगढ़
16.	उपरोड़ागढ़	16.	सुअरमार
17.	कंडरी	17.	टेंगनागढ़
18.	करकटी	18.	अकलतरा

(विस्तृत विवेचना के लिए देखिए डिस्ट्रिक्ट गजेटियर्स, रायपुर डिस्ट्रिक्ट, बा. ए, पृ. 49-50)

पाण्डेय ने 'ए ग्रामर ऑफ छत्तीसगढ़ी डायलेक्ट' की भूमिका में ऐसे जिन कवियों के नामों का उल्लेख किया है वे हैं गोपालचन्द्र मिश्र (रतनपुर के हैहयवंशीय राजा राजसिंह देव [राज्य काल 1689-1712 ई.] के राजकवि), प्रह्लाद दुबे और बाबू रेवाराम कायस्थ। बाबू रेवाराम ने 'सिंहासन बत्तीसी' के अपने पद्यानुवाद 'विक्रम विलास' (रचनाकाल सं. 1896 वि.) नामक ग्रन्थ में छत्तीसगढ़ शब्द का व्यवहार किया है :

तिनमें दच्छिन कोसल देसा
जहँ हरि औतु केसरी बेसा।
तासु मध्य 'छत्तीसगढ़' पावन
पुण्य भूमि सुर मुनि मन भावन।

किन्तु 'खूबतमाशा' नामक ग्रन्थ के लेखक गोपालचन्द्र मिश्र सं. 1746 में ही छत्तीसगढ़ शब्द का व्यवहार कर चुके थे जैसा कि निम्न पंक्तियों से प्रकट है :

छत्तिसगढ़ गाढ़े जहाँ बड़े गढ़ोई जानि।
सेवा स्वामित को रहैं सकै ऐंड को मानि।

इसके पहले के प्राचीन कवि एवं मुस्लिम इतिहासकार इस क्षेत्र को रतनपुर देश के नाम से ही याद करते रहे हैं जैसा कि निम्न पंक्तियों से स्पष्ट है :

(1) *देश 'रतनपुर' राजसिंह को सहर राजपुर सोहै।*[1]

(खूब तमासा)

(2) *दखिन दहिने रहैं तिलंगा। उतर माँझ होय करह कटंगा॥*
माँझ 'रतनपुर' सौंह दुआरा। झारखंड ये बाँय पहारा॥[2]

(पद्मावत)

(3) जहाँगीर नामा (तुज़के जहाँगीरी) में रतनपुर के राजा कल्याणशाह का उल्लेख हुआ है।[3]

नक्शों में भी छत्तीसगढ़ नाम से किसी स्वतन्त्र एवं विशिष्ट भूभाग की सत्ता का प्रमाण मि. चार्ल्स जोपरर के 'हिस्टारिकल एटलास ऑफ इंडिया' के पहले नहीं प्राप्त होता। इसी एटलास में पहली बार गोंडवाना प्रदेश के अन्तर्गत छत्तीसगढ़ क्षेत्र का स्वतन्त्र घटक के रूप में अंकन हुआ है। इस नक्शे के पूर्व के नक्शों में छत्तीसगढ़ भूभाग के लिए कोसल अभिधा का प्रयोग किया जाता रहा है। "बहुत सम्भव है कि तत्कालीन शासकीय कार्यों में कोसल या महाकोसल शब्द का प्रयोग होता रहा हो। परन्तु सर्वसाधारण में छत्तीसगढ़ का प्रचलन रहा जो बाद में स्थायी हो गया और अभी भी प्रचलित है।"[4]

---

1. पं. लोचनप्रसाद पाण्डेय–ए ग्रामर ऑफ छत्तीसगढ़ी डायलेक्ट की भूमिका में पृ. 4 पर उद्धृत
2. जायसी ग्रन्थावली (सम्पादक रामचन्द्र शुक्ल), पृ. 58
3. मैम्वाअर्स ऑफ जहाँगीर, वाल्यूम 2, पृ. 93
4. प्यारेलाल गुप्त–'छत्तीसगढ़ की प्राचीनता' नामक लेख, युगधर्म, दीपावली विशेषांक, 1962, पृ. 175

5. ऐतिहासिक दिग्दर्शन

पर्याप्त एवं प्रामाणिक सामग्री के अभाव में छत्तीसगढ़ के इतिहास की क्रमबद्ध रूपरेखा प्रस्तुत करना अत्यन्त दुष्कर है। भूगर्भशास्त्रियों एवं नृतत्व विशारदों के मतानुसार छत्तीसगढ़ का भूभाग विश्व के प्राचीनतम भूभागों में से है और उसे मनुष्य जाति की सभ्यता का जन्म स्थान होने का श्रेय प्राप्त है।[1]

(क) प्रागैतिहासिक युग : छत्तीसगढ़ के पहाड़ों में जो प्रस्तर चित्र उपलब्ध हुए हैं वे विश्व भर में अद्वितीय माने जाते हैं। कबरा तथा नहरपाली ग्रामों के निकट सिंहनपुर आदि पहाड़ियों पर अंकित शिला-चित्रों का काल आज से पचास सहस्र से लेकर बीस सहस्र वर्ष पूर्व तक निर्धारित किया गया है। ये प्रस्तर-चित्र द्राविड़ सभ्यता के पूर्ववर्तीय हैं एवं इनका सम्बम्ध स्पेन, अमेरिका आदि देशों में प्राप्त 'लैडरमैन' टेकनीक के चित्रों से जोड़ा जाता है। विक्रमखोल नामक पहाड़ी पर उत्कीर्ण शिलालेख की लिपि ब्राम्ही लिपि की जननी मानी गई है। सुप्रसिद्ध विद्वान् एवं पुरातत्वज्ञ डॉ. काशीप्रसाद जायसवाल ने उसका समय 4000 से 7000 वर्ष ईसा पूर्व ठहराया है।[2]

(ख) पौराणिक युग : पौराणिक युग में छत्तीसगढ़ का प्रस्तुत भूभाग दंडकारण्य एवं महाकान्तार के अन्तर्गत परिगणित होता था। महाभारत में कान्तारकों के राज्यों का जो स्थान निर्दिष्ट हुआ है उसे डॉ. काशीप्रसाद जायसवाल ने छत्तीसगढ़-काँकेर, बस्तर राज्य माना है।[3] उस समय यहाँ निवास करने वाली शबर आदि दस्यु जातियों का नामोल्लेख हर्षचरित, कादम्बरी, ऐतेरेयोपनिषद् एवं महाभारत आदि ग्रन्थों में हुआ है। आजकल छत्तीसगढ़ में सौरा नामक जो जाति पाई जाती है उसका सम्बन्ध इसी शबर जाति से जोड़ा गया है। रामायण की शबरी भी इन्हीं में से थी। रामायण में यह उल्लेख भी मिलता है कि अगस्त्य प्रथम आर्य ऋषि थे जिन्होंने इस क्षेत्र में आकर विन्ध्याचल का अतिक्रमण किया था। यह क्षेत्र सुतीक्ष्ण, शृंगी आदि ऋषियों की भी तपोभूमि रहा है। दंडकारण्य भगवान राम की लोकलीलाओं से अत्यन्त घनिष्ठ रूप से सम्बद्ध है, यह तो सर्वविदित ही है।

महाभारतकालीन जिन नरेशों का छत्तीसगढ़ से सम्बन्ध रहा है उनमें रूक्म, शिशुपाल, बभ्रुवाहन, मयूरध्वज आदि उल्लेखनीय हैं। कहा जाता है कि त्रेतायुग में श्रीकृष्णजी छत्तीसगढ़ की चारों युगों की राजधानी रतनपुर में पधारे थे। यहाँ की अनार्य

---

1. "यदि यह कहा जाए कि वर्तमान छत्तीसगढ़ अर्थात् महाकोसल मनुष्य जाति की सभ्यता का जन्म स्थान है तो आप कदाचित् इस कथन को केवल मिथ्याभिमान मानकर कुछ महत्त्व न दें। मैंने इस अरण्य तथा पिछड़े हुए प्रान्त के वनवासियों के सहवासी वर्तमान उच्च शिक्षा प्राप्त एक विद्वान् को भारत विख्यात इतिहासज्ञों के निकट यह कहते सुना है कि वर्तमान समय में हमारा कोई इतिहास नहीं है पर मानव जाति की आदि सभ्यता यहीं पली है।"—पं. लोचनप्रसाद पाण्डेय, 'प्राचीन महाकोसल' नामक लेख, श्री विष्णु महायज्ञ, रत्नपुर, स्मारक ग्रन्थ, पृ. 77
2. प्यारेलाल गुप्त द्वारा 'स्व. लोचनप्रसाद पाण्डेय' नामक ग्रन्थ में पृ. 137 पर उद्धृत।
3. डॉ. काशीप्रसाद जायसवाल : अन्धकार युगीन भारत, पृ. 2

जातियाँ पाण्डवों के वनवास काल में निश्चय ही उनके सम्पर्क में आई होंगी। कँवर, कोरबा एवं पंडो नामक वन जातियाँ अभी भी अपना सम्बन्ध कौरवों एवं पाण्डवों से जोड़ती हैं। पं. लोचनप्रसाद पाण्डेय का अनुमान है कि महाभारत में वर्णित ऋषभतीर्थ गुंजी का वह स्थान है जो सक्ती स्टेशन से चौदह मील पर है। अनुसन्धान करने पर महाभारतकालीन अन्य अनेक चिह्न मिलने की पूरी सम्भावना है।

(ग) गुप्तकाल : पौराणिक युग के पश्चात् मौर्यवंश की स्थापना तक हमें छत्तीसगढ़ सम्बन्धी कोई उल्लेखनीय तथ्य नहीं मिलता। अशोक के शासन काल में दक्षिण दिशा स्थित सिरपुर एवं भाण्डक में बौद्धमतावलम्बी कोई क्षत्रिय नरेश राज्य करते थे। यह भाण्डक अब महाराष्ट्र प्रान्त के चाँदा जिले में है। इसे तत्कालीन बाकाटक राज्य की राजधानी होने का गौरव प्राप्त था। सिरपुर का राजा बहुत दिनों तक भाण्डक की अधीनता में नहीं रहा और स्वतन्त्र होकर चार पीढ़ियों के भीतर ही समस्त छत्तीसगढ़ का शासक बन बैठा। इन्हीं दिनों सुरगुजा स्थित रामगढ़ नामक पहाड़ी पर बौद्धों द्वारा नाट्यशाला का निर्माण हुआ था। इस काल में आरंग एवं तुरतुरिया क्रमशः जैन एवं बौद्धों के धार्मिक केन्द्र थे। प्रयाग के स्तम्भ पर उत्कीर्ण समुद्रगुप्त के शिलालेख से ज्ञात होता है कि ईसा की चतुर्थ शताब्दी के मध्य में अपनी दिग्विजय-यात्रा में उसने महाकोसल (छत्तीसगढ़) के अधिपति महेन्द्र तथा महाकान्तार के नरेश व्याघ्रराज को पराजित किया था। ये दोनों नरेश समुद्रगुप्त के सामन्त बनने को बाध्य हुए थे। सन् 639 ईसवी में चीनी यात्री ह्वेनसाँग यहाँ आया था। उसने अपनी महाकोसल यात्रा का जो वृत्तान्त लिखा है उससे ज्ञात होता है कि वाकाटक भी उस समय महाकोसल के अन्तर्गत था और भाण्डक उसकी राजधानी थी। भाण्डक से हटकर राजधानी कब सिरपुर आई, इसकी कोई प्रामाणिक सूचना नहीं मिलती। सम्भवतः महाशिवगुप्त सिरपुर राज्य का अन्तिम शासक था।

(घ) शरभपुर राजवंश : सिरपुर के अन्तिम शासक को अपदस्थ करने वाले विजेता के सम्बन्ध में इतिहास मौन है। इन विजेताओं ने शरभपुर में अपनी राजधानी बनाई थी। किन्तु यह शरभपुर कहाँ था, यह पता नहीं चलता। शायद इन्होंने सिरपुर को ही शरभपुर का नाम देकर अपनी राजधानी बना ली हो।[1]

(ङ) हैहयवंशी : हैहयवंशी स्वयं को कार्तवीर्य सहस्रार्जुन का वंशज मानते हैं। ईसा की पाँचवीं सदी के लगभग चेदि (जबलपुर, मंडला, नरसिंहपुर का भूभाग) में इन्हीं हैहयवंशियों की सत्ता स्थापित हुई। इनकी राजधानी त्रिपुरी थी और ये कलचुरी कहलाते थे। हैहयवंशी कोकल्लदेव प्रथम के पुत्र मुग्धतुंगदेव ने सन् 900 में कोसलेश से पाली (सम्प्रति बिलासपुर जिले में) छीना। मुग्धतुंगदेव के प्रपौत्र लक्ष्मणदेव द्वारा सन् 950 में कोसल नरेश पराजित हुआ और 50 वर्षों के भीतर ही कोसल देश पर कलचुरी शासन भलीभाँति प्रतिष्ठित हो गया। कोकल्लदेव द्वितीय के पुत्र कलिंगराज को रत्नपुरीय शाखा का आदि पुरस्कर्ता होने का श्रेय प्राप्त है। हैहयवंशी नरेशों ने अपने आपको

1. दे. ज्वालाप्रसाद मिश्र, श्री विष्णुमहायज्ञ, रत्नपुर, स्मारक ग्रन्थ, पृ. 88

'सकलकोसलाधिप' तथा 'सकल कोसल मंडल श्री' आदि उपाधियों से मंडित किया था।[1] तुमान के स्थान पर रत्नपुर को राजधानी बनाने का कार्य रत्नदेव प्रथम ने किया। रत्नपुर बहुत दिनों तक कोसल की राजधानी रहा। हैहयवंशियों में जाजल्लदेव, रत्नदेव द्वितीय एवं पृथ्वीदेव द्वितीय के नाम उल्लेखनीय हैं। इन नरेशों के शासनकाल में राजा जगपाल ने राठ, टैरम, तमनार, बस्तर, काँकेर, रामटेक आदि भूभागों पर विजय प्राप्त की और कलचुरी राज्य का विस्तार किया। रत्नपुर के शासक स्थापत्य एवं कला के पोषक थे। इस शाखा में छत्तीस राज्य हुए जिन्होंने सन् 1740 तक शासन किया। इसी बीच सन् 1407 में रत्नपुर की एक शाखा जो 'लहुरीशाखा' के नाम से विख्यात हुई, रायपुर में स्थापित हुई। यह प्रारम्भ में तो रत्नपुर के अधीन रही आई पर बाद में स्वतन्त्र सी हो गई। कहते हैं कि छत्तीसगढ़ के 36 गढ़ों में से शिवनाथ के दक्षिण की ओर के 18 गढ़ इस शाखा के अधीन थे और उत्तर की ओर के शेष 18 रत्नपुरीय शाखा के। कबर्धा, कोरिया, खैरागढ़, छुईखदान, नाँदगाँव, बस्तर, सक्ती, सारंगगढ़, सुरगुजा आदि देशी रियासतों के राजवंशों की नींव भी इसी बीच पड़ी थी।

(च) मुस्लिम शासन : छत्तीसगढ़ मुसलमानी शासन के प्रभाव से लगभग असंपृक्त ही रहा। सन् 1346 के लगभग खलीफा नाम के मुसलमान सेनापति द्वारा छत्तीसगढ़ान्तर्गत तत्कालीन सुरगुजा राज्य पदाक्रान्त हुआ था और उसमें विजय पाने के उपलक्ष्य में यहाँ के निवासियों को ताँबे की मुद्राएँ बाँटी थी।[2] अकबर के शासन काल में सुरगुजा राज्य पर मुगल सेनापति आसफखाँ ने चढ़ाई की थी।[3] जहाँगीर के शासन काल में रत्नपुर के नरेश कल्याणशाह दिल्ली गए थे। इससे अधिक यह भूभाग मुस्लिम सम्पर्क में नहीं आया।

(छ) गोंडों का प्रभुत्व : गोंड द्रविड़ अनार्यों की एक शाखा माने जाते हैं जिन्होंने अठारहवीं सदी तक मध्यदेश में एक ऐसे सुदृढ़ राज्य की स्थापना की कि उनके नाम पर यह सम्पूर्ण क्षेत्र ही उस युग में गोंडवाना प्रसिद्ध हो गया। गोंडों ने गढ़ा मंडला, खेरला, चाँदा और देवगढ़ में अपने राज्य स्थापित किए। रत्नपुर राज्य को छोड़कर समस्त महाकोसल उस समय गोंडों के अधीन था। इनके काल में शिक्षा अथवा कला की विशेष उन्नति नहीं हुई।

(ज) मराठी सत्ता : छत्तीसगढ़ में मराठों के प्रभुत्व का प्रारम्भ अठारहवीं शताब्दी में हुआ। सन् 1741 ई. में नागपुरी भोंसला राज्य के संस्थापक रघुजी प्रथम के सेनापति भास्कर पन्त पंडित के सम्मुख रत्नपुर के कलचुरी नरेश ने बिना किसी प्रतिरोध के आत्मसमर्पण कर दिया। लगभग सत्रह वर्षों तक भोंसलों ने मांडलिकों की सहायता से रत्नपुर का शासन कार्य चलाया। रघुजी की मृत्यु के उपरान्त बिम्बाजी को छत्तीसगढ़ का परगना मिला जिन्होंने सन् 1758 से 1787 तक यहाँ का शासन किया। उनके शासन काल में

---

1. पृथ्वीदेव का चेदि संवत् 831 तथा आमोदा चेदि संवत् 912 का ताम्रलेख।
2. रघुवरप्रसाद, झारखंड झनकार, पृ. 25
3. समर बहादुरसिंह, सुरगुजा का एक अध्ययन, पृ. 31

अनेक महाराष्ट्र परिवार छत्तीसगढ़ में आकर स्थायी रूप से बस गए। बिम्बाजी के उत्तराधिकारी व्यंकोजी नागपुर में रहकर सूबों की सहायता से सारा शासन कार्य देखते थे। सूबाशाही घोर अत्याचार एवं अव्यवस्था का पर्याय थी। सन् 1818 में नागपुर राज्य अंग्रेजों के संरक्षण में आया और नागपुर के ब्रिटिश रेजीडेंट के प्रतिनिधि के रूप में पहले मि. एडमंड और फिर एगन्यूज़ छत्तीसगढ़ इलाके के प्रबन्धक नियुक्त हुए। उन्होंने रायपुर को अपना सदर मुकाम बनाया।

इस प्रकार छत्तीसगढ़ में मराठी राज्य सत्ता केवल 60 वर्षों (1758-1818) में ही नष्ट हो गई। मराठों का शासन काल छत्तीसगढ़ के लिए अत्यन्त दुरवस्था का काल था। इसे छत्तीसगढ़ के इतिहास का 'अन्धकार युग' कहना चाहिए।[1]

(झ) अंग्रेजी शासन : सन् 1830 के बाद 14 वर्षों के लिए छत्तीसगढ़ में पुनः देशी सत्ता स्थापित हुई। सन् 1854 में अन्ततः सूबाशाही और भोंसलाशाही का अन्त हुआ और उसी सन् में लार्ड डलहौजी की नीति के अनुसार नागपुर राज्य अंग्रेजी राज्य में मिला लिया गया। छत्तीसगढ़ इलाके के लिए कैप्टन इलियट के रूप में एक डिप्टी कमिश्नर की नियुक्ति हुई। 1861 तक केवल एक जिला रायपुर ही था। उस सन् में बिलासपुर को भी जिला बनाया गया। छत्तीसगढ़ क्षेत्र की देशीय रियासतों का शासन प्रबन्ध पोलिटकल एजेंट के संरक्षण में रियासतों के शासक किया करते थे।

अंग्रेजी प्रभुता के काल में छत्तीसगढ़ की सभ्यता एवं संस्कृति पर अनेक पाश्चात्य प्रभाव पड़े। आवागमन के मार्ग का विस्तार हुआ और लोगों में शिक्षा का प्रसार हुआ। अंग्रेजों का शासन छत्तीसगढ़ के लिए व्यवस्था का युग था।

(ञ) देशी रियासतें : 'ईस्टर्न स्टेट्स एजेंसी' की शाखा 'छत्तीसगढ़, स्टेट्स एजेंसी में परिगणित उदयपुर, कबर्धा, कालाहांडी, काँकेर, कोरिया, खैरागढ़, चाँगभखार, छुईखदान, जशपुर, नाँदगाँव, पटना, बस्तर, रायगढ, सक्ती, सारंगगढ़ एवं सुरगुजा की देशी रियासतों की चर्चा के बिना छत्तीसगढ़ का इतिहास अधूरा ही रहेगा। इन रियासतों की स्थापना का इतिहास संक्षेप में पहले ही दिया जा चुका है।

1857 के प्रथम भारतीय स्वतन्त्रता संग्राम के अवसर पर इन रियासतों में से अधिकांश के शासकों ने अंग्रेजों का साथ दिया था। उन्हें पुरस्कृत करने के उद्देश्य से सर रिचार्ड टेम्पल की रिपोर्ट के आधार पर छत्तीसगढ़ के तत्कालीन जमींदारों में से अधिकांश को 'फ्यूडेटरी चीफ' की श्रेणी दी गई। 1905 में सम्बलपुर क्षेत्र की कालाहांडी, बलांगीर, बामड़ा, रेड़ाखोल एवं सोनपुर की रियासतों के स्थान पर झारखंड समूह की पाँच रियासतें छत्तीसगढ़ में सम्मिलित कर ली गईं। 1 जनवरी, 1948 को सरदार पटेल की दूरदर्शी नीति के परिणामस्वरूप छत्तीसगढ़ की समस्त रियासतें भारतीय संघ में सम्मिलित हो गईं।[2] प्रशासनिक सुविधा के लिए छत्तीसगढ़ को बिलासपुर, रायपुर एवं

---

1. (अ) दे. डिस्ट्रिक्ट गजेटियर्स, बिलासपुर डिस्ट्रिक्ट, वाल्यूम ए, पृ. 53
   (आ) रघुवीरप्रसाद, झारखंड-झनकार, पृ. 26
2. इनमें से कालाहांडी एवं पटना का उड़ीसा में विलय हुआ और शेष का मध्य प्रदेश में।

बस्तर नामक तीन सम्भागों में विभक्त किया गया है जिनमें क्रमशः सुरगुजा, रायगढ़ एवं बिलासपुर एवं राजनाँदगाँव, रायपुर, दुर्ग एवं बस्तर जिले सम्मिलित हैं।

(ट) **स्वतन्त्रता के उपरान्त**—स्वतन्त्रता के उपरान्त एवं छत्तीसगढ़ की देशी रियासतों के भारतीय गणतन्त्र में विलय के परिणामस्वरूप छत्तीसगढ़ की आशातीत उन्नति हुई है और वह शेष भारत के साथ राष्ट्रीय विकास एवं गौरव का भागीदार बन गया है। छत्तीसगढ़ की प्रचुर खनिज सम्पदा का उपयोग करने के लिए भिलाई, कोरबा एवं बैलाडीला जैसे नए तीर्थों की स्थापना हुई है। अब जिले-जिले में महाविद्यालय हैं और रायपुर बिलासपुर, अंबिकापुर और जगदलपुर में छत्तीसगढ़ के अपने विश्वविद्यालय। साहित्य, शिक्षा, कला, राजनीति—जीवन के सभी क्षेत्रों में राष्ट्रीय विकास के निमित्त छत्तीसगढ़ का योगदान किसी भी अन्य क्षेत्र से कम नहीं है। छत्तीसगढ़ का भविष्य अत्यन्त उज्ज्वल है, इसमें सन्देह नहीं है। छत्तीसगढ़ का पृथक् राज्य बन जाने के कारण अब यह अपनी स्वतंत्र पहचान बनाने में समर्थ हुआ है।

6. निवासी[1]

कविगुरु रवीन्द्रनाथ ठाकुर ने भारत को 'महामानवों का मेला' कहकर जिस तथ्य की ओर संकेत किया है, छत्तीसगढ़ उसका पूर्ण साक्षी है। मानवमिति के आधार पर संसार की मानव जातियाँ जिन परिवारों अथवा स्कन्धों में विभक्त की गई हैं, उनमें से निम्नलिखित ऐतिहासिक एवं भौगोलिक कारणों से छत्तीसगढ़ में निवास करती हैं :

(1) आर्य
(2) निषाद
(3) द्रविड़

छत्तीसगढ़ की विशिष्ट भौगोलिक स्थिति के कारण इनमें से अनेक जातियाँ अपनी मूल जातीय विशेषताएँ अभी तक सुरक्षित रखने में समर्थ हुई हैं। इनका संक्षिप्त विवरण निम्नलिखित है :

(1) **आर्य** : उत्तर में हिमालय और दक्षिण में विन्ध्याचल तथा पूर्व और अपर (पश्चिम) दोनों समुद्रों के बीच का सम्पूर्ण उत्तर भारत आर्यावर्त है। भारतीय इतिहास और परम्परा के अनुसार आर्यावर्त की सीमा निर्धारित है।[2] भारत के एकमात्र ऐतिहासिक ग्रन्थ पुराणों के अनुसार इसी आर्यावर्त के मध्य भाग से आर्य आर्यावर्त, भारतवर्ष तथा भारतेतर देशों में फैले। भारतीय आर्यों के मूल उद्गम के वाद-विवाद की चर्चा किए बिना ही यहाँ संकेत रूप में यह कहा जा सकता है कि भारत में आर्य चाहे जहाँ से

1. विस्तृत विवरण के लिए देखिए, (1) ए बेंस : एथ्नोग्राफी, स्ट्रासवर्ग, 1912, (2) काल्डबेल : द सेंसस ऑफ़ इंडिया, 1901, 1911, 1921, 1931, (3) जयचन्द्र विद्यालंकार : भारतभूमि और उसके निवासी, खंड 2
2. आसमुद्रात्तु वै पूर्वादासमुद्रात्तु पश्चिमात्। तयौरेवान्तरं गिर्योरार्यावर्त बिदुर्बुधाः।। मनुस्मृति, 2। 32

आए हों, छत्तीसगढ़ में तो वे जबलपुर एवं मंडला के मार्ग से उत्तर भारत से ही आए।[1] छत्तीसगढ़ के आर्य-परिवार के निवासी आर्येतर मानव जातियों से प्रायः घिरे हुए हैं। इन जातियों के सम्पर्क से आर्य-परिवार में पर्याप्त मिश्रण हुआ है। प्राचीन काल में छत्तीसगढ़ मूल अनार्य जातियों की निवास-भूमि होने के कारण सनातन हिन्दुओं के लिए वर्जित क्षेत्र माना जाता था। साथ ही यह हिन्दू धर्म की विद्रोही शाखाओं की शरण-भूमि भी रहा है। कबीर-पन्थी एवं सतनामी सम्प्रदायों की उल्लेखनीय संख्या छत्तीसगढ़ में निवास करती है। यहाँ की प्रायः सभी आर्य जातियाँ अपना मूल उत्तर प्रदेश में मानती हैं। पिछड़ी जातियों में भी स्वयं को कनौजिया मानने वाले अनेक व्यक्ति मिलते हैं। ब्राह्मणों की कनौजिया शाखा तो प्रसिद्ध ही है। छत्तीसगढ़ में आर्य परिवार की जातियाँ प्रायः समतल क्षेत्रों में रहती हैं एवं सभ्यता तथा संस्कृति की दृष्टि से ये छत्तीसगढ़ की अन्य जातियों की अपेक्षा अधिक उन्नत एवं समृद्ध है।

(2) **निषाद :** निषाद वह मानव-वंश है जो अपनी विशेषताओं में अफ्रीका के नीग्रो लोगों से मिलता-जुलता है। शेष भारत की ही तरह छत्तीसगढ़ में नीग्रो या निग्रोबटु जाति के लोग अब नहीं मिलते। नीग्रो या नीग्रोबटु लोगों के बाद प्रागैतिहासिक काल में सम्भवतः पूर्व मध्यसागर के फिलीस्तीन से आदिम अथवा प्राथमिक दक्षिणाकार (प्रोटो अस्ट्रालायड) जाति के मनुष्य भारत में आए। डॉ. सुनीतिकुमार चाटुर्ज्या का अनुमान है कि आजकल भारत में पाए जानेवाले निषाद या आस्ट्रिक कुल के लोग उन्हीं प्राथमिक दक्षिणाकारों से सम्बन्धित हैं।[2] किन्तु कतिपय विद्वानों की दृष्टि में यह प्रस्थापना अत्यन्त कष्टकल्पित प्रतीत होती है। सारी परिस्थिति से ज्ञात होता है कि मालवा और खानदेश की पश्चिम सीमा पर नर्मदा, ताप्ती तथा महानदी के किनारे सतपुड़ा और अरावली की पहाड़ियों के जांगल प्रदेश ही मूलतः निषाद भूमि थी। वस्तुतः यह वंश विन्ध्य और उसकी दक्षिण-पूर्व शृंखला का मूल निवासी है।[3]

छत्तीसगढ़ की कुर्कू, कोडा, कोरबा, कोल अथवा कोलाली, खरिया, गदबा, चिक, नगसिया, बिरहौल, शबर (सँबरा या सौंरा), हो नामक आदिम वनप्रजातियों की गणना आस्ट्रिक या दक्षिण या निषाद मानव परिवारों में होती है। छत्तीसगढ़ की ये जातियाँ अब अपनी प्राचीन भाषा और प्राचीन जीवनयात्रा को लेकर एकान्त में सदानन्द और निश्चिन्त नहीं रह पा रही हैं। कालधर्मानुसार बाह्य सम्पर्कों एवं प्रभावों से निपटने के लिए उन्हें बाध्य होना पड़ रहा है।

(3) **द्रविड़ :** भारत में द्रविड़ों का आगमन ईसापूर्व लगभग 3500 में हुआ था। ये द्राविड़भाषीगण पश्चिम और दक्षिण भारत में फैले और इन्होंने गंगा नदी के काँठे में बंगाल तक अपना विस्तार किया। छत्तीसगढ़ में द्राविड़ कुल की जो जातियाँ निवास करती हैं उनमें कुरुख या उराँव, गोंड, दोरला एवं धुरवा परजा प्रमुख हैं। किसी युग में

---

1. देखिए, डिस्ट्रिक्ट गजेटियर्स, रायपुर डिस्ट्रिक्ट, बा. ए, पृ. 76
2. देखिए, डॉ. सुनीतिकुमार चाटुर्ज्या, भारत की भाषाएँ और भाषा सम्बन्धी समस्याएँ, पृ. 32
3. डॉ. राजबली पाण्डेय, हिन्दी साहित्य का बृहत् इतिहास, प्रथम भाग, पृ. 27

छत्तीसगढ़ पर गोंडों का प्रभुत्व था और कबर्धा, कोरिया, रायगढ़, सक्ती, सुरगुजा आदि के राजघराने गोंडवंशी ही थे। समस्त भारत में पाए जानेवाले गोंडों की दो-तिहाई आबादी यहीं पर है। कभी यहाँ उनका इतना प्रताप था कि यह समस्त भूभाग ही गोंडवाना कहलाने लगा था और गोंड लोग यहाँ के मूल निवासी मान लिए गए थे। वस्तुतः गोंडों का मूल गोदावरी के दक्षिण में माना जाता है क्योंकि "यदि ये गोंड छत्तीसगढ़ के ही मूल निवासी होते तो 12वीं सदी के पहले हर तरह अज्ञात रहकर फिर एकदम गढ़ाधीश्वर और मंडलाधीश्वर न बनते चले आते।"[1]

छत्तीसगढ़ी कौन है?

ऊपर विभिन्न नृजातियों के जिन निवासियों की चर्चा की गई है, उनमें से छत्तीसगढ़ का मूल निवासी किन्हें माना जाए, यह अत्यन्त विवादास्पद विषय है। आज जो जातियाँ छत्तीसगढ़ की मूल निवासिनी मानी जाती हैं, उनमें से अधिकांश बाहर से ही आई जान पड़ती हैं। ऐसी स्थिति में वस्तुतः उन सभी जातियों एवं व्यक्तियों को जो छत्तीसगढ़ में स्थायी रूप से आकर बस गए हैं, छत्तीसगढ़ीय कहे जाने का अधिकारी माना जाना चाहिए। डॉ. बलदेवप्रसाद मिश्र के शब्दों में, जो भी भारतीय इस छत्तीसगढ़ में बसने के इरादे से यहाँ रह गया वह छत्तीसगढ़ी है।[2] और अब जब देश के ही नहीं विदेशों के भी शरणार्थी स्थायी रूप से यहाँ बसाए जा रहे हैं तो कोई आश्चर्य की बात नहीं कि कालान्तर में वे भी छत्तीसगढ़ी कहलाने लगें। छत्तीसगढ़ी वास्तव में वह है जो स्वयं को भावनात्मक रूप से छत्तीसगढ़ का मानता हो और यहाँ के इतिहास, संस्कृति, बोली आदि के प्रति आत्मीयता एवं गौरव का अनुभव करता हो।[3]

7. लोक-संस्कृति

छत्तीसगढ़ की लोक-संस्कृति मिश्र-संस्कृति है। उसका निर्माण विभिन्न तत्त्वों के सहयोग एवं समाहार से हुआ है। सच तो यह है कि "विभिन्न संस्कृतियों का जैसा मजेदार संगम छत्तीसगढ़ में देखने को मिलता है वैसा भारत के अन्य स्थलों में बहुत कम मिलता है।"[4] डॉक्टर पदुमलाल पुन्नालाल बख्शी के शब्दों में, "...छत्तीसगढ़ की अपनी एक विशेषता

---

1. डॉ. बलदेवप्रसाद मिश्र, छत्तीसगढ़ परिचय, पृ. 114
2. वही, पृ. 116
3. इस सम्बन्ध में एक अत्यन्त रोचक प्रसंग के उल्लेख का लोभ-निवारण करना सम्भव नहीं हो रहा है। छत्तीसगढ़ के प्रसिद्ध लोकसेवी एवं तत्कालीन संसद सदस्य डॉ. खूबचन्द बघेल से एक बार जब किसी ने प्रश्न किया कि आपकी दृष्टि में छत्तीसगढ़ी कौन है तो उनका उत्तर था कि वह जिसको छत्तीसगढ़ियों की गाली देने पर बुरा मालूम हो।
4. डॉ. बलदेवप्रसाद मिश्र, छत्तीसगढ़ परिचय, पृ. 104

है। वहाँ सभी तरह के लोग रहते हैं। कुछ स्थान ऐसे हैं जहाँ गोंड, मुरिया आदि वन्यजातियों के लोग सभ्यता की आदिम अवस्था में रहते हैं।...यहाँ जो भिन्न जातियाँ बाहर से आकर बस गईं उनमें अनायास ही एक पारिवारिक स्नेह का सम्बन्ध निर्मित हो गया। छत्तीसगढ़ 36 गढ़ों का ही नहीं 36 जातियों का भी मिलन स्थल बन गया।''[1] ऐतिहासिक अनिवार्यताओं एवं भौगोलिक विशिष्टताओं के कारण छत्तीसगढ़ चिरकाल से ही पूर्व, पश्चिम, उत्तर, दक्षिण की अनेक जातियों, सम्प्रदायों एवं धर्मों का आश्रय स्थल रहा है। इन जातियों, सम्प्रदायों एवं धर्मों के विभिन्न तत्त्वों का छत्तीसगढ़ के मूल सांस्कृतिक जीवन में इतना घनिष्ठ समाहार हो गया है कि अब यह सन्धान करना लगभग असम्भव है कि छत्तीसगढ़ की मूल संस्कृति का रूप क्या था। छत्तीसगढ़ की लोक-संस्कृति एक ओर यदि उत्तर प्रदेश की संस्कृति पर आधारित मानी जाती है तो दूसरी ओर दक्षिण प्रदेश के गोंडों की अनार्य संस्कृति पर।[2]

उत्तर प्रदेश की संस्कृति का प्रभाव

छत्तीसगढ़ के निवासियों का काफी बड़ा अंश उत्तर प्रदेश से आकर यहाँ बसा है। ब्राह्मण, क्षत्रिय, वैश्य आदि को प्रायः सभी छत्तीसगढ़ी परिवार अपना सम्बन्ध उत्तर प्रदेश से जोड़ते हैं और अपनी परम्परा भी वहीं से मानते हैं। छत्तीसगढ़ में स्थायी रूप से निवास करने वाले ब्राह्मण ही स्वयं को कनौजिया नहीं मानते; अहीर, धोबी, कुम्हार आदि भी अपने को कनौजिया कहने में गर्व का अनुभव करते हैं। अपनी तुलना में वे अपनी जाति के अन्य लोगों को 'छत्तीसगढ़ी' या 'देसी' कहते हैं। यही नहीं, अनेक आदिम जन-प्रजातियों ने भी अपना सम्बन्ध उत्तर भारत के इतिहास से जोड़ रखा है। कौरव और पांडव अपना सम्बन्ध उत्तराखंड निवासी महाभारतकालीन कौरवों और पाण्डवों से जोड़ते हैं। कँवर नामक जाति स्वयं को कौरवों का वंशधर मानती है।[3] डॉ. बलदेवप्रसाद मिश्र का अभिमत है कि ''यहाँ के नाई, धोबी, तमोली, तन्तुवाय, बढ़ई, लोहार आदि सबके सब प्रायः उत्तर प्रदेशीय प्रथाओं का ही परिपालन करते हैं और यहाँ की जो जनबोली छत्तीसगढ़ी विकसित हुई है उसकी परम्परा का आदि स्रोत अवधी (बैसवाड़ी) ही में मिलता है।''[4]

---

1. डॉ. पदुमलाल पुन्नालाल बख्शी 'छत्तीसगढ़ की आत्मा' नामक लेख, युगधर्म, दीपावली विशेषांक 1964, पृ. 66
2. (अ) ''वस्तुतः छत्तीसगढ़ का लोक-जीवन एक अद्भुत मिश्रित लोक-जीवन है जिसमें उत्तर प्रदेश का पर्याप्त योगदान है।''
   (आ) ''ऐसे सब प्रभावों में दक्षिण के गोंडों का प्रभाव विशेष उल्लेखनीय है।''—डॉ. बलदेवप्रसाद मिश्र, हिन्दी अनुशीलन (धीरेन्द्र वर्मा विशेषांक) वर्ष 13, अंक 1-2, पृ. 197
3. देखिए, समरबहादुरसिंह, सुरगुजा का एक अध्ययन, पृ. 240
4. देखिए डॉ. बलदेवप्रसाद मिश्र, हिन्दी अनुशीलन (धीरेन्द्र वर्मा विशेषांक) वर्ष 13, अंक 1-2, पृ. 197

दक्षिण की संस्कृति का योगदान

छत्तीसगढ़ में गोंडों का जो राजघराना स्थापित हुआ उसका मूलपुरुष गोदावरी के दक्षिण से आया था, अनेक विद्वानों की ऐसी मान्यता है। जब गोंडों के प्रधान साम्राज्य का पतन हो गया तो ये पहाड़ियों में चले गए और वहीं रहने लगे तथा अपने को 'कोंडा दोरुलु' कहने लगे। छत्तीसगढ़ में जो गोंड़ आए वे स्वयं को केवल कोंड (पहाड़) कहते थे। यही कोंड कालान्तर में गोंड बन गया और गोंड़ लोगों का निवास स्थल होने के कारण समस्त छत्तीसगढ़ ही गोंडवाना के नाम से प्रसिद्ध हुआ।

पूर्व-पश्चिम की संस्कृति

छत्तीसगढ़ में कलंगा नामक जाति के लोग कलिंग से आकर बसे हैं। मंडला आदि पश्चिमी जिलों में निवास करने वाले बैगाओं के सम्बन्ध में ग्रीक्सन ने लिखा है कि वास्तव में ये ही छत्तीसगढ़ के निवासी हैं। वहाँ से वे सतपुड़ा पहाड़ी की ओर चले गए और बस गए। ग्रीक्सन ने उनकी भाषा का विश्लेषण करते हुए लिखा है कि उनकी भाषा में छत्तीसगढ़ी का पर्याप्त प्रभाव है अतः वे मूलरूप से छत्तीसगढ़ी ही मालूम पड़ते हैं।[1] जो भी हो छत्तीसगढ़ पर बैगाओं एवं बैगानी का प्रभाव कम नहीं है।

विभिन्न संस्कृतियों का समन्वय

ऊपर के विवरण से स्पष्ट है कि छत्तीसगढ़ में विभिन्न दिशाओं में आकर अनेक आर्य एवं अनार्य जातियों ने अपना स्थायी निवास बनाया है। यही कारण है कि आज भी छत्तीसगढ़ के लोक-जीवन में परस्पर विरोधी तत्त्व परिलक्षित होते हैं। सुआ नृत्य एवं मड़ई आदि समारोह गृहसूत्रों एवं यज्ञ के इन्द्रध्वजों की वैदिक परम्परा के रूपान्तर हैं। किन्तु इसके साथ ही छत्तीसगढ़ की कई जातियाँ निषिद्ध मांस खाती हैं और अनेक अपने को रावण वंश का उत्तराधिकारी मानती हैं। मद्य-मांस का व्यवहार, जादू-टोना का प्राचुर्य, भाभी-देवर विवाह[2] आदि अनार्य तत्त्व ही तो हैं।

---

1. राजेन्द्रप्रसाद अवस्थी, 'मध्य प्रदेश के निवासी' नामक लेख, शुक्ल अभिनन्दन ग्रन्थ, पृ. 37
2. "वह ग्रामीण स्त्री जब 16 वर्ष की थी, तभी उसके पति की मृत्यु हो गई। उसके ससुर और सास दोनों का अपनी उस बहू पर बड़ा प्रेम था। वह बहू भी अपने सास-ससुर दोनों पर स्नेह रखती थी, पर पति के न रहने पर यह निश्चित हो गया कि अब उसे वह घर छोड़कर कोई दूसरा घर बसाना होगा तब उसकी सास ने अपने ढाई वर्ष के बच्चे को उसके सामने खड़ा कर दिया और कहा, बहू, तुम अपने इसी देवर से चूड़ी पहन लो तो उसने अपनी सास का यह प्रस्ताव स्वीकार कर लिया और इसी ढाई वर्ष के बच्चे को पति मानकर आजीवन उसकी सेवा करती रही।"—डॉ. पदुमलाल पुन्नालाल बख्शी, 'छत्तीसगढ़ की आत्मा' नामक लेख, युगधर्म, दीपावली विशेषांक, 1964, पृ. 67-68

विभिन्न धर्मों का प्रभाव

छत्तीसगढ़ की लोक-संस्कृति पर हिन्दू धर्म के अतिरिक्त बौद्ध, जैन, इस्लाम एवं ईसाई धर्मों का भी प्रभाव पड़ा है। छत्तीसगढ़ कभी बौद्धों एवं जैनों के प्रभाव क्षेत्र के अन्तर्गत था। अनेक स्थानों पर अभी भी बुद्ध एवं जैन तीर्थंकरों की मूर्तियाँ मिलती हैं। रायपुर जिलान्तर्गत आरंग के जैन मन्दिर प्रसिद्ध हैं। ऐसा माना जाता है कि रायपुर जिले के तुरतुरिया नामक गाँव में कभी बौद्ध भिक्षुणियों का एक बड़ा विहार था। छत्तीसगढ़ में जादू-टोने का प्रचलन और कुम्भी पटिया सरीखी जमातों का अस्तित्व यह सिद्ध करता है कि बौद्धों की बज्रयानी शाखा का प्रभाव छत्तीसगढ़ पर बहुत गहरा है। छत्तीसगढ़ में जो मुसलमान आए वे तुरकारी कहलाते थे। उन्होंने छत्तीसगढ़ के लोकजीवन को कम ही प्रभावित किया है। ईसाई मिशनरियों के प्रचार के कारण ईसाई धर्म छत्तीसगढ़ के सुदूर वन प्रान्तों तक पहुँच गया है और ईसाई मतावलम्बियों की संख्या उल्लेखनीय हो गई है। सुरगुजा में ग्रामवासियों ने ईसाई मतावलम्बियों की 'किरचन' नामक एक जाति मान ली है। वास्तव में छत्तीसगढ़ में विभिन्न संस्कृतियों के भावनात्मक एकीकरण का जो दृश्य दिखाई पड़ता है वह अन्यत्र दुर्लभ है।

सांस्कृतिक जीवन की विशेषता

यहाँ एक ही जाति में कुछ लोग शाक्त होते हैं तो कुछ लोग कबीरपन्थी। ईसाई हो जाने पर भी व्यक्ति के धार्मिक विश्वासों एवं लोकाचार में कोई भेद नहीं पड़ता। वास्तव में छत्तीसगढ़ के सांस्कृतिक जीवन की यह विशेषता है कि यहाँ सामाजिक सम्बन्धों में साम्प्रदायिकता का विष नहीं पनपता। औद्योगिकता के प्रभाव, आवागमन के साधनों की सुलभता, बाह्य व्यक्तियों से सम्पर्क, राजनीतिक प्रतिद्वन्द्विता आदि के फलस्वरूप छत्तीसगढ़ के चिर-परिचित सांस्कृतिक जीवन में अब धीरे-धीरे पर्याप्त परिवर्तन उपस्थित हो रहे हैं। खान-पान, रहन-सहन, आचार-व्यवहार एवं व्रत-उत्सवों में अनेक विजातीय तत्त्वों का समावेश होता जा रहा है। किन्तु अभी भी डॉ. पदुमलाल पुन्नालाल बख्शी के शब्दों में यह कहा जा सकता है कि "स्नेह की सेवा, स्वामिभक्ति की दृढ़ता, विश्वास की सरलता, वचन की गौरव-रक्षा और ममत्व का अधिकार—इसी में तो छत्तीसगढ़ की आत्मा है। तभी तो दरिद्रता के अभिशाप के साथ-साथ अज्ञान से ग्रस्त होने पर भी छत्तीसगढ़ के जन-जीवन में चरित्र की एक ऐसी उज्ज्वलता है जो अन्यत्र नहीं पाई जाती।[1]

8. भौगोलिक एवं भाषागत सीमाएँ

अपनी स्थिति की भौगोलिक विशिष्टता के कारण छत्तीसगढ़ का भूभाग जहाँ एक ओर अनेक राज्यों का स्पर्श करता है वहाँ अपनी बोलियों के बहुदिश एवं बहुविध प्रसार के

1. डॉ. पदुमलाल पुन्नालाल बख्शी, 'छत्तीसगढ़ की आत्मा' युगधर्म दीपावली विशेषांक, 1964, पृ. 64

कारण वह अनेक भाषाओं एवं बोलियों का प्रतिवेशी है। सुरगुजा जिला छत्तीसगढ़ का उत्तर-पूर्वी सीमान्त है। इसके उत्तर में उत्तर प्रदेश का मिर्जापुर जिला एवं मध्य प्रदेश का सीधी जिला है। पूर्वोत्तर में यह झारखंड प्रान्त के राँची जिले से घिरा हुआ है। पश्चिमोत्तर में मध्य प्रदेश की सीधी एवं शहडोल इकाइयाँ सुरगुजा की सीमा पर स्थित हैं। सुरगुजा के सीमान्त पर उत्तर में छत्तीसगढ़ी पलमुँही का स्पर्श करती है तथा मिर्जापुर की भोजपुरी का। चाँगभखार के उत्तर-पश्चिम में बघेलखंड का सीधी जिला फैला हुआ है। चाँगभखार का सीमान्त वह बिन्दु है जहाँ बघेली छत्तीसगढ़ी में पर्यवसित होती है।

सच तो यह है कि भखारी (चाँगभखार तहसील की बोली) का लहज़ा छत्तीसगढ़ी का उतना नहीं जितना कि बघेली बोली का है।[1] छत्तीसगढ़ के पूर्व में रायगढ़ जिले की सीमा उड़ीसा का स्पर्श करती है। उड़िया और छत्तीसगढ़ी एक-दूसरे से लरिया द्वारा मिलती हैं। उड़ीसा की सीमाएँ बिलासपुर एवं रायपुर जिले से भी मिली हुई हैं। बस्तर के पूर्व एवं दक्षिण-पूर्व में उड़ीसा का कोरापुट जिला है जिसकी पश्चिमी सीमा पर हल्बी, भतरी एवं परजी का प्रसार है। ध्रुव दक्षिण में बस्तर जिला आन्ध्र के राजमहेन्द्री जिले की सीमा का स्पर्श करता है। यह वह क्षेत्र है जहाँ तेलुगु-प्रभावित दोरली बोली जाती है। दक्षिण-पश्चिम में भी आन्ध्र प्रदेश के वारंगल एवं राजमहेन्द्री जिलों का विस्तार है ये क्षेत्र भी तेलुगु के ही हैं। इनके सीमावर्ती छत्तीसगढ़ी क्षेत्र में तेलुगु का जो रूप प्रचलित है उसे कतिपय विशिष्टताओं के कारण तेलंगी की अभिधा प्राप्त है। पश्चिमी में महाराष्ट्र प्रदेश की सीमाएँ बस्तर को चाँदा जिले के माध्यम से एवं दुर्ग को चाँदा-भंडारा तथा गोंदिया के माध्यम से स्पर्श करती है। दुर्ग जिले के पश्चिम में मध्य प्रदेश का बालाघाट जिला है जहाँ दुर्ग और बालघाट के सीमान्तवर्ती क्षेत्र में खलौटी बोली जाती है। बुंदेलखंड का मंडला जिला बिलासपुर जिले की पश्चिमी सीमा का निर्माण करता है। थोड़ा और ऊपर जाने पर बिलासपुर जिले की सीमा शहडोल जिले की बघेलखंडी से मिल जाती है। इस प्रकार छत्तीसगढ़ भौगोलिक दृष्टि से मध्य प्रदेश के अतिरिक्त उत्तर प्रदेश, झारखंड, उड़ीसा, आन्ध्र एवं महाराष्ट्र की सीमाओं का स्पर्श करता है और भाषा एवं बोलियों की दृष्टि से अवधी, भोजपुरी, बुन्देली, मराठी, उड़िया, तेलुगु जैसी विभिन्न परिवारों की विभिन्न बोलियों एवं भाषाओं से। छत्तीसगढ़ की सीमाओं के निकट अध्ययन से यह ज्ञात होता है कि इस समस्त भूभाग का एक भी जिला ऐसा नहीं है जो चारों ओर से छत्तीसगढ़ी बोली से ही परिवेष्टित हो। इसका परिणाम यह हुआ है कि विभिन्न जिलों की छत्तीसगढ़ी पर विभिन्न सीमावर्ती क्षेत्रों की बोलियों का पर्याप्त प्रभाव पड़ा है और उत्तरी छत्तीसगढ़ी ध्वनि, अर्थ एवं रूप की दृष्टि से दक्षिणी छत्तीसगढ़ी से पर्याप्त पृथक् है तथा पूर्वी छत्तीसगढ़ी पश्चिमी छत्तीसगढ़ी से।

1. देखिए, सेंसस ऑफ इंडिया, 1931, वाल्यूम 12, पार्ट 1, रिपोर्ट, पृ. 300

खंड-1

छत्तीसगढ़ की बोलियों का सामान्य सर्वेक्षण

1. छत्तीसगढ़ी के विभिन्न भाषा-परिवार

भाषा सर्वेक्षण में ग्रियर्सन महोदय ने भारत में प्रचलित भाषाओं को आर्य, आस्ट्रिक, एकाक्षर अथवा चीनी, द्राविड़, मान, कारेन एवं विविध अर्थात् अनिश्चित समुदाय नामक सात परिवारों में विभक्त किया है। उनके इस विभाजन में अनेक वैज्ञानिक त्रुटियाँ हैं। डॉ. सुनीतिकुमार चाटुर्ज्या, डॉ. बाबूराम सक्सेना प्रभृति विद्वान् भारत में निम्नलिखित चार भाषा-परिवारों अथवा भाषा-गोष्ठियों की उपस्थिति स्वीकार करते हैं :

1. आस्ट्रिक या दाक्षिण या निषाद।
2. द्राविड़।
3. इंडो-यूरोपीय अथवा आर्य।
4. भोतचीन या मंगोल या किरात।

छत्तीसगढ़ विभिन्न भाषा-गोष्ठियों की अनेकानेक बोलियों की अद्भुत संगमस्थली है।[1] छत्तीसगढ़ के बिल्लौरी काँच में किरात परिवार की भाषा एवं बोलियों को छोड़कर शेष सभी परिवारों की भाषाओं एवं बोलियों की चित्र-विचित्र रश्मियाँ विद्यमान हैं जैसाकि निम्न तालिका से प्रतिभासित होता है :

1	2	3
निषाद परिवार	**द्राविड़ परिवार**	**आर्य परिवार**
(क) कुर्कू	(क) कुरुख या उराँव	(क) छत्तीसगढ़ी और उसकी उपबोलियाँ
(ख) खरिया	(ख) गोंडी और उसकी उपबोलियाँ	(ख) भतरी और उसकी उपबोलियाँ

---

1. सुरगुजा जिले के मैनपाट नामक स्थान में स्थायी निवास की दृष्टि से बसाए गए तिब्बती शरणार्थी-परिवार अपने साथ किरात परिवार की बोलियाँ लाए हैं, अतः छत्तीसगढ़ में भारत में विद्यमान विभिन्न भाषा-गोष्ठियों के प्रातिनिधिक दर्शन सहज ही किए जा सकते हैं।

(ग) खेरबारी और उसकी उपबोलियाँ (ग) दोरली (ग) अन्य

(घ) गदबा (घ) परजी

(ङ) शबर (ङ) अन्य

(च) अन्य

2. बोलियों की जीवनी शक्ति

इनमें से अनेक बोलियाँ मरणासन्न हैं और अनेक अत्यन्त सीमित क्षेत्रों एवं समुदायों की बोलियों के रूप में ही शेष बची हैं। धीरे-धीरे आर्येतर परिवारों की बोलियों की सत्ता विलुप्त होती जा रही है और छत्तीसगढ़ी अथवा हल्बी जैसी आर्य परिवार की प्रमुख बोलियाँ इन बोलियों को पदच्युत कर आत्मसात् करती जा रही हैं। छत्तीसगढ़ी क्षेत्र में तिब्बती, पंजाबी एवं बँगला-भाषी विस्थापितों के आगमन एवं स्थायी रूप से उनके पुनर्वास के फलस्वरूप शीघ्र ही स्थानीय बोलियों पर इनका प्रभाव पड़ने की आशंका भी उपस्थित हो गई है। साथ ही छत्तीसगढ़ में जिस द्रुत गति से औद्योगिक प्रगति हो रही है और बाह्य सम्पर्क के जिन क्षितिजों का उद्घाटन हो रहा है उससे भी निश्चय ही स्थानीय बोलियों के रंग-रूप में आशातीत एवं अपरिमेय परिवर्तन होगा। यदि शीघ्र ही छत्तीसगढ़ की इन विलुप्तप्राय, मरणासन्न एवं बाह्य सम्पर्कोद्यत बोलियों का विशद वैज्ञानिक अध्ययन-विश्लेषण नहीं कर लिया जाता तो हम अत्यन्त महत्त्वपूर्ण भाषा-सम्पदा से हाथ धो बैठेंगे और आगामी पीढ़ियों के निकट आलस्य, अज्ञान एवं अविचार के अपराधी सिद्ध होंगे। अभी तक छत्तीसगढ़ को एक इकाई मानकर न तो उसकी विभिन्न बोलियों का सर्वेक्षण ही हुआ है और न ही विभिन्न बोलियों के पारस्परिक आदान-प्रदान का लेखा-जोखा ही प्रस्तुत किया गया है। इन्हीं अभावों की पूर्ति के लिए और छत्तीसगढ़ के तरुण एवं उत्साही भाषाविदों का मार्ग प्रशस्त करने के उद्देश्य से छत्तीसगढ़ क्षेत्र में प्रचलित विभिन्न भाषा-गोष्ठियों की विभिन्न बोलियों का संक्षिप्त सर्वेक्षण प्रस्तुत किया जा रहा है।

3. छत्तीसगढ़ में प्रचलित आस्ट्रिक या दाक्षिण या निषाद परिवार की बोलियाँ

(1) सामान्य परिचय : छत्तीसगढ़ की कतिपय आदिम वनप्रजातियों द्वारा व्यवहृत गदबा, कोरबा, भूमिज, शबर आदि बोलियों की गणना आस्ट्रिक परिवार की आस्ट्रो-एशियाटिक शाखा की उपशाखा मुंडा के अन्तर्गत होती है। "अब ये बोलियाँ अप्रसिद्ध एवं अज्ञात रूप में ही बची हैं।"[1] नृतत्वशास्त्र के आचार्य भले ही द्राविड़ और मुंडावंश के रंगरूप एवं आकार-प्रकार में कोई तात्त्विक अन्तर न कर पाए हों किन्तु भाषावैज्ञानिक द्राविड़ों

1. डॉ. सुनीतिकुमार चाटुर्ज्या, भारत की भाषाएँ और भाषा सम्बन्धी समस्याएँ, पृ. 35

और मुंडाओं की भाषाओं को एक-दूसरे से सर्वथा भिन्न और स्वतन्त्र मानते हैं। मुंडा नामकरण का श्रेय मैक्समूलर को है।[1] उन्होंने ही सर्वप्रथम द्राविड़ परिवार की भाषाओं से आग्नेय परिवार की भाषाओं की भिन्नता प्रतिपादित की थी और मुंडा भाषा को उस विशाल आस्ट्रिक परिवार की शाखा सिद्ध किया था जो पूर्व-पश्चिम में मदागास्कर से लेकर प्रशान्त महासागर के ईस्टर द्वीप तक और उत्तर-दक्षिण में पंजाब से लेकर सुदूर न्यूजीलैंड तक फैला हुआ है। इस परिवार की भाषाओं की विशेष खोज पेटर डब्ल्यू. शिमट द्वारा की गई थी जिन्होंने इस परिवार को आस्ट्रिक नाम देना उचित समझा था। आस्ट्रिक का शब्दार्थ दाक्षिण होता है। ये भाषाएँ दक्षिणी द्वीपों में फैली हैं, यही इस नामकरण का आधार है। किन्तु भारत में दक्षिण अथवा दक्खिनी आदि शब्दों का कुछ रूढ़ार्थ होता है और भारत की दृष्टि से ये भाषाएँ दक्षिण-पूर्व के कोण में अर्थात् आग्नेय दिशा में पड़ती हैं अतः श्री जयचन्द्र विद्यालंकार[2], डॉ. राजबली पाण्डेय[3] आदि विद्वान् इस परिवार की बोलियों को आग्नेय ही कहते हैं। डॉ. चाटुर्ज्या की दृष्टि में इन बोलियों की गोष्ठी को निषाद कहना अधिक समीचीन है क्योंकि प्राचीन भारत में दाक्षिण जातीय जनगण आर्यों द्वारा निषाद कहे जाते थे।[4] छत्तीसगढ़ की दृष्टि से इस परिवार की सबसे प्रधान बोली मुंडा है। सारे भारत में मुंडा भाषियों की संख्या लगभग 40 लाख है। पश्चिम बंगाल से लेकर बिहार और मध्य प्रदेश, उड़ीसा एवं मद्रास प्रान्त के गंजाम जिले तक मुंडा वर्ग की बोलियाँ फैली हुई हैं। इनके बीचोबीच यत्र-तत्र द्राविड़ बोलियों का भी प्रचलन है। मध्य प्रदेश के पश्चिमी भाग में तो मुंडा की बोलियाँ द्राविड़ बोलियों की मेखला से परिवेष्टित हैं। मुंडा बोलियों का मुख्य केन्द्र विन्ध्य मेखला और उसके पार्श्ववर्ती क्षेत्रों को समझना चाहिए।

(2) छत्तीसगढ़ की आदिम जनप्रजातियाँ निषाद गोष्ठी की बोलियों का प्रयोग और उनका परिचय :

(क) कुर्कू : 1931 की जनगणना के अनुसार छत्तीसगढ़ में कुर्कू बोलने वालों की संख्या सुरगुजा की तत्कालीन रियासत में 6,355 एवं बिलासपुर जिले में 264 थी। किन्तु वास्तव में कुर्कू को जिन लोगों की बोली मान लिया गया था वे कोड़ाकू थे, कुर्कू नहीं। "सुरगुजा में कोड़ाकू और कोरबा जातियाँ भिन्न नहीं हैं।"[5] कर्नल डाल्टन कुर्कू जाति को कोरबा की शाखा मानते हैं तथा कुर्क महोदय के मतानुसार ये दोनों ही एक जाति की दो शाखाएँ हैं। ग्रियर्सन महोदय कुर्कू, कोड़ाकू एवं कोरवा को पृथक्-पृथक् बोलियाँ मानने के पक्ष में हैं यद्यपि वे भी इन्हें एक ही वर्ग की विभिन्न शाखाएँ मानते हैं। वास्तव में कुर्कू छत्तीसगढ़ की आदिम जन प्रजातियों की बोली उतनी नहीं है जितनी निमाड़,

1. दे. डॉ. बाबूराम सक्सेना, सामान्य भाषाविज्ञान, पृ. 217
2. भारतभूमि और उसके निवासी, पृ. 254
3. हिन्दी साहित्य का बृहत् इतिहास (प्रथम खंड), पीठिका, पृ. 28
4. दे. डॉ. सुनीतिकुमार चाटुर्ज्या, भारत की भाषाएँ और भाषा सम्बन्धी समस्याएँ, पृ. 35
5. समरबहादुरसिंह, सुरगुजा का एक अध्ययन, पृ. 16

हरदा, सिवनी, होशंगाबाद, बैतूल एवं छिंदवाड़ा जिले के आदिवासियों की बोली है। इन क्षेत्रों में वह मुआसी अथवा निहाली के रूप में बोली जाती है। छत्तीसगढ़ क्षेत्र में कुर्कू बोली सुरगुजा जिलान्तर्गत चाँगभखार तहसील में अब केवल अत्यन्त विकृत रूप में ही अवशिष्ट रह गई है। 1961 की जनगणना के अनुसार सम्पूर्ण छत्तीसगढ़ में कुर्कूवासियों की कुलसंख्या 15,125 है जिसमें से 15,022 सुरगुजा जिले में है।

(ख) खरिया : यह खरिया जाति के लोगों की बोली है। 1931 के मध्य प्रदेश के भाषा-सर्वेक्षण मानचित्र में तत्कालीन जशपुर रियासत की बोली के रूप में खरिया अत्यन्त विशिष्टतापूर्वक प्रदर्शित की गई है।[1] जशपुर के अतिरिक्त खरिया, सक्ती, रायगढ़, सारंगगढ़ एवं उदयपुर की तत्कालीन देशी रियासतों तथा बिलासपुर एवं रायपुर जिलों के विशिष्ट भागों—विशेषतः फुलझर जमींदारी में बोली जाती थी। 1931 की जनगणना के अनुसार खरिया बोलने वालों की संख्या 9,076 थी। पहले बिरहौल को खरिया की उपबोली माना गया था किन्तु 1931 में इस भ्रम का निराकरण हुआ और उसे खेरबारी की उपबोली के रूप में मान्यता प्राप्त हुई।

निषाद परिवार की अन्य बोलियों की भाँति खरिया को भी मरणासन्न ही समझना चाहिए। खरिया के शब्द समूह पर पार्श्ववर्ती आर्य परिवारों की बोलियों का गहरा असर पड़ा है और वाक्य रचना भी अप्रभावित नहीं रह पाई है। धीरे-धीरे मुंडावर्ग की विशेषताओं का परित्याग कर खरिया अब एक संकर बोली बन गई है।

(ग) खेरबारी : भारत के मध्यवर्ती क्षेत्र में प्रचलित मुंडा वर्ग की बोलियों में खेरबारी का अत्यन्त विशिष्ट स्थान है। मध्यभारतीय पठार के उत्तरी-पूर्वी सीमान्त को खेरबारी का नाभिदेश कहा जा सकता है। इसका प्रसार उत्तर के मैदानी विभाग के तल प्रदेश तक हुआ है।

खेरबारी की उपबोलियाँ

(1) कोंडा,
(2) कोरबा,
(3) कोल अथवा कोलाली,
(4) बिरहौल,
(5) मुंडारी,
(6) संथाली।

उपर्युक्त बोलियों में से सभी छत्तीसगढ़ क्षेत्र में संकर रूप में प्रचलित हैं। वास्तव में ये बोलियाँ इन्हीं नामों की आदिम जनप्रजातियों की बोलियाँ हैं। सुरगुजा जिले के संथाल, मुंडा, कोल और कोरबा क्रमशः संथाली, मुंडारी, कोलाली एवं कोरबा बोलियों का व्यवहार करते हैं। कोरबा को सुरगुजा में कोरन्तबा भी कहते हैं। 1931 की जनगणना के अनुसार छत्तीसगढ़ में मातृभाषा के रूप में खेरबारी बोलने वालों की कुल

1. दे. सेंसस ऑफ इंडिया, 1931, वाल्यूम 12 सेंट्रल प्राविंसेज एंड बरार पार्ट-1, रिपोर्ट के साथ संलग्न मानचित्र।

संख्या 12,134 थी जो तत्कालीन मध्य प्रदेश के खेरबारी भाषियों का 91 प्रतिशत था। खेरबारी की उपर्युक्त उपबोलियों में कोरबा भाषियों की संख्या ही सर्वाधिक है। 1931 में तत्कालीन सुरगुजा रियासत में 4,874, जशपुर रियासत में 41,653 तथा उदयपुर रियासत में 1,176 व्यक्ति कोरबा बोलते थे। रायपुर जिले के 1931 जनगणना प्रतिवेदन के अनुसार कोंडा बोलने वालों की संख्या 1,170 थी। शेष बोलियाँ बोलने वाले नाममात्र के लिए ही थे। कोरबा बोली को दो भागों में विभक्त किया जा सकता है—(1) डिहरिया या ग्राम्य एवं (2) पहाड़ी। ग्रामवासी कोरबा धीरे-धीरे अपनी बोली भूलते जा रहे हैं। छत्तीसगढ़ी ग्राम्य कोरबा को स्थानच्युत करती जा रही है। पहाड़ी कोरबा के रूप में वह अभी भी सुरगुजा के लहसुनपाट, जमीरापाट एवं पालटप्पे में तथा रायगढ़ के खुरिया इलाके में रहने वाले कोरबा लोगों की बोली के रूप में अक्षुण्ण है। कोरबा के कतिपय शब्द नीचे दिए जा रहे हैं :

कोरबा	**हिन्दी**
आम	तुम
ओज्में	आना
इंग	मैं
कोदे	चावल
जोम	खाना
डयमता	रोना
डेम्बा	लड़का
दिनिंग	इस समय
दू	जाना
माकूगी टापू	उन्हें
मनेगो	खेलना
माय	वह
माय होड़	आदमी
हटिंगत	देना

1961 की जनगणना के अनुसार कोरबावासियों की कुल संख्या 11,995 है।

(घ) गदबा : यह गदबा नामक जाति की बोली है। इसे अब लगभग मृत समझना चाहिए। बस्तर जिले के मुख्यालय जगदलपुर से लगभग तीन मील दूर स्थित दक्षिण के सरगापाल एवं नेता नार नामक गाँवों के अतिरिक्त यह बोली छत्तीसगढ़ क्षेत्र में और कहीं नहीं बोली जाती। 1931 की जनगणना के अनुसार गदबा भाषियों की संख्या 395 थी किन्तु धीरे-धीरे इस संख्या में कमी हुई है और अब सब मिलाकर गदबाभाषी 100 से अधिक नहीं होंगे। वृद्ध पीढ़ी के गदबाजन जातीय व्यवहार में ही अब गदबा का

प्रयोग करते हैं और नई पीढ़ी के लोग तो गदबा को बिल्कुल ही भूल चुके हैं। पारस्परिक व्यवहार में हल्बी का प्रयोग ही इन्हें अधिक सुकर ज्ञात होता है। ग्रियर्सन महोदय द्वारा दिए गए बाइबिल के अमितव्ययी पुत्र नामक अंश की प्रारम्भिक पंक्तियों का गदबा रूप इस प्रकार है :

"मुय रेमल-नु बारबो ओडु-आन डुगु। तुआ-लुंग-नु मेअन ओंडु आन में नु बाबा लाइ सुनो-ये बाबा एतकि ओ निंग इंडे मियो बाबा मायुन मालमता बारबो ओडु आन बो तेरो बेड़ो।[1]

(अर्थात् किसी मनुष्य के दो पुत्र थे। उनमें से छोटे ने पिता से कहा—पिता जी, अपनी सम्पत्ति में से जो मेरा अंश हो, सो मुझे दे दीजिए। तब उनको अपनी सम्पत्ति बाँट दी।)

(ङ) शबर—बस्तर जिले में पाए जानेवाले सँवरा या सौंरा लोगों की बोली है। अब इस जाति की बोली में मिश्रण एवं सांकर्य आ गया है। इस बोली को प्राचीन प्राकृत वैयाकरणों की शाबरी विभाषा समझने की भूल नहीं करनी चाहिए। भाषाविज्ञान की दृष्टि से शबर आग्नेय परिवार की मुंडा शाखा की एक छोटी-सी विस्मृतप्राय बोली ही है। डॉ. हार्नली के मतानुसार वर्तमान छत्तीसगढ़ के एक प्राचीन भाग की बोली के रूप में शबर (साबरी) की अत्यन्त महत्ता थी। पं. लोचनप्रसाद पाण्डेय भी छत्तीसगढ़ी के वर्तमान रूप पर साबरी का अत्यधिक प्रभाव मानते हैं।[2] शबर बोलने वालों की कुल संख्या 1961 में 31 बताई गई थी।

(च) अन्य बोलियाँ : चिक एवं नगसिया नामक मुंडा वर्ग की अन्य दो अविशिष्ट बोलियों का प्रयोग सुरगुजा के चिक एवं नगसिया जाति के लोग करते हैं। चिक लोगों की एक अच्छी संख्या रायगढ़ जिले में भी रहती है। इसी गोष्ठी की एक अन्य बोली है 'हो'। मुंडा जाति की 'हो' शाखा के लोग सरगुजा जिले की चाँगभखार तहसील में रहते हैं किन्तु अब 'हो' अपनी मूल बोली भूल चुके हैं और उनकी बोली में बघेलखंडी एवं छत्तीसगढ़ी का सांकर्य आ गया है।

(3) निषाद (मुंडा) परिवार की बोलियों की कतिपय सामान्य विशेषताएँ

(क) मुंडा बोलियाँ तुर्की के समान प्रत्यय प्रधान और उपचय प्रधान होती हैं। मैक्समूलर ने जो बातें अपने ग्रन्थ में तुर्की के सम्बन्ध में कही हैं, वे अक्षरशः मुंडा के बारे में भी सत्य मानी जा सकती हैं।[3]

---

1. दे. ग्रियर्सन, ग्रामोफोन रेकार्ड्स ऑफ लेंग्वेज ऐंड डायलेक्ट्स स्पोकन इन सेंट्रल प्राविंसेज़ ऐंड वरार, पृ. 29
2. लोचनप्रसाद पाण्डेय, ग्रामर ऑफ छत्तीसगढ़ी डायलेक्ट, पृ. 3
3. मैक्समूलर, लेक्चर्स आन द साइंस ऑफ लैंग्वेज-1, पृ. 354

(ख) मुंडा बोलियों में अन्तिम व्यंजनों में पश्चात् श्रुति का अभाव है। चीनी तथा हिन्द चीनी भाषाओं के समान पदान्त में व्यंजनों का उच्चारण श्रुतिहीन और रुक जानेवाला होता है। वह अन्तिम व्यंजन आगे के वर्ण में मिल-सा जाता है।

(ग) इन बोलियों में लिंग दो होते हैं—स्त्रीलिंग और पुल्लिग। पर वे व्याकरण के आधार पर नहीं चलते। उनकी व्यवस्था सजीव और निर्जीव के भेद के अनुसार की जाती है। सभी सजीव पदार्थों के लिए पुल्लिंग और सभी निर्जीव पदार्थों के लिए स्त्रीलिंग का प्रयोग किया जाता है।

(घ) वचन प्राचीन आर्य भाषाओं की भाँति तीन होते हैं। द्विवचन और बहुवचन बनाने के लिए संज्ञाओं में पुरुषवाचक सर्वनामों के अन्य पुरुष के रूप जोड़ दिए जाते हैं। द्विवचन और बहुवचन में उत्तम पुरुष वाचक वर्तमान के दो रूप होते हैं—एक श्रोता सहित वक्ता का बोध कराने के लिए और दूसरा श्रोता रहित वक्ता का बोध कराने के लिए जैसे 'अले' और 'अबोन'। दोनों शब्दों का अर्थ हम होता है पर यदि नौकर से कहा जाए कि 'हम भोजन करेंगे' और हम के लिए 'अबोन' का प्रयोग किया जाए तो नौकर भी भोजन करने वालों में समझा जाएगा। पर 'अले' केवल कहने वाले का बोध कराता है।

(ङ) मुंडा क्रियाओं में पर प्रत्यय ही नहीं अन्तः प्रत्यय भी देखे जाते हैं।

4. छत्तीसगढ़ में प्रचलित द्राविड़ परिवार की बोलियाँ

(क) कुरुख या उराँव

सामान्य परिचय : छत्तीसगढ़ क्षेत्र में द्राविड़ परिवार की जो बोलियाँ प्रचलित हैं, उनमें कुरुख या उराँव बोली सर्वाधिक महत्त्वपूर्ण है। इसकी गणना द्राविड़ भाषाओं के मध्यवर्ती वर्ग में गोंडी, कोलामी और कुइ के साथ की जाती है। उराँव या ओराँव लोग स्वयं को कुरुख कहना अधिक पसन्द करते हैं और अपनी बोली को 'कुरुखकथा' कहते हैं।[1] कुरुख शब्द की व्युत्पत्ति कोलारी के होडो (मनुष्य) अथवा द्राविड़-सीथियाई के कुरुक (रोनेवाला) शब्दों से मानी जाती है। ध्वनिविज्ञान की दृष्टि से होडो का कुरुख (होड़ो-कोड़ो-कोरो-कुरुक-कुरुख) बन जाना असम्भव नहीं है। द्वितीय व्युत्पत्ति के सम्बन्ध में यह तर्क दिया जाता है कि उराँव लोग भी मुंडा, स्लाब आदि अनेक जातियों की तरह स्वयं को अन्य जातियों की तुलना में वाक्शक्ति विभूषित मानते हैं अतः कुरुख का द्राविड़ व्युत्पत्तिगत अर्थ होगा 'वक्ता' और 'ऐनकुरखन' (मैं एक ओराँव हूँ) का अर्थ होगा—'मैं मुखर हूँ'। उराँव शब्द यद्यपि है तो उराँव भाषा का ही किन्तु मूलतः वह उराँव जाति की एक श्रेणी विशेष के लिए 'आरगोरा' के रूप में व्यवहृत होता है। आरगोरा जिसका अर्थ गिद्ध पक्षी होता है, उराँवों की श्रेणी विशेष का परिचय-चिह्न (टोटम) है। इसी श्रेणी विशेष के परिचय-चिह्न के आधार पर उराँवेतर जातियाँ सम्पूर्ण कुरुख जाति को ही उराँव कहने लगीं।

---

1. "द ओरांवज काल देमसेल्व्ज कुरुख एंड देअर लैंग्वेज कुरुख कथा"—रेव. फर्ड. हान, कुरुख ग्रामर, पृ. 2

उराँव लोग छत्तीसगढ़ और छोटानागपुर अर्थात् चेदि कोसल और बिहार के सीमावर्ती क्षेत्रों में फैले हुए हैं। कुरुख बोली छत्तीसगढ़ में सुरगुजा एवं रायगढ़ जिले के कतिपय भागों में बोली जाती है। जनकथा के आधार पर यह माना जाता है कि छत्तीसगढ़ में उराँव जाति के लोग कर्नाटक से आकर बसे हैं। यह एक विचित्र संयोग की बात है कि कुरुख और कन्नड़ बोली में अद्भुत साम्य है।[1] धीरे-धीरे उराँव बोली की अपनी विशुद्धता नष्ट होती जा रही है और वह अपनी निकटवर्ती आर्य एवं मुंडा बोलियों से प्रभावित होती जा रही है। जशपुर के पार्श्ववर्ती क्षेत्रों में रहने वाले उराँवों की बोली पर मुंडारी का और सुरगुजा में रहने वाले उराँवों की बोली पर सुरगुजिया का अत्यधिक प्रभाव पड़ा है। उराँव अपनी बोली के साथ ही छत्तीसगढ़ी भी जानते हैं क्योंकि छत्तीसगढ़ी के माध्यम से ही वे इतर जातियों से सम्पर्क स्थापित कर सकते हैं। 1961 की जनगणना के अनुसार सम्पूर्ण छत्तीसगढ़ में उराँवभाषियों की संख्या 2,72,392 है।

उराँव बोली का उदाहरण : एंगहाये नामे जीतू हिके। एन जोगबहला पद्दानूर-अदन। एम्बस सन्नीतूम केच्चास केरास। इंगागे असही यादहूँ मल्ला। इंग्यो एंगन पोसकी रई। एंग्दादस भिलाई नू कामनन्दस। अउर सन्निस इस्कूलनू पढ़दस अउर बअदस पढ़ओन लिखओन की कोंहाआत मानोन। अउर आराजीराजी कुद्दोन। नन्नाराजीगा एनहूँ काला बेद्दन लेकिन एनहूँचाइलकालोन होले नेदरू एड़पा पालिन नेयेरो। इंग्यो गा पच्चियाकेरा। अब आदगही खेड़ेखेक्खा माल चलरयई। एम ओरषम् ओंग होन कोंहादादस गुसन भिलई कालोम। अब एग्याये जिया ईसान माल लगी असान एंगनासगो रई अउर आदगही खद्दखर्र। एगनासगो एंगन खूबदुलार ननी। आद उल्लामारवा काम ननातरई। एन आगदे चाड़हे गुतनी आदंराओन।

—(जोगबहला ग्राम के जीतू खालखो, आयु 60 वर्ष से प्राप्त)

प्रस्तुत अवतरण का हिन्दी रूपान्तर इस प्रकार है :

मेरा नाम जीतू है। मैं जोगबहला गाँव में रहता हूँ। मेरा पिता बचपन में ही मर गया था। मुझे उसकी याद तक नहीं है। मेरी माँ ने मुझे पाला है। मेरा बड़ा भाई भिलाई में काम करता है। छोटा स्कूल में पढ़ता है और कहता है कि वह पढ़-लिखकर साहब बनेगा और देश-विदेश घूमेगा। बाहर तो मैं भी जाना चाहता हूँ पर मैं बाहर चला जाऊँ तो घर-बार कौन देखेगा। माँ तो बूढ़ी हुई। अब उसके हाथ-पैर नहीं चलते। हम सब एक बार बड़े भाई के पास भिलाई जाएँगे। अब हमारा मन यहाँ नहीं लगता। वहाँ मेरी भाभी है और उसके बच्चे। भाभी मुझे बहुत चाहती है, वह रात-दिन काम करती रहती है। उसके लिए मैं जल्दी ही देवरानी लाऊँगा।[2]

---

1. दे. रेव. फर्ड. हान, कुरुख ग्रामर, पृ. 4
2. प्रस्तुत अवतरण का उपयोग विभिन्न बोलियों के उदाहरण के रूप में आगामी पृष्ठों पर बारम्बार हुआ है। उन सभी स्थानों पर सम्पूर्ण अवतरण की आवृत्ति करने के स्थान पर 'मेरा नाम...है' आदि लिखकर ही सम्पूर्ण अवतरण की ओर संकेत किया गया है।

उराँव सम्बन्धी अध्ययन : छत्तीसगढ़ में व्यवहृत अन्य बोलियों की तुलना में उराँव पर पर्याप्त कार्य हो चुका है। उसका एक कारण यह भी है कि यह ईसाई मिशनरियों के प्रचार एवं प्रसार की मुख्य बोली रही है। सन् 1874 में छोटानागपुर के जर्मन इवेंजिलीकल लूथरन मिशन के रेव. ओ. फ्लेक्स ने 'इंट्रोडक्शन टू द उराँव लैंग्वेज' नामक एक छोटी-सी व्याकरण पुस्तक लिखी थी जिसका प्रकाशन बंगाल सरकार ने किया था। बाद में रेव. फर्ड. हान ने 1898 में 'कुरुख ग्रामर' नाम से फ्लेक्स की व्याकरण का संशोधित एवं परिवर्द्धित रूप प्रस्तुत किया था। ग्रिंग गाड की 'एन ओराँव इंगलिश डिक्शनरी' और ब्लेसेस की 'एन इंगलिश ओराँव डिक्शनरी' इस दिशा में अन्य उल्लेखनीय प्रयास हैं। ये सारे कार्य अंग्रेजी में किए गए हैं। इन्हें शीघ्र ही हिन्दी में लाने की आवश्यकता है।

(ख) गोंडी

सामान्य परिचय : द्राविड़ वर्ग की तमिल, तेलुगु, मलयालम एवं कन्नड़ के उपरान्त गोंडी शाखा की बोलियाँ भाषाविज्ञान की दृष्टि से अत्यन्त महत्त्वपूर्ण मानी जाती हैं। इस शाखा की बोलियाँ अनेक रूपों में छत्तीसगढ़ के विभिन्न क्षेत्रों में प्रचलित हैं। गोंडी बोली का क्षेत्र वैसे तो समस्त छत्तीसगढ़ में बिखरा हुआ है किन्तु प्रमुख रूप से बस्तर का भूभाग ही गोंडी का क्षेत्र कहा जा सकता है। बस्तर जिले के मध्य, पश्चिम एवं दक्षिण भागों में निवास करने वाली मुरिया, दंडामी माड़िया, अबूझमाड़िया, घोटुलमुरिया आदि अनेक जातियाँ जिन बोलियों का व्यवहार करती हैं, उनका सामूहिक नाम गोंडी है। इन सभी जातियों की बोलियाँ परस्पर इतनी भिन्न हैं कि एक जाति का व्यक्ति दूसरी जाति के व्यक्ति द्वारा बोली जानेवाली गोंडी को नहीं समझ पाता। इस पारस्परिक अबोधगम्यता का कारण सम्भवतः शब्दों की उच्चारणगत भिन्नता ही अधिक है।[1] 1951 की जनगणना के अनुसार बस्तर में गोंडी बोलने वालों की कुल संख्या 2,49,761 थी जो जिले की समस्त जनसंख्या का 27.34 प्रतिशत है। इसमें माड़िया बोलने वालों की 1,13,054 संख्या नहीं जुड़ी है। दंडामी माड़िया ट्रेंच द्वारा उल्लिखित बैतूल जिले की गोंडी से एवं लिंड द्वारा उल्लिखित चाँदा जिले की गोंडी से अपने रूपविन्यास में पर्याप्त पृथक् है। दंडामी माड़िया पश्चिमी जगदलपुर, दन्तेवाड़ा तहसील, कोंटा तहसील के उत्तरी भाग और बीजापुर तहसील के कतिपय भागों में बोली जाती है। अबूझमाड़िया पहाड़ पर रहने वालों की बोली है। घोटुलमुरिया जगदलपुर तहसील के उत्तरी भाग, कोंडागाँव एवं नारायणपुर में बोली जाती है। इस पर छत्तीसगढ़ का प्रभाव परिलक्षित होता है। राजगोंड स्वयं को अन्य गोडों की अपेक्षा ऊँचा समझते हैं। ये बस्तर के दूडेपल्ली, पासेवाड़ा, भोपालपटनम (खास), कुटरू, तोयेनार एवं फरसेगढ़ क्षेत्रों में फैले हुए हैं। माड़िया गोंड जिस शब्द का उच्चारण 'बेनारा' (कौन है?) करेगा उसे राजगोंड 'बोर्रा' के रूप में उच्चरित करेगा।

---

1. दे. मिचेल, ए ग्रामर ऑफ माड़िया गोंडी, पृ. 11-12

इन सभी माड़ियों में दंडामी माड़िया ही भाषाविज्ञान की दृष्टि से सर्वाधिक विशिष्ट एवं उल्लेखनीय है। बस्तर के दुर्गम वनों के बीहड़ एकान्त में दंडामी माड़िया अपनी सर्वथा स्वतन्त्र, अप्रभावित एवं अक्षुण्ण सत्ता बनाए रखने में समर्थ हुई है। लिंड माड़िया को गोंडी के अन्य रूपों एवं बोलियों की जननी मानते हैं। सम्भवतः माड़िया एक अत्यन्त प्राचीन भाषा का एकमेव अवशिष्ट रूप है। दंडामी माड़िया का विशद व्याकरण मिचेल महोदय ने 'ए ग्रामर ऑफ माड़िया गोंडी' के नाम से 1942 में प्रस्तुत किया था।

गोंड़ी (मुरिया) का उदाहरण : नावा पोरोय डुरका आन्द। नाना बाटपाल नाटे मन्तोनान। नावा बाबाल उड़ीला पाओर आतुर। नाकुन ओना कियाल इल्ले। नावा यायल नाकुन पोसेकीता। नावादादाल बिलाई ते बूतो कीन्तोर। तमूर इसकुलते पड़े कीनतोर अनी इन्तोर नना पड़ेलिके कीस साएब आयकान अनी देसदेस बलिकान। अगादायना नावा बरा मन कीन्ता मती ननाबरा अकेअतेक लोन दुआर तुन बोर ऊड़ीयानोर। यायाल तो कूबै डोकरी आता। इजेक ताना केकाल सलेमायो। ममाट ओसा दादानगा बिलाई दाकोम। ईगा मावा मन इल्ले। अगा अंगे अनीताना पीलांग मन्ता। अंगे नाकुन कुबे लाड (मया) कीन्ता। अद नकायनुलए बूतोकीन्ता नना तानाकोजो सांडे बुआरी तताकान।

अर्थात्—मेरा नाम...है आदि

—(वाटपाल गाँव [जिला बस्तर] के डुरका गोंड, आयु 41 वर्ष से प्राप्त)

(ग) दोरली

सामान्य परिचय : दोरली द्राविड़ वर्ग की छत्तीसगढ़ में प्रचलित एक अन्य बोली है जो बस्तर के भोपालपटनम, पामेर, गोलापल्ली और कोंटा के दक्षिणी भागों में बोली जाती है। दोरली क्षेत्र आन्ध्र का सीमावर्ती है अतः इस बोली पर तेलुगु की इतनी अधिक छाया पड़ी है कि इसे गोंडी का तेलुगु रूप कहा जाता है। 1951 की जनगणना के अनुसार दोरली बोलने वालों की संख्या 9,278 और 1961 की जनगणना के अनुसार 35,455 थी।

दोरली का उदाहरण : इद बेला नेहना आत्सी अरु खुसीता आन्दू। इद बेला नेहना आत्सी आन्दू, बातत के मीवा कोड़ीमेंड़ अँयूँ बरसानो ते नीमा वेंडे नीवा राजते पोर्रे राजहुकूम दोरकी किया मुहतीन।

अर्थात्—यह अवसर गम्भीर विचार और आनन्द दोनों का है। गम्भीर विचार इसलिए कि पच्चीस वर्ष की आयु में आप जमींदारी के सारे अधिकारों से विभूषित हो रहे हैं।

—(मिचेल कृत 'ए ग्रामर ऑफ माड़िया गोंडी', पृ. 68 से उद्धृत)

(घ) परजी

सामान्य परिचय : परजी परजा जाति के लोगों की बोली है। यह जाति धुरवा परजा भी कहलाती है अतः परजी को धुरवा परजा भी कहते हैं। यह बस्तर जिले के चितापुर एवं नेतानार के निकटवर्ती क्षेत्रों में सीमित है। परजी बोलने वालों के 8-10 घर माचकोट गाँव

में भी हैं। परजी एक यायावर जाति है किन्तु ये लोग कभी भी तीन-चार मील से अधिक दूर अपने नए निवास की खोज में नहीं जाते और न ही जगदलपुर के उत्तरी-पश्चिमी भाग में अपना निवास बनाना पसन्द करते हैं। 1951 की जनगणना के अनुसार परजी बोलने वालों की कुल संख्या 19,847 थी। 1961 में यह संख्या केवल 67 बताई गई है जो निश्चय ही भ्रमपूर्ण है।

परजी सम्बन्धी अध्ययन : डॉ. ग्रियर्सन ने भारत के भाषा सर्वेक्षण (लिंग्विस्टिक सर्वे ऑफ इंडिया) नामक अपने ग्रन्थ के चौथे खंड में (पृ. 554-560) परजी का संक्षिप्त वृत्तान्त दिया है। इसके पहले स्टेनकोनो ने भ्रमवश परजी को गोंडी का एक उपरूप समझ लिया था। ग्लैसफोर्ड ने भतरी एवं परजी को गलती से एक माना था और हिसलप ने गदबा के शब्दों की गणना परजी के शब्दों के रूप में कर ली थी। डॉ. ग्रियर्सन ने पहली बार परजी का उचित विश्लेषण किया और भारत की द्राविड़ बोलियों में उसे स्थान दिया।[1]

अन्य बोलियाँ

बस्तर के दक्षिणी सीमान्त में यत्किंचित् विकृत रूप में तेलुगु का तेलंगी रूप प्रचलित है। 1951 की जनगणना के आधार पर बस्तर में तेलंगीभाषियों की संख्या 17,327 है।

5. छत्तीसगढ़ में प्रचलित आर्य परिवार की बोलियाँ

हिन्दी, मराठी, उड़िया, बँगला आदि भाषाओं की गणना भारत की आधुनिक आर्य भाषाओं में की जाती है। ये समस्त भाषाएँ ऐतिहासिक काल-क्रम में संस्कृत, पाली, प्राकृत एवं अपभ्रंश से उत्पन्न हुई हैं। छत्तीसगढ़ में प्रचलित छत्तीसगढ़ एवं भतरी बोलियों तथा उनकी उपबोलियों का समावेश आधुनिक भारतीय आर्य भाषाओं की बोलियों के रूप में किया जाता है। छत्तीसगढ़ में आर्य-परिवार की बोलियों की प्रमुखता है और इसी परिवार की बोलियाँ धीरे-धीरे अपनी निकटवर्ती अनार्य बोलियों को पदच्युत कर आत्मसात् करती जा रही हैं। आर्येतर बोलियाँ बोलने वालों को छत्तीसगढ़ी अथवा भतरी में से किसी-न-किसी एक आर्य बोली को जानना अनिवार्य होता है—अर्थात् आग्नेय अथवा द्राविड़ भाषाभाषी व्यक्तियों को छत्तीसगढ़ क्षेत्र में द्विभाषी होना ही पड़ता है। कोल-भाषियों द्वारा आर्य भाषाओं के ग्रहण करने की जिस अनिवार्य प्रक्रिया की ओर डॉ. चाटुर्ज्या ने संकेत किया है,[2] छत्तीसगढ़ में उस प्रक्रिया की वाहिका या तो छत्तीसगढ़ी (बस्तर के काँकेर क्षेत्र एवं पूर्व म. प्र. के रायपुर, बिलासपुर, दुर्ग, रायगढ़ एवं सुरगुजा जिलों में) है अथवा हल्बी एवं भतरी (काँकेर को छोड़कर शेष समस्त बस्तर क्षेत्र में) है।

1. परजी सम्बन्धी विस्तृत विवेचन के लिए—दे. टी. वरी एवं एस. भट्टाचार्य कृत 'द परजी लैंग्वेज—ए ड्रेवेडियन लैंग्वेज ऑफ बस्तर' (स्टीफेन आस्टिन ऐंड संस, लिमिटेड, हर्टफोर्ड, 1953) द्वारा प्रकाशित।
2. दे. डॉ. सुनीतिकुमार चाटुर्ज्या, भारत की भाषाएँ और भाषा सम्बन्धी समस्याएँ, पृ. 38

छत्तीसगढ़ क्षेत्र में प्रचलित आर्य परिवार की विभिन्न बोलियों का संक्षिप्त परिचय प्रस्तुत है :

(क) छत्तीसगढ़ी : इसका परिचय खंड 2 में दिया गया है।

(ख) भतरी और उसकी उपबोलियाँ

सामान्य परिचय : भतरी बस्तर क्षेत्र के भतरा लोगों की बोली है। भतरा लोगों के अतिरिक्त महरा और पनारा जाति के लोग भी इस बोली का प्रयोग करते हैं। भतरी का क्षेत्र जगदलपुर तहसील के पूर्वोत्तर में है। भतरी पर एक ओर हल्बी का प्रभाव है और दूसरी ओर उड़िया का। डॉ. ग्रियर्सन ने भतरी को उड़िया की यथार्थ विशुद्ध बोली माना है।[1] किन्तु उन्होंने जिस भतरी का उल्लेख किया है वह उड़ीसा में बोली जानेवाली भतरी है। बस्तर में जिस भतरी का प्रयोग होता है उस पर हल्बी का पर्याप्त प्रभाव है। वास्तव में बस्तर क्षेत्र के धनपूँजी ग्राम को भतरी की वह सीमा माननी चाहिए जहाँ से वह उड़ीसा में प्रवेश करती है और कोटपाड़ तक चली जाती है। 1951 और 1961 की जनगणना के अनुसार भतरी बोलने वालों की बस्तर क्षेत्रान्तर्गत कुल संख्या क्रमशः 62,583 और 85048 थी।

भतरी का उदाहरण : मोर नाँव घूरन आय (आचे)। मुँइ दनपुंजी गाएँ रहबी आचे। मोर बुआ पीला बेरा मरी गला। मके तार सूरता नी आय। मके नोर आया पोसली आचे। मोर (मोअरी) दादा बिलाई थाने (ताने) बूता करबाबाजे लागला आचे। सूरू इसकूल (ताने) पड़सी आचे आउर बलसी आचे पड़ी लिखी करी साहब बनबी आउर राजराज बूलबी। हँइ बाटे जीबा काजे मोर मन पनि आचे मातर हइबाटे गले गर दुआर कौन दक्सी। आया एकेदायंडो करी ओयला आचे। आँतार आत पाँय ना चले। आमी गोटोक बेरा दादा थाने (ताने) बिलाई जीबू इति आमर मन ना लागे। आँती बऊ आचे आउर आँतार पीला पिचका आचत बऊ मोके नंगत मया करु आय। हँइ राजमंजन बूता करते रहुआय। मुँह आँतार काजे झपके बुआरी अनबी।

—(धनपूँजी गाँव के घूरन भतरा, आयु 34 वर्ष से प्राप्त)

भतरी की कतिपय सामान्य विशेषताएँ : ऊपर के उदाहरण से स्पष्ट है कि भतरी बोली में जिसे ठेठ भतरी बोलने वाला 'बतरी बली' कहेगा, महाप्राण ध्वनियों का अभाव है। सारा काम अल्पप्राण ध्वनियों से ही चलाया जाता है जैसे हाथ के लिए आत, भात के लिए बात, खाना के लिए काना, धनपूँजी के लिए दनपूँजी इत्यादि। छत्तीसगढ़ी की तरह भतरी में भी क्रियाओं में लिंगभेद नहीं होता, जैसे :

बाई जायसी आचे (भाई जाता है)।

बहन जायसी आचे (बहन जाती है)।

भतरी में छत्तीसगढ़ी और हल्बी की भाँति मन अथवा खूबे लगाकर एकवचन से बहुवचन रूप बनाए जाते हैं, जैसे—देवतामन, खूबे घोड़ा।

---

1. दे. डॉ. ग्रियर्सन, लिंग्विस्टिक सर्वे ऑफ इंडिया, खंड 1, भाग 1 (अनु. डॉ. उदयनारायण तिवारी), पृ. 271

भतरी की उपबोली : कुंबुचिया जिसे कुनबुचिया, बुचिया अथवा मुचिया भी कहते हैं, भतरी की उपबोली है। यह बस्तर की पूर्वी सीमा पर स्थित तारापुर, बजाबंड एवं नलपाबंड गाँवों में बोली जाती है। ये सभी गाँव उड़ीसा की सीमा से लगे हुए हैं। अतः कुंबुचिया बोली पर उड़ीसा की बहुत अधिक छाप है। कहा जा सकता है कि छत्तीसगढ़ में बोली जानेवाली भतरी उड़ीसा में बोली जानेवाली भतरी से कुंबुचिया के माध्यम से मिलती है। कुंबुचिया बोलने वाले सौ से अधिक नहीं होंगे।

(ग) आर्य परिवार की अन्य बोलियाँ

आर्य परिवार की जिन बोलियों की अभी चर्चा की गई है, उनके अतिरिक्त छत्तीसगढ़ के सीमान्तों पर आर्य परिवार की भोजपुरी, बघेली, मराठी, बुन्देलखंडी, उड़िया, मगही आदि अन्य बोलियाँ एवं भाषाएँ भी प्रचलित हैं। विद्यालयों में हिन्दी (खड़ीबोली) के माध्यम से शिक्षित होने के कारण छत्तीसगढ़ का शिक्षित वर्ग खड़ीबोली का भी प्रयोग करता है। देश के विभाजन के पश्चात् सिन्धी, पंजाबी एवं बंगाली आर्य भाषाओं का प्रयोग करने वाली पर्याप्त जनसंख्या छत्तीसगढ़ की स्थायी निवासिनी हो गई। अतः सिन्धी, पंजाबी एवं बंगाली भाषाएँ भी छत्तीसगढ़ क्षेत्र में प्रचलित हैं। ये बोलियाँ छत्तीसगढ़ी एवं उसकी उपबोलियों पर धीरे-धीरे अपना प्रभाव डालने में सफल सिद्ध हो रही हैं।

खंड-2

छत्तीसगढ़ी बोली का सामान्य परिचय

1. हिन्दी की बोलियों में छत्तीसगढ़ी का स्थान

छत्तीसगढ़ी बोली भाषाओं के भारोपीय परिवार के भारत-ईरानी वर्ग की भारतीय आर्य शाखा की आधुनिक कालीन मध्य उपशाखा के पूर्वी हिन्दी नामक मध्य समुदाय की एक सदस्या है। भारतीय आर्य भाषाओं का वर्गीकरण डॉ. ग्रियर्सन एवं डॉ. सुनीतिकुमार चाटुर्ज्या ने यद्यपि भिन्न[1] प्रकार से किया है किन्तु दोनों विद्वानों ने छत्तीसगढ़ी को पूर्वी हिन्दी के अन्तर्गत समाहित किया है। डॉ. ग्रियर्सन ने पूर्वी हिन्दी को आधुनिक आर्यावर्ती भाषाओं की बीच की उपशाखा के बीच के समुदाय में परिगणित किया है[2] और डॉ. चाटुर्ज्या ने उसे मध्यदेशीय समुदाय के अन्तर्गत।[3] जहाँ तक हिन्दी की बोलियों में छत्तीसगढ़ी का स्थान निर्धारित करने का प्रश्न है, इन दोनों विद्वानों की धारणा एक जैसी है।[4] पूर्वी हिन्दी जिन तीन बोलियों का सम्मिलित संज्ञाबोध है, उनमें निम्न बोलियों की गणना होती है—(क) अवधी (ख) बघेली और (ग) छत्तीसगढ़ी।

पूर्वी हिन्दी की इन तीनों बोलियों में पूर्ण समता है। बघेली और अवधी में तो इतना कम अन्तर है कि इन दोनों को पृथक् मानना उपयुक्त नहीं माना जाता। सच तो यह है कि ग्रियर्सन महोदय ने जनता में प्रचलित भावना का ध्यान रखकर ही बघेली को पृथक् बोली के रूप में अपने भाषा सर्वेक्षण में स्थान दिया था। मराठी और उड़िया का पड़ोस होने के कारण छत्तीसगढ़ी की स्थिति अवश्य किंचित् विशिष्ट है परन्तु अवधी के साथ उसका भी अत्यन्त घनिष्ठ सम्बन्ध है। पूर्वी हिन्दी का एक अन्य नाम कोसली भी है।

---

1. (क) आधुनिक भारतीय आर्य भाषाओं के डॉ. ग्रियर्सन द्वारा किए गए वर्गीकरण के लिए कृपया देखिए लिंग्विस्टिक सर्वे ऑफ इंडिया, वाल्यूम 1, पार्ट 1, पृ. 20

   (ख) डॉ. सुनीतिकुमार चाटुर्ज्या द्वारा किए गए वर्गीकरण के लिए कृपया देखिए भारत की भाषाएँ और भाषा सम्बन्धी समस्याएँ, पृ. 150?
2. दे. डॉ. धीरेन्द्र वर्मा—हिन्दी भाषा का इतिहास, भूमिका, पृ. 51 पर उद्धृत कोष्ठक।
3. वही, पृ. 53
4. दे. डॉ. भालचन्द्र राव तेलंग, छत्तीसगढ़ी, हल्बी, भतरी बोलियों का भाषावैज्ञानिक अध्ययन, पृ. 11

यदि इस प्राचीन नाम को स्वीकार कर लिया जाए तो छत्तीसगढ़ी भाषा भी इसके अन्तर्गत आ जाएगी।[1] वस्तुतः पूर्वी हिन्दी की सभी बोलियों में प्रकृतिगत साम्य के दर्शन होते हैं जो स्वाभाविक ही हं।

2. छत्तीसगढ़ी के नाम

छत्तीसगढ़ी बोली का नामकरण छत्तीसगढ़ जनपद के नाम के आधार पर हुआ है। छत्तीसगढ़ शब्द की विस्तृत व्याख्या पहले की जा चुकी है। इसी छत्तीसगढ़ की सामान्य जनता के सामान्य व्यवहार की बोली का नाम छत्तीसगढ़ी है।

3. छत्तीसगढ़ी का इतिहास

छत्तीसगढ़ी के जन्म के सम्बन्ध में विद्वानों में सहमति नहीं है। ग्रियर्सन हिन्दी की अन्य पूर्वी बोलियों की तरह छत्तीसगढ़ी का जन्म अर्धमागधी से मानते हैं।[2] हिन्दी की पूर्वी बोलियों के पश्चिम में प्रचलित ब्रज आदि बोलियों का सम्बन्ध शौरसेनी से तथा पूर्व में प्रचलित भोजपुरी आदि बोलियों का सम्बन्ध मागधी से माना जाता है। इसी आधार पर इन दोनों के मध्य में स्थित अवधी, बघेली एवं छत्तीसगढ़ी बोलियों का सम्बन्ध ग्रियर्सन ने अर्धमागधी से माना है। किन्तु 'अवधी का विकास' के अध्येता डॉ. बाबूराम सक्सेना को अर्धमागधी एवं अवधी के तुलनात्मक अध्ययन के फलस्वरूप ग्रियर्सन महोदय का मत निराधार प्रतीत हुआ है।[3] डॉ. सक्सेना अवधी का सम्बन्ध अर्धमागधी की अपेक्षा पाली से जोड़ने के पक्ष में हैं और वे अवधी की उत्पत्ति प्राचीन अर्धमागधी से मानते हैं जो बाद की अर्धमागधी से पर्याप्त रूपेण भिन्न है। किन्तु अधिकांश भाषाविद् पूर्वी हिन्दी की भाषागोष्ठी की विभिन्न बोलियों को अर्धमागधी से ही विकसित मानना अधिक संगत समझते हैं।

छत्तीसगढ़ी छत्तीसगढ़ की मूल बोली नहीं है। राजा कल्याणशाह के समय तक इस क्षेत्र की बोली को छत्तीसगढ़ी नाम नहीं मिला था। यद्यपि विद्वानों का अनुमान है कि प्रस्तुत क्षेत्र में तत्कालीन प्रचलित बोली का रूप आज की छत्तीसगढ़ी के समान ही रहा होगा।[4] ग्रियर्सन के मतानुसार छत्तीसगढ़ अर्थात् प्राचीन दक्षिण कोसल में छत्तीसगढ़ी बोली अवध और उत्तर प्रदेश में अवस्थित आर्यों द्वारा जबलपुर और मंडला के मार्ग से होती हुई आई है। इस बात की पूरी सम्भावना है कि रत्नपुर राज्य के हैहयवंशी संस्थापक जबलपुर और मंडला के मार्ग से ही महाकौसल में आए हों। अपने साथ वे

---

1. डॉ. उदयनारायण तिवारी, हिन्दी भाषा का उद्‌गम और विकास, पृ. 267
2. दे. डॉ. ग्रियर्सन, लिंग्वस्टिक सर्वे ऑफ इंडिया (वाल्यूम 6, ईस्टर्न हिन्दी), इंट्रोडक्शन, पृ. 3
3. दे. डॉ. बाबूराम सक्सेना, इवोल्यूशन ऑफ अवधी, पृ. 7-8
4. दे. लोचनप्रसाद पाण्डेय, ए ग्रामर ऑफ छत्तीसगढ़ी डायलेक्ट, पृ. 6

अपनी बोली भी निश्चय ही लाए होंगे। धीरे-धीरे परदेसियों की वह बोली स्थानीय बोलियों से घुल-मिल गई और पारस्परिक प्रभाव तथा भौगोलिक एकान्त के कारण उसमें अपनी विशेषताएँ उत्पन्न हो गईं। छत्तीसगढ़ी बोली हिन्दी की पूर्वी उपशाखा की दूसरी बोली अवधी से बहुत मिलती-जुलती है। "अवधी और छत्तीसगढ़ी का इतना अधिक मेल है कि एक बोली बोलने वाला मनुष्य दूसरी बोली को बड़ी सरलता से समझ लेता है। हमने तो एक उत्तर प्रदेशीय को यह कहते सुना था कि 'काबर, कसगा, तोला, मोला, सिरतोन, लबारी, गोकी, बाप की' नामक सूत्र याद रख लिया जाए तो छत्तीसगढ़ी सीखे बिना ही उसे छत्तीसगढ़ी आ जाएगी, क्योंकि इतने ही शब्दों का प्रयोग अवधी को सरलतापूर्वक छत्तीसगढ़ी रूप देने के लिए प्रर्याप्त है।"[1] निःसन्देह यह उक्ति की अतिरंजना है किन्तु इसमें सन्देह नहीं है कि अवधी और छत्तीसगढ़ी अत्यन्त आत्मीय बोलियाँ हैं। डॉ. ग्रियर्सन ने जब यह दावा किया था कि छत्तीसगढ़ी बोलने वाले व्यक्ति को अवधी सीखने में सप्ताह भर से अधिक का समय नहीं लगेगा, तो वे इसी आत्मीय सम्बन्ध की ओर संकेत कर रहे थे। छत्तीसगढ़ी और अवधी में अब यद्यपि भौगोलिक एवं ऐतिहासिक कारणों से पर्याप्त वैभिन्न्य हो गया है किन्तु इसमें सन्देह नहीं कि आज से लगभग चार सौ वर्ष पूर्व दोनों बोलियों में समता के अनेक लक्षण अधिक मात्रा में और अधिक स्पष्टता के साथ दृष्टिगोचर होते होंगे।[2] अवधी के महाकाव्य 'रामचरितमानस' और 'पद्मावत' की भाँति छत्तीसगढ़ी के भी तत्कालीन काव्य ग्रन्थों की विरासत यदि हमें प्राप्त हुई होती तो दोनों बोलियों का ऐतिहासिक कालक्रम की दृष्टि से समता एवं पार्थक्य का अध्ययन अत्यन्त रोचक एवं महत्त्वपूर्ण सिद्ध होता। किन्तु प्रस्तुत स्थिति में भी हम चार शताब्दी पूर्व दोनों बहनों के क्या घनिष्ठ सम्बन्ध थे और दोनों में कितनी समता थी, इसका अनुमान लगा सकते हैं। तुलसी एवं जायसी ने अपनी रचनाओं में विशुद्ध अवधी के बीच ठेठ छत्तीसगढ़ी लगने वाले अनेक शब्दों के प्रयोग किए हैं जैसा कि निम्नलिखित उदाहरणों से सिद्ध होता है :

(क) अवधी के महाकवि मलिक मुहम्मद जायसी द्वारा प्रयुक्त शब्दों से छत्तीसगढ़ी शब्दों की समता :

आगर–अधिक (सूर चाहि दस आगर करा। प. 16। 5)
आनि–लाकर (अमृत आनि कपूर सुबासू। प. 31। 2)
कर–का (का निचिंत माटी कर भाँड़ा? प. 42। 4)
काकर–किसका (काकर सुख, काकर यह काया। प. 133। 1)
काँदों–कीचड़ (पछलहिं कहँ नहिं काँदो आँटा। प. 14। 7)
चाँटा–चींटी (जावत जगत हस्ति औ चाँटा। प. 5। 2)
झूरै–व्यर्थ (झूरै ठाढ़ हों, काहे क आवा? प. 771। 2)

1. काशीप्रसाद मिश्र, शुक्ल अभिनन्दन ग्रन्थ में संकलित 'छत्तीसगढ़ी बोली' नामक लेख, पृ. 133
2. लोचनप्रसाद पाण्डेय, ए ग्रामर ऑफ छत्तीसगढ़ी डायलेक्ट, पृ. 3

बानी–आकार (जरी विरह भई कोइल बानी। प. 389। 2)
मया–प्रेम (जो तुम मया कीन्ह पगु धारा। प. 229। 5)
रूख–वृक्ष (ऊपर पाल चहूँ दिसि अमृत फल सब रूख। प. 31। 8)

(ख) अवधी के महाकवि तुलसीदास द्वारा प्रयुक्त शब्दों से छत्तीसगढ़ी शब्दों की समता–

अँजोरी–प्रकाश (रवि सम्मुख खद्योत अँजोरी। मा. 3। 11। 1)
गरू–भारी (जोग ज्ञानहू तें गरू गनियत है। वि. 183)
चटकन–तमाचा (विकट चटकन चपट, चरन गहि पटक महि। क. 6। 46)
चिन्हारी–परिचय (कुसमय जानि न कीन्हि चिन्हारी। मा. 1। 50। 1)
छूँछा–खाली, रिक्त (प्रेम भरा मन निज गति छूँछा। मा. 2। 242। 4)
छौड़ी–लड़की (छलिन की छौड़ी सो निगोड़ी छोटी जाति पाँति। क. 7। 18)
जर–ज्वर (जरहिं विषम जर लेहिं उसासा। मा. 2। 51। 3)
डोंगर–पहाड़ (चित्रविचित्र मृग डोलत डोंगर डाँग। गी. 2। 47
फुर–सत्य (वामदेव फुर, नाम काममद मोचन। पा. 58)
राउर–आपका (जौ राउर आयसु मैं पावौं। मा. 1। 218। 3)
रूख–वृक्ष (रूख कलप तरु सागरु खारा। मा. 2। 119। 2)
सूतना–सोना (क्रि.) (जिमि टिट्टिभ खग सूत उताना। मा. 6। 40। 3)

छत्तीसगढ़ी बोली हैहयवंशी तथा गोंड राजाओं के संरक्षण में सामान्य जनता की बोली के रूप में विकसित हुई है अतः यह स्वाभाविक ही है कि इस पर अनेक प्रभाव पड़े हों। विद्वानों की मान्यता है कि छत्तीसगढ़ी परसर्ग 'ले' नेपाली की देन है। 'मु', 'मुइ', 'तुइ' जैसे रूपों पर बँगला एवं उड़िया की छाप है। बहुवचन वाची प्रत्यय 'मन' पर उड़िया का ऋण स्वीकार किया जाता है। 'हर' प्रत्यय का सम्बन्ध पं. लोचनप्रसाद पाण्डेय ने बुन्देलखंडी से जोड़ा है। 'ला' (कर्मकारक चिह्न) तथा 'च्च' अथवा 'च' (जोर देने के लिए प्रयुक्त) पर मराठी का प्रभाव है। इसी प्रकार मुंडा बोलियों के भी अनेक शब्द छत्तीसगढ़ी में प्रचलित हैं। छत्तीसगढ़ी की पाचन शक्ति अत्यन्त तीव्र है, सन्देह नहीं।[1]

4. छत्तीसगढ़ी का विस्तार

छत्तीसगढ़ी छत्तीसगढ़ राज्य की बोली है जो पूर्व मध्य प्रदेश राज्य के 180° और 240° उत्तर अक्षांश तथा 80° और 84° पूर्वी देशान्तर के मध्य फैला हुआ है। इस प्रकार छत्तीसगढ़ के सभी जिलों में बोली जाती है। ये जिले सम्य-समय पर अपने प्रस्तुत रूप में निर्मित हुए हैं। इसके पहले छत्तीसगढ़ क्षेत्र में दुर्ग, रायपुर और बिलासपुर के ब्रिटिश जिलों के अतिरिक्त निम्नलिखित देशी रियासतें भी थीं :

1. पूर्वी हिन्दी और उसकी विभिन्न बोलियों की उत्पत्ति के सम्बन्ध में प्रचलित वाद-विवाद के लिए डॉ. उदयनारायण तिवारी कृत हिन्दी भाषा का उद्‌गम और विकास, पृ. 270, 271, 272 दृष्टव्य हैं।

1. कोरिया	6. रायगढ़	11. कवर्धा
2. चाँगभखार	7. सारंगगढ़	12. खैरागढ़
3. सुरगुजा	8. सक्ती	13. छुईखदान
4. उदयपुर	9. बस्तर	14. नाँदगाँव
5. जसपुर	10. काँकेर	

छत्तीसगढ़ी छत्तीसगढ़ के समस्त निवासियों की मातृ बोली नहीं है। सम्पूर्ण छत्तीसगढ़ क्षेत्र में निषाद एवं द्राविड़ परिवार की अनेक आदिम वन प्रजातियाँ निवास करती हैं। इन प्रजातियों में कुर्क, खरिया, खेरवारी, गदवा, शवरा, कुरुख, गोंड, दोरला और धुरवा, परजा मुख्य हैं। इन प्रजातियों की विशेषता यह है कि ये सभी अपनी आदिम बोली के साथ-साथ छत्तीसगढ़ी का भी ज्ञान रखती हैं और अपनी प्रजाति के बाहर का समस्त लोक-व्यवहार छत्तीसगढ़ी के ही माध्यम से सम्पन्न करती हैं। डॉ. चाटुर्ज्या ने आर्येतर बोलियों के आर्य बोलियों द्वारा अपदस्थ किए जाने का जो संकेत किया है, वह छत्तीसगढ़ में अत्यन्त स्पष्ट रूप में परिलक्षित होता है।[1] छत्तीसगढ़ में आग्नेय अथवा द्राविड़ भाषी व्यक्ति को छत्तीसगढ़ी आती ही है। अतः यह निर्विवाद भाव से कहा जा सकता है कि छत्तीसगढ़ की समस्त जनसंख्या मातृभाषा अथवा सम्पर्क भाषा के रूप में छत्तीसगढ़ी का प्रयोग करती है। छत्तीसगढ़ी छत्तीसगढ़ की सामान्य जनता के सामान्य व्यवहार की बोली है। छत्तीसगढ़ क्षेत्र के बाहर छत्तीसगढ़ी अनेक रूपों में मंडला, भंडारा, बालाघाट, चाँदा, सम्बलपुर एवं छोटानागपुर के सीमावर्ती क्षेत्रों में प्रयुक्त होती है। बिहार, बंगाल, आसाम आदि प्रान्तों के चाय बागानों, कल-कारखानों, खदानों आदि में काम करने वाले छत्तीसगढ़ी व्यक्ति भी छत्तीसगढ़ी ही बोलते हैं।[2]

5. छत्तीसगढ़ी बोलने वालों की संख्या

विभिन्न जनगणनाओं के समय छत्तीसगढ़ी बोलने वालों की संख्या का अनुमान निम्न तालिका से लगाया जा सकता है :

जनगणना का वर्ष	छत्तीसगढ़ी बोलने वालों की संख्या
1901	31,89,502
1911	9,99,472
1921	19,55,940
1931	30,11,124
1951	32,83,251
1961	99,55,498
2001	2,00,00,795

1. दे. डॉ. सुनीतिकुमार चाटुर्ज्या, भारत की भाषाएँ और भाषा सम्बन्धी समस्याएँ, पृ. 38
2. 1998 में छत्तीसगढ़ के पुराने 7 जिलों को पुनर्गठित कर 9 नए जिलों की घोषणा की गई है। इन 16 जिलों का उल्लेख पूर्व में किया जा चुका है।

1901 से लेकर 1931 तक के आँकड़े पूर्णतः सत्य नहीं कहे जा सकते क्योंकि दुर्ग, कोरिया, सुरगुजा, जसपुर आदि के उन अनेक व्यक्तियों को पश्चिमी हिन्दी बोलने वाला मान लिया गया था जो वस्तुतः छत्तीसगढ़ी बोलते थे। 1931 की जनगणना प्रतिवेदन में छत्तीसगढ़ी भाषियों की संख्या निश्चय ही भ्रामक है। वस्तुतः यह संख्या 41 लाख से अधिक होनी चाहिए जैसाकि सेंसस ऑफ इंडिया, 1931, वाल्यूम 12, पृष्ठ 316 पर दी गई तालिका से प्रकट होता है। 1951 की जनगणना प्रतिवेदन में विलासपुर जिले में छत्तीसगढ़ी भाषियों की संख्या केवल 20 और सुरगुजा में 0 बताई गई है। यह संख्या निश्चय ही भ्रामक है। वर्तमान में छत्तीसगढ़ी बोलने वालों की संख्या दो करोड़ के लगभग है।

6. छत्तीसगढ़ी के विभिन्न रूप

डॉ. ग्रियर्सन का वर्गीकरण : डॉ. ग्रियर्सन ने छत्तीसगढ़ी को निम्न क्षेत्रीय अथवा जातीय बोलियों के रूप में स्वीकार किया है।[1] ये क्षेत्रीय अथवा जातीय रूप हैं :

1. छत्तीसगढ़ी अथवा लरिया,
2. खल्टाही,
3. सुरगुजिया,
4. सदरी कोरबा,
5. बैगानी,
6. बिंझवारी,
7. कलंगा और भूलिया।

उपर्युक्त विभाजन में डॉ. ग्रियर्सन ने जिन आधारों का आश्रय लिया है वे हैं-- (1) भौगोलिक आधार (2) जातिगत आधार। खल्हाटी और सुरगुजिया बोली छत्तीसगढ़ी के क्षेत्रीय आधारों पर निश्चित किए गए रूप हैं जबकि सदरी कोरबा, कलंगा और भूलिया, बिंझवारी, बैगानी जैसे रूपों का आधार जातिगत है। डॉ. ग्रियर्सन ने रायपुर, बिलासपुर और कबर्धा, खैरागढ़, छुईखदान, नाँदगाँव की बोलियों को आदर्श छत्तीसगढ़ी की मान्यता प्रदान की है और उसे छत्तीसगढ़ी अथवा लंरिया कहा है। डॉ. ग्रियर्सन ने बस्तर जैसे विशाल क्षेत्र में बोली जानेवाली छत्तीसगढ़ी की पूर्णतया उपेक्षा की है। डॉ. ग्रियर्सन के विभाजन में त्रुटि यह है कि कलंगा और भूलिया, बिंझवारी एवं बैगानी नामक बोलियाँ छत्तीसगढ़ी के क्षेत्रीय रूप न होकर इन्हीं नामों की विभिन्न जातियों द्वारा छत्तीसगढ़ी के संकर रूप भर हैं, जैसे बिंझवार बिंझवारी बोलते हैं और बैगा बैगानी। कलंगा और भूलिया सोनपुर और पटना के जुलाहों की बोलियाँ हैं। सोनपुर और कलंगा की रियासतें अब उड़ीसा के अन्तर्गत हैं। बिलासपुर जिले के चन्द्रपुर

1. दे. डॉ. ग्रियर्सन, लिंग्विस्टिक सर्वे ऑफ इंडिया, ईस्टर्न हिन्दी, खंड 6

पदमपुर के मालियों की बोली भी कलंगा और भूलिया से मिलती-जुलती है। वास्तव में इसे कलंगा और भूलिया न कहकर लरिया ही कहना चाहिए।[1] डॉ. ग्रियर्सन ने इन बोलियों को विकृत छत्तीसगढ़ी कहा है। निकटवर्ती इतर बोलियों के प्रभाव के कारण इनका रूप छत्तीसगढ़ी के मूलरूप से किंचित् भिन्न हो गया है। इन्हें पृथक् उपबोलियों के रूप में मान्यता देना उचित नहीं है। कलंगा और भूलिया के प्रसंग में तो ग्रियर्सन महोदय ने स्पष्टतः स्वीकार किया है कि ये दोनों पृथक् बोली के रूप में मान्य किए जाने योग्य नहीं है। वस्तुतः किसी भी अन्य बोली की तरह छत्तीसगढ़ी के विभिन्न रूपों के विश्लेषण एवं वर्गीकरण के निमित्त जातिगत (जैसे कलंगा, भूलिया, बैगा आदि) आधार को मान्यता देना बहुत समीचीन नहीं कहा जा सकता। किसी भी बोली के उपरूपों के निर्धारण में उस क्षेत्र की भौगोलिक स्थिति की उपेक्षा नहीं की जा सकती।

वर्गीकरण का भौगोलिक आधार : जैसाकि पहले कहा जा चुका है, मोटे तौर पर छत्तीसगढ़ निम्नलिखित प्राकृतिक विभागों में विभक्त किया जा सकता है :

(1) सतपुड़ा की उच्चसम भूमि,

(2) छत्तीसगढ़ का मैदान,

(3) बस्तर का पहाड़ी विभाग।

छत्तीसगढ़ी बोली के क्षेत्रीय रूपों पर इस प्राकृतिक विभाजन का गम्भीर प्रभाव है। वास्तव में इन भौगोलिक सीमाओं के कारण ही छत्तीसगढ़ी विभिन्न उपरूप ग्रहण करने के लिए बाध्य हुई है। सतपुड़ा की उच्चसम भूमि छत्तीसगढ़ क्षेत्र का पूर्व से पश्चिम तक फैला हुआ उत्तरी सीमान्त है। इस भूभाग में छत्तीसगढ़ी का वह रूप प्रचलित है जिसे सुरगुजिया कहते हैं। छत्तीसगढ़ की उच्चसम भूमि जहाँ छोटानागपुर के पठार से मिलती है, वहाँ छत्तीसगढ़ी के उस विशिष्ट रूप का प्रसार है जिसे नागपुरिया कहा जा सकता है। छत्तीसगढ़ का मैदान छत्तीसगढ़ क्षेत्र का मध्यवर्ती भाग है—यत्किंचित् परिवर्तनों के साथ बोली जानेवाली परिनिष्ठित या साधु छत्तीसगढ़ी का भूभाग यही है। मैदान में बोली जानेवाली छत्तीसगढ़ी पूर्व में बढ़ती हुई उड़िया में पर्यवसित हो जाती है। इस प्रकार छत्तीसगढ़ के मैदान के पूर्वी सीमान्त पर छत्तीसगढ़ी का वह रूप प्रचलित है जो लरिया के नाम से अभिहित किया जाता है। वास्तव में केन्द्रीय छत्तीसगढ़ी लरिया द्वारा उड़िया से अपना पार्थक्य स्थापित करती है। छत्तीसगढ़ के मैदान के पश्चिम में खलौटी का क्षेत्र है। खलौटी की बोली खल्टाही को हम मैदानी छत्तीसगढ़ी का पश्चिमी रूप कह सकते हैं।

बस्तर का पठार छत्तीसगढ़ का दक्षिणी भाग है। इस समस्त भूभाग में हल्बी 'लिंग्वा फ्रेंका' के रूप में प्रचलित है। वस्तुतः हल्बी को हम छत्तीसगढ़ी का दक्षिणी रूप कह सकते हैं।

---

1. दे. लोचनप्रसाद पाण्डेय, ए ग्रामर ऑफ छत्तीसगढ़ी डायलेक्ट, परिचय खंड।

उपर्युक्त विवेचन के आधार पर छत्तीसगढ़ी के विभिन्न उपरूपों का निर्धारण निम्न प्रकार से किया जा सकता है :

(1) सतपुड़ा की उच्चसम भूमि में बोली जानेवाली छत्तीसगढ़ी,
(2) मैदानी विभाग में बोली जानेवाली छत्तीसगढ़ी,
(3) बस्तर के पठार में बोली जानेवाली छत्तीसगढ़ी।

(1) सतपुड़ा की उच्चसम भूमि में बोली जानेवाली छत्तीसगढ़ी को हम उत्तरी छत्तीसगढ़ी कह सकते हैं। उत्तरी छत्तीसगढ़ी के निम्नलिखित रूप हैं :
  (क) सुरगुजिया,
  (ख) नागपुरिया।

(2) मैदानी विभाग में बोली जानेवाली छत्तीसगढ़ी को मध्य छत्तीसगढ़ी कहा जा सकता है जिसके निम्नलिखित भेद हैं :
  (क) केन्द्रीय छत्तीसगढ़ी,
  (ख) पूर्वी छत्तीसगढ़ी (लरिया),
  (ग) पश्चिमी छत्तीसगढ़ी (खल्टाही)।

(3) बस्तर के पठार में बोली जानेवाली छत्तीसगढ़ी को दक्षिणी छत्तीसगढ़ी की अभिधा दी जा सकती है। इसका नामकरण बस्तरिया (हल्बी) किया गया है।

उपर्युक्त विभाजन में केवल भौगोलिक आधार को ही दृष्टिगत रखा गया है। इसमें ग्रियर्सन द्वारा परिगणित समस्त रूप आ गए हैं। कलंगा और भूलिया तथा बिंझवारी का समावेश लरिया के अन्तर्गत हो गया है, बैगानी की परिगणना खलौटी के रूप में की गई है। सदरी कोरबा जिसे नागपुरिया कहना अधिक संगत जान पड़ता है, उत्तरी छत्तीसगढ़ी के एक विशिष्ट उपरूप के रूप में परिगणित की गई है। डॉ. ग्रियर्सन ने भ्रमवश हल्बी को छत्तीसगढ़ी की शैली न मानकर मराठी की शैली मानना अधिक समीचीन समझा था। किन्तु वस्तुतः हल्बी जिसे बस्तरिया भी कहा जाता है, छत्तीसगढ़ी का दक्षिणी रूप मात्र है।

ध्वनि, रूप एवं अर्थ की निजी विशिष्टताओं से समन्वित छत्तीसगढ़ी बोली के जिन क्षेत्रीय रूपों की परिकल्पना अभी की गई है उनका संक्षिप्त विवरण प्रस्तुत है। सुविधा के लिए सर्वप्रथम मध्य छत्तीसगढ़ी का परिचय दिया जा रहा है।

1. मध्य छत्तीसगढ़ी

(क) केन्द्रीय या परिनिष्ठित या साधु छत्तीसगढ़ी

प्राचीन काल में दक्षिण कौशल की राजधानी रतनपुर (आजकल बिलासपुर जिले में) की छत्तीसगढ़ी को परिनिष्ठित या साधु (स्टैंडड) छत्तीसगढ़ी की प्रतिष्ठा प्राप्त थी। वर्तमान स्थिति में रायपुर, बिलासपुर जिले के दक्षिणी भाग, रायगढ़ जिले के पश्चिमी भाग एवं

दुर्ग जिले के पूर्वी भाग के साथ ही इन क्षेत्रों के नए जिलों में बोली जानेवाली छत्तीसगढ़ी परिनिष्ठित या साधु छत्तीसगढ़ी कही जा सकती है। ग्रियर्सन ने रायपुर, बिलासपुर और कबर्धा, छुईखदान, खैरागढ़, नाँदगाँव एवं काँकेर (भूतपूर्व देशी रियासतों) की छत्तीसगढ़ी को शुद्ध माना था। वास्तव में यह साधु या परिनिष्ठित छत्तीसगढ़ी भी विभिन्न क्षेत्रों में यत्किंचित् परिवर्तित रूपों में बोली जाती है। इसका कारण यही है कि छत्तीसगढ़ी का अब तक अपना कोई उल्लेखनीय लिपिबद्ध साहित्य नहीं था। यही कारण है कि केवल मौखिक बोली होने के कारण छत्तीसगढ़ी का पूर्ण वैज्ञानिक एवं सर्वसम्मत आदर्श रूप अभी तक प्रतिष्ठित नहीं हो पाया है। रायपुर के साहित्यकार रायपुर जिले में और वह भी रायपुर नगर में बोली जानेवाली छत्तीसगढ़ी को ही एकमात्र परिनिष्ठित रूप मानते हैं। किन्तु यह सत्य नहीं है। इधर छत्तीसगढ़ी में साहित्य, समाचारपत्रों एवं आकाशवाणी के माध्यम द्वारा जिस छत्तीसगढ़ी को अंगीकार किया गया है वह न्यूनाधिक रायपुर की ही बोली है किन्तु अन्य क्षेत्रों के साहित्यकार भी अपनी-अपनी विशेषता सम्पन्न छत्तीसगढ़ी में साहित्य लेखन कर रहे हैं और कुछ वर्षों पश्चात् छत्तीसगढ़ी के जिस परिनिष्ठित रूप का उदय होगा उसमें सभी क्षेत्रों की विशेषताओं का समाहार होगा, इसमें सन्देह नहीं।

परिनिष्ठित या साधु छत्तीसगढ़ी के उदाहरण

बोलियों के सम्बन्ध में कोस-कोस पर बदलने का जो नियम है वह छत्तीसगढ़ी पर भी लागू होता है किन्तु यह परिवर्तन ऐसा नहीं है जो छत्तीसगढ़ी के परिनिष्ठित रूप में किसी प्रकार का व्यवधान उपस्थित करे। कतिपय ध्वनिगत अन्तरों के साथ मध्य छत्तीसगढ़ी के केन्द्रवर्ती क्षेत्रों में जो परिनिष्ठित या साधु रूप प्रचलित है उसमें जिस साम्य के दर्शन होते हैं वह निम्नलिखित उदाहरणों से भलीभाँति स्पष्ट हो जाएगा :

[1]

मोर नाम कुन्दरू हवै। मँए गोंदवारा गाँव में रहिथों। मौर ददाहा लयकईच ले संग छाँड़ दिहिस। मोला ओखर सूरता घलोक नईए। मौर दाई हर मोला सँवारिस। मौर बड़े भाईहा भिलाई में काम करे लागिसे। नानचुन (नानकुन) हा इस्कुल में पढ़थे औ कईथे कि पढ़ लिखके साहब बनहूँ। महूँला परदेस जायके मन लागथे। कहूँ महूँ बाहिर चल देवौं तो घरदुवार ला कौन देखही। दाई हर तो नीचट (गज़ब) बुढ़ा (सियान हो) गेहै। अब ओखर जाँगर नी चले। हम सबौं झन एक घाँव बड़े भाई सैर भिलाई जाते (जावो)। अब हमार मन एडहार नी लागे! उँहा भौजी हवै और ओखर लड़कामन। भौजी मोला गजब माया करते। ओहर रातिदिन बूता करतन रहिथै। तेय पायकै ओकर वर वैं भँए झटकुन देरानी लानहूँ।

—(रायपुर जिले के गोंदवारा गाँव के कुन्दरू महतो, आयु 49 वर्ष से प्राप्त)

दुर्ग जिले की छत्तीसगढ़ी रायपुर जिले की छत्तीसगढ़ी के प्रस्तुत रूप से अभिन्न है। धमतरी के दक्षिण में काँकेर तक आते-आते इस रूप में किंचित् ध्वनिगत परिवर्तन

दृष्टिगत होने लगते हैं। काँकेर की छत्तीसगढ़ी में सानुनासिकता बढ़ जाती है और वह अत्यन्त लँदरा कर बोली जाती है।

[2]

मोर नाम झिथरु हावै। मँय सबरी नारायण गाँव में रथौं। मौर ददाह नानकपन में मर गिस। मोला ओकर सुरतेच्च घलोक नी ए। मोर दाई हर मोला पोसिस। मोर बड़े भाई भिलई माँ बूता करथे। छोटे हर मँदरसा माँ पढ़थे औ ओहर कथे कि पढ़-लिख के साहब बनहूँ अउ देसविदेस तक घूमहूँ। मोहूँ घलाकौ बाहर जाँहा सोचथौं। मँय बाहर चल दहाँ त मोर घर दुआर ला कौन देखिही। दाई हर बहुत सियान हो गिस है। अब ओकर गोड़ हाथ नी चले। हम सब झन एक बार बड़े भाई के संग भिलई देखे बर जाबौन। अब हमर मन इहाँ नी लगे। उहाँ भवजी हवै अउ ओकर लोग लइका। भवजी मोला बड़ मया करथै। ओहर रात-दिन बूता करथे। मँय हपकन ओकर बर देरानी लानिहाँ।

—(बिलासपुर जिले के सिवरी नारायण गाँव के झिथरु अहिरा, आयु 51 वर्ष से प्राप्त)

[3]

रतनपुर की छत्तीसगढ़ी जो छत्तीसगढ़ी के समस्त रूपों में सर्वाधिक साधु मानी जाती है, बिलासपुर जिले के सिबरी नारायण गाँव के उपर्युक्त रूप से किंचित् भिन्न है जैसाकि निम्न अवतरण से स्पष्ट है :

मोर नाव जीतू हय। मैं रतनपुर गाँव मा रथौं। मोर बाप नानपन म मर गए रहिस। मोला ओकर सुरता नइए। मोला मोर दाई (महतारी) पोसे रहिस। मोर बड़े भाई भेलाई मा काम करत हय। छोटे भाई मदरसा म पढ़त हय अउकथै के पढ़-लिख के मैं साहेब बनिहौं अउ देश विदेस घुमिहौं। बाहिर तो महू जावे चाहत हौं। फेर मैं बाहिर चल देहौं तो घर-दुआर कौन देखिही। दाई तो सियान हो गए हय। अब ओकर हाथ गोड़ नइ चलै। हम मन सब कहूँ एक धाव बड़का भैया भेर भेलाई जाबौ। अब मोर मन इहाँ नइ लगै। उहाँ मोर भौजी अउ ओकर लइका मन हँय। भौजी मोला अघात मानथै (मया करथै)। वोहर रात-दिन बूता (काम) करत रहिथै। वोकर बर मैं जल्दीच देरानी लानिहौं।

—(श्री प्यारेलालजी गुप्त, बिलासपुर के सौजन्य से प्राप्त)

[4]

मोर ना रजधर ए। मैं चिरगापाली गाँम में रथौं। मोर दादू (सियान, बाप, बुआ) लैकाई में काल कर डारे रहिस। मोला ओकर सुरता घलौ नीए। हमर बड़काहर भिलाई में बूता करे लागिस है। छोटकाहर इस्कुल में पढ़थै अउ कथे कि पढ़-लिख के साहब बनहूँ। महूँ

बाहिर जाए बर चाहथौं पर महूँ बाहर चल दिहौं (निकर जइहौं) त घर दुआर कौन देखिही। दाई हर नीचट सियान हो गइस है। अब ओकर हाथ गोड़ नी चले। हमन सब झन एकधा बड़का करा भिलाई जाबो। अब हमर मन एअंग नी लागै। उहाँ भवजी है अउ ओकर पीलामन। भवजी मोला गजब मया करथै। ओहर राती-दिन बूता करत रथे। ओकर बर मैं अभिनेच्च देरानी लानहूँ।

—(रायगढ़ जिले के चिरगापाली गाँव के रजधर प्रसाद नायक, आयु 28 वर्ष से प्राप्त)

[5]

अभी छत्तीसगढ़ी के जिस रूप का उदाहरण प्रस्तुत किया गया है, वह बोलचाल की छत्तीसगढ़ी का है। साहित्यिक अभिव्यक्ति के माध्यम के रूप में छत्तीसगढ़ी के जिस परिनिष्ठित रूप का प्रयोग होता है, इसका उदाहरण प्रस्तुत है :

गाँव के रहइया ला, गँवइया कथें। ये बात ह आजकल एक ठन चलन होगे है; गँवइया कहवाय में कुछु लाज नइए। गाँव के रहवइया ला गँवइया नइ कहहीं त काय कहहीं। सिरतोन बात तो अइसन है कि गँवइया शब्द के मतलब आजकल बुद्धू होथे। आखिर गाँव में घला मइनसे रथें। ओमन अपन जिनगी ला सवाँगे चलाथें। खेतीबाड़ी करके दुनिया-भर के जिनगी ला पालथैं पोसथैं। उन्करो मन के सुख-दुख हावे। रमायन, महाभारत अउ गीता सही गहीर विषय के ओमन चर्चा करथैं। ये सब काम ह शहर वाला मन के पोगरी नो है। गाँववाला मन के घलो एमे हिस्सा है।

—('छत्तीसगढ़ी', जून 1955, पृ. 7 से उद्‌धृत)

छत्तीसगढ़ का उपर्युक्त रूप रायपुर जिले की सामान्य छत्तीसगढ़ी का है जिस विगत अनेक वर्षों से पत्र-पत्रिकाओं, आकाशवाणी एवं साहित्य के माध्यम से आदर्श छत्तीसगढ़ी के रूप में प्रतिष्ठित करने का प्रयास किया जा रहा है। छत्तीसगढ़ी की 'छत्तीसगढ़ी' (अब बन्द) नामक बहुचर्चित पत्रिका में इसी रूप का प्रयोग किया जाता था।

[6]

जब छत्तीसगढ़ी को किंचित् साहित्यिक अथवा गम्भीर विचारों की अभिव्यक्ति का माध्यम बनना पड़ता है तो उसका रूप इस प्रकार होता है :

छत्तीसगढ़ी पत्‌रिका के धेय जनपद ला तारब हवै। अपन जिनगी मा हम मन ला आज सरवोदय के मंगल भावना ला जियत राखब हवै। इही माँ हमर जिनगी के रस समाए है। हमला अपन पुरखौती ले चिन्हारी करै बर है। अपन पुरखामन के रहइ-बसइ ला चिन्हे बिना देस के बढ़ोत्तरी नइ होय सके। एकर बर छत्तीसगढ़िया साहित्तकार मन ला खाँद बाँधे बर परही।

—('छत्तीसगढ़ी', अप्रैल 1955, पृ. 3 से उद्‌धृत)

उपर्युक्त उदाहरणों (5 एवं 6) में तद्भव शब्दों की अपेक्षा पत्रिका, धेय सरवोदय, साहित्तकार जैसे तत्समाभास शब्दों का आधिक्य है। छत्तीसगढ़ी की अपनी कोई सुविकसित लिपिबद्ध साहित्य-परम्परा नहीं है अतः उसके शब्दकोश में तत्सम अथवा तत्समाभास शब्दों की अपेक्षा तद्भव एवं देशज शब्दों की ही प्रचुरता है। ऊपर के 5 एवं 6 संख्यक उदाहरणों में जनपद, रस जैसे विशुद्ध तत्सम शब्दों का भी व्यवहार हुआ है। यह स्वाभाविक ही है। जब हिन्दी अथवा उसकी कोई भी बोली उच्च विचारों अथवा कलात्मक भावनाओं की अभिव्यक्ति के लिए सचेष्ट होती है तो उसे अपने मूल रिक्थ संस्कृत की ओर उन्मुख होना ही पड़ता है।

(ख) पूर्वी छत्तीसगढ़ी–लरिया

सामान्य परिचय : भ्रमवश हिन्दी के भाषावैज्ञानिक अभी तक लरिया को छत्तीसगढ़ी का समानार्थी मानते रहे हैं।[1] कर्नल बाबी सम्बलपुर को उड़िया तथा रायपुर, बिलासपुर आदि को लरिया क्षेत्र मानते हैं और उन्होंने इन क्षेत्रों की बोलियों को भी क्रमशः उड़िया तथा लरिया कहा है। डॉ. हीरालाल और डॉ. भंडारकर बिलासपुर के कोटगढ़ स्थित लाढ़ा अथवा लड़हा स्थान की बोली होने के कारण छत्तीसगढ़ी को लरिया मानने के पक्ष में हैं। इन्हीं तर्कों के आधार पर डॉ. भालचन्द्र राव तैलंग ने माना है कि छत्तीसगढ़ी ही पूर्व की ओर लरिया कहलाती है।[2] वस्तुतः लरिया खल्टाही एवं सुरगुजिया की भाँति छत्तीसगढ़ी की एक उपबोली है। छत्तीसगढ़ी की पूर्वी सीमा पर स्थित उड़िया के सम्बलपुर जिले के पार्श्ववर्ती क्षेत्रों में छत्तीसगढ़ी का जो मिश्रित रूप प्रचलित है, उसे लरिया कहते हैं। स्व. लोचनप्रसाद पाण्डेय ने लिखा है–"इस क्षेत्र के निवासी अपने पश्चिम स्थित छत्तीसगढ़ प्रदेश को लरिया कहते हैं।"[3] किन्तु इसी कारण छत्तीसगढ़ी और लरिया को एक ही बोली के विभिन्न नाम नहीं मान लेना चाहिए। वस्तुतः लरिया छत्तीसगढ़ी का उड़िया मिश्रित रूप है। इस सम्बन्ध में श्री प्यारेलाल गुप्त (अब स्वर्गीय) बिलासपुर से सूचित करते हैं–"लरिया नाम ओड़ियों का दिया हुआ है और सीमा-अंचल की बोली ही लरिया कही जाती है। हमारे इधर तो सामान्य छत्तीसगढ़ी जनता जो उड़ीसा की सीमा से दूर रहती है लरिया का अर्थ ही नहीं समझती और उसे यह शब्द नया लगेगा।"[4]

---

1. दे. डॉ. ग्रियर्सन, लि. सर्वे ऑफ इंडिया पृ. 24, डॉ. उदयनारायण तिवारी–हिन्दी भाषा का उद्गम और विकास, पृ. 287 एवं डॉ. धीरेन्द्र वर्मा–हिन्दी भाषा का इतिहास, पृ. 66 आदि।
2. दे. छत्तीसगढ़ी, हल्बी, भतरी बोलियों का भाषावैज्ञानिक अध्ययन, पृ. 12
3. दे. लोचनप्रसाद पाण्डेय, ए ग्रामर ऑफ छत्तीसगढ़ी डायलेक्ट, पृ. 8
4. श्री प्यारेलाल गुप्त का दिनांक 28-8-1964 को लिखा गया पत्र।

'लरिया' शब्द का प्रयोग अपरिपक्व, फीका, स्वादविहीन आदि अर्थों में किया जाता है जैसाकि श्री विमलकुमार पाठक की निम्नलिखित पंक्तियों से स्पष्ट है :

बिगर भजन के छुच्छा जीवन
बिगर पौठाये मुनगा लरिया

—(गँवई के गीत, पृ. 72)

इसका आशय यह हुआ कि लरिया एक ऐसी बोली का नाम है जो अपरिपक्व एवं अपुष्ट है। छत्तीसगढ़ी एवं उड़ीसा के संकर रूप में लरिया में निश्चय ही परिपक्वता एवं अर्थ गाम्भीर्य का अभाव है। अभी तक लरिया का अध्ययन नहीं हुआ है। लरिया के भाषावैज्ञानिक अध्ययन के फलस्वरूप ही यह निश्चयपूर्वक ज्ञात हो सकेगा कि छत्तीसगढ़ी पर उड़िया का कितना ऋण है।

लरिया का उदाहरण : मोर नाव जीतू है। (मोला जीतू कथँय) में ह गाँव माँ रहिथवं। मोर ददा ह जब गुजरिस त में ह नानकुन रेहेवँ। मोला ओकर सुरता घलो नइये। मोर दाई ह मोला पोसिस है। मोर बड़े भाई ह भिलई माँ काम कर थे। छोटे ह मदरसा मां पढ़त हवय अउ कहिथय के में ह पढ़-लिख के साहेब बनहूँ अउ देश-विदेश घूमे बर जाहूँ। बाहिर जाय बर महूँ सोचथवं फेर में ह बाहिर चल दुहूँ त घर-बार ला कौन देखही? दाई ह बुढ़गे हवय। अब ओकर हाथ-गोड़ नइ चलय। हम सब झन एक घाँव बड़े भइया मेर भिलई जाबोन। अब इहाँ हमर मन ह नइ माढ़य। उहाँ मोर भउजी अउ भतीज-मन हवयँ। भउजी ह मोर बर बड़ माया करथय। ओह रात-दिन काम-बुता माँ लगे रहिथय। ओकर बर में ह जल्दी देरानी लानहूँ।

—(श्री नारायण लाल परमार, बागबहरा के सौजन्य से प्राप्त, बागबहरा में व्यवहृत लरिया का उदाहरण)

(ग) पश्चिमी छत्तीसगढ़ी--खल्टाही

सामान्य परिचय : जिस प्रकार छत्तीसगढ़ के मैदान के पूर्व में छत्तीसगढ़ी लरिया के माध्यम से उड़ीसा में पर्यवसित होती है उसी प्रकार पश्चिम में खल्टाही के माध्यम से बुन्देली एवं मराठी में। छत्तीसगढ़ी और खल्टाही को पर्यायवाची समझने की भूल नहीं करनी चाहिए। डॉ. भालचन्द्रराव तैलंग ने जब यह लिखा कि 'जो छत्तीसगढ़ बालाघाट के कुछ भाग में बोली जाती है उसे वहाँ पर खल्टाही अथवा खलौटी कहते हैं,'[1] तब वे सच्ची बात कह रहे थे किन्तु उसी पृष्ठ पर यह लिखकर कि 'छत्तीसगढ़ी ही...पश्चिम की ओर खल्टाही कहलाती है,' उन्होंने भ्रमात्मक स्थिति उत्पन्न कर दी। खलताही, खल्टाही, खलौती अथवा खलौटी एक ही उपबोली के विभिन्न नाम हैं। वास्तव में इन शब्दों का अर्थ होता है खाल अर्थात् नीचे का। छत्तीसगढ़ का मैदान विन्ध्य श्रेणियों की तुलना में नीचे पड़ता है अतः उसे बालाघाट, कबर्धा आदि क्षेत्रों में खलौटी कहा जाता है। टर्नर

1. डॉ. भालचन्द्रराव तैलंग, छत्तीसगढ़ी, हल्बी, भतरी बोलियों का भाषावैज्ञानिक अध्ययन, पृ. 12

महोदय ने खाल, खालू आदि शब्दों का सम्बन्ध संस्कृत खल्ल से माना है।[1] कुछ विद्वानों ने खाल्हे एवं खाले शब्दों की व्युत्पत्ति अरबी खाली से सुझाई है। किन्तु इन शब्दों का सम्बन्ध वस्तुतः संस्कृत 'खल्ल' से ही है। जायसी ने चार प्रकार की धरती का उल्लेख करते हुए 'खाल' का भी उल्लेख किया है—''ऊँच खाल बन बेहड़ होत बराबर आज''।[2] प्राकृत में खाल का अर्थ नीची नदी होता है।[3] किन्तु अवधी में ही खाल्हे का अर्थ नीचे होने लगा था जैसाकि तुलसीदास द्वारा प्रयुक्त निम्नलिखित प्रयोगों से ज्ञात होता है—

सीस नाई खाल्हे कहं ढरई

एवं

चलेहुँ कुमग पग परहिं न खाल्हे[4]

खलौटी का सम्बन्ध खुलौटी (कुल = बहुत; अतः अतिशय उपज का क्षेत्र) अथवा खल्वाटिका (रायपुर की प्राचीन राजधानी) से भी माना गया है। जो भी हो, छत्तीसगढ़ का पश्चिमी क्षेत्र जिसमें बिलासपुर एवं दुर्ग जिले के पश्चिमी सीमान्तों तथा बालाघाट जिले के पूर्वी सीमान्त की परिगणना होती है खलौटी का क्षेत्र है। बैहर, साल्टेकरी, पूर्वी भीमलाट, कबर्धा, खैरागढ़ आदि क्षेत्रों में छत्तीसगढ़ी का खलौटी प्रचलित रूप सुना जा सकता है। खल्टाही का अभी तक स्वतन्त्र अध्ययन नहीं हुआ है। छत्तीसगढ़ी के परिनिष्ठित अथवा साधु रूप के वास्तविक अध्ययन के लिए खलौटी का वैज्ञानिक विश्लेषण शीघ्र ही किया जाना चाहिए।

खलौटी का उदाहरण : मोर नाव जीतू हवै। मैं भीमडोंगरी गाँव में रैहथू। मोर ददा नान्हे रहेंव तभे मर गेइस, मोला बोखर सुरता घलोक नैहें। मोर दाई हा मोला पौसिस हवै। मोर बड़े भाई हा भेलई में रोजी कमाथे। छोटे हा इस्कूल में पढ़थे औउर कैथे साहब बनिहों और देस देस मा किंजरहो। बाहिर में हूँ जाय चाहथों। मैहा बाहिर चले देहूँ ता मौर घर कुरिया ला कौनहा देखही। दाई डोकरी हो गेईस हवे। अब बोखर हाथ-गोड़ नै चलैय। हम सबो झन बड़े भैया मेर मेलइ जाबौन। हमार मन इहाँ नै माड़े। ऊँहा मोर भौजी हवैय औउर बोखर लैका। भौजी हा मोर बर गजब मया करथै। वोहर रात-दिन गजब बूता करत रथै। बोखर बर में झटकुल देरानी लानहूँ।

—(श्री श्यामसुन्दर गौतम, बालाघाट के सौजन्य से प्राप्त)

2. उत्तरी छत्तीसगढ़ी

(क) सुरगुजिया

सामान्य परिचय : सुरगुजिया या सुरगुजिहा सुरगुजा क्षेत्र की बोली है। इसका नाम भूतपूर्व ईस्टर्न स्टेट्स एजेंसी की एक देशी रियासत सुरगुजा के आधार पर हुआ है।

1. दे. टर्नर, नेपाली डिक्शनरी, पृ. 121
2. मलिक मुहम्मद जायसी, पद्मावत, 506। 8
3. नरपतिनाल्ह, बीसलदेव रासो, छन्द 75
4. तुलसीदास, रामचरितमानस, 2। 315। 3

सुरगुजिया अर्थात् सुरगुजा की बोली। वास्तव में सुरगुजिया केवल सुरगुजा (रियासत) की ही बोली न होकर सुरगुजा समूह की उन पाँच भूतपूर्व रियासतों की बोली है जिन्हें प्राचीनकाल में सामूहिक रूप से झारखंड कहते थे। इस झारखंड में सुरगुजा के अतिरिक्त उदयपुर, जसपुर, कोरिया और चाँगभखार रियासतों की गणना होती थी। ऐसा मालूम होता है कि किसी जमाने में उदयपुर, जसपुर, कोरिया और चाँगभखार के राज्यों पर सुरगुजा राज्य का आधिपत्य था।[1] वर्तमान स्थिति के आधार पर सुरगुजिया सम्पूर्ण सुरगुजा जिले, कोरिया एवं जसपुरनगर की बोली है। इस प्रकार सुरगुजिया का क्षेत्र छत्तीसगढ़ का 11,600 वर्गमील का क्षेत्र है। सुरगुजिया बोलने वालों की कुल संख्या 1961 की जनगणना के अनुसार 13,60,698 है। डॉ. ग्रियर्सन ने 3,84,546 लोगों को सुरगुजियाभाषी बताया था।[2] सुरगुजिया को सुरगुजा के लोग सुरगुजिहा कहते हैं। वस्तुतः इस बोली का उचित नाम सुरगुजिहा (सुरगुजा + हा) ही होना चाहिए। सुरगुजिया छत्तीसगढ़ी की उत्तरी उपबोली है जो भोजपुरी, बघेली, पलमुही, मुंडा एवं कुरुख बोलियों के सम्पर्क एवं प्रभाव के फलस्वरूप शेष छत्तीसगढ़ी से किंचित् विशिष्ट रूप धारण करने में समर्थ हुई है। सुरगुजा में बघेली (जिसे भाषाविज्ञान की दृष्टि से अवधी से पृथक् नहीं माना जाता) चाँगभखार के रास्ते से प्रवेश करती है। दूसरी ओर भोजपुरी मिर्जापुर के मार्ग से होती हुई सुरगुजिया में प्रतापपुर के निकट क्षेत्रों में समाविष्ट होती है। सुरगुजा जिले के वायव्य कोण में स्थित बिहार की सीमावर्ती रामानुजगंज तहसील की बोली सुरगुजिया से अधिक पलमुँही है। जसपुर और उदयपुर की सुरगुजिया में कुरुख भाषा के शब्दों का अधिक मिश्रण हुआ है। सुरगुजिया में शेष छत्तीसगढ़ी की अपेक्षा एक प्रकार की श्रुति मधुरता है। इसका कारण यही है कि उसमें मैदान में बोली जानेवाली छत्तीसगढ़ी की भाँति शब्दों का उच्चारण कंठ्य ('गटरल') नहीं होता और न ही शब्दों के उच्चारण में बल प्रयोग (स्ट्रेस) किया जाता है। वह लन्दरा के भी नहीं बोली जाती। शेष छत्तीसगढ़ में द्वितीय पुरुष आदरार्थक के लिए किसी सर्वनाम का प्रयोग नहीं होता किन्तु सुरगुजा की बोली में आदरवाचक आप के लिए 'राउर' सर्वनाम का प्रयोग होता है। 'राउर (रउरे, रउरे मन) कहे रहिन' अर्थात् आपने कहा था। यह सुरगुजिया पर अवधी के निकट प्रभाव के कारण ही है। इसी प्रकार मैदान की छत्तीसगढ़ी में पिता का समानार्थी शब्द 'ददा' है जबकि सुरगुजिया में पिता को दाऊ कहते हैं। अपनिहिति (जैसे मनिसे के लिए म इनसे) सुरगुजिया की मुख्य विशेषता है। निषेधार्थक नखौं का प्रयोग भी इसमें मिलता है।

सुरगुजिया का उदाहरण : मोर गाँव गेदाराम अहै। मंय कंचनपुर गाँव में रथौं। मोर दाऊ नानजबर में छाँड के सिराय (मयेर) गइस। मोके ओकर सुरतेच्य नइए। मोर दाई हर मोला पोसिस। मोर ददाहें भिलाई में काम करेल। छोटे हर इस्कुल में पढ़ेल अऊर

---

1. रघुवीरप्रसाद, झारखंड झंकार, पृ. 1
2. डॉ. ग्रियर्सन, लिं. स. 3, पृ. 25

कहेल कि पढ़-लिख के साहेब बनही अउर देस-देस बूले बर जाही। बाहेर बूले कर मन तो मोरो करथे बाकी मँहू बाहेर चले जाहूँ तो घर-दुआर ला कौन देखही। दाई हर नीचट मान बूढ़ाय गइस। अब ओकर जिऊ जाँगर नइ चलै। हमन सबौं झन एक धायेर ददाठन भिलाई जाबो। अब हमार मन हिंया नइ लागे। ओजग मोर भवजी है अउर ओकर लरिका बच्चा हावें। भवजी हर मोला गजब माया कर थे। ओहर राते-दिन बूता करत रहेल। मँय ओकर बर भायें देवरानी लानहूँ।

—(सुरगुजा जिले के कंचनपुर गाँव के गेदाराम चेरवा, आयु 47 वर्ष से प्राप्त)

पहले कहा जा चुका है कि सुरगुजा जिले के पश्चिमोत्तर सीमान्त स्थित चाँगभखार की बोली का लहजा छत्तीसगढ़ी (सुरगुजिया) का उतना नहीं है जितना बघेली का है। चाँगभखार की बोली को भखरिही कहा जाता है। इसी बोली के माध्यम से बघेली (अवधी) छत्तीसगढ़ी में पर्यवसित होती है। छत्तीसगढ़ी (सुरगुजिया) अवधी से कितनी भिन्न है इसके अध्ययन के लिए भखरिही का निम्न उदाहरण अत्यन्त रोचक एवं उपादेय सिद्ध होगा :

हमार (मोर) नाव सरमन हय। हम कोटाडोल में रहित हय। हमार बाप बचपने मा मरि गा रहा। हमका ओकर (ओखर) सुधिउ नहीं आय। हमार महतारी हमका पालिस पोसिस। हमार बड़ा भाई भिलई मा काम करत हय। छुटकन इसकूल मा में पढ़त हय अउ कहत हय कि पढ़ि लिखि कय साहेब बनब। परदेस जायके मन तौ हमारौ हय। कहौं हमूँ बाहेर चले जई त घरदुआर को देखी। दाई त बड़ी बृद्ध होय गय हय। अब ओकर जिउ जाँगर नहीं चले। मन पंचै एक बार बड़े भाई के लगे भिलई जाब। अब हमार मन इहाँ नहीं लागै। उहाँ भौजी है अउर ओकर लड़िका-बच्चा। भौजी हमका बड़ा पियार करति हय। ऊ रात-दिन काम करत रहति हय। हम ओकरे खातिर जल्दी देवरानी लैं अऊब।

(चाँगभखार तहसील (सुरगुजा जिला) के कोटाडोल गाँव के सरमन रजबार, आयु 51 वर्ष से श्री रघुनाथप्रसाद मिश्र, जनकपुर के सौजन्य से प्राप्त)।

(ख) नागपुरिया

सामान्य परिचय : मध्य प्रदेश एवं बिहार राज्य में छोटानागपुर नामक जो क्षेत्र फैला हुआ है उसमें भोजपुरी एवं छत्तीसगढ़ी की एक मिश्रित उपबोली का प्रचलन है जिसे नागपुरिया अथवा सदरी कोरबा कहते हैं। इसे सदान अथवा सद्री के नाम से भी पुकारते हैं तथा मुंडा लोगों के बीच इस बोली का नाम दिबकुकाजी है। सदानी, सद्री अथवा नागपुरिया को छोटानागपुर की 'लिंग्वाफ्रेंका' मानना चाहिए। अनेक आदिम वन प्रजातियाँ अब धीरे-धीरे अपनी मूल बोली के स्थान पर नागपुरिया का प्रयोग करने लगी हैं। नागपुरिया के लिए सदान नामक जिस शब्द का प्रयोग किया जाता है उसका पता किसी भी शब्दकोश में नहीं चलता और इस शब्द का प्रचलन केवल

छोटानागपुर क्षेत्र में ही सीमित है। यदि हमें सदान शब्द की व्युत्पत्ति का पता होता तो सम्भवतः सदानों का इतिहास एवं उनकी बोली के मूल का कुछ अनुमान लगाया जा सकता। 'ए सिम्पुल सदानी ग्रामर' के लेखक श्री पी. एस. नौरंगी सदान को निषाद शब्द का विकृत रूप मानते हैं।[1] ध्वनिशास्त्र की दृष्टि से निषाद शब्द से सदान बन जाना असम्भव नहीं है। व्यवहार में सुविधा के लिए सदान लोगों को केवल सद कहा जाता है।[2]

सदान तूरी, चीक, भोखता, सूँड़ी, घाँसी, लोहरा, बनिया, तेली, अहीर, झोरा, नउवा आदि अनेक जातियों में बँटे हुए हैं। रउतिया, बाम्हन, छतरिया अथवा रजपूत जातियों का आगमन छोटानागपुर में अभी हाल ही की बात है। किन्तु छोटानागपुर के आदिवासियों से पार्थक्य प्रदर्शित करने के लिए वे भी सदान ही कहलाते हैं। कृष्ण उपाध्याय ने अपने 'भोजपुरी भाषा' नामक लेख में[3] नागपुरिया बोली के सद्री कहे जाने का कारण बताते हुए लिखा है, "यहाँ की प्रादेशिक भाषा में 'सद्री' का अर्थ बसे हुए लोगों से है। अतः इस बोली के सद्री नामकरण का कारण यही जान पड़ता है कि यह एक स्थान पर बसे हुए लोगों की बोली है, खानाबदोशों की नहीं।" डॉ. उदयनारायण तिवारी सदरी का सम्बन्ध फ़ारसी के सदर मुक़ाम शब्द से जोड़ते हैं। वास्तव में छोटानागपुर की अधित्यका में जिस बोली का प्रचलन है उसे (छोटा) नागपुरिया ही कहना चाहिए। यह नागपुर में बोली जानेवाली नागपुरी हिन्दी से सर्वथा भिन्न है। इस नागपुरिया का सम्बन्ध भोजपुरी से जोड़ा जाता है किन्तु जैसाकि डॉ. ग्रियर्सन ने स्वयं स्वीकार किया है नागपुरिया का आत्मीय सम्बन्ध भोजपुरी से उतना नहीं है जितना छत्तीसगढ़ी से है।[4] इस बोली के ऊपर छत्तीसगढ़ी का प्रचुर प्रभाव दिखाई पड़ता है और इसके शब्दों का उच्चारण अवधी से पर्याप्त प्रभावित है। नागपुरिया का वह रूप जो राँची के निकटवर्ती क्षेत्रों में बोला जाता है भले ही भोजपुरी से निकट सम्बन्ध रखता हो किन्तु जसपुर एवं उदयपुर तहसीलों में बोली जानेवाली नागपुरिया तो निश्चित ही छत्तीसगढ़ी की उपबोली मानी जाएगी। डॉ. ग्रियर्सन ने स्वयं स्वीकार किया है कि सदरी कोरबा सुरगुजिया से बहुत मिलती-जुलती है।

नागपुरिया का उदाहरण : मोर नाम जीतू है (हय)। मोंए रामपुर गाँव में रहोना। मोर बाबा छोटेपन में मारे गेलयँ। मोके उकर इयाइदो नखे। मोर मायें मोके पोसलक। मोर बड़ भाई भिलाई में काम करेला। छोटका इस्कूल में पढ़ेला अउर बोलेला कि पइढ़ लिख के उ साहेब बनी और देस-परदेश घुमी। बाहिरे तो मोहों जाय खोजोंना मुदा मोंय बाहिय चइल जाबों तो घर बारी के सुधियाबी। माँय तो बुढालक। अब उकर हाथ-गोड़ नी चले। हमरे समे एक घाँव बड़का बटे भिलाई जाब। अब मोर जीउ इहाँ नी लागे,

1. पी. एस. नौरंगी, ए सिंपुल सदानी ग्रामर, ग्रिफेस, पृ. 1
2. वही, पृ. 2
3. दे. 'भाषा' त्रैमासिक, मार्च 1963, वर्ष 2, अंक 3, पृ. 53
4. ग्रियर्सन, लिंग्विस्टिक सर्वे ऑफ इंडिया, भाग 5, खंड 2, पृ. 277

उहाँ मोर भौजी आउर उकर छउबा हकयँ। भौजी मोके खूभे चाहेला। उ रातोदिन काम करत रहेला। उनकर लागिन मोंय जल्दी ये बहुरिया (छोटकी बहुरिया) लाबों।

(जसपुर तहसील [रायगढ़ जिला] के रामपुर गाँव के हरीराम, आयु 39 वर्ष से प्राप्त)

3. दक्षिणी छत्तीसगढ़ी

(क) बस्तरिया (हल्बी)

सामान्य परिचय : छत्तीसगढ़ की उपबोलियों में छत्तीसगढ़ के दक्षिणी भाग में बोली जानेवाली बस्तरिया या हल्बी बोली विस्तार एवं प्रसार की दृष्टि से अन्य बोलियों की अपेक्षा सर्वाधिक महत्त्वपूर्ण है। हल्बी भारत के भाषाविदों के बीच अत्यन्त वाद-विवाद का कारण रही है और यह निश्चित रूप से प्रमाणित हो चुकने पर भी कि हल्बी छत्तीसगढ़ी की ही दक्षिणी शैली है मराठी भाषाभाषी अभी भी इसे मराठी की उपबोली मानने के पक्ष में हैं और इस पर से मराठी का दावा छोड़ने के लिए प्रस्तुत नहीं है। हल्बी यद्यपि बस्तर के हल्बा लोगों की बोली है किन्तु यह बोली अपने ऐतिहासिक विकासक्रम में समस्त बस्तर के पारस्परिक वैचारिक आदान-प्रदान का माध्यम बनने में समर्थ हुई है। सच तो यह है कि हल्बी को बस्तर की 'लिंग्वाफ्रेंका' के रूप में अविचल प्रतिष्ठा प्राप्त है।[1] किसी समय हल्बा जाति के लोगों की गणना बस्तर के शासकों के अंगरक्षकों के रूप में होती थी और वे भौंसलों की सेना में भरती किए गए थे। बस्तर के हल्बाओं के सम्बन्ध में एक उल्लेखनीय बात यह है कि वे किसी एक ही सुसम्बद्ध भूभाग में बसे हुए नहीं हैं वरन् वे जिले के अनेक भागों में यत्र-तत्र बिखरे हुए हैं।[2] इन भागों की दूरी कहीं-कहीं सैकड़ों मील है। इसका एक कारण यह है कि एक सैनिक जाति होने के कारण हल्बा लोगों को अपने स्वामियों के साथ वहाँ-वहाँ जाना पड़ा जहाँ-जहाँ उन्होंने (उनके स्वामियों ने) अपने गढ़, कोट अथवा ज़मींदारियाँ स्थापित की थीं। बस्तर में हल्बा लोग बड़े डोंगर, छोटे डोंगर, सुकमा, भैरमगढ़, बारसुर, जगदलपुर, कुवाकोंडा, दन्तेवाड़ा, मरदापाल,. चित्रकोट, बस्तर आदि स्थानों एवं इनके निकटवर्ती क्षेत्रों में फैले हुए हैं। ये सब के सब वे स्थान हैं जहाँ भूतपूर्व शासकों ने अपनी राजधानियाँ, जमींदारियाँ अथवा छावनियाँ स्थापित की थीं। इन स्थानों में ही हल्बी मातृभाषा के रूप में बोली जाती है। इनके आसपास सैकड़ों मीलों तक मुरिया, दोरली या माड़िया बोलियों का क्षेत्र है। अबूझमाड़ की तलहटी में स्थित मर्दापाल की बोली हल्बी है जबकि उसके आसपास चतुर्दिक अबूझमाड़िया का क्षेत्र है। मर्दापाल नामक गाँव आज से 60-70 साल पहले लाल कालीन्द्रसिंह को दिया गया था। वे अपने साथ हल्बा लोगों को भी वहाँ ले गए थे और उनके साथ ही हल्बी की भी वहाँ पैठ हुई।

---

1. दे. मेजर बेटी, ए हल्बी ग्रामर, इंट्रोडक्शन, पृ. 5
2. वही।

हल्बी हिन्दी (छत्तीसगढ़ी) की उपबोली है अथवा मराठी की

बस्तरिया (हल्बी) को छत्तीसगढ़ी अथवा मराठी में से किसकी उपबोली माना जाए, यह प्रश्न बड़ा जटिल एवं रोचक है। 'ए हल्बी ग्रामर' की प्रस्तावना-लेखक श्री ग्रीगसन को हल्बी में 'स्थानीय अर्द्धपूर्वी हिन्दी या अर्द्ध उड़िया बोलियों से निकट साम्य' के दर्शन होते हैं;[1] तो उसी ग्रन्थ के परिचय लेखक मेजर बेटी को हल्बी एक ऐसी आर्य बोली ज्ञात होती है, "जो छत्तीसगढ़ी अथवा उड़िया से अत्यधिक प्रभावित होने के उपरान्त भी इन दोनों भाषाओं की अपेक्षा मराठी से सम्भवतः अधिक निकट सम्बन्ध रखती है।[2]" डॉ. चाटुर्ज्या हल्बी को मराठी की उपभाषा नहीं मानते। उनकी दृष्टि में यह मागधी की ही एक उपभाषा है। हल्बी को उन्होंने उड़िया, असमिया, बँगला एवं बिहारी भाषा समूह के साथ पूर्वी श्रेणी में रखा है।[3]

हल्बी सम्बन्धी इस वाद-विवाद का मूल कारण डॉ. ग्रियर्सन के कतिपय भ्रम पूर्ण तथ्यों पर आधारित भ्रम पूर्ण निष्कर्ष हैं। ग्रियर्सन को भारतीय भाषाओं का अध्ययन करते समय हल्बी के जो नमूने प्राप्त हुए थे वे अधिकतर विदर्भ में बसने वाले हल्बाओं के थे। यही कारण है कि उसमें मराठीपन स्पष्टतः परिलक्षित होता है। इसके विपरीत उन्हें छत्तीसगढ़ की तत्कालीन काँकेर रियासत से जो उदाहरण प्राप्त हुए थे उनमें छत्तीसगढ़ की छाप बिल्कुल स्पष्ट है। इस स्थिति ने ग्रियर्सन को बड़ी दुविधा में डाल दिया। वे हल्बी को न तो पूर्णतः छत्तीसगढ़ी की उपबोली मान सके और न मराठी की। इसी कारण उन्होंने भाषा सर्वेक्षण में परस्पर विरोधी-सी लगने वाली धारणाएँ व्यक्त की हैं। जैसे एक स्थान पर उन्होंने लिखा है, "जिस समय मैं पूर्वी हिन्दी पर काम कर रहा था, उसी समय प्रो. स्टेनकोनो मराठी पर कार्य कर रहे थे। स्वतन्त्र ढंग से काम करते हुए हम दोनों एक ऐसे क्षेत्र में पहुँचे जहाँ एक विचित्र मिश्रित बोली—हल्बी—प्रचलित है। पूर्वी हिन्दी के दृष्टिकोण से विचार करते हुए मैंने उसे मराठी का एक रूप माना परन्तु उसके प्रतिकूल मराठी का चश्मा लगाकर डॉ. कोनो ने इसे पूर्वी हिन्दी के रूप में स्वीकार किया।"[4] किन्तु दूसरे स्थान पर वे यह लिखने को भी बाध्य हुए हैं कि उसे (हल्बी को) मराठी की सच्ची बोली नहीं कह सकते।[5] इसी सन्दर्भ में उन्होंने स्पष्ट लिखा है कि हल्बी उड़िया, छत्तीसगढ़ी, मराठी आदि की एक विशिष्ट मिश्रित भाषा है। वे उसे न तो पूरी तरह मराठी की ही उपभाषा मानते हैं और न छत्तीसगढ़ी की ही उपबोली स्वीकार करते हैं।[6]

1. मेजर बेटी, ए हल्बी ग्रामर, फोरवर्ड, पृ. 1
2. वही, इंट्रोडक्शन, पृ. 5
3. डॉ. सुनीतिकुमार चाटुर्ज्या, भारत की भाषाएँ और भाषा सम्बन्धी समस्याएँ, पृ. 150
4. डॉ. ग्रियर्सन, भारत का भाषा सर्वेक्षण (डॉ. उदयनारायण तिवारी), पृ. 55
5. "इट केन नाट बी कंसीडर्ड एज ए ट्रयू मराठी डायलेक्ट"—डॉ. ग्रियर्सन, लिंग्विस्टिक सर्वे ऑफ इंडिया, खंड 7, पृ. 336।
6. वही।

ग्रियर्सन की इन दुविधामूलक, अनिर्णीत धारणाओं के कारण ही परवर्ती भाषाविद् किसी एक ही पक्ष के विचारों के आधार पर भ्रान्त निष्कर्षों पर पहुँचे हैं। वस्तुतः बस्तर जिले के अतिरिक्त हल्बा जाति महाराष्ट्र राज्य के चाँदा, भंडारा, बालाघाट जिलों, विदर्भ क्षेत्र एवं उड़ीसा के जसपुर क्षेत्र तक फैली हुई है। 'यह जाति जहाँ-जहाँ गई वहाँ-वहाँ की स्थानीय बोलियों का अपनी बोली में समावेश करती गई। इस तरह इसके कई रूप हो गये।'[1]

वस्तुतः हल्बी अपने मूल रूप में छावनी की बोली थी। जिस प्रकार दिल्ली के आसपास मुगल सैनिकों से फारसी और हिन्दी के मिश्रित रूप उर्दू ने जन्म लिया उसी प्रकार हल्बा सैनिकों के सम्पर्क से छत्तीसगढ़ी और मराठी के मिश्रित रूप हल्बी ने। जिस प्रकार उर्दू को हिन्दी की ही एक शैली माना जाता है उसी प्रकार हल्बी को भी पूर्वी हिन्दी की ही एक शैली मानना चाहिए। कतिपय विद्वानों को हल्बी को मराठी की उपबोली मानने का भ्रम इसलिए हुआ है कि उन्हें हल्बी के जिस रूप का परिचय प्राप्त करने का संयोग प्राप्त हुआ है वह मराठी-प्रधान हल्बी है। फारसी प्रधान उर्दू जिस प्रकार हिन्दी से अत्यन्त भिन्न प्रतीत होती है उसी प्रकार मराठी प्रधान हल्बी पूर्वी हिन्दी का रूप ज्ञात न हो तो क्या आश्चर्य?

हल्बी और उर्दू की तुलना एक कदम और आगे बढ़ाई जा सकती है। जिस प्रकार अब उर्दू केवल मुसलमानों की ही बोली नहीं रह गई है उसी प्रकार अब हल्बी पर केवल हल्बा लोगों का ही अधिकार नहीं रहा। "इस बोली को केवल हल्बा ही नहीं, बस्तर काँकेर में अन्य व्यक्ति भी बोलते हैं।"[2] उपर्युक्त तथ्यों के आधार पर यह निष्कर्ष सुगमतापूर्वक निकाला जा सकता है कि विभिन्न ऐतिहासिक एवं भौगोलिक कारणों से हल्बी भले ही उड़िया अथवा मराठी की छाप ग्रहण करने को बाध्य हुई हो किन्तु भाषाविज्ञान की दृष्टि से वह पूर्वी हिन्दी की छत्तीसगढ़ी उपशाखा की दक्षिणी शैली मात्र है। निश्चय ही यह बात बस्तरिया हल्बी के सम्बन्ध में कही जा रही है।

हल्बी भाषी जनसंख्या : सन् 1951 की जनगणना प्रतिवेदन के अनुसार हल्बी बोलने वालों की कुल संख्या 2,62,894 थी। इसका आशय यह है कि मध्य प्रदेश की कुल जनसंख्या का 1.24 प्रतिशत भाग इसे बोलता था। सन् 1931 की जनगणना के समय यह अनुपात 0.95 और सन् 1921 की जनगणना के अनुसार छत्तीसगढ़ के बस्तर जिले में हल्बी बोलने वालों की संख्या 2,60,780 थी जो सम्पूर्ण जिले की कुल जनसंख्या का 2854 थी। 1951 की जनगणना के अनुसार बस्तर के अतिरिक्त चाँदा जिले में हल्बी बोलने वालों की संख्या 1,790 और केवल बैतूल, दुर्ग, भंडारा, वर्धा एवं यवतमाल में सामूहिक रूप में 324 थी। इसी प्रतिवेदन में यह भी बतलाया गया है कि जो लोग हल्बी को अपनी मातृभाषा के रूप में बोलते हैं वे उसी के साथ हिन्दी, गोंड़ी और

1. दे. डॉ. विनयमोहन शर्मा, हिन्दी को मराठी सन्तों की देन, पृ. 7
2. डॉ. विनयमोहन शर्मा, हिन्दी को मराठी सन्तों की देन, पृ. 7

छत्तीसगढ़ी भी बोलते हैं। हल्बी बोलने वालों में 99.20 प्रतिशत व्यक्ति द्विभाषाभाषी ('बाइ-लिंगुबल') हैं।

हल्बी का उदाहरण : मोचो नाँव टूनू आय। मँय कुरेंगा गाँव ने रहुआँय। मोचो बाबा पीला बेरा चे मरलो। मके हुंचो सूरता बले नी हाय। मोचो आया मके पोसली से। मोचो दादा भिलाई ठाने (ने) बूता करुक लागलो से। नानी इसकूल ने पड़ेसे आउर हुन बलेसे मँय पडून लिखून साहेब बनेंदे आउर राज राज बूलेंदे। हूनी बाटे मँय बले जाउक मन करेंसे मानूतर मोचो हूनी बाटे गेलोने घर-दुआर के कोन दखेदे। आया तो खूबे डोकरी होली। ऐबे हुंचो हात पाँय नी चले। हामी गोटोक खेप दादालगे भिलाई ने जाउँदे। ऐबे हमचोमन इथा नी लागे। हूता भवजी आसे आउर हुंचो पीलापिचका आसत। भवजी मके खूबे मया करुआय। हून रात अउ दिन बूता करते रहुआय। मँय हुंचो काजे झटके बोहारी आनेंदे।

—(कुरेंगा गाँव [बस्तर] के टूनू हल्बा, आयु 40 वर्ष से प्राप्त)

बस्तरी हल्बी की कतिपय विशेषताएँ

(क) नपुंसक लिंग का अभाव : हल्बी में केवल स्त्रीलिंग और पुल्लिग ही हैं जबकि मराठी में तीसरा नपुंसक लिंग भी होता है।

(ख) हल्बी में बहुवचन के लिए कोई चिह्न नहीं लगता। छत्तीसगढ़ी के समान 'मन' जोड़ने से बहुवचन बन जाता है। जैसे—

एकवचन	**बहुवचन**
हून जायसे (वह जाता है)	**हूनमन** जासत (वे जाते हैं)
तुय जासे (तुम जाओगे)	**तुयमन** जाहासे (तुम लोग जाओगे)

बहुवाचक शब्दों को जोड़कर भी बहुवचन बना लिया जाता है जैसे खूबझन मुसा (बहुत से चूहे)। मराठी में ऐसा नहीं होता। उनमें बहुवचन के चिह्न होते हैं।

हल्बी के कारक चिह्न

कर्त्ता	—	ने
सम्प्रदान	—	के, को
अपादान	—	ले, से
सम्बन्ध	—	चो, के
अधिकरण	—	में

हल्बी में 'में' के अतिरिक्त अधिकरण कारक में 'ने' और 'ऊपरे' विभक्तियों का भी प्रयोग होता है।[1]

---

1. दे. ठाकुर पूरनसिंह—हल्बी भाषा बोध, पृ. 54

उपर्युक्त विवरण से स्पष्ट है कि हल्बी में 'चो' को छोड़कर शेष सभी विभक्तियाँ छत्तीसगढ़ी की ही हैं।

(ख) बस्तरिया के विभिन्न उपरूप

ऊपर हल्बी का जो उदाहरण दिया गया है, वह बस्तर जिले में 'लिंग्वाफ्रेंका' के रूप में बोली जानेवाली हल्बी का है। हल्बी का रूप भिन्न-भिन्न जातियों द्वारा प्रयुक्त होने पर सदैव एक सा नहीं रहता। ऊपर जिस रूप का उल्लेख किया गया है, वह सर्वजनसुगम पारस्परिक लोकाचार के रूप में प्रयुक्त हल्बी का है। इस रूप में शब्द और अर्थ की दृष्टि से विशेष अन्तर नहीं होता किन्तु जब उसे बस्तर के विभिन्न क्षेत्रों में निवास करने वाले व्यक्तियों की अभिव्यक्ति का साधन बनना पड़ता है तब बोलने के विन्यास में निश्चय ही कुछ-न-कुछ अन्तर प्रकट होता है। जैसे–

बीजापुर क्षेत्र	–	हुनके कोका (उसे बुलावो)
नारायणपुर क्षेत्र	–	हुनके बलाव („ „)
जगदलपुर क्षेत्र	–	हुनके बलाला („ „)

बस्तर में विभिन्न जातियों द्वारा हल्बी के जिन रूपों का प्रयोग किया जाता है उनका विवरण निम्नलिखित है–

(क) चंडार	–	चंडार जाति द्वारा व्यवहृत
(ख) जोगी	–	जोगी जाति द्वारा व्यवहृत
(ग) धाकड़	–	धाकड़ जाति द्वारा व्यवहृत
(घ) मिरगान	–	मिरगान जाति द्वारा व्यवहृत

चंडार

चंडार जाति के लोग बस्तर जिले के पूर्वी क्षेत्र में धनपूँजी नामक गाँव में और उसके आसपास रहते हैं। चंडार जाति के लोगों की बड़ी संख्या उड़ीसा में रहती है। बस्तर की चंडारी धीरे-धीरे हल्बी से इतनी अधिक प्रभावित हो गई है कि उसका स्वतन्त्र अस्तित्व नष्टप्राय है।

जोगी

जोगी बस्तर के जोगियों की बोली है। इस बोली के बोलने वाले अधिक नहीं हैं। भूतपूर्व शासकों के पुरोहितों के रूप में इनकी अविचल प्रतिष्ठा थी। धार्मिक क्रियाओं के समय ही अब जोगी बोली का अस्तित्व शेष बचा है।

धाकड़

बस्तर के मुख्यालय जगदलपुर एवं उसके निकटवर्ती क्षेत्रों में धाकड़ नाम की एक जाति रहती है जो अपना सम्बन्ध बस्तर के भूतपूर्व क्षत्रिय शासकों से जोड़ती है। ये लोग जिस बोली का प्रयोग करते हैं वह छत्तीसगढ़ी के अत्यन्त निकट है। कालक्रम में बस्तरिया हल्बी का भी इस पर प्रभाव पड़ा है। जगदलपुर एवं उसके निकटवर्ती क्षेत्रों में काँकेर एवं धमतरी से आकर बसने वालों की संख्या अत्यधिक है। अतः धाकड़ बोली काँकेर एवं धमतरी से आकर बसने वाले लोगों की बोली से मिलकर जगदलपुर क्षेत्र की बोली के रूप में प्रचलित हो गई है। इसके उच्चारण आदि में छत्तीसगढ़ी के काँकेरी रूप की प्रमुखता परिलक्षित होती है। धाकड़ बोली की एक विशेषता यह है कि उसमें सामान्यतः एकवचन निश्चयार्थक 'हर' का प्रयोग नहीं होता। बल देने के लिए विवरण देते समय 'भन' का प्रयोग किया जाता है। जैसे 'ओ तो आतेच रइस भन तुइ फोकहा काय काजे गे' (वह तो आ ही रहा था तुम व्यर्थ क्यों गए)। धाकड़ का एक उदाहरण अत्यन्त रोचक सिद्ध होगा—

मोर नाव जीतू अय। मँय गीदम गाँव में रथुँ। मोर बाप (बाबा) पीला बेरा मर गे रइस। मोला ओकर सूरता बल नीं अय। मोर दाई मोला पालिस। मोर बड़े भाई भिलई में काम करत हय। छोटे इसकुल में पढ़े थे अउर कथे कि मँय पढ़-लिख के साहब बनहूँ अउर राजराज बूलहूँ। मोर मन बल राजराज जायेके होथे। मँय बल अगर बाहर चलदौं तो घर-दुआर ला कौन देखिही। दाई तो खूब डोकरी हो गइस है। अब ओकर हाथ-गोड़ नीचले। हम सबझन एकहार (दांय) बड़े भाई लग भिलाई जाबो। अब हमला इहाँ नीभाये। उहाँ भौजी आय अउर ओकर पीलापिचका। भौजी मोला खूब मया करथे। ओ दिन-रात काम करथै। मँय ओकर कज झटके बोहारी लानहूँ।

—(जगदलपुर के श्री रामकृष्ण देवांगन, आयु 30 वर्ष से प्राप्त)

मिरगान

बस्तर जिले के पूर्वी भाग में उड़ीसा के सीमावर्ती तारापुर और बजावंड गाँव के मिरगान जाति के लोगों की बोली मिरगानी है। जगदलपुर के गंगा-मुँडा मुहल्ले में भी मिरगानों के कुछ घर हैं। मिरगान जाति के लोग रुई का काम करते हैं। 1951 की जनगणना के अनुसार बस्तर में मिरगानी बोलने वालों की संख्या 260 थी। मिरगानी पर कुँबुचिया की अपेक्षा उड़िया का प्रभाव कम है। बजावंड गाँव में बोली जानेवाली मिरगानी का उदाहरण नीचे दिया जा रहा है :

माचो नाँव सोना आय। मँय बजावंड गाँव ने रहँदे आयँ। माचो बुआ पीला बेरा मरा गेलौ। मोके तायचो सुरता बले नी आय। माचो आया मोके पोसली आय। माचो दादा भिलाई ठाने बूता लागलो आय। नानी इसकुल ने पड़दी आय। आउर हुन बलदे

आय कि मँय पड़ा लिखासिन साहब बनने। आउर राजराज बूलने। ताय बाटे जातो काय माचा मन बले बलदी आय आन्तर माचो हुन बाटे गेले घर-दुआर के कौन दखदे। आया तो खूबे डोकरी होली आय। एबे तायचो हाथ-पाँव नी चले। आभी मन एक बेर दादा लगे भिलाई ने जाउंदे। एबे हमचो मन एथा नी लागदी आय। हुता भाऊज आसे आउर तायबो पीलाझीला आसत। भाउज मोके खूबे मया करु आय। तो रात मंझन बूता करते रहु आय। मंय तायचो काजे झटके बोहरी आना दिन्दे।

—(बजाबंड गाँव (बस्तर जिला) के सोना मिरगान, आयु 55 वर्ष से प्राप्त)

ऊपर हल्बी प्रभावित जिन विभिन्न उपबोलियों की चर्चा की गई है वे धीरे-धीरे अपना वैशिष्ट्य खोती जा रही हैं और हल्बी के सर्वग्रासी प्रभाव के कारण हल्बीमय होती जा रही हैं।

7. छत्तीसगढ़ी की विभिन्न उपबोलियों की तुलनात्मक शब्द-पुटी

1	2 आ द र्श छ त्ती स गढ़ी			3	4	5	6	7
हिन्दी	रायपुर, दुर्ग क	बिलासपुर ख	रायगढ़ ग	लरिया	खलटाही	सुरगुजिया	नागपुरिया (सदरी)	बस्तरिया (हल्बी)
अच्छा	अच्छा, निक	अच्छा, निक	अच्छा	भल	बने	नगद	अछा	नँगत
आज	आज	आज	आज	आजी	आज	आइज	आइज	आज
आप	तूँ, तुमन	तूँ, तुमन	तूमन	आपन	अपन	राउर	रउर	तुम
इधर	येती, येकोती	येती, येकोती	ऐ-अंग	इयाड़े	ऐतीबर	ए-कती	इबट	एबट
उजेला	अँजोर, उजियार	अँजोर, उजियार,	अँजोर	उजार	अँजोर	अँजोर	इंजोर	अँजोर
उलझना	अरझना	ओरझना	अरझना	गुपिना, सँटना	अरझना	बाझना	बाझना	ओरझना
ऐसा	ऐसन, अइसे	ऐसन, अइसे	ऐ-सन	इन्ती	अइसन	ऐसन	इसन	असन
और	अउ, आउ, अउर	अउ, आउ, अउर	अउर	आउरी	अऊर	अउर	आउर	आउर
कल	काल, काली	काल्ह, काली	काल	काली	बिहानदिन	काइल	काइल	काल
काला	करिया, कौदईरंग	करिया	करिया	कला	करिया	करिया	करिया	करैया
कुँवारी	कुँवारी	कुँवारी	कुँआरी	डिंडा	कुँआरी	हलौनी, कनियारी	डिंडा	कुँआरी

1	2			3	4	5	6	7
हिन्दी	रायपुर, दुर्ग क	बिलासपुर ख	रायगढ़ ग	लरिया	खलटाही	सुरगुजिया	नागपुरिया (सदरी)	बस्तरिया (हल्बी)
कुत्ता	कुकुर	कूकुर	कूकुर	कूक्कुर	कुकुर	कूकुर	कुकुर	कूकुर
कोमल	कुँअर	कोंअर	लुदुदु	कंउल	कुँअर	कोंअर	नरम	
क्रोध	घुस्सा, रिस	गुस्सा	रिस	रिसा	धुस्सा	रिस	रिस	रीस
खरीदना	बिसाना	बिसाना	बिसोना	कीणना	बिसाना	बिसाना	किनाना	लेइना
गर्दन	घेंच	घेंचा	टोंटा	बेक		ढेंटू	घेचा	टोडरा
गोरा	गौरिया, पंडरा	गौरिया	गौरिया	गौरा, घोव	गौरिया	पंडरा	चरका	पंडरा
घरजमाई	घरजियां	घरजिंया	घरजींहा	घरजोंई	लमसेना दंमाद	घरजींहा	घरदमाद	घरजिंया
छप्पर	छानी	छाँदी, छान्ही	छानी	छानी	छानी	छानी	छाइन	छानी
चूहा	मुसुवा	मुसुआ	मुसुवा	मूसा	मुसुवा	मुस्टा	मुसा	मुसा
थोड़ा	थोरक, धोरकुन	थोरकुन	थोकन	टीके	थोड़िक	चटी, तनी	कटिक	इतीकहून
देवरानी	देरानी	देरानी	देरानी	जा	देवरानी	देवरानी	देवराइन	देरानी
नमक	नून	नून	नून	नूंण	नून	नोन	नोन	नोन
नाटा	बुटरा	बुटरा	बाँगरा	बाबन	बटवा	नटवा	नटरा	गठिया

1	2			3	4	5	6	7
हिन्दी	रायपुर, दुर्ग क	बिलासपुर ख	रायगढ़ ग	लरिया	खलटाही	सुरगुजिया	नागपुरिया (सदरी)	बस्तरिया (हल्बी)
नीचे	खाल्हे	खाले	खाल्हे	तर	खाले	खाल्हे	तरे	खाले
पक्षी	चिरई	चिरई	चिरई	चढ़ई	चिरई	चिरई	चरइ	चिरई
पकाना	राँधना	राँधना	चुरौना	राँधणा	राँदना	राँधना	राँधना	राँधना
पश्चिम	बुड़ती	बुड़ती	बुड़ती	पश्चिम	बुड़ती	पछीम	पछिम	बूड़ू
पशु	ढोर, डाँगर, जनावर	ढोर	बहन	गोरू	ढोर	गोरू	गरु	गोरू
पहुँचना	हबरना	हबरना	अमरना	खेट्टना		लमरना	पोंहचना	अमरतो
पिता	बाप, ददा, कका	बाप, ददा	ददा, बुआ	बापा	ददा	दाऊ	बाप, आबा	बाबा
पितामह	बबा	बबा	बबा	गुसाईं बापा	बबा	बड़दाऊ	आजा	दादा
पेड़	रूख	रूख	रूख	गछ	रूख	रूख	गछ	रूख
पैर	गोड़	गोड़	गोड़	गोड़	गोड़	गोड़	गोड़	गोड़
बकरी	बोकरी, छेरी	छेरी	छेरी	छेरी	बोकरी	छेरी	छेरी	छेरी
बच्चा	लइका	लइका	पीला	छुआ, पीला	लैका	छौवा	छउवा	पीला
बछड़ा	बछवा	बछरू	बछरू	माई पीला	बछवा	बछरू	बछरू	बछरू

1	2			3	4	5	6	7
हिन्दी	रायपुर, दुर्ग क	बिलासपुर ख	रायगढ़ ग	लरिया	खलटाही	सुरगुजिया	नागपुरिया (सदरी)	बस्तरिया (हल्बी)
बहनोई	भांटों	भाटो	भांटों	जोईं	भांटों	भाटो	भाटु	भांटो
बाल बच्चे	लइका बच्चा	लइका बच्चा	पीला पिचका	पीला पिचका	टूरी टूरा	लरिका छोआ	छउवापूता	पीलाझीला
बैल	बइला	बइला	बड़दा	बड़दा	बइला	बरधा	बरद	बैला
बैलगाड़ी	बइलागाड़ी	बइलागाड़ी	बड़दागाड़ी	बड़दागाड़ी	खासर, गाड़ा	बरधागाड़ी	गरूगाड़ी	बैलागाड़ी
मत	झन	झन	झन	नाई	झिन	झिन	महत	नी
मैं	मंय	मंय	मैं	मैं, मूँ	मूँ, मैं	मैं, मंय	मंय मोएँ	मंय
मा	दाई, दीदी	दाई	दाई, माँ	बोऊ	दाई	दाई	माए, आइओ	दाई, आया
याद	सुरता	सुरता	सुरता	मन	सुरता	सुरता	इयाइद	सुरता
सड़क	रद्दा	रसदा	डहर	डांड	रद्दा	संडक	संड़क	बाट
साड़ी	लुगरा	लुगड़ा	लुगा	लुगा	लुगटा	लुगा	लूगा	लुगा
हल	नांगर	नांगर	नांगर	हल	नांगर	हर, नागर	हर	नांगर

8. छत्तीसगढ़ी और अवधी

छत्तीसगढ़ी हिन्दी की पूर्वी उपशाखा में परिगणित की जानेवाली अपनी बड़ी बहन अवधी से बहुत मिलती-जुलती है। इसी साम्य को देखते हुए डॉ. ग्रियर्सन ने कहा था कि छत्तीसगढ़ी बोलने वाले व्यक्ति को अवधी सीखने में सप्ताह से अधिक समय नहीं लगेगा। निश्चय ही यह अतिशयोक्ति है। कई लोग अवधी और छत्तीसगढ़ी में बहुत सामान्य से अन्तर की कल्पना करते हैं। अवधी और छत्तीसगढ़ी का इतना अधिक मेल है कि एक बोली बोलने वाला मनुष्य दूसरी बोली को बड़ी सरलता से समझ लेता है। हमने तो एक उत्तर प्रदेशीय को यह कहते सुना था कि "का बर, कसगा, तोला, मोला, सिरतोन, लबारी, गो की, बाप की" नामक सूत्र याद कर लिया जाए तो छत्तीसगढ़ी सीखे बिना ही उसे छत्तीसगढ़ी आ जाएगी। क्योंकि इतने ही शब्दों का प्रयोग अवधी को सरलतापूर्वक छत्तीसगढ़ी रूप देने के लिए पर्याप्त है।[1] निश्चय ही यह अतिरंजना है। छत्तीसगढ़ी और अवधी के कतिपय मूलभूत अन्तर भिन्न प्रकार हैं[2]—

1. छत्तीसगढ़ी में संज्ञा तथा सर्वनाम के बाद निश्चयार्थ हर का प्रयोग जैसे बाबूहर।
2. छत्तीसगढ़ी में बहुवचन व्यंजक मन का प्रयोग जैसे टूरामन।
3. कर्म एवं सम्प्रदान कारकों में ला परसर्ग का प्रयोग जैसे मोला।
4. करण कारक में ले का प्रयोग जैसे नौकर ले कहिस अर्थात् नौकर से कहा।
5. सर्वनामों की भिन्नता।

9. छत्तीसगढ़ी के अध्ययन की प्राचीन सामग्री

छत्तीसगढ़ी में प्राचीन लिखित सामग्री का प्रायः अभाव है। छत्तीसगढ़ी बोली का एकमात्र शिलालेख छत्तीसगढ़ के दक्षिणी भाग के दन्तेवाड़ा (बस्तर) नामक स्थान में उत्कीर्ण मिलता है। दन्तेवाड़ा के प्राचीनकाल में छत्तीसगढ़ का भाग होने में सन्देह प्रकट किया गया है।[3] यह शिलालेख किसी उत्तर भारतीय व्यक्ति द्वारा 1703 ईसवी में खुदवाया गया था। आज से लगभग 250 वर्ष पूर्व प्रचलित छत्तीसगढ़ी के रूप का अनुमान लगाने के लिए यह शिलालेख अत्यन्त महत्त्वपूर्ण है—

---

1. शुक्ल अभिनन्दन ग्रन्थ में श्री काशीप्रसाद मिश्र का लेख, साहित्य खंड, पृ. 132
2. हिन्दी की पूर्वी उपशाखा की विभिन्न बोलियों के तुलनात्मक अध्ययन के विस्तृत विवेचन के लिए दे. डॉ. उदयनारायण तिवारी, हिन्दी भाषा का उद्‌गम और विकास, पृ. 273
3. दे. लोचनप्रसाद पाण्डेय, ए ग्रामर ऑफ छत्तीसगढ़ी डायलेक्ट ऑफ हिन्दी, इंट्रोडक्शन, पृ. 5

"पुनि सकल पुरवासी लोग समेत **दंतावला के कुटुम जात्रा** करे संवत् सत्रह सै साठि 1760 चैत्र सुदि 14 आरम्भ वैशाख वदि ते सम्पूर्ण में जा कतेको हजार भैंसा **बोकरा** मारे **ते कर** रक्त प्रवाह बह पाँच दिन सांषिनी नदीलाल कुसुम बर्न भए। ई अर्थ **मैथिल भगवान मित्र राजगुरु पंडित भाषा औ संस्कृत दोउ पाथर मह लिबाए।**"[1] पं. लोचन प्रसाद पाण्डेय ने लिखा है कि मलिक मुहम्मद जायसी के 'पद्मावत' एवं तुलसीदास के 'रामचरितमानस' में कतिपय ऐसे प्रयोग मिलते हैं जो छत्तीसगढ़ी के ठेठ रूपों से अद्भुत साम्य रहते हैं।[2] एक ही मूल से उत्पन्न दो सगी बहनों में यह साम्य स्वाभाविक ही कहा जाएगा।

17वीं सदी के उत्तरार्ध के एक कवि प्रहलाद दुबे ने 'जयचन्द्रिका' नामक अपने ग्रन्थ में ब्रजभाषा बैसवाड़ी और छत्तीसगढ़ी की खिचड़ी का प्रयोग किया है किन्तु इस भाषा में बीच-बीच में ठेठ छत्तीसगढ़ी प्रयोग भी देखने को मिलते हैं। जैसे :

1. महापात्र मन मंह अन्दाजे।
2. सरदार सिपाह बलाइ सवांगे।

उपर्युक्त सामग्री के अतिरिक्त अनेक लोकगीत, लोक कथाएँ भी मिलती हैं पर उनके काल का निर्धारण करना असम्भव होने के कारण छत्तीसगढ़ी के विकास के अध्ययन की दृष्टि से वे हमारे बहुत काम की नहीं हैं।

10. छत्तीसगढ़ी बोली का साहित्य

छत्तीसगढ़ी में प्रकाशित साहित्य नाममात्र को ही है। कुछ वर्षों पूर्व रायपुर से 'छत्तीसगढ़ी' नामक एक अच्छी पत्रिका निकलती थी जो अब बन्द हो गई है। इधर कुछ नई पत्र-पत्रिकाएँ प्रकाशित होने लगी हैं। छत्तीसगढ़ी में उपन्यास, कहानियाँ, कविताएँ आदि भी लिखी जा रही हैं पर अभी तक स्थायी मूल्य का कोई उल्लेखनीय कार्य नहीं हो सका है।

पिछले 50-60 वर्षों से छत्तीसगढ़ी में रचनाएँ प्रस्तुत की जा रही हैं। पं. जगन्नाथप्रसाद 'भानु' छत्तीसगढ़ी के प्रारम्भिक साहित्यकारों में हैं जिनकी रचनाओं का प्रकाशन भी हुआ है। पिछली शताब्दी के अन्तिम काल में ईसाई मिशनरियों ने भी धर्म प्रचारार्थ कुछ पुस्तकें छत्तीसगढ़ी में प्रकाशित की थीं।

11. छत्तीसगढ़ी सम्बन्धी भाषावैज्ञानिक अध्ययन-कार्य

हिन्दी की अन्य बोलियों की तुलना में छत्तीसगढ़ी सम्बन्धी अध्ययन-कार्य बहुत थोड़ा ही हुआ है। पूर्वी हिन्दी की दूसरी बोली अवधी इस अर्थ में छत्तीसगढ़ी से अत्यन्त

---

1. दे. वही, पृ. 6। उपर्युक्त उद्धरण में काले पद छत्तीसगढ़ी के तत्कालीन रूप की सूचना देते हैं।
2. दे. लोचनप्रसाद पाण्डेय, ए ग्रामर ऑफ छत्तीसगढ़ी डायलेक्ट ऑफ हिन्दी, इंट्रोडक्शन, पृ. 6

सौभाग्यशालिनी है। छत्तीसगढ़ी एवं उसकी उपबोलियों पर जिन विद्वानों ने विशेष ध्यान दिया है उनमें से कतिपय महत्त्वपूर्ण नाम निम्नलिखित हैं :

1. डॉ. ग्रियर्सन
2. हीरालाल काव्योपाध्याय
3. लोचनप्रसाद पाण्डेय
4. ई. एच. व्हिटले
5. पी. एस. नौरंगी
6. मेजर बेटी
7. डॉ. सुनीतिकुमार चाटुर्ज्या
8. ठाकुर पूरनसिंह
9. डॉ. विनयमोहन शर्मा
10. डॉ. बलदेवप्रसाद मिश्र
11. डॉ. भालचन्द्रराव तैलंग
12. पं. सुन्दरलाल त्रिपाठी
13. प्यारेलाल गुप्त
14. काशीप्रसाद मिश्र
15. डॉ. धीरेन्द्र वर्मा
16. डॉ. बाबूराम सक्सेना
17. डॉ. उदयनारायण तिवारी
18. डॉ. भोलानाथ तिवारी
19. डॉ. शकुन्तला वर्मा
20. डॉ. कान्तिकुमार जैन
21. डॉ. साधना जैन
22. डॉ. दयाशंकर शुक्ल
23. डॉ. शंकर शेष
24. डॉ. आर. सी. मेहरोत्रा

हिन्दी की अन्य बोलियों की ही भाँति छत्तीसगढ़ी पर भी सर्वप्रथम ध्यान देनेवाले मनीषी डॉ. ग्रियर्सन थे। 'भारत का भाषा सर्वेक्षण' नामक अपने विश्वविख्यात ग्रन्थ के छठवें खंड में पूर्वी हिन्दी की एक शाखा के रूप में ग्रियर्सन ने छत्तीसगढ़ी का सर्वेक्षण किया था।[1] हीरालाल उपाध्याय छत्तीसगढ़ी के सर्वप्रथम व्याकरण लेखक हैं।[2] उन्होंने अपना कार्य ग्रियर्सन की प्रेरणा से किया था। उनके ग्रन्थ का अंग्रेजी

1. दे. लिंग्विस्टिक सर्वे ऑफ इंडिया, ईस्टर्न हिन्दी वाल्यूम-6
2. दे. जर्नल ऑफ द एशियाटिक सोसाइटी ऑफ बंगाल, वाल्यूम 59, 1890, पार्ट-1

अनुवाद स्वयं ग्रियर्सन ने किया था। बाद में पं. लोचनप्रसाद पाण्डेय ने 'ए ग्रामर ऑफ द छत्तीसगढ़ी डायलेक्ट' नाम से उपर्युक्त ग्रन्थ का संशोधित संस्करण प्रस्तुत किया था।[1] व्हिटले, नौरंगी और बेटी छत्तीसगढ़ी की विभिन्न उपबोलियों पर कार्य करने वाले विद्वान् हैं। व्हिटले ने 19वीं शताब्दी के उत्तरार्ध में नागपुरिया का व्याकरण लिखा था।[2] नौरंगी के ग्रन्थ का नाम 'ए सिम्पुल सदानी ग्रामर' है जो 1956 में राँची से प्रकाशित हुई है। मेजर बेटी[3], ठाकुर पूरनसिंह[4], डॉ. विनयमोहन शर्मा और डॉ. भालचन्द्र राव तैलंग ने छत्तीसगढ़ी की दक्षिणी उपबोली हल्बी पर स्वतन्त्र कार्य किया है। डॉ. विनयमोहन शर्मा के हल्बी सम्बन्धी अध्ययन का सार उनके शोध ग्रन्थ 'हिन्दी को मराठी सन्तों की देन' में संकलित है। डॉ. तैलंग के 'छत्तीसगढ़ी, हल्बी, भतरी बोलियों का भाषावैज्ञानिक अध्ययन' में अच्छी सामग्री एकत्र की गई है। डॉ. सुनीतिकुमार चाटुर्ज्या के छत्तीसगढ़ी और हल्बी सम्बन्धी अध्ययनकार्य का सार 'भारत की भाषाएँ और भाषा सम्बन्धी समस्याएँ' नामक ग्रन्थ में संकलित हैं।[5]

हिन्दी भाषा का अध्ययन करने वाले विद्वानों में से प्रायः सभी ने छत्तीसगढ़ी पर भी विचार किया है। इनमें डॉ. धीरेन्द्र वर्मा, डॉ. बाबूराम सक्सेना, डॉ. उदयनारायण तिवारी, डॉ. भोलानाथ आदि विद्वान् प्रमुख हैं। किन्तु छत्तीसगढ़ी सम्बन्धी इन सभी के निष्कर्षों का आधार ग्रियर्सन महोदय की मान्यताएँ ही हैं। ग्रियर्सन ने छत्तीसगढ़ी के विस्तार क्षेत्र, जनसंख्या, छत्तीसगढ़ी की उपबोलियों आदि के सम्बन्ध में जो बातें आज से दशाब्दियों पूर्व कही थीं, वे ही आज भी दुहराई जा रही हैं। कोरिया, सुरगुजा, रायगढ़ आदि रियासतों का अस्तित्व समाप्त हो जाने के बाद भी आज हिन्दी भाषा सम्बन्धी ग्रन्थों में प्रायः यह लिखा मिलता है :

"यह (छत्तीसगढ़ी) मध्यप्रान्त में रायपुर और बिलासपुर के जिलों तथा काँकेर, नन्दगाँव, खैरगढ़, रायगढ़, कोरिया, सुरगुजा, उदयपुर तथा जसपुर आदि राज्यों में भिन्न-भिन्न रूपों में बोली जाती है।"[6]

"पुनः काँकेर, नन्दगाँव, खैरागढ़, घुइखदान तथा कबर्धा...में भी शुद्ध छत्तीसगढ़ी प्रचलित है।"[7]

---

1. यह ग्रन्थ 'सेन्ट्रल प्राविंसेज एंड बरार' शासन द्वारा कलकत्ता के बैपटिस्ट प्रेस द्वारा 1921 में प्रकाशित हुआ था और अब अप्राप्य है।
2. दे. व्हिटले कृत नोट्स आन द गँवारी डायलेक्ट ऑफ लोहार डागा।
3. दे. 'ए हल्बी ग्रामर' शासकीय मुद्रणालय, बस्तर से प्रकाशित
4. दे. 'हल्बी भाषा बोध'
5. दे. भारत की भाषाएँ और भाषा सम्बन्धी समस्याएँ, पृ. 150-51
6. दे. डॉ. धीरेन्द्र वर्मा : हिन्दी भाषा का इतिहास, 1953, पृ. 66
7. दे. डॉ. उदयनारायण तिवारी : हिन्दी भाषा का उद्गम और विकास, 1955, पृ. 288

"यह (छत्तीसगढ़ी)...काँकेर, नाँदगाँव, सुरगुजा, उदयपुर...सक्ती, सारंगगढ़, जशपुर,...में बोली जाती है।"[1]

जनसंख्या एवं उपबोलियों आदि के सम्बन्ध में इसी प्रकार अनेक भ्रमात्मक तथ्य प्रचलित हैं। नवीनतम प्राप्त तथ्यों एवं आँकड़ों के आधार पर छत्तीसगढ़ी का अध्ययन आज की महती आवश्यकता है।

छत्तीसगढ़ी सम्बन्धी अध्ययन-कार्य की ओर इधर कुछ वर्षों में विद्वानों एवं शोधकर्ताओं का ध्यान आकर्षित हुआ है। छत्तीसगढ़ी और उसकी उपबोलियों के व्याकरण प्रस्तुत किए जा रहे हैं, शब्दकोश संकलित हो रहे हैं और तुलनात्मक अध्ययन सम्बन्धी कार्य हो रहा है। ये सभी शुभ लक्षण हैं। इस सम्बन्ध में रविशंकर एवं गुरु घासी दास विश्वविद्यालयों ने सराहनीय कार्य किया है। छत्तीसगढ़ी को छत्तीसगढ़ की राजभाषा घोषित किये जाने से छत्तीसगढ़ के विकास में गति आएगी।

12. छत्तीसगढ़ी शब्द-समूह

"शब्द-समूह की दृष्टि से प्रत्येक भाषा एक प्रकार से खिचड़ी होती है," यह कथन छत्तीसगढ़ी पर भी चरितार्थ होता है। इतिहास, राजनीति एवं औद्योगिकता के तरंगाघातों से बोलियों के शब्द-भंडार में निरन्तर परिवर्तन होता रहता है। किसी भी भाषा या बोली में अन्य भाषा या बोलियों के शब्दों का आगमन और उनका पाचन उसकी जीवनी-शक्ति का प्रमाण माना जाता है। साधारणतः छत्तीसगढ़ी शब्द-समूह निम्न श्रेणियों में विभक्त किया जा सकता है :

(क) भारतीय आर्य भाषाओं के शब्द
(ख) भारतीय अनार्य भाषाओं के शब्द
(ग) विदेशी भाषाओं के शब्द
(घ) अन्य

(क) छत्तीसगढ़ी में भारतीय आर्य भाषाओं के शब्द

(1) छत्तीसगढ़ी के शब्द-समूह में ऐसे शब्द ही अधिक संख्या में मिलते हैं जो स्वाभाविक विकास-क्रम के अनुसार मध्य भारतीय आर्य भाषाओं—प्राकृत, अपभ्रंश आदि—से होते हुए छत्तीसगढ़ी को प्राप्त हुए हैं। ये शब्द तद्भव कहलाते हैं। छत्तीसगढ़ी में तत्सम शब्दों का प्रायः अभाव है। किन्तु जब से छत्तीसगढ़ी साहित्य, समाचार-पत्रों एवं आकाशवाणी के माध्यम के रूप में प्रयुक्त होने लगी है तब से 'जनपद', 'विचार', 'कथा' आदि शब्दों को अपनाने की आवश्यकता पड़ने लगी है। ये शब्द या तो तत्सम रूप में ही प्रयुक्त होते हैं या तत्समाभास रूप में जैसे 'महत्मा', 'साहित्तकार', 'पतरिका', 'धेय', 'सरबोदय' आदि।

---

1. दे. हिन्दी भाषा : डॉ. भोलानाथ तिवारी : 1966, पृ. 271

छत्तीसगढ़ी के तद्भव शब्द

अरसी, असुधहा, आँमा, उज्जर, उपास, उतान, उढ़री, ऊना, ओसहा, औठ, ककनी, कजरा, करम, करू, कान, कूकुर, कोरा, खजुरी, खाँध, गोड, गहकी, गिरहथ, चतुरा, चन्दा, चनैनी, चिक्कन, चूमा, छछुन्द, छेछान, जुन्ना, डसना, डाँड, डेना, ढीट, तात, तिनहा, तिहार, तूमा, तेंदू, दरपन, दरमी, दाई, दुआर, देवारी, धुर्रा, धजा, परानी, भंडरा, निरदई, नोनी, तुतरी, पैरी, अछर, बिरिछ, बिहाव, बहिनी, बुढ़वा, बेंदरा, बेनी, बेरा, महाउर, मुटरा, मुँदरी, मुराई, मरजाद, मटुक, मुसुवा, मेछा, रूख, रोंठ, रेंट, लाँघन, लीम, लुबाठी, सँकरी, सँझा, सुग्गा, सुघ्घर, हरदी आदि।

आधुनिक आर्य भाषाओं के शब्द

छत्तीसगढ़ी में उसकी निकटवर्ती आधुनिक आर्य भाषाओं जैसे मराठी, उड़िया आदि के शब्दों की संख्या भी प्रचुर है। यह कहना बहुत कठिन है कि किस पर किसका ऋण है। हो सकता है कि एक ही पूर्ववर्ती भाषा से ये शब्द मराठी, उड़िया अथवा छत्तीसगढ़ी में आए हों। भाषाविज्ञान के विद्यार्थी के लिए इन शब्दों की सूची अत्यन्त रोचक सिद्ध होगी।

छत्तीसगढ़ी और हल्बी के कतिपय समरूप समानार्थी शब्द

छत्तीसगढ़ी	**हल्बी**	**हिन्दी**
अमरना	अमरतो	पहुँचना
ओदा	ओदा	गीला
ओसार	ओसार	चौड़ा
किंदरना	किंदरतो	घूमना
कियारी	कियारी	खेत
खाल्हे	खाल्हे	नीचे
खीलना	खीलतो	सिलाई करना
गोठियाना	गोठियातो	बात करना
घुचना	घुचतो	सरकना
चाँटी	चाटी	चींटी
चिडरा	चिडरा	गिलहरी
जमा	जमा	सब
जूना	जून	पुराना
जोंघरा	जोंघरा	मकई
टीप	टिप	शिखर
पीला	पीला	बच्चा
बूता	बूता	काम
रूख	रूख	वृक्ष

छत्तीसगढ़ी और उड़िया के कतिपय समरूप समानार्थी शब्द

छत्तीसगढ़ी	उड़िया	हिन्दी
ओसारी	ओसारी	घर का मुख्य कमरा
उढरी	उडरी	पति को छोड़कर भागने वाली स्त्री
काँदो	काद्दो	कीचड़
काँवरी	कावड़ी	बहँगी
कूढ़ा	कुड़ा	ढेर
गोड़	गोंडा	पैर
गोरस	गरसा	दूध
छेरी	छेड़ी	बकरी
छौबा	छुआ	बच्चा
जाँवर	जाँवड़ा	जुवड़ाँ
टुकना	टुकना	बाँस का बना एक पात्र
ठेंगा	ठेंगा	लाठी
डेबरा	डेबरिया	बाएँ हाथ से काम करने वाला
डेना	डेणा	भुजा
डोका	डबका	पुरुष
तियन	तुण	तरकारी
पीला	पिल्ला	बच्चा
बेंग	बेंग	मेढक
माड़ी	माड़ी	घुटना
राहेर	रोहेल	अरहर

छत्तीसगढ़ी और मराठी के कतिपय समरूप समानार्थी शब्द

छत्तीसगढ़ी	मराठी	हिन्दी
अम्मट	आँबट	खट्टा
गम्मत	गम्मत	तमाशा
छेबर	शेबट	अन्त
टकर	टकर	आदत
डोंगर	ढोंगर	पहाड़
ढेकना	ढेकूँण	खटमल
फोक्ट	फुक्ट	मुफ्त
बोंबी	बोमड़ी	नाभि
भेमुग	भुइमुग	मूमफली

(ख) भारतीय अनार्य भाषाओं के शब्द

छत्तीसगढ़ी और मुंडा भाषा के कतिपय समरूप समानार्थी शब्द

छत्तीसगढ़ी	मुंडा	हिन्दी
कोरी	कुड़ी	बीस
गइया	गै	गाय
डाँगर	डाँगर	अशक्त पशु
पड़वा	पाड़ा	भैंस का बच्चा
पनही	पनाही	जूता

छत्तीसगढ़ी और कुरुख के कतिपय समरूप समानार्थी शब्द

छत्तीसगढ़ी	कुरुख	हिन्दी
अनभनिया	अनभनया	व्यर्थ
कोरी	कुरी	बीस
खरपा	खरपा	स्त्रियों की चप्पल
गोटा	गोट्टा	समूचा
चिचियाना	चिचयारना	चिल्लाना
चूँदी	चुन्दी	बाल
चूची	चूची	थन
झुलफुल	झोलपोल	झुटपुटा
ठौका	ठौका	सही
डहर	डहरे	मार्ग
डिपरा	डिप्पा	टीला
डिंडा	डिंडा	अनव्याहता
डेबरा	डेब्बा	जिसका बायाँ हाथ चलता हो
तोलगी	तोलोंग	लँगोटी या धोती का पीठ की ओर निकला भाग
बल्लम	बलम	बरछी
बेराम	बेराम	बीमार
भूँडू	भूँडू	वाल्मीकि
रोकोपोको	रोकोपोको	असुविधापूर्ण
सीधा	सिधा	सीधा (बिना पका हुआ चावल आदि)
हिस्गा	हिस्गा	ईर्ष्या
हुँडरा	हुँडरा	भेड़िया

(ग) छत्तीसगढ़ी में विदेशी भाषाओं के शब्द

उर्दू आदि भाषाओं के शब्द

अक्किल, अखतियार, असल, आपिस (वापिस), इजारा, इमान, उम्मर, ऐना, औकात, कजिया, किसबिन, किसिम, खातिर, खियाल, गजब, गुजर, झुलुप (जुल्फ), जम्मा, जिनगानी, जिनिस, जैजाद, तमासा, नजर, नुसकानी, फजीता, फलाना, फायदा, बल्दी, बद्दी, बाच्छा, बेराम, मजा, मुसकुल, यार, रज़ुवाना, रद्दा, लीलाम, सगा, सफ्फा, सरम, सिरिफ, सियाही, सौंख (शौक), हुसियार आदि।

अंग्रेजी आदि यूरोपीय भाषाओं के शब्द

इस्कूल, इसपिट्टर, कंडील, कारड, जम्फर, टिकस (टिकट), टेम (टाइम), ठेसन (स्टेशन), डइवर (ड्राइवर), डाँगदर (डाक्टर), बटम, बलाउज, बाइसिकिल, माइल, लालटेन, सिरमिट (सीमेंट), सिलेमा (सिनेमा) आदि।

(घ) छत्तीसगढ़ी में अन्य शब्द

द्विज

बटमाही, लोफराई, सानियल आदि

प्रतिध्वनिमूलक

खचखच, गदबद, चूहुर चूहुर, चुटचुट, छितिर मितिर, झकझक, झिमिर झामर, झिरमिर झिरमिर, ठनन ठनन, धुकपुक, बगबग, मँहर मँहर, रिगबिग, लकर घकर, लटपट, लिरबिट लिरबिट, हदबद हदबद, हलर हलर आदि।

द्विरुक्त

कपड़ा उपड़ा, भातऊत, साग ऊग आदि।

13. कतिपय व्यंजक मुहावरे

हिन्दी की अन्य बोलियों की तरह छत्तीसगढ़ी भी मुहावरों की दृष्टि से अत्यन्त सम्पन्न है जैसा कि निम्न उदाहरणों से प्रतीत होगा :

1. आगी बारन : खाना पकाने की तैयारी करना
2. ओसहा पानी : दवा, उपचार
3. करम काटन : दुर्भाग्य
4. गजबे इतरान : हद करना
5. घिनहा लगन : तबीयत खराब लगना

6.	जर बुतान	:	क्रोध के मारे जलना
7.	जीव डारन	:	प्राणपण से
8.	थोरके मा गहरान	:	चूहे को चिन्दी मिली बजाज बन बैठा
9.	धरन सेंतन	:	वस्तुओं को सहेजना
10.	धरा रपटा	:	कठिनाई से
11.	पीला पिचका	:	बाल बच्चे
12.	बाहिर बैठन	:	शौचादि से निवृत्त होना
13.	बेंग अस टरटरान	:	मेढक के समान टर्र-टर्र करना
14.	भुतुवा उमधावन	:	किसी को दुरुस्त करना
15.	मन भरन	:	सन्तुष्ट होना
16.	लहुआ परन	:	हड़बड़ी करना
17.	लहुआ लेन	:	किसी काम को आनन-फानन करना
18.	सती के नरियर तेन	:	दूसरों के काम में टाँग अड़ाना
19.	सुताई सूतन	:	घोड़ा बेचकर सोना
20.	हाट करन	:	खरीद-फरोख्त करना

14. कतिपय कहावतें

छत्तीसगढ़ी में कहावतें हाना, गहा अथवा बिस्कुटी कहलाती हैं। हिन्दी की अन्य बोलियों की तरह छत्तीसगढ़ी में भी कहावतों का प्रचुर भंडार है। यहाँ कतिपय कहावतें दी जा रही हैं :

1.	अंडा बन में बिलाई बाघ	:	अरंड के जंगल में बिल्ली बाघ
2.	अगड़ाही में छू छू के गिन्ती	:	सर्वनाश की बेला में नगण्य वस्तु की कीमत आँकना
3.	अलकर के घाव, ससुर की बैदी	:	गुप्त रोग और चिकित्सा ससुर की
4.	कुछ ना करे धन्धा, खाए बर खोजे सलंगा	:	निकम्मा पर शौक सौ सौ
5.	खसू बर तेल नहीं घोड़सार बर दीया	:	फिजूलखर्ची और प्रदर्शन
6.	खाँदे में लइका गाँव गोहार	:	बगल में लड़का, शहर में हल्ला
7.	खाँदे टँगा गाँव में टेरी	:	बगल में लड़का, शहर में हल्ला
8.	घर भेद लंका छेद	:	घर का भेदी लंका ढाहे
9.	छोट कस कहनी, रात-भर उसनिन्दा	:	राई का पहाड़
10.	जस हरदी के रंग, तस परदेसी के संग	:	अस्थायी सम्बन्ध

11. जाने बर न ताने बर
भँइसा नाँगर फाँदे बर : आए न जाए, ढोलक बजाए
12. जेकर देखे छाती फाटे,
तेकर जाए बरात : शत्रु का भला होना
13. जेला खोजे रोगिया तेला
वैद बताय : वैद्य का रोगी की पसन्द का पथ्य देना
14. टाँगा कर मार गलगला तो
जानही : भीतर की मार बहुरिया जाने
15. तेली के तेल रथे त पहाड़
ला नी पोते : अपनी चीज सबको प्यारी होती है
16. नाँव मोतीचन्द, झलक
बिनोरी के नहीं : आँख के अन्धे नाम नयनसुख
17. नाऊ के बरात में ठाकुरे
ठाकुर : नाई की बरात में सभी ठाकुर
18. बिच्छी के मन्तर नी जाने
अउ साँप के बिल में
हाथ देवे : स्पष्ट है
19. बैला कमाय, घोड़वा खाय : बुढ़िया पीसे, कुत्ता खाय
20. राजा के धन सिराय,
भंडारी के छाती फाटे : स्पष्ट है
21. लड़र घसर तेहू तीन पसर,
घसर घसर तेहू तीन पसर : सब धान बाईस पसेरी
22. लल्लर जंता के लल्लर पोहा : जैसा बाप वैसा बेटा
23. साँप लमलम अउ केंचुवा
लमलम : साँप धृष्टता करे तो करे केंचुवा
किस बूते पर करे
24. हपटे बनके पथरा, फोरे
घर के सील : सास पर बस न चले, बहू के कान उमेठे

15. कतिपय वाक्य एवं अवतरण तथा उनके हिन्दी अनुवाद

लइका आवत है—लड़का आता है।
ओ लइका कवी हो गइस—वह लड़का कवि हो गया।
बुढ़वा किसान के जवान बेटा हर अपन छोटे कका बर नदिया तीर के मिटही आमा रूख ले सुखाय सुखाय लकरी मनला टोरत है—वृद्ध किसान का जवान बेटा अपने छोटे चाचा के लिए नदी तट के मीठे आम के पेड़ से सूखी सूखी लकड़ियाँ तोड़ता है।

विपत म कोनो कोनो के नी होवे—विपत्ति में कोई किसी का नहीं होता।
राम लछिमन औ सीता चौदा बरस बनवास में रहिन—राम, लक्ष्मण और सीता चौदह वर्ष वनवास में रहे।
मैं रोटी खायेंव—मैंने रोटी खाई।
ओहर तीन ठन घोड़ा बिसाइस—उसने तीन घोड़े खरीदे।
एक ठन छोकरा आवत है—एक लड़का आता है।
एक ठन छोकरी आवत है—एक लड़की आती है।
लम्मा लम्मा डोरी लान—लम्बी रस्सियाँ ला।
ओ मन (उन) अमरे होहीं—वे आ गए होंगे।
नोनी ला लान—लड़की को ला।
तुम्हारा नोनी बने है—तुम्हारी लड़की ठीक है।
राँध खा के जाबे—बना खा कर जाना।
मोर मेंर लबारी झिन गुठिया, तोर मन माँ आवै जैसे कर—मुझसे झूठ मत कह, तुझे जो रुचे वह कर।

एक टाँग के अक्किल

बरसात के दिन रहिन। एक मनखे हर छाता लेके खेत देखे बर गए रहिस। रसदा माँ एक बड़े तरिया रहिस। वोहर छाता ला तरिया के पार माँ मड़ाके तरिया माँ नहाय बर उतरिस। ऐती में आइस बघवा। बघवा हर छाताला देख के पूछिस : कस रे एक टाँग, दुइ टाँग कहाँ गइस। छाताहर अपन मालिक ला बचाय बर कहिस—चार टाँग ला छाँड़के दस टाँगला मारे बर गइस हवे। बघवा हर मन में गुनिस कि मँय तो चार टाँग के हवौं। ओकर तो दस टाँग हवै तब तो मोला अपन जान बचाय बर भागे बर पड़ही। बघवा हर डर्रा गइस अउ बन में भाग गईस। अनेक में वो आदमी हर बाहर निकरिस अउर छाता कर गोठ ला सुनके ढेरेच खुस होइस।

अर्थात्

बरसात के दिन थे। एक मनुष्य छाता लेकर खेत देखने के लिए गया था। मार्ग में एक बड़ा तालाब था। वह छाता तालाब के किनारे रखकर नहाने के लिए तालाब में घुसा। इतने में आया बाघ। बाघ ने छाते को देखकर पूछा, क्यों रे एक टाँग, दो टाँग कहाँ गया। छाता ने अपने मालिक को बचाने के लिए कहा—चार टाँग को छोड़कर दस टाँग को मारने के लिए गया है। बाघ ने मन में सोचा कि मैं तो चार टाँग का हूँ। उसके तो दस टाँगें हैं तब तो मुझे अपने प्राण बचाने के लिए भागना पड़ेगा। बाघ डर गया

और जंगल में भाग गया। इतने में वह आदमी बाहर निकला और छाता की बात सुनकर अतिशय प्रसन्न हुआ।

अमित व्ययी पुत्र[1]
(रायपुर)

कोनो आदमी के दू छोकरा रहिस है। वो माँ के सबसे छोटे हर अपन बाप से कहिस के जोन मोर हिस्सा होय वो ला दे दे। तब वो हर अपन जयदाद ला बाँट दिहिस। थोरेक दिन के पिछे छोटे छोकरा हर अपन सब जयदाद ला जोर के दुरिहग देस चले गइस और उहाँ अपन सब जयदाद ला फूँक दिहिस। जब सब फुँका गय तब उहाँ अकाल पड़िस और वोहर गरीब भय गय।

(बिलासपुर)

कोनो मनखे के दुह बेटवा रहिन। उन माँ ले छोटका हर अपन ददा ले कहिस—ददा मालमत्ता के जौन हींसा मोर बाँटा माँ परत होही तौन मोका दे दे। औ वोहर अपन मालमत्ता उनका बाँट दिहिस। औ बहुत दिन नहीं बीते पाइस के छोटका बेटवा अपन सब धन सकेल के दूर देस माँ निकर गय औ उहाँ अपन धन का नाँच रंग माँ उड़ा दिहिस औ जब जम्मा ला फूँक डारिस तब वो देस माँ बड़ दुकाल परिस औ वो हर भूँखन मरे लागिस।

अर्थात्

किसी मनुष्य के दो बेटे थे। उनमें से छोटे ने अपने पिता से कहा—पिताजी, सम्पत्ति का मेरा भाग मुझे दे दें। तब उसने अपनी सम्पत्ति उनमें बाँट दी। थोड़े ही दिनों में छोटा लड़का अपनी सारी सम्पत्ति लेकर विदेश चला गया और वहाँ उसने अपना सर्वस्व नाच-गाने में उड़ा दिया। कुछ दिनों में वहाँ अकाल पड़ा और वह निर्धन हो गया।

16. छत्तीसगढ़ी खड़ीबोली के साथ क्या करती है?

छत्तीसगढ़ी और खड़ी बोली दोनों हिन्दी परिवार की बोलियाँ हैं। छत्तीसगढ़ी पूर्वी हिन्दी की बोली है और खड़ी बोली पश्चिमी हिन्दी की। छत्तीसगढ़ी का व्यवहार क्षेत्र खड़ी बोली की तुलना में अत्यन्त सीमित है। छत्तीसगढ़ी सामान्यतया छत्तीसगढ़ के बाहर नहीं बोली जाती जबकि खड़ी बोली अपने मूल क्षेत्र का अतिक्रमण कर समस्त भारत की

1. डॉ. ग्रियर्सन द्वारा लिंग्विस्टिक सर्वे ऑफ इंडिया, वाल्यूम 6 के पृ. 185 एवं 190 पर उल्लिखित छत्तीसगढ़ी के शुद्ध रूपों के उदाहरणों के प्रारम्भिक अंश।

राष्ट्रभाषा के रूप में प्रतिष्ठित है। छत्तीसगढ़ी समसामयिक काल को छोड़कर कभी साहित्यिक अभिव्यक्ति का माध्यम नहीं रही। विगत पचास-साठ वर्षों से उसमें जो साहित्य लिखा जा रहा है, वह अभी प्रारम्भिक अवस्था में ही है। खड़ी बोली का साहित्यिक व्यवहार पर्याप्त पुराना है—हिन्दी साहित्य का आधुनिक काल तो समग्र रूप से खड़ी बोली का ही काल है। छत्तीसगढ़ पर उसकी समीपवर्ती बोलियों एवं भाषाओं का प्रभाव पड़ा है। द्रविड़ एवं मुंडा प्रभावों के कारण उसमें विशिष्टता आ गई है। खड़ी बोली एक प्रदीर्घ अवधि में नानाविध प्रभाव ग्रहण करने वाली बोली रही है—उस पर पंजाबी, उर्दू एवं अंग्रेजी का उल्लेखनीय प्रभाव पड़ा है। वह संस्कृत रिक्थ से लाभान्वित होती है। छत्तीसगढ़ी की अपनी कोई लिपि नहीं है, वह खड़ी बोली द्वारा गृहीत देवनागरी लिपि में लिखी जाती है। आधुनिक काल में खड़ी बोली के माध्यम से शिक्षित छत्तीसगढ़ निवासियों द्वारा छत्तीसगढ़ी में खड़ी बोली के तत्त्व समाहित किए जा रहे हैं। शिक्षित छत्तीसगढ़ी घरेलू व्यवहार में छत्तीसगढ़ी बोलता है किन्तु छत्तीसगढ़ीतर समुदाय से सम्पर्क करने के लिए खड़ी बोली का आश्रय लेता है। एक ही भाषा की दो बोलियाँ होने के कारण एवं एक ही संस्कृत मूल से विकसित होने के कारण दोनों में पर्याप्त-समानता होना स्वाभाविक है किन्तु विभिन्न अपभ्रंशों से सम्बद्ध होने के कारण एवं अलग-अलग प्रभाव ग्रहण करने के कारण दोनों में पर्याप्त मित्रता भी है। छत्तीसगढ़ी अभी तक एक स्थित्यात्मक बोली रही है जबकि खड़ी बोली अपनी गत्यात्मकता के कारण भाषा बन गई है।

(क) नीचे छत्तीसगढ़ी, छत्तीसगढ़ी क्षेत्र में प्रचलित व्यावहारिक हिन्दी और परिनिष्ठित खड़ी बोली के वाक्यों का तुलनात्मक अनुवाद प्रस्तुत किया जा रहा है। छत्तीसगढ़ी क्षेत्र में खड़ी बोली का जो रूप प्रचलित है, वह छत्तीसगढ़ी की व्याकरणिक विशेषताओं से प्रभावित होता है। छत्तीसगढ़ी वक्ता अपनी बोली के संस्कारों को खड़ी बोली पर अनायास प्रक्षिप्त कर देता है। नीचे जो वाक्यावली दी जा रही है, उससे छत्तीसगढ़ी और खड़ी बोली की मूलभूत प्रकृति को पहचानने में सुविधा होगी। वाक्यों का क्रम निम्न प्रकार है :

1. छत्तीसगढ़ी के वाक्य
2. छत्तीसगढ़ी वक्ताओं द्वारा प्रयुक्त खड़ी बोली के वाक्य
3. परिनिष्ठित खड़ी बोली के वाक्य

1. जयशंकर प्रसाद हर (ह) कोमा मां सब्बेच गुन ला भर दिस हवै।
2. जयशंकर प्रसाद कोमा में सभी गुणों को भर दिए हैं।
3. जयशंकर प्रसाद ने कोमा में सभी गुण भर दिए हैं।

1. कोमा हर मिहिरदेव कर पालै कनिया हवै जेहर अभिच्चे अपन जवानी मां परिवेस करे रहिस।
2. कोमा मिहिरदेव की पालिता कन्या है जो अभी ही अपने यौवन में प्रवेश की थी।
3. कोमा मिहिरदेव की पालिता कन्या है जिसने अभी अपने यौवन में प्रवेश किया था।

1. मैंह भेदनीति ले काम नहीं ले हवँ।
2. मैं भेदनीति से काम नहीं लिया हूँ।
3. मैंने भेदनीति से काम नहीं लिया है।

1. चन्दरगुपुत हर ध्रुवस्वामिनी ला पाए वर गजबेच मिहनत करिस।
2. चन्द्रगुप्त ध्रुवस्वामिनी को पाने के लिए बहुत परिश्रम किया।
3. चन्द्रगुप्त ने ध्रुवस्वामिनी को पाने के लिए बहुत परिश्रम किया।

1. परसादजी हर कतकौन लेख लिखिस हवै।
2. प्रसादजी कई लेख लिखे हैं।
3. प्रसादजी ने कई लेख लिखे हैं।

1. प्रीत में ओहर अपन (खुदेच) ला भुला दे रिहिस।
2. प्रेम में वह अपने आपको भुला दी थी।
3. प्रेम में उसने अपने आपको भुला दिया था।

1. मैं आज ले नीं समझ पायेंव।
2. मैंने[1] आज तक नहीं समझ पाया।
3. मैं आज तक नहीं समझ पाया।

1. अपन जानला बचाए बर (खातिर) ओहर अपन डौकी ला बेंच देथे।
2. अपनी जान को बचाने के लिए उसने अपनी पत्नी को बेच देता है।
3. अपनी जान बचाने के लिए वह अपनी पत्नी को बेच देता है।

1. जान ला बचाये बर झट के भाग।
2. जान को बचाने के लिए जल्दी भाग।
3. जान बचाने के लिए जल्दी भाग।

1. सियाही के एक बूँद गिरे ले दाग पड़ जाथै।
2. स्याही का एक बूँद गिरने पर दाग पड़ जाता है।
3. स्याही की एक बूँद गिरने पर दाग पड़ जाता है।

1. सत एके झन के धरोहर नीं हवै।
2. सत्य किसी एक व्यक्ति का धरोहर नहीं है।
3. सत्य किसी एक व्यक्ति की धरोहर नहीं है।

1. ओकर चरितर के विसेसता हवै।
2. उसके चारित्रिक विशेषता है।
3. उसकी चारित्रिक विशेषता है।

---

1. शुद्ध हिन्दी बोलने की अतिरिक्त सावधानी के कारण छत्तीसगढ़ी वक्ता कभी-कभी अनावश्यक स्थानों पर भी 'ने' का प्रयोग करता है।

1. लेखक हर रोग के परिभासा ला दे हवै।
2. लेखक हर रोग का परिभाषा दिया है।
3. लेखक ने हर रोग की परिभाषा दी है।

1. कौमा अपन डौका के ल्हास ला माँगे बर जाथै।
2. कोमा अपने पति का लाश माँगने जाती है।
3. कोमा अपने पति की लाश माँगने जाती है।

1. बड़े ले बड़े घटना घट सकथै।
2. बड़ा से बड़ा घटना घट सकती है।
3. बड़ी से बड़ी घटना घट सकती है।

1. चन्दरगुप्त में ये क्षमा कतेक महान् है।
2. चन्द्रगुप्त में यह क्षमा कितना महान् है।
3. चन्द्रगुप्त में यह क्षमा कितनी महान् है।

1. राजनीति में थोड़कन असावधानी रहे ले ढेरे च खरापी होथै।
2. राजनीति में जरा से असावधानी रहने से बहुत अनिष्ट होता है।
3. राजनीति में जरा सी असावधानी होने से बहुत अनिष्ट होता है।

1. अगहन कर बादरमन माँ पानी कर एकौ बूँद नीं रहै।
2. अगहन के बादलों में जल की एक भी बूँद नहीं रहता है।
3. अगहन के बादलों में जल की एक भी बूँद नहीं रहती है।

1. दूनों के मन माँ ये बात हर घर कर गए रहिस।
2. दोनों के हृदय में यह बात घर कर गया था।
3. दोनों के हृदय में यह बात घर कर गई थी।

1. बरमाजी के संवाद योजना घलौक सुगठित रहिथै।
2. बरमाजी की संवाद योजना भी सुगठित रहता है।
3. वर्माजी की संवाद योजना भी सुगठित रहती है।

1. नाटक मन कर संवाद आसानी ले समझ माँ आए जोग होए चाही।
2. नाटकों के संवाद आसानी से समझ में आनेवाले होनी चाहिए।
3. नाटकों के संवाद आसानी से समझ में आनेवाले होने चाहिए।

1. भोग-विलास कर अघात मन रथै।
2. भोग-विलास की तीव्र इच्छा रहता है।
3. भोग-विलास की तीव्र इच्छा रहती है।

1. समस्या नाटक कोने समस्या ला लेके खेले जाथै।
2. समस्या नाटक किसी समस्या को लेकर खेली जाती है।
3. समस्या नाटक किसी समस्या को लेकर खेला जाता है।

1. जे (अगर) कथानक बढ़िया रहिथै तो नाटक सफल हो सकथै।
2. यदि कथानक अच्छा रहा तो नाटक सफल हो सकता है।
3. यदि कथानक अच्छा हुआ तो नाटक सफल हो सकता है।

1. ओहर विलासी हवै।
2. वह विलासी रहता है।
3. वह विलासी है।

1. ध्रुवस्वामिनी हर अपन देवर चन्द्रगुप्त कर सहारा लेथै।
2. ध्रुवस्वामिनी अपनी देवर चन्द्रगुप्त का सहारा लेती है।
3. ध्रुवस्वामिनी अपने देवर चन्द्रगुप्त का सहारा लेती है।

1. राजा ला अपन राज ठौका चलाए चाही।
2. राजा को अपनी राज्य ठीक चलाना चाहिए।
3. राजा को अपना राज्य ठीक चलाना चाहिए।

1. ये नाटक के रचना होइस हवै।
2. यह नाटक की रचना हुई है।
3. इस नाटक की रचना हुई है।

1. ओहर फेल खा गे।
2. वह फेल खा गया।[1]
3. वह फेल हो गया।

छत्तीसगढ़ी और खड़ी बोली के समानार्थी वाक्यों की तुलना दोनों की विशेषताओं का उद्‌घाटन करने में सहायक होगी।

छत्तीसगढ़ी — मैं जात हौं।
खड़ी बोली — मैं जाता हूँ।
मैं जाती हूँ।
मैं जा रहा हूँ।
मैं जा रही हूँ।

1. हिन्दी—'वह हार खा गया' से तुलनीय।

छत्तीसगढ़ी	—	तैं जात हस (हवस)
खड़ी बोली	—	तू जाता है।
		तू जाती है।
		तू जा रहा है।
		तू जा रही है।
छत्तीसगढ़ी	—	ओ खात है।
खड़ी बोली	—	वह खाता है।
		वह खाती है।
		वह खा रहा है।
		वह खा रही है।
छत्तीसगढ़ी	—	हम रेंगत हन (हवन)
खड़ी बोली	—	हम चलते हैं।
		हम चल रहे हैं।
छत्तीसगढ़ी	—	तुम घुचत हौ।
खड़ी बोली	—	तुम सरकते हो।
		तुम सरकती हो।
		तुम सरक रहे हो।
		तुम सरक रही हो।
छत्तीसगढ़ी	—	उन (ओमन) रोवत हैं।
खड़ी बोली	—	वे रोते हैं।
		वे रोती हैं।
		वे रो रहे हैं।
		वे रो रही हैं।
छत्तीसगढ़ी	—	मैं गयेंव।
खड़ी बोली	—	मैं गया।
		मैं गई।
छत्तीसगढ़ी	—	तैं पाए।[1]
खड़ी बोली	—	तूने पाया।
		तूने पाई।

1. द्रष्टव्य है कि छत्तीसगढ़ी में कर्म का क्रिया के रूप पर कोई प्रभाव नहीं पड़ता। यथा 'तैं रुपया पाए', 'तैं अठन्नी पाए', किन्तु खड़ी बोली में कर्म के लिंग के अनुसार क्रिया का रूप परिवर्तित हो जाता है, यथा—'तूने रुपया पाया', 'तूने अठन्नी पाई'।

छत्तीसगढ़ी	—	तुम आएव।
खड़ी बोली	—	तुम आए।
		तुम आई।
छत्तीसगढ़ी	—	उन (ओमन) अमरे होहीं।
खड़ी बोली	—	वे आए होंगे।
		वे आई होंगी।
		वे लोग आए होंगे।
		वे लोग आई होंगी।
छत्तीसगढ़ी	—	हम गोठियात होबो।
खड़ी बोली	—	हम बात कर रहे होंगे।
		हम बात कर रही होंगी।
छत्तीसगढ़ी	—	घोड़वा चरत हवै।
खड़ी बोली	—	घोड़ा चरता है।
		घोड़ा चर रहा है।
छत्तीसगढ़ी	—	बइला आवत है।
खड़ी बोली	—	बैल आता है।
		बैल आ रहा है।
छत्तीसगढ़ी	—	कुकुर भूँकत रहिस।
खड़ी बोली	—	कुत्ता भौंकता था।
		कुत्ता भौंक रहा था।
छत्तीसगढ़ी	—	बिलाई हर खाइस।[1]
खड़ी बोली	—	बिल्ली ने खाया।
छत्तीसगढ़ी	—	तुम बासी खाए हो।
खड़ी बोली	—	तुमने बासी खाई है।
छत्तीसगढ़ी	—	पखना गिरिस है।
खड़ी बोली	—	पत्थर गिरा है।
छत्तीसगढ़ी	—	लइकामन पढ़त हैं।
खड़ी बोली	—	लड़के पढ़ते हैं।
		लड़के पढ़ रहे हैं।

1. छत्तीसगढ़ी 'हर' खड़ी बोली की विभक्ति 'ने' का प्रतिरूप नहीं है। 'हर' निश्चयार्थक प्रत्यय है।

छत्तीसगढ़ी	—	उन (ओमन) दसावत रहिन।
खड़ी बोली	—	वे (बिस्तर) बिछा रहे थे।
		वे लोग (बिस्तर) बिछा रहे थे।
छत्तीसगढ़ी	—	दाई सूतत है।
खड़ी बोली	—	माँ सोती है।
		माँ सो रही है।
छत्तीसगढ़ी	—	ददा गइस है।
खड़ी बोली	—	पिता गया है।
		पिता गए हैं।[1]
छत्तीसगढ़ी	—	नोनी ला लान।
खड़ी बोली	—	लड़की को लाओ।
छत्तीसगढ़ी	—	तैं खने।
खड़ी बोली	—	तूने खोदा।
		तूने खोदी।
छत्तीसगढ़ी	—	बोकरा (का) ला मार।[2]
खड़ी बोली	—	बकरे को मारो।
छत्तीसगढ़ी	—	संझा भइस।[3]
खड़ी बोली	—	सन्ध्या हुई।
छत्तीसगढ़ी	—	उन खात रहिन।
खड़ी बोली	—	वे खा रहे थे।
छत्तीसगढ़ी	—	हाट-माँ गए रहे।
खड़ी बोली	—	बाजार में गए थे।
छत्तीसगढ़ी	—	घाम करत है।
खड़ी बोली	—	गर्मी पड़ रही है।
		(धूप तेज है)

---

1. आदरार्थक बहुवचन।
2. कर्म एवं सम्प्रदान कारकों में 'का' का प्रयोग सामान्यतया बिलासपुर जिले में ही होता है। शेष छत्तीसगढ़ में खड़ी बोली शिक्षित व्यक्ति ही कर्म एवं सम्प्रदान कारकों में 'का' व्यवहार करते हैं। ग्रामीणजन 'ला' का व्यवहार करते हैं।
3. 'छत्तीसगढ़ी ग्रामर' संझा को 'सञ्झा' के रूप में प्रयुक्त किया गया है किन्तु छत्तीसगढ़ी में 'ञ' का व्यवहार संदिग्ध है।

छत्तीसगढ़ी	–	तुम्हार नोनी बने है।
खड़ी बोली	–	तुम्हारी लड़की अच्छी है।
छत्तीसगढ़ी	–	उन कर चरिहा है।[1]
खड़ी बोली	–	उनकी टोकनी है।
छत्तीसगढ़ी	–	ओकर नाँव पूछ।
खड़ी बोली	–	उसका नाम पूछ।
छत्तीसगढ़ी	–	छेरिया चरिस हवै।
खड़ी बोली	–	बकरी ने चरा है।
छत्तीसगढ़ी	–	मनखे रेंगत हैं।
खड़ी बोली	–	मनुष्य चलते हैं।
		मनुष्य चल रहे हैं।
छत्तीसगढ़ी	–	नन्दी माँ नहा।
खड़ी बोली	–	नदी में नहा।
छत्तीसगढ़ी	–	करा गिरत है।
खड़ी बोली	–	ओले गिरते हैं।
		ओले गिर रहे हैं।
छत्तीसगढ़ी	–	बादर आइस है।
खड़ी बोली	–	बादल आया है।
छत्तीसगढ़ी	–	बरेठ कांचिस है।
खड़ी बोली	–	धोबी ने धोया है।
छत्तीसगढ़ी	–	घर माँ कोनो नइ है।
खड़ी बोली	–	घर में कोई नहीं है।
छत्तीसगढ़ी	–	ददा मेर गए रहिस।
खड़ी बोली	–	पिता के पास गया था।
		पिता के पास गई थी।
छत्तीसगढ़ी	–	तुम तौ मानिहौ।
खड़ी बोली	–	तुम तो मानोगे।
		तुम तो मानोगी।

1. आदरार्थक।

छत्तीसगढ़ी — उन[1] (ओमन) कहत रहिन।
खड़ी बोली — वे कह रहे थे।
वे कह रही थीं।

छत्तीसगढ़ी — काकरो संग[2] झन बता।
खड़ी बोली — किसी से मत कहो।

छत्तीसगढ़ी — ओकर[3] मन मां का हवै?
खड़ी बोली — उसके मन में क्या है?

छत्तीसगढ़ी — तुम्हार दीदी कब आही?
खड़ी बोली — तुम्हारी दीदी कब आएगी?

छत्तीसगढ़ी — बाबू ला हुतकारा देवे।
खड़ी बोली — लड़के (बेटे) को आवाज दो (बुलाओ)

छत्तीसगढ़ी — दिन निकरिस हवै।
खड़ी बोली — दिन निकला है (सूर्योदय हुआ)।

छत्तीसगढ़ी — राँध खा के जाबे।
खड़ी बोली — पका खा कर जाना।

छत्तीसगढ़ी — तुम्हार मेंर कतेक बइला हैं?
खड़ी बोली — तुम्हारे पास कितने बैल हैं?

छत्तीसगढ़ी — एक नागर के खेती हवै।
खड़ी बोली — एक हल की खेती है।

छत्तीसगढ़ी — मोर बर का लाने हस (हवस)?
खड़ी बोली — मेरे लिए क्या लाए हो?

छत्तीसगढ़ी — डौकी मन रौवत हैं।
खड़ी बोली — स्त्रियाँ रोती हैं।
स्त्रियाँ रो रही हैं।

छत्तीसगढ़ी — टूरा का (ला) झिन मार बे।
खड़ी बोली — लड़के को मत मारना।

---

1. आदरार्थक, पुल्लिग, स्त्रीलिंग दोनों में प्रयुक्त।
2. 'छत्तीसगढ़ी ग्रामर', लोचनप्रसाद पाण्डेय में 'संग' का 'सङग' रूप स्वीकार किया गया है किन्तु छत्तीसगढ़ी में 'ङ' का व्यवहार संदिग्ध है।
3. पुल्लिग और स्त्रीलिंग दोनों में प्रयुक्त।

छत्तीसगढ़ी	—	हम[1] दार भात खात हन।
खड़ी बोली	—	हम दाल भात खा रहे हैं।
छत्तीसगढ़ी	—	चाउर छरे बर जावे।
खड़ी बोली	—	चावल कूटने और साफ करने जाना।
छत्तीसगढ़ी	—	मैं हटरी मां काहीं कुइ लेये वर गय रहेंव।
खड़ी बोली	—	मैं बाजार में कुछ लेने के लिए गया था। मैं बाजार में कुछ लेने के लिए गई थी।
छत्तीसगढ़ी	—	तोर ममा अलवा-जलवा बिसावत रहिस।
खड़ी बोली	—	तेरा मामा अंट-शंट खरीद रहा था।
छत्तीसगढ़ी	—	लिगरी खाए-मां उलटा मान घटत है।
खड़ी बोली	—	(किसी की) चुगली खाने में उलटा (अपना) मान घटता है।
छत्तीसगढ़ी	—	फुर बोली कहाँ अउ लबारी गोठ कहाँ?
खड़ी बोली	—	कहाँ सच्ची बात और कहाँ झूठी बात?
छत्तीसगढ़ी	—	ओस चाटे ले पियास नई बुझावे।
खड़ी बोली	—	ओस चाटने से प्यास नहीं बुझती।
छत्तीसगढ़ी	—	तोर दाई कहत रहिस मैं नी जाँव।
खड़ी बोली	—	तेरी माँ कहती थी (कि) मैं नहीं जाती।

1. छत्तीसगढ़ी में 'हम' का प्रयोग बहुवचन के साथ एकवचन में भी होता है। खड़ी बोली के व्यावहारिक रूप में भी यही स्थिति है।

खंड-3

छत्तीसगढ़ी बोली का व्याकरण

(1) छत्तीसगढ़ी ध्वनिसमूह

छत्तीसगढ़ी ध्वनिसमूह का मूलाधार परम्परागत भारतीय आर्यभाषा का ध्वनिसमूह ही है। छत्तीसगढ़ी की विशिष्ट आवश्यकताओं के अनुसार कतिपय नई ध्वनियाँ विकसित हो गई हैं। छत्तीसगढ़ी की अपनी कोई लिपि नहीं है। हिन्दी की अन्य बोलियों की तरह उसके लिए भी देवनागरी लिपि का ही प्रयोग किया जाता है। नई ध्वनियों के लिए परम्परागत देवनागरी लिपि में कोई चिह्न न होने के कारण नए चिह्न गढ़ने पड़े हैं। इन परिवर्धित चिह्नों का आधार बिहारी बोलियों के लिए डॉ. हार्नली द्वारा सुझाए गए चिह्न हैं। पं. लोचनप्रसाद पाण्डेय ने भी 'ए ग्रामर ऑफ छत्तीसगढ़ी डायलेक्ट' में इन चिह्नों का प्रयोग किया है। छत्तीसगढ़ी की विभिन्न ध्वनियाँ निम्न प्रकार से व्यक्त की जा सकती हैं :

(क) स्वर

अपूर्ण स्वर	ऱ
ह्रस्व स्वर	अ, इ, उ
दीर्घ स्वर	आ, ई, ऊ
संयुक्त ह्रस्व स्वर	ए, ऍ, आ, ऑ
संयुक्त दीर्घ स्वर	ऐ, ए़, ओ, औ

इनमें से अ, आ, इ, ई, उ, ऊ, ए, ऐ, ओ तथा औ प्राचीन वैदिक स्वर हैं। अपूर्ण स्वर तथा संयुक्त ह्रस्व स्वर छत्तीसगढ़ी के अपने विशिष्ट विकसित स्वर हैं। वास्तव में ह्रस्व ए, ओ का प्रयोग पाली और प्राकृत में ही आरम्भ हो गया था। अतः इन्हें छत्तीसगढ़ी को उसकी जननी का उत्तराधिकारी मानना चाहिए।[1]

(ख) व्यंजन

स्पर्श	क्, ख्, ग्, घ्
	ट्, ठ्, ड्, ढ्

1. डॉ. धीरेन्द्र वर्मा, हिन्दी भाषा का इतिहास, पृ. 97

	त्, थ्, द्, ध्
	प्, फ्, ब्, भ्
स्पर्श संघर्षी	च्, छ्, ज्, झ्
अनुनासिक[1]	न्, न्ह्, म्, म्ह्
पार्श्विक	ल्, ल्ह्
लुंठित	र्, र्ह्
उत्क्षिप्त	ड़्, ड़् ह् (ढ़)
संघर्षी	ह्, स्
अर्द्ध स्वर	य्, व्

(ग) छत्तीसगढ़ी की मात्राएँ

छत्तीसगढ़ी बोली में देवनागरी की ऋ, ॠ, ऌ, ॡ ध्वनियों का उच्चारण नहीं होता। इनमें से ॠ, ॡ का प्रयोग प्राकृत भाषाओं में ही नहीं होता था। ॠ, ऌ का प्रयोग संस्कृत में ही नहीं के बराबर हो गया था।[2] देवनागरी की ऋ ध्वनि छत्तीसगढ़ी में रि (जैसे रिन सं. ऋण), रु. (जैसे रुग्वेद सं. ऋग्वेद), इर (जैसे किरपा सं. कृपा), उर (जैसे बुरथा सं. वृथा) अथवा इ (जैसे तिसना सं. तृष्णा) में परिवर्तित हो जाती है।

छत्तीसगढ़ी बोली की मात्राएँ परिवर्धित मात्राओं के साथ देवनागरी जैसी ही हैं। छत्तीसगढ़ी की समस्त मात्राओं का निदर्शन निम्नलिखित प्रकार से किया जा सकता है :

क., क, का, कि, की, कु, कू क, के, क, कै, का, को, कॏ, कौ, कं, कः

(घ) परिवर्धित स्वरों के उदाहरण

अपूर्ण स्वर का प्रयोग शब्द के अन्त या मध्य में ही होता है। मध्य में यह दो व्यंजनों के बीच में ही प्रयुक्त होता है और अन्त में केवल व्यंजन के बाद जैसे फर., बन., बघवा। संयुक्त ह्रस्व स्वरों का प्रयोग हिन्दी की बोलियों में प्रायः होता है। छत्तीसगढ़ी में भी इन स्वरों का प्रयोग देखा जा सकता है जैसे ह्रस्व ए निम्न शब्दों में प्रयुक्त हुआ है :

कोरी एकन, बड़ एकन, बेटवा आदि।

ह्रस्व ओ का प्रयोग निम्नलिखित शब्दों में देखा जा सकता है :

कोलिहा, मोहलाइन आदि।

ह्रस्व औ—जैसे नौकरी।

---

1. पं. लोचनप्रसाद पाण्डेय ने छत्तीसगढ़ी के भावी लेखकों की आवश्यकता को दृष्टि में रखकर ङ, ञ को भी छत्तीसगढ़ी वर्णमाला में स्थान दिया था। किन्तु इन ध्वनियों का छत्तीसगढ़ी में सर्वथा अभाव है।
2. दे. डॉ. धीरेन्द्र वर्मा, हिन्दी भाषा का इतिहास, पृ. 96

इन स्वरों के अतिरिक्त फुसफुसाहट वाला उ, फुसफुसाहट वाली इ, फुसफुसाहट वाला ए आदि अन्य स्वर भी पाए जाते हैं। वास्तव में हिन्दी की बोलियों में प्रयुक्त दो स्वरों के संयुक्त रूपों की संख्या बहुत अधिक है। विस्तृत विवरण के लिए डॉ. धीरेन्द्र वर्मा कृत 'हिन्दी भाषा का इतिहास' के 33, 34 एवं 35वें प्रकरण द्रष्टव्य हैं।

(ङ) अनुनासिक स्वर

फुसफुसाहट वाले स्वरों और अपूर्ण स्वर को छोड़कर छत्तीसगढ़ी के अन्य सभी स्वरों के अनुनासिक रूप होते हैं। वास्तव में अनुनासिक स्वर को निरनुनासिक स्वर से बिल्कुल भिन्न मानना चाहिए क्योंकि इस भेद के कारण शब्दभेद या अर्थभेद या दोनों ही भेद हो सकते हैं। देवनागरी लिपि में अनुनासिक स्वर को प्रकट करने के लिए स्वर के ऊपर कहीं बिन्दी और कहीं चन्द्रबिन्दी लगाई जाती है। छत्तीसगढ़ी में अनुनासिक स्वरों के उदाहरणस्वरूप निम्नलिखित शब्द प्रस्तुत किए जा सकते हैं :

कौंवा, गंवई, गहूँ, चौंधी, छींचना, ढेंटू, भुंई आदि।

(च) व्यंजन

छत्तीसगढ़ में ङ, ञ एवं ण का प्रयोग नहीं होता। ण के स्थान पर न हो जाता है जैसे रन (सं. अरण्य)। ङ एवं ञ का स्वतन्त्र उपयोग नहीं होता। ये सदैव अपने वर्ग के अन्य वर्णों के साथ संयुक्त रूप में प्रयुक्त होते हैं। छत्तीसगढ़ी में इनके स्थान पर अनुस्वार (ं) का ही प्रयोग किया जाता है जैसे अंगा, संगी आदि। पूर्वी हिन्दी की बोली अवधी में ये ध्वनियाँ बतलाई जाती हैं[1] किन्तु डॉ. धीरेन्द्र वर्मा के अनुसार इस सम्बन्ध में जो उदाहरण दिए गए हैं, उनमें इन ध्वनियों का होना संदिग्ध है।[2] छत्तीसगढ़ी में भी संज्ञा आदि शब्दों में ञ ध्वनि न होकर ं ही है।

छत्तीसगढ़ी में श एवं ष का उच्चारण नहीं होता। इन व्यंजनों के स्थान पर क्रमशः स एवं ख का प्रयोग होता है। उदाहरणार्थ :

औसहा	(सं. औषधि)	
खुसी	(फा. खुशी)	
विख	(सं. विष)	अशिक्षित जनों द्वारा
विस	(सं. विष)	शिक्षित जनों द्वारा
सीत	(सं. शीत)	आदि।

देवनागरी के क्ष, त्र, ज्ञ का उच्चारण निम्न प्रकार से होता है :

क्ष का छ अथवा ख के रूप में जैसे क्षेम का छेम या खेम।

1. दे. डॉ. बाबूराम सक्सेना, इवोल्यूशन ऑफ अवधी, प्रकरण 60
2. डॉ. धीरेन्द्र वर्मा, हिन्दी भाषा का इतिहास, पृ. 58

त्र का तर या त्तर जैसे चरित्र का चरित्तर एवं मन्त्र का मन्तर।
ज्ञ का ग अथवा गिंय जैसे यज्ञ का जग्ग एवं ज्ञान का गिंयान।

(2) रचनात्मक उपसर्ग तथा प्रत्यय

(क) उपसर्ग

'उपसर्ग उस अक्षर या अक्षर-समूह को कहते हैं जो शब्द-रचना के निमित्त शब्द के पहले लगाया जाता है।'[1] छत्तीसगढ़ी में जिन उपसर्गों का व्यवहार होता है, उनकी सूची इस प्रकार है :

अ : अकाज, अपत (निर्लज्ज), अबेर
अधि : अधिकार
अन : अन देखना (ईर्ष्यालु), अन गैंहा (अन्य गाँव का, अपरिचित), अनचिनहार (अपरिचित)
अप : अपमान, अपजस
अव : अवगुन
उ : उरिन (उऋण)
उत : उतपात (उत्पात)
उप : उपदेस
औ : औगुन, औकाली (असमय)
क : कपूत
कठ : कठ बेटा (सौतेला बेटा)
कु : कुलच्छन, कुचाली
दर : दरपका (अधपका), दरपिसा (अधपिसा)
दु, दुर : दुब्बर (दुर्बल), दुरघट (दुर्घट)
नन : नन जतिया (जाति बहिष्कृत)
नान : नान जात (अन्य जाति)
निर : निरदरदी (बेदर्द)
परि : परिकरमा
भर : भर पेट
स : सपूत
सम् : संगबरी (साथी)
सु : सुलछना, सुसांइत (सुतिथि)

1. डॉ. धीरेन्द्र वर्मा, हिन्दी भाषा का इतिहास, पृष्ठ 223

उपर्युक्त तत्सम उपसर्गों के अतिरिक्त निम्न विदेशी उपसर्ग भी व्यवहृत होते हैं :

गैड़ (फा. गैर) : गैड़ हाजिर (गैरहाजिर)
ना (फा. ना) : नालैकी (नालायकी)
बद (फा. बद) : बदचाली (कुचाल)
बे (फा. बे) : बेढब (विचित्र), बेहुस्त (बेहोश)
ला (अ. ला) : लापता
हर (फा. हर) : हर दिन

अरबी-फारसी के उपर्युक्त उपसर्ग छत्तीसगढ़ी में हिन्दी (खड़ी बोली) के सम्पर्क से आए जान पड़ते हैं।

(ख) प्रत्यय

'प्रत्यय उस अक्षर या अक्षर-समूह को कहते हैं जो शब्द-रचना के निमित्त शब्द के आगे लगाया जाता है।'[1] प्रत्यय दो प्रकार के होते हैं :

(1) यौगिक
(2) मूल

यौगिक प्रत्यय

यौगिक प्रत्ययों द्वारा संज्ञा शब्दों से अन्य संज्ञा शब्दों का निर्माण होता है। छत्तीसगढ़ी में व्यवहृत कतिपय यौगिक प्रत्यय निम्नलिखित हैं :

1.	अई	:	सुमई	:	सूम (कंजूस)
		:	करुअई	:	करू (कटु)
2.	आई	:	बरपेलाई	:	बरपेल (जबर्दस्त)
		:	सुमाई		सूम (कंजूस)
3.	आस	:	मिठास	:	मीठा
		:	सुधास		सुद्धा (सरल)
4.	इया	:	लोढ़िया	:	लोढ़ा
5.	ई	:	नदानी	:	नदान (नादान)
6.	करिन	:	नचकरिन (स्त्री.)	:	नाच
7.	कार	:	नचकार		नाच
			गितकार	:	गीत

1. डॉ. धीरेन्द्र वर्मा, हिन्दी भाषा का इतिहास, पृष्ठ 225

8.	दार	: जिमीदार	:	जिमीन (जमीन)
		: जवाबदार	:	जवाब
9.	पन	: आमट पन	:	आमट (खट्टा)
		लुचपन	:	लुच्चा
10.	पा	: बुढ़ापा	:	बूढ़ा
11.	बर	: लइक बर	:	लइका (लड़का)
12.	बार	: लैकबार		
		(बच्चों का नौकर)	:	लैका (लड़का)
13.	रू	: गोरू (गोरूप)	:	गो
		बछरू	:	बछड़ा
14.	ली	: लोढ़ली	:	लोढ़ा
15.	वा	: कटुवा (कटा हुआ)	:	कटाव
16.	वान	: गाड़ीवान	:	गाड़ी
17.	वार	: रुखवार	:	रूख (पेड़)
18.	वाला	: धनवाला	:	धन
		इज्जतवाला	:	इज्जत
19.	वाली	: घरवाली	:	घर
20.	हा	: डहरहा (यात्री)	:	डहर (रास्ता)
		घोड़हा (सवार)	:	घोड़ा
21.	हिन	: बजरहिन		
		(बाजार जानेवाली)	:	बाजार
22.	ही	: बजरही	:	बाजार
		रेंधही (झगड़ालू)	:	रेंध (झगड़ा)
23.	हार	: बनिहार	:	बनी (मजूरी)
24.	हारनिन	: पनहारनिन	:	पानी
25.	हारिन	: भूतहारिन	:	भूती (मजूरी)

मूल प्रत्यय

मूल प्रत्ययों द्वारा धातुओं से अन्य संज्ञा शब्दों का निर्माण होता है। छत्तीसगढ़ी के कतिपय मूल प्रत्यय ये हैं :

1.	आ	: गिजरा	:	गिजरो (हँसना)
2.	अैया	: बोलैया	:	बोल
		खवैया	:	खा
3.	वार	: रखवार	:	रख

(३) संज्ञा

(क) प्रतिपादिक शब्द

छत्तीसगढ़ी बोली के संज्ञा (प्रतिपादिक) शब्दों का अन्त स्वर या व्यंजन में हो सकता है जैसे डौकी (स्त्री), दार (दाल) इत्यादि।

स्वरान्त संज्ञाएँ

अधिकतर स्वर जिनसे प्रतिपादिक शब्दों का अन्त होता है आ, इ, ई, उ एवं ऊ हैं जैसे :

आ : डसना (बिछौना), ददा (पिता), दुईजिवा (गर्भवती)
इ : बधइ (बधाई), लमइ (एक प्रकार की मधुमक्खी)
ई : उछारी (कै), दाई (मा), बासी (भोजन विशेष)
उ : घिउ (घी), जिउ (जीव)
ऊ : गरू (गाय-बैल), ढेंटू (गला), तेन्दू (एक वृक्ष)

विशेष : ए, ओ से अन्त होनेवाले प्रतिपादिक शब्द अत्यन्त कम हैं जैसे पांडे (एक जाति), महतो (उपाधि विशेष)

व्यंजनान्त संज्ञाएँ

क् : नाक्
ख् : रूख (वृक्ष)
ग् : साग्
घ् : जाँघ्
च् : आँच्
ड् : गोड़ (पैर)
ढ् : ढाढ़ (पेट)
त् : खेत्
थ् : नाथ् (बैलों के नथुनों में डाली जाने वाली रस्सी)
द् : दमांद् (दामाद)
ध् : रेंध् (हठ)
न् : पिसान् (आटा)
प् : साँप्
छ् : मेंछ (मूँछ)
ज् : लाज्
झ् : बाँझ्
ट् : चीकट् (एक नेग)
ठ् : टोंठ् (ओंठ)
भ् : गाभ् (गभी)
म् : लीम् (नीम)
ग् : गाय्
र् : खुर्
ल् : तेल्
व् : घाव्
स् : लस् (गोंद)
ह् : डीह (टीला)

(ख) संज्ञा के रूप

छत्तीसगढ़ में संज्ञा तथा विशेषण के लघु, गुरु तथा अनावश्यक (अतिरिक्त) ये तीन रूप होते हैं। लघु रूप में भी निर्बल तथा सबल रूप हो सकते हैं। अनावश्यक रूप बहुत कम शब्दों के होते हैं। गुरु एवं अनावश्यक रूपों का प्रयोग कभी गुरुजनों के लिए नहीं

होता। वास्तव में लघु रूपों का ही अधिक प्रचलन है। निर्बल तथा सबल रूपों में निर्बल रूप संज्ञा के अति लघु रूप होते हैं। ये व्यंजनान्त अथवा ह्रस्व इकारान्त होते हैं। इनमें 'अ' लगाने से अथवा अन्तिम स्वर के दीर्घीकरण से सबल रूप सिद्ध होते हैं। जैसे—लोह्, लोहा, बड़, बड़ा।

संज्ञा के रूपों से सम्बद्ध कतिपय अन्य नियम इस प्रकार हैं :

(1) लघु रूपों में वा (स्त्रीलिंग में या) जोड़ने से गुरु बनते हैं और गुरु रूपों में ना (स्त्रीलिंग में नी) जोड़ने से अनावश्यक। उदा.

लघु	गुरु	अनावश्यक
टूरा	टुरवा	टुरवना (लड़का)
टूरी	टुरिया	टुरवनी (लड़की)

(2) कपितय संज्ञा पदों के केवल लघु तथा गुरु रूप ही होते हैं। ऐसे शब्दों के अन्त में प्रायः आ, या अथवा वा होता है और उनके गुरु रूपों में ना जुड़ता है। उदा.

लघु	गुरु
सुआ	सुवना
दिया	दियना

(3) कतिपय स्त्रीलिंग संज्ञाओं के गुरु रूप इया जोड़ने से बनते हैं। उदा.

लघु	गुरु
रौताइन	रौतिनिया
तेलिन	तेलिनिया
गाय	गइया

(4) कभी-कभी स्त्रीलिंग संज्ञाओं के गुरु रूप नी लगाकर भी बनते हैं। उदा.

लघु	गुरु
धोबिन	धोबन्नी
साहबिन	साहबन्नी

(5) कुछ शब्दों के गुरु रूप अनियमित होते हैं। उदा.

लघु	गुरु
गौंड़	गौंड़िया
लोटा	लुटिया

(ग) लिंग

छत्तीसगढ़ी संज्ञापद या तो पुल्लिग होते हैं या स्त्रीलिंग। लिंग सम्बन्धी कतिपय नियम निम्न प्रकार हैं :

(1) आकारान्त शब्द प्रायः पुल्लिग होते हैं। जैसे :
कपड़ा, ओढ़ना (कपड़ा), डौका (पुरुष), बइला (बैल)

(2) त के अतिरिक्त शेष व्यंजनान्त शब्द पुल्लिग होते हैं। जैसे :
चाउर (चावल), दुआर (द्वार)

(3) ईकारान्त एवं तकारान्त शब्द प्रायः स्त्रीलिंग होते हैं। जैसे :
छेरी (बकरी), डौकी (स्त्री), रात (रात)

(4) उपर्युक्त नियमों के कतिपय अपवाद भी मिलते हैं। जैसे :
दया, माया आदि आकारान्त होते हुए भी स्त्रीलिंग हैं। गंवई, तेली ईकारान्त होते हुए भी पुल्लिग हैं। भात तकारान्त होते हुए भी पुल्लिग है। इसी प्रकार दार (दाल), ढार (एक गहना) स्त्रीलिंग हैं।

(5) आकारान्त पुल्लिग शब्दों को ईकारान्त कर देने से स्त्रीलिंग सिद्ध होते हैं। जैसे—टूरा से टूरी, डौका से डौकी।

(6) वाकारान्त पुल्लिग शब्दों के स्त्रीलिंग रूप के अन्त में इया हो जाता है। जैसे : घोड़वा से घुड़िया।

(7) ई एवं इया में अन्त होनेवाले पुल्लिग शब्दों में अन्त में स्त्रीलिंग में इन या निन हो जाता है। जैसे : पटवारी से पटवारिन, हाथी से हँथनिन, बनिया से बननिन।

(8) व्यवसाय, शिल्प, जाति एवं संप्रदायवाची ह्रस्व व्यंजनान्त, आकारान्त एवं ईकारान्त पुल्लिग शब्दों के स्त्रीलिंग रूपों में अन्त में इन हो जाता है। जैसे—लोहार से लोहारिन, पनिका से पनकिन, मड़वारी (मारवाड़ी) से मड़वारिन।

(9) पुल्लिग जातिवाचक उपाधियों के स्त्रीलिंग रूपों के अन्त में आइन हो जाता है। जैसे—दुबे से दुबाइन, तिवारी से तिवाराइन।

(10) सम्बन्धवाचक पुल्लिग शब्दों के स्त्रीलिंग रूपों के अन्त में आनी हो जाता है। जैसे—देवर से देवरानी।

(11) कुछ शब्दों के स्त्रीलिंग रूप स्वतन्त्र होते हैं। जैसे :

ददा	दाई	भाई	भौजी, भौजाई
भाई	बहिनी	बाबू	नौनी

(12) निम्नलिखित शब्द उभयलिंग हैं—गिंया (गुइयाँ), लइका, बच्चा, जँवरिहा (सहचर)

(13) कुछ पशुओं एवं पक्षियों का लिंगभेद नर, एंडरा अथवा मादी, माई या एंडरी द्वारा व्यक्त किया जाता है। जैसे :

पुल्लिग	**स्त्रीलिंग**
नर गुड़ेला (गौरेला)	मादी गुड़ेला (गौरैया)
एंडरा भालू	एंडरी भालू

(घ) वचन

छत्तीसगढ़ी में केवल दो वचन होते हैं—एकवचन और बहुवचन। एक के लिए एकवचन का प्रयोग होता है और अनेक के लिए बहुवचन का। सम्मान प्रदर्शन के लिए एक के स्थान पर बहुवचन का प्रयोग होता है। जैसे—समधीमन आइन हैं (समधीजी आए हैं)।

वचन सम्बन्धी कतिपय नियम निम्न प्रकार हैं :

(1) एकवचन शब्दों में निम्न प्रत्यय लगाने से बहुवचन बनते हैं :

मन	जैसे	लइकामन	(लड़के)
न	जैसे	बइलन	(बैल)
मनन	जैसे	कमिया मनन	(कमाने वाले)
पंचन	जैसे	हम पंचन	तुम पंचन

यहाँ यह उल्लेखनीय है कि निर्जीव वस्तुओं और प्रश्नवाचक वाक्यों में मन का प्रयोग नहीं होता। न का प्रयोग अब लगभग नहीं होता। यह बहुवचन का प्राचीन रूप है। छत्तीसगढ़ी मन और न प्रत्ययों के साथ पुरानी हिन्दी के बहुवचनवाची मनई (मनुष्य) एवं उड़िया माने शब्दों का साम्य तुलनीय है। भोजपुरी, मैथिली, मगही, बंगला आदि पूर्वी भाषाओं की तरह छत्तीसगढ़ी का बहुवचन वाची प्रत्यय न प्राचीन भारतीय आर्यभाषा आनाम् से आया माना जाता है। पंचन जोड़कर बहुवचन बनाने की प्रथा अवधी में भी है। पंचन का प्रयोग छत्तीसगढ़ी और अवधी दोनों में केवल सर्वनाम शब्दों के साथ ही होता है।

(2) ऊपर के रूपों के अतिरिक्त बहुवचन ज्ञापक शब्दावली की सहायता से भी बहुवचन रूप सिद्ध होते हैं। जैसे :

सब	सब लइका	जम्मों	जम्मों लइका
सबो	सबो लइका	जमो	जमो लइका
सब्बो	सब्बो लइका	गंज	गंज हांथी
जमा	जमा लइका	खूब	खूब डौका
जम्मा	जम्मा लइका	निचट	निचट पीला
		बढ़ियन	बढ़ियन मन से

(3) कभी-कभी सब, जमा आदि उपसर्गों के साथ मन प्रत्यय का भी प्रयोग होता है।[1] उदा. सब टूरा मन।

(4) यदि संज्ञा शब्दों के पूर्व संख्यावाचक विशेषण शब्दों का प्रयोग हो तो बहुवचन में न तो उनका रूप ही बदलता है और न मन का ही व्यवह्रात होता है। जैसे : आठ रेजा के काम। चार मूड़ गरु।

(ङ) कारक

छत्तीसगढ़ी में आठ कारक होते हैं :

कर्त्ता : हर, ह

कर्म : का, ला, ल

करण : ले, से

1. इस अर्थ में छत्तीसगढ़ी भोजपुरी से मिलती है। भोजपुरी बहुवचन के रूपों में नि, न्ह तथा सभ एक साथ ही लगते हैं। जैसे : सभ लरिकन के।
दे. उदयनारायण तिवारी, हिन्दी भाषा का उद्गम और विकास, पृ. 308।

अपादान	:	का, ला, बर, खातिर, खातर
सम्बन्ध	:	के
अधिकरण	:	माँ, में, ऊपर
सम्बोधन	:	ए, ओ, ये, वो, गा, अगा, अजी, अगे, गे, कस, रे, जी

कर्ता कारक में हर अथवा ह का प्रयोग छत्तीसगढ़ी की अपनी विशेषता है। 'जिस प्रकार अंग्रेजी में द का प्रयोग निश्चयार्थ का बोध कराने के लिए होता है, ठीक उसी प्रकार छत्तीसगढ़ी में 'हर' शब्द का प्रयोग होता है।[1] जैसे 'लइका' का अर्थ है कोई भी लड़का किन्तु 'लइका हर' का अर्थ है कोई खास लड़का। छत्तीसगढ़ी 'हर' को खड़ी बोली 'ने' का पर्याय नहीं समझना चाहिए। इसका प्रयोग केवल एकवचन में होता है।[2] कर्म और अपादान में प्रयुक्त का एवं ला में शिष्ट एवं अशिष्ट प्रयोग का अन्तर अब लगभग मिट गया है। का के स्थान पर ला का प्रयोग ही बहुप्रचलित है। करण और अपादान कारकों में प्रयुक्त ले एवं से के सम्बन्ध में यह उल्लेखनीय है कि 'ले' छत्तीसगढ़ी का अपना कारक चिह्न है जबकि से का प्रयोग खड़ी बोली सम्पर्कजन्य है। सयाने लोगों के मुख से 'से' का प्रयोग प्रायः सुनने में नहीं आता। सम्बन्ध कारक में सभी लिंगों एवं वचनों में केवल 'के' का ही व्यवहार होता है। 'के' के स्थान पर कभी-कभी केर, कर का भी प्रयोग होता है। सम्बोधन कारक के चिह्नों में गा एवं ओ का प्रयोग प्रेम, स्नेह, आत्मीयता एवं समानता प्रदर्शन के लिए होता है। हो, अहो जी, अजी सम्मानवाची चिह्न हैं। गा एवं अगा द्वारा पुरुषों को सम्बोधित किया जाता है एवं गे, अगे, ओ, अहो द्वारा स्त्रियों को। रे, अरे स्त्रीलिंग एवु पुल्लिग में समान भाव से व्यवहृत होता है।

प्रायः सभी प्रकार की पुल्लिग और स्त्रीलिंग संज्ञाओं के रूप समान भाव से बनते हैं। यहाँ टूरा शब्द के रूप. दिए जा रहे हैं।

कारक	**एकवचन**	**बहुवचन**
कर्ता	टूरा, टूरा हर (ह)	टूरा मन
कर्म	टूरा ला	टूरा मन ला
करण	टूरा ले	टूरा मन ले
सम्प्रदान	टूरा ला, टूरा बर	टूरा मन ला, टूरा मन बर
अपादान	टूरा ले	टूरा मन ले
सम्बन्ध	टूरा के	टूरा मन के
अधिकरण	टूरा माँ	टूरा मन माँ
सम्बोधन	रे टूरा	रे टूरा मन

1. डॉ. भोलानाथ तिवारी, हिन्दी भाषा, प्रवेश, पृ. 273
2. लोचनप्रसाद पाण्डेय, छत्तीसगढ़ी ग्रामर, पृ. 38

(4) सर्वनाम

छत्तीसगढ़ी में सर्वनाम के छः भेद होते हैं :

1. पुरुषवाचक
2. निजवाचक
3. निश्चयवाचक
4. नित्य सम्बन्धी
5. प्रश्नवाचक और
6. अनिश्चयवाचक

इन सर्वनामों की उत्पत्ति वैदिक तथा लौकिक सर्वनामों से हुई है किन्तु प्राकृत एवं अपभ्रंश के माध्यम से आते-आते इनमें पर्याप्त परिवर्तन उपस्थित हुए हैं। छत्तीसगढ़ी सर्वनामों के विभिन्न जिलों में विकल्प से अनेक रूप मिलते हैं किन्तु मूलतः वे एक ही हैं। छत्तीसगढ़ी सर्वनामों का विभाजन निम्न प्रकार किया जा सकता है :

(क) पुरुषवाचक (मैं, तू)

उत्तम पुरुष (मैं)

	एकवचन	**बहुवचन**
मूलरूप	में, मैं, मंय	हमन, हममन
विकृतरूप	मो	हम
सम्बन्धकारक	मोर	हमार, हमर

मध्यम पुरुष (तू)

	एकवचन	**बहुवचन**
मूलरूप	तें, तैं, तूँ, तुँह	तूमन, तुमन, तुममन
विकृतरूप	तो	तुम्ह, तुँह
सम्बन्धकारक	तोर	तुमहार, तुँहार, तुँहर, तूँहर

उपर्युक्त सर्वनामों के रूप संज्ञाओं जैसे ही चलते हैं। उत्तम पुरुष के कर्म कारक के रूप **मोला** की मराठी मला से समता उल्लेखनीय है। इसी प्रकार उत्तमपुरुष सम्बन्धकारक का रूप मोर बँगला एवं उड़िया के रूपों से मिलता-जुलता है। छत्तीसगढ़ी की ही भाँति गुजराती (मारा-माँ) एवं नेपाली में भी माँ अथवा मा का प्रयोग होता है।

(ख) निजवाचक एवं आदरवाचक

आदरवाचक सर्वनाम के रूप में यदा-कदा तूँ अथवा तुँह के स्थान पर अपन का प्रयोग भी होता है। अपन निजवाचक सर्वनाम भी है। अपन के स्थान पर निजवाचक के रूप में सँवागे का भी प्रचलन है। पारस्परिक निजवाचक सर्वनाम आपुस अथवा आपुसी का प्रयोग केवल सम्बन्ध एवं अधिकरण कारकों में ही होता है। बल अथवा आग्रह व्यक्त

करने के लिए जब में अथवा तें के साथ ही अथवा हू का प्रयोग होता है तो निम्न रूप प्राप्त होते हैं।

में	अथवा	मैं+ही=मँही
तें	अथवा	तैं+ही=तँही
में	अथवा	मैं+हू=मँहू
तें	अथवा	तैं+हू=तँहू

इनके अतिरिक्त मैंहू एवं तौंहू रूप भी होते हैं। सुरगुजिहा में आदरवाचक के लिए राउर, रउर अथवा रउरेमन का प्रयोग होता है।

(ग) निश्चयवाचक

निकटवर्ती

	एकवचन	**बहुवचन**
मूलरूप	ए, ये, एहर	इन, इनहर
विकृतरूप	ए	इन, इन्ह
सम्बन्धकारक	एकर, एके	इन्ह कर, इन्हके

दूरवर्ती

	एकवचन	**बहुवचन**
मूलरूप	ओ, वो, ओहर	उन, उनहर
विकृतरूप	ओ	उन, उन्ह
सम्बन्धकारक	ओकर, ओके	उन्हकर, उन्हके

(घ) नित्य सम्बन्धी

छत्तीसगढ़ी में निम्न नित्य सम्बन्धी सर्वनामों का प्रयोग होता है :

एकवचन : जे, जेहर, जौन, जौनहर, जउन, जउनहर, ते, तेहर

बहुवचन : जिन, जिनहर, जिन्ह, तिन, तिनहर, तिन्ह

(ङ) प्रश्नवाचक

	एकवचन	**बहुवचन**
मूलरूप	कौन, कौनहर, कउन, कउनहर	कौन, कउन
विकृतरूप	कौन, कउन, का	कौन, कउन
सम्बन्धकारक	काकर	काकर

काहे का का तिर्यक रूप है।

(च) अनिश्चयवाचक

	एकवचन	**बहुवचन**
मूलरूप	कौनो, कौनोहर, कउनो, कउनोहर	कौनो, कौनो, कउनो, कउनो
विकृतरूप	काकरो	काकरो, काकरो

अन्य अनिश्चयवाचक सर्वनाम हैं :

कुछू, अउर, अऊ, आन, एक, कतको, दुनों, दुन्नों, दूसर, विरान, सब, अन्नौ

(छ) कतिपय सार्वनामिक विशेषण

(1) निकवटर्ती निश्चयवाचक

परिमाण : एतका, एतेक, एतकी, एतीक, एतके, अतका, अतेक, अतकी, अतीक, अतके, इतका
इतेक, इतकी, इतीक, इतड़े, अड़क=इतना

गुण : ऐसन, ऐसने, ऐसे, अस=ऐसे

(2) दूरवर्ती निश्चयवाचक

परिमाण : ओतका, ओतेक, ओतकी, ओतीक, ओतके, वतका, वतेक, वतकी, वतीक, वतके, उतका, उतेक, उतकी, उतीक, उतके, ओड़क, बड़क=उतना

गुण : वैसेन, वैसने, वैसे=वैसे

(3) सम्बन्धवाचक

परिमाण : जेतका, जेतेक, जतका, जतके, जितका, जितके, जड़क=जितना

गुण : जैसन, जैसने, जैसे, जस=जैसे

(4) नित्य सम्बन्धी

परिमाण : तेतका, तैतेक, तेतकी, तेतीक, तेतके, ततका, ततेक, तितका, तितेक=उतना

गुण : तैसन, तैसने, तैसे, तस=तैसे

(5) प्रश्नवाचक

परिमाण : केतका, केतेक, कत, कतका, कतेक=कितना, कितका, कितेक, कडुक

गुण : कैसन, कैसने, कैसे, कस=कैसे

(5) विशेषण

लघु एवं गुरु रूप

संज्ञा पदों की भाँति हर विशेषण के लघुरूपों में का अथवा कका (स्त्री. में की अथवा ककी) जोड़ने से गुरु रूप बनते हैं। उदा.

लघु	गुरु
बड़	बड़का
लाम	लमका
बड़ी	बड़की

विशेषणों में लिंग-भेद सम्बन्धी सामान्य बातें

(1) छत्तीसगढ़ी में पुल्लिग तथा स्त्रीलिंग दोनों में परसर्ग के तथा क्रिया का रूप एक ही होता है किन्तु विशेषणों के साथ यह बात नहीं है। लिंग परिवर्तन के साथ उनमें कभी-कभी परिवर्तन हो जाता है। जैसे :

चलाक टूरी, रोगही टूरी, बुधवन्तिन टूरी

(2) तत्सम, तद्भव अथवा अर्ध तत्सम विशेषण दोनों लिंगों के संज्ञा शब्दों में एक समान रहते हैं। जैसे :

सुन्नर डौका, सुन्नर डौकी, चतुर बनिया, चतुर बननिन

(3) ह्रस्व अकारान्त विशेषण दोनों लिंगों में प्रायः यथावत् रहते हैं। जैसे :

हरियर वन, हरियर दूबी, मीठ वचन, मीठ बात

(4) ई, ऊ एवं ए में अन्त होनेवाले सारे विशेषण दोनों लिंगों में एक समान व्यवहृत होते हैं। जैसे :

ई : भारी पथरा, भारी बात

ऊ : मयारू डौका (स्नेही पति), मयारून डौकी (स्नेही पत्नी)

ए : बड़े कका, बड़े काकी

(5) तद्भव विशेषणों के अन्त का आ स्त्रीलिंग में ई में बदल जाता है। जैसे :

डरपोंकना छोकरा, डरपोंकनी छोकरी

अँधरा साहब, अँधरी मेम

तुलनात्मक श्रेणियाँ

अन्य आधुनिक आर्यभाषाओं की भाँति छत्तीसगढ़ी में तरवन्त (कम्परेटिव) एवं तमवन्त (सुपरलेटिव) श्रेणी के विशेषण नहीं मिलते। तुलना में विशेषणों के रूप में कोई परिवर्तन नहीं होता। दो वस्तुओं के लिए तुलनावाची शब्द ले है। अनेक वस्तुओं में तुलना करनी होती है तो विशेषणवाची शब्द अथवा सर्वनाम सब, सबो, सब्बो के साथ ले प्रत्यय का प्रयोग होता है। जैसे :

तरवन्त : ओकर ले हुसियार (उससे होशियार)

तमवन्त : सब्बो ले ऊँच (सबसे ऊँचा)

कभी-कभी तुलनात्मक भाव वनईस (19) के प्रयोग से भी प्रकट किया जाता है। जैसे—ओहर मोर ले लमाई में वनईस होही (वह लम्बाई में मुझसे छोटा होगा)। भोजपुरी में इस प्रकार के प्रयोग मिलते हैं।[1]

विशेषण बनाने के निमय

(1) छत्तीसगढ़ी बोली में विशेषण बनाने के लिए संज्ञा शब्दों के अन्त में आऊ, आहू, इया, इल, रई, उआ, उल, ऊ, ए, एला, ऐला, औआ, कुर, तुर, रूर, सुर और हा लगाए जाते हैं। जैसे :

आऊ : घर से घराऊ

आहू : घर से घराहू

इया : सुरगुजा से सुरगुजिया

इल : सोग से सोगिल

ई : धरम से धरमी

उआ : घर से घरुआ

उल : चमक से चमकुल

ऊ : घर से घरू

ए : भूख से भूखे

एला : बन से बनेला

ऐला : गोबर से गोबरैला

औआ : घर से घरौआ

छुर : नून से नूनधुर (नमकीन)

तुर : गुर से गुरतुर (मीठा)

रू : मया से मयारू

सुर : आम से अमसुर (खट्टा)

हा : रोग से रोगहा

(2) समानता प्रदर्शित करने के लिए निम्नलिखित परसर्गों का प्रयोग किया जाता है :

(क) संज्ञा एवं सर्वनामों के साथ—

ऐसन जैसे गँवई ऐसन

असन : गँवई असन

अस : गँवई अस

सन : गँवई सन

---

1. दे. उदयनारायण तिवारी, भोजपुरी भाषा और साहित्य, पृ. 200

कस : गँवई कस

कसन : गँवई कसन=गाँव सा

(ख) विशेषणों के साथ–

एकन जैसे बड़ एकन

अकन : बड़ अकन

कन : बड़ कन

एक : बड़ एक

अक : बड़ अक

कुन : बड़ कुन

किन : बड़ किन

क : बड़ क

इक : बड़ इक

उक : बड़ उक=बड़ा सा

विशेषण के भेद

विशेषण के मुख्यतः तीन भेद किए जाते हैं–(1) सार्वनामिक विशेषण, (2) गुणवाचक विशेषण, (3) संख्यावाचक विशेषण

सार्वनामिक विशेषण

पुरुषवाचक और निजवाचक सर्वनामों को छोड़कर शेष सर्वनामों का व्यवहार विशेषण रूप में होता है। इसी से ये सार्वनामिक विशेषण कहलाते हैं। इनका विस्तृत विवेचन प्रस्तुत खंड के 'ज' भाग में किया जा चुका है।

गुणवाचक विशेषण

छत्तीसगढ़ी के कतिपय गुणवाचक विशेषण निम्नलिखित हैं :

छत्तीसगढ़ी	**हिन्दी**
बने	अच्छा
नंगद	अच्छा
नगद	अच्छा
बड़	बड़ा
बड़े	बड़ा
बड़का, बड़की	बड़ा
रोट	बड़ा
रोंठ	बड़ा
मझिला, मझली	मँझला

छोटे, छोटे, छोटका, छोटकी	छोटा
नान, नान्ह, नान्हे, ननकी, चिटकी	नन्हा
लाम, लामा, लम्मा	लम्बा
चाकर, चकरा, चकरी, उसार	चौड़ा
निचट, नीचट	निपट, बिल्कुल
पींवर, पिंवरा, पिंवरी, पँरा, पिंवरी	पीला
लीला, लील	नीला
करिया, कारी	काला
पँड़रा, पँड़री, धौंरा, धौंरी, धौरा, उज्जर, ऊजर	धवल, उज्ज्वल
हरियर	हरा
लाल, लाली	लाल
तात, तिपत, तपत, ताता	गरम
बुधियार, चतुरा	चतुर
साँकुर	सँकरा
अँखरी	छोटा
सिरतों, सिरतोंन	सच
टेढ़ल	टेढ़
सोझ, सोज्झ, सोज, सलख	सीधा
टाँठ, टाँट, पोट्ठ	कड़ा, मजबूत
मोट, मोट्ठ	मोटा
ढील, ढीलंग	ढीला
पातर, सपूर, महीन	पतला, महीन
पनियल	पनीला
हरू, हलका	हल्का
गरू, भारी	भारी
दरद	ताजा
बासी	बासी
अम्मट, आमट	खट्टा
मिट्ट, मीठ	मीठा
करू	कड़ुआ
चुरपुर	चिरपिरा
कस्सा	कसैला
सीठा, सिट्टा	सीठा
सुघर, सुग्घर	सुघड़
खिक्क, खिक्ख, अलकरहा	खराब

खर	खरा
जूड़	सुस्त
गलियार	गरियार
सुक्खा	सूखा
ओद्धा	ओदा
चेम्मड़	चीमड़
सेवर	सेवर
कचलोइया	कच्चा
खनहन	क्षीण हीन

संख्यावाचक विशेषण

संख्यावाचक विशेषण के मुख्य तीन भेद होते हैं—(1) निश्चित संख्यावाचक, (2) अनिश्चित संख्यावाचक और (3) परिमाणवाचक।

(1) निश्चित संख्यावाचक

इसके पाँच भेद हैं—गणनावाचक, क्रमवाचक, आवृत्तिवाचक, समुदायवाचक और प्रत्येकबोधक।

गणनावाचक

गणनावाचक विशेषणों के दो भेद होते हैं :

(अ) पूर्णांक बोधक

(आ) अपूर्णांक बोधक

पूर्णांक बोधक गणनावाचक

1.	एक, एगो, एगोट, गोटेक	11.	इगारा, इगयारा, ग्यारा
2.	दुई, दूय, दुइ, दू	12.	बारा
3.	तीन	13.	तेरा
4.	चार, च्यार	14.	चौदा
5.	पाँच	15.	पन्दरा
6.	छव, छय	16.	सोरा
7.	सात्, सात	17.	सतरा
8.	आँठ, आठ	18.	अठारा, अंठारा, अट्ठारा
9.	नों, नव	19.	अन्नीस, ओन्नीस, एक कम या एक घाट एक कोड़ी[1]
10.	दस		

1. कोड़ी का वैकल्पिक रूप कोरी भी होता है।

20. एक कोरी, एक कोड़ी

21. एक कोड़ी एक, एक आगर एक कोड़ी, एक कोड़ी से एक जादा

30. एक कोड़ी दस, डेढ़ कोड़ी

100. पाँच कोड़ी

अपूर्णांक बोधक गणनावाचक

$\frac{1}{4}$	पाव, (पई) सूका, सूखा	$1\frac{1}{4}$	सवा, सवाई, पाँच सूका (सूखा)
$\frac{1}{2}$	आधा (अध)	$1\frac{1}{2}$	डेढ़, डेढ़ा, छय सूका (सूखा)
$3\frac{3}{4}$	पौन	$1\frac{3}{4}$	सूका (सूखा) ऊना दुई,
	सूका (सूखा) कम दुई		
$2\frac{1}{2}$	अढ़ई		
$3\frac{1}{2}$	अउठ		

क्रमवाचक

पहिल, पहील, पहिली, पहिलवा, पहिलाँवत, पहिलाँवट। कभी-कभी पहिले के लिए औवल, औव्वल का भी प्रयोग होता है।

दूसर, दुसरा, दुसरान, दुसरावन, दुसरावत, दुसराँवत, दुसरावंत, दुसरावट। कभी-कभी औवल की तुक पर दूसरे के लिए दूवल का भी प्रयोग किया जाता है।

तीसर, तिसरान, तिसरावन, तिसरावत, तिसरावंट। कभी-कभी औवल एवं दूवल की तुक पर तीयल एवं तिव्वल का भी प्रयोग होता है।

चउथा, चौथे, चौथन, चौथावन, चौथावट।

शेष क्रमवाचक संख्या विशेषण की साधारण संख्याओं में वाँ, वीं अथवा ई जोड़कर बनाते हैं। जैसे दसवाँ, पनरहवीं।

दौड़, परीक्षा आदि प्रतियोगिताओं में तीसर या तीयल के बाद आनेवाले प्रतियोगी फस्सी कहलाते हैं।

आवृत्तिवाचक

छत्तीसगढ़ी आवृत्ति संख्यावाचक विशेषण गुन, न, पेंत, घाव, घा, वेर, वेरी, दार अथवा दारी लगाकर बनाए जाते हैं। इन प्रत्ययों के पहिले की संख्या का दीर्घ वर्ण प्रायः ह्रस्व हो जाता है। जैसे :

दु गुन, दू-गुन, दून
तिगुन, ती-गुन
चर-गुन, चार-गुन, चौगुन
पंच-गुन आदि
एक पेंत, दू पेंत आदि

तीन घाव, तीन घा आदि
पाँच वेर, सातदार आदि

समुदाय संख्यावाचक

जोड़ा-जोड़ी	:	दो का समूह
जोरा-जोरी	:	दो का समूह
गंडा	:	चार का समूह
कोरी, कोड़ी	:	बीस का समूह

प्रत्येक बोधक

(1) प्रत्येक बोधक विशेषण से कई वस्तुओं में से प्रत्येक का बोध होता है। जैसे : हर (प्रत्येक) आदमी के अपन घर जाए के चाही।

(2) गणनावाचक विशेषणों की द्विरुक्ति से भी इसी अर्थ की अभिव्यक्ति होती है। यथा–दू दू, दस दस।

(3) अपूर्णांक विशेषणों में मुख्य शब्द की द्विरुक्ति होती है यथा आध-आध सेर गोरस।

(2) अनिश्चित संख्यावाचक विशेषण

संख्या में एकन, अकन, एक, अक जोड़ने से अनिश्चय का बोध होता है। जैसे :

दू अकन	:	दो के लगभग
पाँच एकन	:	पाँच के लगभग
सातेक	:	सात के लगभग
कोरी एकन	:	बीस के लगभग
सौ अक	:	सौ के लगभग

(3) परिमाण बोधक विशेषण

छत्तीसगढ़ी में परिणाम बोधक विशेषण निम्नलिखित हैं :

अउर, बहुँत, बहुँते (बहुत), खूब, खूबे, अघांत, थोर, थोरे, थोरिक, थोरिकन थोरकुन, चिटिक, चिटिकन, चिटकुन, रंचिक, रचिकन, रचिकुन, रंचक, कटिक (थोड़ा)।

जमा, जम्मा, जम्मो, सब, सबो, सब्बो (सब), गजब, गंज, बढ़ियन।

संख्यावाचक विशेषण के मुख्य तीन भेदों के अतिरिक्त छत्तीसगढ़ी में गुणात्मक तथा ऋणात्मक विशेषण भी मिलते हैं।

गुणात्मक संख्यावाचक

इनका प्रयोग प्रायः पहाड़ा में होता है। यथा :

दुई एकम दुई	दुई छक्के बारा
दुई दूने चार	दुई साते चौदा
दुई तियाँ छव	दुई अट्ठे सोरा
दुई चौको आठ	दुई नवाँ अठारा
दुई पंजे दस	दुई दहाम बीस

ऋणात्मक संख्यावाचक

इनका व्यवहार ग्राम्य जनों के बीच अधिक होता है। ऋणात्मक संख्यावाचक विशेषण निम्नलिखित हैं :

कम : एक कम एक कोरी (19)
घाट : एक घाट एक कोरी (19)

(6) क्रियापद

प्रारम्भिक

छत्तीसगढ़ी क्रियाओं के दो वचन होते हैं :

(1) एकवचन
(2) बहुवचन

पुरुष तीन होते हैं :

(1) उत्तम (2) मध्यम (3) अन्य

क्रियाओं में लिंग-भेद नहीं होता। प्रत्येक क्रिया का एक धातु रूप होता है जिससे क्रिया के अन्य सारे रूप सिद्ध होते हैं। मूल धातु का सन्धान क्रियार्थक संज्ञा में से 'न' निकालकर किया जा सकता है। जैसे रेंगन (चलना) से रेंग (चल)। मूल धातु का पता लगाने का एक अन्य उपाय भी है। अन्य पुरुष एकवचन वर्तमान सम्भावनार्थ से अन्तिम ए का लोप करना जैसे–रेंगे–रेंग। मध्यम पुरुष एकवचन आज्ञार्थक क्रिया का जो रूप होता है वही रूप धातु का भी होता है। जैसे–रेंग।

छत्तीसगढ़ी धातुएँ

डॉ. सुनीतिकुमार चाटुर्ज्या के वर्गीकरण का अनुसरण करते हुए छत्तीसगढ़ी क्रियाओं को निम्नलिखित भागों में बाँटा जा सकता है :

(क) सिद्ध धातु (प्राइमरी रूट्स)
(ख) साधित धातु (सेकेंडरी रूट्स)

(क) सिद्ध धातु

सिद्ध धातुओं को (1) तद्भव साधारण धातुओं, (2) उपसर्ग संयुक्त धातुओं और (3) देशी धातुओं में बाँटा जाता है।

(1) तद्भव धातुएँ

छत्तीसगढ़ी की कतिपय सिद्ध तद्भव साधारण धातुओं की सूची निम्न प्रकार है :

कर्	: करना	जीत्	: जीतना
कस्	: कसना	जोत्	: जोतना
कह्	: कहना	झर्	: झड़ना
काढ़्	: काढ़ना	टाँक्	: टाँकना
काँद्	: काँदना (रोना)	टार्	: टालना
काँप्	: काँपना	ठग्	: ठगना
कूट्	: कूटना	डर्	: डरना
कूद्	: कूदना	डस्	: डसना
खन्	: खोदना	ढँक्	: ढँकना
खा	: खाना	ढूँक्	: ढूँकना (प्रवेश करना)
गन्	: गिनना	ताक्	: ताकना
गल्	: गलना	थक्	: थकना
गाँथ्	: गूँथना	थम्	: थमना
घट्	: घटना	दे	: देना
घँस्	: घिसना	धर्	: धरना
चर्	: चरना	धार्	: धारना (कर्जदार होना)
चल्	: चलना		
चींख्	: चींखना	नाच्	: नाचना
चू	: चूना	पढ़्	: पढ़ना
चूम्	: चूमना	पाक्	: पकना
छू	: छूना	पी	: पीना
जान्	: जानना	पोस्	: पोसना
जाग्	: जागना	फाट्	: फटना
जी	: जीना	फूट्	: फूटना
फूल्	: फूलना	रच्	: बनाना
बढ़्	: बढ़ना	राख्	: रखना
बाँट्	: बाँटना	रो	: रोना

बाँध्	: बाँधना	लूट्	: लूटना
बुत्	: बुतना	सुन्	: सुनना
बो	: बोना		
बोल्	: बोलना	हार्	: हारना
मर्	: मरना		
मार्	: मारना		
भाँज्	: तोड़ना		
भूल्	: भूलना		
माँग्	: माँगना		
मिल्	: मिलना		

(2) उपसर्ग संयुक्त धातुएँ

उपसर्गों के संयोग से सिद्ध होनेवाली धातुएँ उपसर्ग संयुक्त धातुएँ कहलाती हैं। छत्तीसगढ़ी की कतिपय ऐसी धातुएँ निम्नलिखित हैं :

उग्	: उद् + गम्	: उगना
उखार्	: उत् + खाट्	: उखाड़ना
उचर्	: उत् + चर्	: उचरना
उजड़	: उत् + ज्वत्	: उजड़ना
उतर्	: अव + तृ	: उतरना
उपज्	: उत् + पद् यते	: उपजना
उपास्	: उप् + वास्	: उपवास करना
निकस्	: निर् + कस्	: निकलना
निभा	: नि + वह्	: निबाहना
नेवंत्	: निः + मन्त्रं	: निमन्त्रण देना
परोस्	: परि + वेश्	: परोसना
पसर्	: प्र + स्	: पसरना
पहिर्	: परि + पा	: पहिनना
पा	: प्र + आप्	: पाना
पोंछ्	: प्र + उंछ	: पोंछना
बेंच्	: वि + कृ	: बेंचना
बैस्	: उप + विश	: बैठना
भींज्	: अभि + अंज्	: भींजना
सम्हर्	: सम् + भाल्	: सँभालना
सौंप्	: सम् + अप	: सौंपना

(3) देशी धातुएँ

छत्तीसगढ़ी में कतिपय ऐसी धातुएँ भी मिलती हैं जिनकी व्युत्पत्ति संदिग्ध है। सम्भवतः ये देशी धातुएँ हों :

अंट्	: अँटना, पूरा पड़ना
उठंघ्	: किसी वस्तु का सहारा लेकर सोना
छाँड़	: छोड़ना
जुट्	: मिलना
झाड़ू	: झाड़ना
झोर्	: मारकर ऊपर से गिराना
टाँग्	: लटकाना
टो	: स्पर्श करके अनुभव करना
ठेल्	: धक्का देना
ठोंक्	: ठोकना
डपट्	: डाँटना
डाँक्	: डाँकना (पार करना)
ढाँक्	: ढकना
पटक्	: पटकना
लड़्	: लड़ना
सरपोट्	: एक साँस में खा जाना

(ख) साधित धातुएँ

(1) प्रेरणार्थक क्रिया (णिजन्त)

हिन्दी की ही भाँति छत्तीसगढ़ी में भी किसी क्रिया के दो प्रेरणार्थक रूप सम्भव हैं। पहले प्रकार का प्रेरणार्थक रूप जो क्रिया के मूलरूप में पर प्रत्यय **'आ'** (कभी-कभी 'ओ') जोड़ने से बनता है अथवा मूल स्वर में परिवर्तन करने से बनता है (स्वरों के एक निश्चित प्रकार के समूह होने की दशा में) मूल क्रिया द्वारा जो अभिव्यक्त होता है उसे बलपूर्वक करने अथवा उसमें सहायता करने का अर्थ रखता है। दूसरे प्रकार का प्रेरणार्थक रूप, जो क्रिया के मूलरूप में पर प्रत्यय **'वा'** (कभी-कभी 'आ') जोड़ने से बनता है, मूल क्रिया द्वारा अन्तर्वर्ती की सहायता से (न कि स्वयं अपने आप सीधे)

---

1. प्रेरणार्थक क्रिया की परिभाषा का आधार टी. वाई. एलिजाबेन्कोक कृत लेख हिन्दी भाषा की प्रेरणार्थक क्रियाओं में असुषमत्व (हिन्दी अनुशीलन, धीरेन्द्र वर्मा विशेषांक, पृ. 113) में दी गई परिभाषा है।

जो अभिव्यक्त होता है उसे बलपूर्वक करने अथवा उसमें सहायता करने का अर्थ रहता है।[1]

प्रेरणार्थक क्रिया बनाने के नियम

(अ) आ (ओ) एवं वा जोड़ने से बनने वाली कतिपय छत्तीसगढ़ी प्रेरणार्थक क्रियाओं के उदाहरण नीचे दिए जा रहे हैं :

धातु रूप	धातु रूप : आ (ओ)	धातु रूप : वा
कर	करा	करवा
गोद्	गोदा, गुदा	गोदवा, गुदवा
चघ्	चघा	चघवा
चीर्	चिरा	चिरवा
चुक्	चुका	चुकवा
छाँड़	छँड़ा	छँड़वा
जम्	जमा	जमवा
झुर्	झुरा	झुरवा
डार्	डरा	डरवा
धउँर्	धउँरा	धउँरवा
पी	पिआ	पिवा
फूल्	फुलो	फुलवा
मींज्	मिंजा	मिंज़्वा

(आ) कभी-कभी क्रिया का प्रथम प्रेरणार्थक रूप मूल रूप के आदि स्वर को दीर्घ करने से सिद्ध होता है तथा द्वितीय रूप आ अथवा वा को जोड़ने से बनता है : उदा.

धातु रूप	धातु रूप के आदिस्वर का दीर्घीकरण	धातु रूप : आ : वा
ढिल्	ढील	ढिला, ढिलवा
पिट्	पीट	पिटा, पिटवा
बर	बार	बरवा

(इ) कुछ क्रियाओं में स्वरों के परिवर्तन के साथ व्यंजनों में भी परिवर्तन होता है। उदा.

धातु रूप	प्रथम प्रेरणार्थक क्रिया	द्विगुण प्रेरणार्थक क्रिया
छूट्	छुड़ा	छुड़वा
फट्	फाड़	फड़ा, फड़वा
विक्	बेंच	बिकवा, बिंचवा

(ई) धातु रूपों की रचना का यह रूप सदा नियन्त्रित नहीं होता। अनेक प्रेरणार्थक रूप अनियमित रूप से सिद्ध होते हैं। उदा.

धातु रूप	**प्रथम प्रेरणार्थक क्रिया**	**द्विगुण प्रेरणार्थक क्रिया**
आ	लान, आन	लेवा
जा	पठो	पठा, पठवा
हीट	हेर	हेरवा
हो	फर	फरा, फरवा

(2) नाम धातु

संज्ञा पद तथा क्रियामूलक विशेषण जब क्रिया बनाने के लिए धातु रूप में प्रयुक्त होते हैं तब उन्हें नाम धातु कहते हैं। छत्तीसगढ़ी की कतिपय नाम धातुओं की सूची निम्न प्रकार है :

[I]

संज्ञा	**नाम धातु**	**हिन्दी अर्थ**
कठवा	कठुवाना	काठ की तरह कड़ा पड़ना
गाँठ	गठियाना	गाँठ में बाँधना
गोबर	गोबरियाना	गोबर से लीपना
गोठ	गोठियाना	बातें करना
गोली	गोलियाना	गोली मारना
झगड़ा	झगड़ना	झगड़ा करना
टँगिया	टँगियाना	कुल्हाड़ी से काटना
टेहुनी	टेहुनियाना	कुहनी से मारना
डहर	डहरियाना	मार्ग दिखाना
डोरा	डोरियाना	रस्सी से बाँधना
थपरा	थपराना	थप्पड़ मारना
दुख	दुखना	दुख होना (दर्द करना)
पत	पतियाना	विश्वास करना
पनहीं	पनहिंयाना	जूतों से पीटना
पीर	पिराना	दर्द करना
फर	फरना	फलना
फूल	फूलना	फूलना
बरदा	बरदाना	गर्भ धारण के निमित्त गाय को बैल के पास ले जाना

बींडा	बिंडियाना	बंडल बाँधना
भूँख	भुँखाना	भूख लगना
मूत	मूँतना	पेशाब करना
मेंछा	मेंछराना	बहुत अधिक कूदना-फाँदना अथवा इतराना
मोटरा	मोटराना	मोटरा में बाँधना
रिस	रिसाना	क्रोध करना
लाज	लजाना	लज्जित होना
लात	लतियाना	लात मारना
लोभ	लुभाना	लोभ में पड़ना
साध	सधाना	इच्छा करना
साबुन (साबुन्द)	सबुनाना (सबुन्दना)	साबुन लगाकर धोना
हाँथ	हँथियाना	चोरी करना, अधिकार में करना

[II]

विशेषण	**नाम धातु**	**हिन्दी अर्थ**
करिया	करियाना	काला पड़ना
खर	खराना	खरा होना
चीकन	चिकनाना	चिकना करना
मीठ	मिठाना	मीठा लगना या होना
मोट	मोटाना	मोटा होना
लाम	लमाना	लम्बा होना
सलख	सलखियाना	सीधा करना
सोझ	सोझियाना	सीधा (मार्ग) लेना
गद्दर	गदराना	पुष्ट होना
चोख	चुखाना	तेज करना
टेढ़ा	टेढ़वाना	टेढ़ा होना
तीत	तिताना	तीता होना

[III]

छत्तीसगढ़ी में कतिपय नाम धातुएँ फारसी-अरबी शब्दों से बन गई हैं। यथा :

फारसी-अरबी शब्द	**छत्तीसगढ़ी नाम धातु**	**हिन्दी अर्थ**
कबूल	कबूलना	स्वीकार करना
गर्म	गरमाना	गर्म होना

गुजर	गुजरना	मृत्यु को प्राप्त होना
तह	तहियाना	एक के बाद दूसरी तह जमना
बदल	बदलना	बदल जाना

(3) मिश्रित अथवा संयुक्त धातुएँ

मिश्रित या संयुक्त धातुओं में या तो धातुओं के पूर्व कोई संज्ञा अथवा अव्यय आता है या दो धातुओं का मिश्रण होता है। यहाँ धातुओं के कतिपय उदाहरण दिए जा रहे हैं :

संज्ञा और धातु का मिश्रण

सुध करन, ध्यान देन

धातु और धातु का मिश्रण

आयेकर, आ जान, करन देन, कर सकन, कहे लागन, खा चुकन, खा डारन, खा सिरान, खाये देन, खा लेन, चल देन, जाए देन, धर देन, पी डारन, निहार लेन, बोले चाहिन, मड़ा देन, माने कर, रहना पड़न।

छत्तीसगढ़ी की अधिकांश मिश्रित अथवा संयुक्त धातुएँ प्रत्यय-युक्त हैं यथा :

(क) क प्रत्यय युक्त	:	अटक (आर्त+ह) अटकना
		फूँक (फुत+कृ) फूँकना
		बूँक (बू+क) अधिक बोलना
(ख) ट प्रत्यय युक्त	:	घिंसर (घर्ष+वृत) घिसटना
		झपट (झम्प+वृत) डाँटना, झपटना
		डपट (दर्प+वृत) डाँटना
		हुरमेंट (स्फुर+वृत) लाठी की नोक से मारना
(ग) ड़ (ड) प्रत्यय युक्त	:	पकड़ (पक्क+ड) पकड़ना
		पछड़ (पश्चात्+ड) पिछड़ना
(घ) र (ड) प्रत्यय युक्त	:	जुठार (जुष्ठ+आड) जूठा करना

(4) अनुकरणात्मक धातुएँ

अनुकरणात्मक धातुएँ वैदिक तथा लौकिक संस्कृत में भी मिलती हैं किन्तु यहाँ वे अत्यल्प हैं। प्राकृत में इनकी संख्या में अत्यधिक वृद्धि हुई यथा तडप्फइ (तड़फड़ाना), थरथरइ (काँपना), धमधमइ (धमधम करना)। प्रायः सभी आधुनिक भारतीय आर्य

भाषाओं में ये अनुकरणात्मक धातुएँ वर्तमान हैं। ये क्रिया-विशेषण के रूप में प्रयुक्त होती हैं। कतिपय छत्तीसगढ़ी अनुकरणात्मक क्रियापद निम्न प्रकार हैं :

खटखटा	: दरवाजा खटखटाना
छींक	: छींकना
चरचरा	: टूटना
झनझना (झन्ना)	: थाली आदि के गिरने की ध्वनि
टनटना (टन्ना)	: अकड़ना
सड़सड़ा	: बेंत मारना
कनमना	: आनाकानी करना
गनगना (गन्ना)	: भय से शरीर काँपना
हड़बड़ा	: घबरा जाना, शीघ्रता करना
हुलफुला	: प्रसन्न होना
सकपका	: उत्तर देने में घबराना

(5) द्वैत क्रियापद

छत्तीसगढ़ी में अन्य भारतीय आर्यभाषाओं की भाँति पौनः पुन्य, पुनरावृत्ति अथवा कार्य की निरन्तरता का बोध कराने के लिए कभी-कभी क्रियापद का द्वित्व हो जाता है। ये क्रियापद प्रायः क्रिया-विशेषण के रूप में व्यवहृत होते हैं। यथा :

कूदत	कूदत	धोवत	पोंछत
नाचत	नाचत	कूटत	पीसत
मारत	मारत	कोड़त	खनत[1]
रेंगत	रेंगत		

(ग) कृदन्त

क्रिया से बने हुए जो शब्द, दूसरे शब्दों के समान उपयोग में आते हैं, वे कृदन्त कहलाते हैं।

कृदन्त के निम्नलिखित भेद होते हैं :

(1) **वर्तमान कालिक :** धातु के अन्त में त या ते प्रत्यय जोड़ने से बनते हैं, जैसे—होत, होते।

(2) **भूतकालिक :** धातु के अन्त में ए जोड़ने से बनते हैं, जैसे—देखे, भये।

(3) **पूर्वकालिक :** धातु के अन्त में के प्रत्यय जोड़ने से बनते हैं, जैसे—होके, देखके।

---

1. इस रूप से प्रयुक्त धोवत, पोंछत आदि धातु पदों को संयुक्त क्रियापद कहना इसलिए उपयुक्त नहीं क्योंकि इनके दोनों पद प्रत्यय युक्त होते हैं। डॉ. उदय नारायण तिवारी भी ऐसे क्रियापदों को द्वैत क्रियापद मानते हैं।
दे. भोजपुरी भाषा और साहित्य, पृ. 298

(4) **क्रियार्थक संज्ञा :** धातु के अन्त में न, व, यव, उव, अव, आप, उव प्रत्यय जोड़ने से बनती है। जैसे—होन, होव, खायव, सजाअव, होअव, गाउव। धातु अपरिवर्तित रूप में भी क्रियार्थक संज्ञा के समान व्यवहृत होती है, जैसे—हो, आ।

(घ) सहायक तथा अस्तित्ववाची क्रिया

छत्तीसगढ़ी में प्रमुखतः दो सहायक तथा अस्तित्ववाची क्रियाओं का प्रयोग होता है। हव् (हो) का वर्तमानकाल के लिए तथा रह् का भूतकाल के लिए।

हव् के वर्तमानकालिक रूप

अशिष्ट (मैं हूँ आदि)

	एकवचन	**बहुवचन**
उत्तम् पुरुष	हवउँ, हवौं	हवन्
मध्यम पुरुष	हवस्	हवों, हऔ, हओं, हआ
अन्य पुरुष	हवे	हैं, हवें

शिष्ट (मैं हूँ आदि)

	एकवचन	**बहुवचन**
उत्तम पुरुष	हों, ओं, ओंव	हन्
मध्यम पुरुष	अस्	हो
अन्य पुरुष	हे, ऐ, अय्	हैं, ऐं, अँय्

'रह्' के भूतकाल के रूप (मैं था आदि)

उत्तम पुरुष	रहेंव्, रह्यों	रहेन्
मध्यम पुरुष	रहे, रहेस, रहस	रहेव्, रहेउ
अन्य पुरुष	रहिन्, रहें, रहयें	

क्रिया रूप :

(1) सामान्य तथा अपूर्ण वर्तमान (मैं चलता/चल रहा हूँ)		
	मैं चलत् हों	हमन् चलत् हन्
	तैं चलत् हस्	तुमन् चलत् हव
	ओ चलत् है	ओमन् चलत् हैं
(2) आज्ञा (तू चल)	तें चल्	तुमन् चला
(आपके लिए कभी-कभी 'तू' भी आता है)		
(3) सामान्य भूत (मैं चला)	मैं चलेंउ	हमन् चलें
	तें चले	तूमन् चले
	ओ या ओहर चलिस	ओमन चलिन्
(4) पूर्ण भूत (मैं चला था)	मैं चले रहेंउ	हमन् चले रहेन्
	तें चले रहे	तूमन् चले रहेन्
	ओहर चले रहिस्	ओमन् चले रहिन्

(5) अभ्यासात्मक भूत (मैं चलता था)		
	मैं चलत् रहेंउ	हमन् चलत् रहेन्
	तें चलत् रहे	तूमन् चलत् रहेन्
	ओहर चलत् रहिस्	ओमन् चलत् रहिन्
(6) संदिग्ध भूत (मैं चला हूँगा)	मैं चले रहे होहों	हमन् चले रहे होवो
	तें चले रहे होवे	तूमन् चले रहे होइअ
	ओहर् चले रहे होहिस	ओमन् चले रहे होहीं
(7) हेतु हेतुमद्भूत (यदि मैं चलता)		
	मैं चलतेउ	हमन् चलतें
	तें चलते	तूमन् चलतअ
	ओहर चलतिस	ओमन् चलतिन्
(8) पूर्णभूत सम्भावनार्थ (मैं चला होता)		
	मैं चले होतेउ	हमन् चले होतेन्
	तें चले होते	तूमन् चले होतअ
	ओहर् चले होतिस	ओमन् चले होतिन्
(9) अपूर्णभूत सम्भावनार्थ	(मैं चलता होता)	
	मैं चलत् रतेउ	हमन् चलत् रतेन्
	तें चलत् रते	तूमन् चलत् रता
	ओहर् चलत् रतिस	ओमन् चलत् रतिन्
(10) सामान्य भविष्य (मैं चलूँगा)		
	मैं चलहूँ	हमन् चलवो
	तें चलवे	तूमन् चलिहअ
	ओहर चलही	ओमन् चलहीं
(11) सम्भाव्य भविष्य (यदि मैं चलूँ)		
	मैं चलों	हमन् चली
	तें चल	तूमन् चला
	ओहर् चले	ओमन् चलें
(12) भविष्य आज्ञार्थ (तू चलना)	तें चलवे	तूमन् चलिहअ
(13) अपूर्ण भविष्य निश्चयार्थ (मैं चलता हूँगा)		
	मैं चलत् रइहों	हमन् चलत् रइवो
	मैं चलत् रइवे	तूमन् चलत् रइहअ
	ओहर चलत् रइही	ओमन् चलत् रइहीं
(14) भविष्य सम्भावनार्थ (अगर मैं चलता होऊँ)		
	मैं चलत् होवों	हमन चलत् होवो
	तें चलत् होवे	तूमन् चलत् होहअ
	ओहर् चलत् होही	ओमन् चलत् होंहीं

व्यंजनान्त धातुओं के रूप, उपर्युक्त प्रकार से ही चलते हैं। स्वरान्त धातुओं के रूप कुछ भिन्न होते हैं। इनमें प्रत्यय जोड़ने के पूर्व प्रायः य् या व् श्रुति आ जाती है।

(6) अव्यय

जिन शब्दों का रूप अर्थ के कारण अथवा दूसरे शब्दों के सम्बन्ध में नहीं बदलता, उन्हें अविकारी शब्द कहते हैं। अविकारी शब्द बहुधा अव्यय कहलाते हैं।[1] इन्हें चार समूहों में बाँटा जाता है :

(1) क्रिया-विशेषण (2) समुच्चय बोधक

(3) सम्बन्ध सूचक (4) विस्मयादि बोधक

(1) क्रिया-विशेषण

अर्थ की दृष्टि से उसके चार मुख्य भेद किए जाते हैं–(क) कालवाचक, (ख) स्थानवाचक, (ग) रीतिवाचक और (घ) परिमाणवाचक।

(क) कालवाचक : अब, जब, तब, कब, आज, काल, काली (कल), परों (परसों), नरों (नरसों), विहनिया (प्रातःकाल), संजहा, संज्झा, साँझ, साँझे (सन्ध्याकाल), मंझनिया (मध्याह्न), दिन बूड़त खनी (घनी) (सूर्यास्त के समय), दिनऊवत खनी (घनी) (सूर्योदय के समय), पहट ढिले खनी (घनी) पहट ढिले के बेरा (प्रातः 4 बजे), कुकरा वासत बेरा (ब्राह्म मुहूर्त जब मुर्गा बोलता है), सुआरी नहाये के वेरा (9, 10 बजे दिन का समय जब स्त्रियाँ खाना पकाने के पहले नहाने जाती हैं), खरिखा मढ़ाये खनी (घनी) (12 बजे दिन जब पशुओं का झुंड वृक्षों के नीचे विश्राम करता है), आगी बारे के बखत (सायं 4 या 5 बजे का समय जब स्त्रियाँ रात्रि का भोजन बनाने के लिए आग जलाती हैं), गरुआ ओलियाती (गोधूलि), भइसा ओलियाती या भइसा अँधियार (7 बजे रात्रि का समय जब भैंसें वापस आती हैं), सोवा परे रात, एसों, आसों (इस वर्ष), पउर (परसाल), परियार (अभी से पिछला तीसरा वर्ष), अठोरिया (साप्ताहिक), पन्दराही (पाक्षिक), आजकाल, ओदिन, सब दिन, नित, मित, कभू, कभू, पुन, पुन, फिन, फेर (पुनः), लहुआ (शीघ्रतापूर्वक) पाछू, पीछू (पीछे), तेहा, तइहा, (बीते दिनों में) तुरत, तुरन्ते, तुरूत (तुरन्त), झटपट, झटके (झटपट), जलदी, मुसके (अब जल्दी), अबेरहा (देरी से), सवेरहा, सँवकेरहा (जल्दी), निदान, आखिर, आखीर (अन्त में) हाली (शीघ्र) जून।

(ख) स्थानवाचक–इहाँ, उहाँ, जहाँ, जिहाँ, कहाँ, कहूँ, तहाँ, तिहाँ, एती, एते, इती, ओती, ओते, उती, जेती, जेते, जिती, तेती, तेते, तिनी, केती, केते, किती, कुकरी उड़ान भर (जितनी दूर तक मुर्गी एक उड़ान में जा सकती है), घापभर (जितनी दूर एक मनुष्य

1. कामताप्रसाद गुरु : संक्षिप्त हिन्दी व्याकरण

एक ही साँस में जा सकता है), दुरिहा (दूर), लकठा (पास), कगर, कगरा (पास), आगू, अगीत, अगाड़ी, (पहिले, आगे), पाछू, पछीत, पिछली (बाद में, पीछे), असगई, पसगई (गोल), अन्ते (अन्यत्र), साम्हू (सम्मुख), नेरे, पास, छेंवट (अन्त में), एकान्त, एकोती (इस ओर), ओकोत, ओकोती (उस ओर) जेकोत, जेकोती (जिस ओर), तेकोत, तेकोती (उस ओर) कौन, कोत, कौन कोती (किस ओर), ए भेंर, एभेंरी (यहाँ), ओमेंर, ओमेंरी (वहाँ), जेमेंर, जेमेंरी (जहाँ), जोन, जउन मेर, जउन मेरी (जहाँ) लघींच, लिंघ, लिंघे, लिंघा (पास में), तेमेंर, तेमेंरी, तोन, तउन मेंर, तउनमेंरी (वहाँ), कोनमेंर, कउनमेंर, कोनमेंरी, कउनमेंरी (कहाँ), पार (उस पार), नगीच (पास), भितरी, बहिरी, खाल्हे, खाले, तरी (नीचे), मेर, मेरी (पास), बरोबर (बराबर), कगरा (पास में)।

(ग) रीतिवाचक : ऐसन, ऐसने, ऐसे, अस (ऐसे), वैसन, वैसने, वैसे (वैसे) जैसन, जैसने, जैसे, जस (जैसे), तैसन, तैसने, तैसे, तस (वैसे), कैसन, कइसन, कैसे, कस (कैसे), सेंतीमेंती, सेतीमेंती, सेंतमेंत, सेतमेत (मुफ्त में), न, नई, नी, नहीं, नो (नहीं), झन, झिन (मत), घलुक, घला, घलो, घलाय, (भी), झप, झट, झपके, झटके, झपदेनी, झट देनी, झपदेसी, झटदेसी, चटदेसी (तुरन्त, झटपट), निचट, नीचट (बिल्कुल, पूरा) अलबत (अवश्य), खचित (निश्चय ही, सचमुच), ठउका, ठोका (ठीक, सच), सिरतों, सिरतोंन (सचमुच), पाँच परगट (खुले आम), चुपेचुप, कलेचुप (चुपचाप), गुपचुप (चुपचाप), टिपटिप (लबालब), सिगसिग (भरपूर अनाज आदि के लिए), लटपट (कठिनाई से), बहुत, अचानक, घन माटेकहा (अकस्मात्), अलग, अकारथ, बिरथा, बुरथा (व्यर्थ), जरूर, निसचे (अवश्य, निश्चय), अक्के (शीघ्र), लेखे (लिए), सुद्धा (साथ में)।

(घ) परिमाणवाचक :

अतका, अतकी, अतके
अतीक, अतेक (इतना),
ओतका, ओतकी, ओतके, ओतीक, ओतेक (उतना),
जतका, जतकी, जतके, जतीक, जतेक (जितना),
ततका, ततकी, ततके, ततीक, ततेक (उतना),
अघात, बहूँत, बहुँते, बढ़ियन, बढ़िअन (बहुत),
चिटिक, चिटिकुन, चिटिकन, चिटिकिन
रंचक, रंचकुन, रंचकन, रंचकिन (थोड़ा),
जादा, जियादा (अधिक), बेसी (अधिक)
तनी (थोड़ा)।

क्रिया-विशेषणों से सम्बद्ध अन्य संकेत निम्न प्रकार हैं :

(1) दो क्रिया-विशेषणों के बीच न के प्रयोग से अनिश्चय का बोध होता है। जैसे :

आज न काल
कहूँ न कहूँ (कहीं न कहीं)

(2) संयुक्त क्रिया-विशेषणों के निम्नांकित उदाहरण हैं :

घरीघरी, घरेघरे, कलेकल, खाल्हे ऊपर, बेरबेर, दिनदिन, अलग अलग, रसेरस (क्रमशः), झूठमूठ, हरबर हरबर, (जल्दी-जल्दी), फेर-फेर (फिर-फिर)।

(3) क्रिया-विशेषणों को बल देने के लिए निम्न प्रत्यय जोड़े जाते हैं :

च, चे, ए, एच, एचे, जैसे :

अभिच : अभी ही
अभीचे : अभी ही
औरेच : और भी
नीचटे : एकदम ही
अतेकेच : इतना ही

(4) किसी शब्द को बल देने के लिए ऊपर के प्रत्ययों के अतिरिक्त निम्न अव्ययों का भी प्रयोग होता है :

ओ, ओच, हू जैसे—

ओकरो : उसका भी
तोरोच : तेरा भी
मँहू : मैं भी

ये अव्यय छत्तीसगढ़ी भाषी के मुख में इतने बसे होते हैं कि वह अनायास ही विदेशी शब्दों के साथ भी इनका प्रयोग करता है, जैसे—मोला टाइमेच नी मिलिस (मुझे समय ही नहीं मिला)। छत्तीसगढ़ के च प्रत्यय की तुलना मराठी च से की जाती है। मराठी में जोर देने के लिए 'ही' के अर्थ में च का प्रयोग होता है। जैसे 'तुला आलेच पाहिजे' (तुझे आना ही चाहिए)[1]। वास्तव में मराठी के इस च प्रत्यय का प्रभाव एक ओर छत्तीसगढ़ी पर पड़ा है और दूसरी ओर हिन्दवी पर। जैसे :

'वली अपने च गम में नको होश।'

(दक्खिनी का पद्य और गद्य, पृ. 237)[2]

शब्दों पर जोर देने के लिए हू का प्रयोग अवधी में भी प्रचलित है जैसे सपनेहु (तुलसी) ए का प्रयोग जोर देने के लिए भोजपुरी में भी किया जाता है। जैसे हम उहें बात कहली (मैंने वही बात कही)[3]। इसी प्रकार ही के पर्यायवाची गुजराती, सिन्धी आदि भाषाओं में भी मूल शब्द और परसर्गाभास विशेषणीय प्रत्यय के बीच में आते हैं। जैसे—गुजराती 'अ=ही, सिन्धी ई, ही[4]।

---

1. दे. डॉ. विनयमोहन शर्मा लिखित 'नागुपुरी हिन्दी' : हिन्दी अनुशीलन जनवरी-दिसम्बर 1956, पृ. 6 नामक लेख
2. डॉ. विनयमोहन शर्मा द्वारा उद्धृत, वही
3. दे. डॉ. उदयनारायण तिवारी, भोजपुरी भाषा और साहित्य, पृ. 304
4. डॉ. अम्बाप्रसाद 'सुमन', 'हिन्दी भाषा के का, की, के' नामक लेख : हिन्दुस्तानी त्रैमासिक भाग 24, अंक 3, पृ. 44

(2) समुच्चय बोधक

अउ, अउर[1] (और), तो (अतएव), पुन, फुन, (पुनः), चाहे, भलुक (बल्कि), के, कि, की, (या), कजात, ओ (यदि), तो (तब) तवो, अब्बो, तब्बो (फिर भी, तब भी)।

(3) सम्बन्ध सूचक

तरे, (नीचे), ले (तक), माँझ (बीच), वर, वरे, वरे (लिए), खातिर (उसकी वजह से), सन (समान), आगू, अगीत, पाछू, पछीत, लेखे, खाले, तरी, भितरी, बहिरी, सासूँ, मेंर, मेरी, बरोबर, कगरा।

(4) विस्मयादि बोधक

(क) सम्बोधनवाची–

गा, अगा, ईगा	:	पुरुषों के लिए
गे, अगे, ऐगे	:	स्त्रियों के लिए
ओ, अयो	:	स्त्रियों के लिए
हो, अहो, जी, हे, अरे, गे, ए	:	सामान्य
गोई, अ दाई,	:	स्त्रियों के लिए स्नेहसूचक सम्बोधन
तू तू	:	कुत्ते को बुलाने के लिए

(ख) सम्मतिवाची–

ह, हो, हँ हूँ, हाँ, ओ, अच्छा।

(ग) असम्मतिवाची–नि, नी, नो, नह, नहीं, उहूँ।

(घ) भय, यन्त्रणा अथवा मनोव्यथा सूचक–

हाय, आयहाय, आह, अहा, अह।
हाय दाऊ, आय ददा, ए बबा रे, ए बाई रे, हाय दाई रे, दाई रे।

(ङ) विस्मय सूचक–

अरे ददारे, बबारे, बापरे, ए मोर करेजा, ए मोर छाती, एँ, आँ।

(च) प्रसन्नताबोधक एवं अनुमोदक–

वाह, वा, वाह वा, वहवा (वाह)
धन धन, (धन्य धन्य), धन्नधन्न, जै जै।

---

1. दो शब्दों को जोड़ने के लिए अउ अथवा अउर का प्रयोग होता है किन्तु दो से अधिक शब्दों को जोड़ने के लिए अन्तिम दो शब्दों के बीच में अउ आता है।

(छ) घृणा सूचक–

छिः, छी, छीछी, धूः, धू धू, उँह, छीदाइ[1], छीबाई[2], छीब्बा[3], दुर दुर, हट।

(ज) अनुकार सूचक–

कुहू कुहू	(कोयल)
काँव काँव	(कौआ)
साँय साँय	(सन्नाटा)
बुग बुग	(आलोक)
झक् झक्	(इंजन)

(7) समास

धातु तथा प्रत्यय के योग से शब्द बनते हैं और जब एक से अधिक शब्द मिलकर बृहत् शब्द की सृष्टि करते हैं तब उसे समास कहते हैं। समास भारोपीय भाषाओं की एक विशेषता है जो छत्तीसगढ़ी में पूर्णतः विद्यमान है। स्थूल रूप से समास के तीन भेद किए जा सकते हैं :

(1) संयोग मूलक या द्वन्द्व समास
(2) व्याख्यान मूलक या आश्रय मूलक समास
(3) वर्णन मूलक समास

(1) संयोगमूलक या द्वन्द्व समास

संयोगमूलक या द्वन्द्व समास में समस्यमान पद समूह द्वारा दो या उससे अधिक पदार्थ, वस्तु या भाव का संयोग प्रदर्शित किया जाता है। इसमें समस्यमान पद अपने रूप में ही विद्यमान रहते हैं। द्वन्द्व का अर्थ होता है जोड़ा। इन जोड़ों का विग्रह अउर, अउ जैसे संयोजक अव्ययों के द्वारा सम्पन्न होता है। जैसे–

माई पिल्ला	:	माँ बच्चे
लेका लेकी	:	लड़का लड़की
हाथ गोड़	:	हाथ पैर
अँधरा काना	:	अन्धा काना
गरू बछरू	:	गाय बछड़े
नाती पन्ती	:	नाती पोते
घर दुआर	:	घर द्वार
डौका डौकी	:	पति पत्नी, पुरुष स्त्री

1, 2, 3, अरुचि, असहमति, ऊब आदि व्यक्त करने के लिए स्त्रियों द्वारा प्रयुक्त।

ममा भाँचा	:	मामा भानजा
नात सगा	:	सगे सम्बन्धी
दीठ मूठ	:	जादू टोना
दाई ददा	:	माँ बाप
दाई दाऊ	:	माँ बाप
बंसी डोर	:	बंसी डोर
नोन तेल	:	नमक तेल
रोजी रोटी	:	रोजी रोटी

(2) व्याख्यानमूलक या आश्रयमूलक समास

इस प्रकार के समास में प्रथम शब्द द्वितीय शब्द को सीमाबद्ध कर देता है अथवा विशेषण रूप होता है। इसके तीन भेद होते हैं :

(क) तत्पुरुष
(ख) कर्मधारय
(ग) द्विगु

(क) तत्पुरुष

तत्पुरुष समास में परस्पर अन्वित दो पद होते हैं। ये दोनों विशेष्य होते हैं जिनमें प्रथम द्वितीय पद के अर्थ को सीमित करता है। तत्पुरुष शब्द का अर्थ है उसका सम्पर्की पुरुष। यह समस्त पद के प्रतीक रूप में व्यवहृत होता है। जैसे :

बूता चोर	:	काम चोर
जम दुआरी	:	यम द्वार
भैंसा नागर	:	वह हल जिसमें भैंसे जोते जाते हों
राउत नाचा	:	राउतों का नाच

अव्ययीभाव समास की गणना तत्पुरुष की ही कोटि में होती है। उदा.

मनेमन	:	मन ही मन
कलेकल	:	चुपचाप
कतरे कतर	:	किनारे किनारे

(ख) कर्मधारय

इस समास में प्रथम पद विशेषण रूप में आता है किन्तु द्वितीय पद का अर्थ बलवान होता है। जैसे :

बड़े ददा	:	ताऊ
दूध भात	:	दूध मिला भात
जनमोती दाँत	:	जन्म के दाँत
गैड़ हाजिर	:	गैर हाजिर
छोटे ममा	:	छोटे मामा
भुसकां साहब	:	स्थूल साहब
अँजोरी पाख	:	शुक्ल पक्ष
चिटकी बाबू	:	गोरा व्यक्ति

(ग) द्विगु

द्विगु समास में प्रथम पद संख्यावाचक होता है एवं समस्त पद द्वारा संयोग अथवा समष्टि का बोध होता है। उदा.

तितरा	:	तीन पुत्रियों के बाद उत्पन्न पुत्र
चरखुट्टा	:	चौकोन खेत
दुदन्ता	:	दो दाँतवाला बैल
इक सरिया	:	एक पहलवाला
एक साँटा	:	एक में मिला हुआ

(३) वर्णनमूलक समास

इसे बहुव्रीहि भी कहते हैं। इस समास में कोई भी पद प्रधान नहीं होता और इसके समस्त पद द्वारा किसी अन्य पदार्थ का बोध होता है। उदा.

चोंगिया	:	सतनामियों की एक जाति
सतनामी	:	जाति विशेष
घर रखवा	:	छिपकली

खंड-4

छत्तीसगढ़ी शब्दकोश

संकेताक्षर

अव्य.—अव्यय	पर.—परसर्ग
उदा.—उदाहरण	प्रे.—प्रेरणार्थक रूप
उप.—उपसर्ग	वि.—विशेषण
क्रि.—क्रिया	विका.—विकारी
क्रि. वि.—क्रियाविशेषण	सं.—संज्ञा
टि.—टिप्पणी	समु.—समुच्चयबोधक

अ

अँइठी (वि.) गोल मुड़ी हुई, ऐंठ कर बनाई हुई।

अँइलहा (वि.) कुम्हलाया हुआ।

अँइलाना (क्रि.) कुम्हलाना।

अँउधी (सं.) उबाली गई कच्ची फली, विशेष कर तिवरा मटर, अरहर आदि।

अँकरी (सं.) खाद्‌य पदार्थ विशेष, घास की जाति का एक अनाज जिसमें छोटे-छोटे गोल दाने होते हैं। दे. 'जिल्लो'।

अँकवार (सं.) 1. आलिंगन 2. दोनों भुजाओं के अन्दर भर जानेवाली फसल की मात्रा।

अँकवारना (क्रि.) आलिंगन करना, अंक में भरना, परस्पर लिपट कर भेंट करना, गले मिलना।

अँकुआ (सं.) अँकुआने (दे. 'अँकुआना') के लिए प्रयुक्त छोटा हँसिया।

अँकुआना (क्रि.) मोच या सूजन को जलाने की स्थिति तक सेंकना।

अँकोड़ (सं.) हम्माल का अंकुश।

अँखियाना (क्रि.) आँख से संकेत करना, आँख मारना।

अँगठा (सं.) 1. अँगूठा 2. अँगूठे की छाप।

अँगठी (सं.) अँगुली।

अँगना (सं.) आँगन।

अँगमालिका (सं.) दे. 'अँकवार'।

अँगरक्खा (सं.) अँगरखा। दे. 'सलूखा'।

अँगरना (क्रि.) 1. गलना 2. ठिठुरना।

अँगरा (सं.) अंगार, जलते कोयले का छोटा-सा टुकड़ा, धधकते उपले का टुकड़ा।

अँगरी (सं.) दे. 'अँगठी'।

अँगरेज़ी मिच्ची (सं.) दे. 'धन-मिच्ची'।

अँगाकर (सं.) कंडे की आग में पकाई गई पिसे चावल या बासी भात की बहुत मोटी रोटी।

अँगेठा (सं.) जलती हुई मोटी और भारी लकड़ी।

अँगेठी (सं.) जलती हुई पतली लकड़ी।

अँगेरना (क्रि.) 1. अंगीकार करना 2. प्रस्तुत होना।

अँगोछना (क्रि.) अंगों को गीले कपड़े या तौलिए से पोंछना।

अँगोछी (सं.) 1. छोटी धोती जिससे घुटनों तक का भाग ढकता है 2. अँगोछा।

अँचरा (सं.) आँचल, साड़ी का एक छोर।

अँचोना (क्रि.) 1. भोजन करके हाथ-मुँह धोना 2. आचमन करना।

अँजनिया (सं.) धान का एक प्रकार।

अँजुरी (सं.) दोनों हाथों को संपुटित करके बनाई गई अंजलि। दे. 'पसर'।

अँजोर (सं.) उजाला, प्रकाश।

अँजोरी (वि.) चाँदनी भरी शुक्ल पक्ष की रात।

अँजोरी पाख (सं.) शुक्ल पक्ष।

अँटाना (क्रि.) सूखना।

अँटियाना (क्रि.) 1. शरीर के अवयवों आदि का अकड़ना 2. अँगड़ाई लेना।

अँठियाना (क्रि.) दे. 'अटियाना'।

अँड़वा (सं.) अंडा।

अँड़वारी (सं.) अंडेवाली मछली।

अँड़ियाना (क्रि.) 1. अकड़ना 2. ऐंठना 3. अँगड़ाई लेना।

अँदोहल (सं.) 1. शोर 2. कलरव।
अँधउर (सं.) आँधी।
अँधरा (वि.) अन्धा।
अँधरोटी (सं.) आँखों में दोष के कारण अन्धकार-सा प्रतीत होने की स्थिति, आँखों में अन्धकारमयता की स्थिति, रतौंधी।
अँधवा (सं.) अन्धा सर्प, अन्धा व्यक्ति—(वि.) अन्धा, नेत्रहीन।
अँधाना (क्रि.) औंधाना।
अँधियार (सं.) अन्धकार।
अँधियारी (सं.) 1. घर का वह अँधेरा कमरा जहाँ अचार आदि रखा जाता है, भंडारघर 2. छोटी अलमारी।
—(वि.) अँधेरी।
अँधियारी पाख (सं.) कृष्ण पक्ष।
अँयरी (सं.) एक चिड़िया जिसकी गरदन और पूँछ काफी लम्बी होती है।
अँवरा (सं.) आँवला।
अंकाल (सं.) अकाल, अभाव का काल।
अंजन (सं.) 1. आँखों को आँजने का साधन जैसे—काजल 2. एक प्रकार का धान।
अँजरी (सं.) अंजलि। दे. 'अँजुरी'।
अंझा (सं.) अभाव, अनुपस्थिति।
अंटा (वि.) टेढ़ा, टेढ़ी।
अंडस (सं.) अड़चन, बाधा।
अंडा (सं.) 1. एरंड 2. अंडा।
अंडा भाजी (सं.) फूलगोभी के पत्ते।
अंडी (सं.) 1. छोटा एरंड 2. रेशम से निम्न कोटि का एक प्रकार का वस्त्र जिसे पवित्र माना जाता है।
अंतस (सं.) अंतर्मन, हृदय, मन।
अंताज (सं. पु.) अनुमान।
अंते (क्रि. वि.) अन्यत्र।
अंते-तंते (क्रि. वि.) यहाँ-वहाँ।
अंथऊ (सं.) शाम का भोजन।
अंदोहल (सं.) दे. 'अँदोहल'।
अंधड़ (सं.) आँधी।
अंधन (सं.) अदहन, दाल भात पकाने के लिए अन्न को पात्र में डालने से पूर्व पानी के उबलने की स्थिति।
अंधेर (सं.) अन्याय, मनमाना, ज्यादती, अति।
अंस (सं.) 1. अंश 2. परिवार।
अइतबार (सं.) इतवार का दिन, रविवार।
अइताचार (सं.) अत्याचार।
अइलाना (क्रि.) कुम्हलाना, मुरझाना।
अइसन (वि.) ऐसा।
अई (अव्य.) अरे, अरी।
अउ (समु.) 1. और 2. और भी, अधिक।
—(वि.) अन्य।
अउठ (वि.) साढ़े तीन।
अएँरी (सं.) 1. काई, जल में पैदा होनेवाली वनस्पति विशेष 2. पानी में डुबकी मारनेवाली एक छोटी चिड़िया।
अकइसी (सं.) एकादशी।
—(वि.) इक्कीसवाँ
अकतरिया (सं.) ग्रामीण औरतों की विशेष ढंग की चप्पल जिसे बरसात में पहना जा सकता है।
अकतहा (वि.) अधिक, अतिरिक्त।
अकतियार (सं.) शक्ति, अधिकार।
अकती (सं.) अक्षय तृतीया का पर्व जो वैशाख मास के शुक्ल पक्ष की तृतीया को मनाया जाता है। इस दिन गाँव के नौकरों का कार्यकाल समाप्त होता है।
अकन (अव्य.) परिमाण द्योतक 'सा'। दे. 'कन'।

अकबकाना (क्रि.) स्तब्ध रह जाना, घबरा जाना, हक्का-बक्का रह जाना।

अकबकासी (सं.) घबराहट।

अकबार (सं.) अख़बार, समाचार-पत्र।

अकरस (सं.) अंतिम वर्षा, रबी फ़सल के समय की वर्षा, बेमौसम का पानी, पानी का थम-थम कर बरसना।

अकलउता (वि.) केवल एक ही, अकेला, मात्र, इकलौता।

अकलउती (वि. स्त्री.) इकलौती।

अकलमुड़ा (वि.) एकांतप्रिय, आत्मकेंद्रित व्यक्ति, दूसरों की चिंता न करने वाला।

अकसी (सं.) फल तोड़ने के लिए बनाई गई जाली लगी मोटी डँगनी (दे.), जिससे फल टूट कर नीचे न गिर कर जाली में ही गिरे।

अकारथ (वि.) व्यर्थ।

अकास (सं.) आकाश।

अकेल्ला (वि.) अकेला, एकाकी।

अखरना (क्रि.) बुरा लगना, खलना, अप्रिय अनुभव करना, पश्चाताप होना।

अगड़ाही (सं.) बड़ी आग।

अगम (वि.) अगम्य, अथाह, अनुमान से परे।

अगमुत्ता (वि.) आग में मूतने वाला, अत्यधिक शैतान, एक गाली।

अगा (अव्य.) संबोधन शब्द 'ए'।

अगाड़ी (क्रि. वि.) आगे, सामने, आगे बढ़ने पर।

अगास दिया (सं.) आकाशदीप।

अगियाना (क्रि.) 1. जलन का अनुभव होना 2. जल उठना 3. आगबबूला होना।

अगीत (क्रि. वि.) दे. 'अगाड़ी'।

अगोरना (क्रि.) प्रतीक्षा करना, बाट देखना।

अग्घन (सं.) अगहन।

अग्याँ (सं.) 1. आज्ञा, आदेश 2. बालतोड़ फोड़ा।

अग्यारा (वि.) ग्यारह की संख्या।

अघरिया (सं.) एक जाति विशेष।

अघात (सं.) चोट, प्रहार।

अघात ले (वि.) बहुत, खूब।

—(क्रि. वि.) छकने तक, मन के भरने तक, पूरा संतुष्ट या तृप्त होने तक, थकने तक।

अघाना (क्रि.) 1. छक जाना, ऊब जाना, तृप्त हो जाना 2. थकना।

अघाय (वि.) पेट भरा हुआ।

अघुआ (वि.) सामने रहने वाला, लीडर।

अघुआना (क्रि.) आगे हो जाना।

अघोरी (वि.) ऐसा व्यक्ति जो खूब खाकर भी अतृप्त रहे।

अचंभो (सं.) आश्चर्य, विस्मय।

अचवाँद (सं.) दे. 'ओनचावन'।

अचवानना (क्रि.) खाट के पैताने की रस्सी खींचना, अलवायन कसना।

अचहड़-पचहड़ (वि.) 1. पाँच से अधिक 2. ढेर सारा।

अचानचकरित (वि.) अचंभित, विस्मित, चकित। —(क्रि. वि.) अचानक।

अचोना (क्रि.) खाने के बाद हाथ-मुँह धोना।

अजगुत (सं.) 1. अनुचित 2. दे. 'अचंभो'।

अजरहा (वि.) बीमार, रुग्ण।

अजरा (सं.) 1. रोग 2. दो धानों का मिश्रण 3. योंहीं, बिना नापे तौले।

अजार (सं.) पेट की एक प्राणघातक बीमारी।

अजारा (वि.) बिना माप या तोल के केवल अंदाज़ से प्रदत्त।

अटकपारी (सं.) अधकपारी (दे.), आधे कपाल का दर्द जो सूर्योदय के समय शुरू, मध्याह्न में सर्वाधिक और शाम को कम हो जाता है।

अटकर (सं.) अनुमान, अटकल।

अटकन-बटकन (वि.) थोड़ा-बहुत।

अटकार (सं.) 1. बाधा, बंधन, रुकावट, हरजा 2. आवश्यकता।

अटकाव (सं.) हरजा।

अटर्रा (सं.) नीबू की जाति का खटमिट्ठे स्वाद वाला एक फल।

अटाटूट (वि.) 1. प्रचुर परिमाण में 2. अपार।

अटाटोर (सं.) दे. 'अटाटूट'।

अठुरिया (सं.) आठ दिनों का समूह। उदा. —'अठुरिया बीत गे तहूँले नई आइस' (आठ दिन बीत गए फिर भी नहीं आया)।

अड़कड़ी (सं.) इधर-उधर भाग जाने के अभ्यस्त जानवर को रोकने के लिए पैरों में बाँधी जानेवाली लम्बी लकड़ी।

अड़गड़ (सं.) दरवाजे में रोक के लिए लगाया गया बाँस, अर्गला।

अड़गड़ी (सं.) 1. अर्गला 2. दे. 'गड़गड़ी'।

अड़गसनी (सं.) अरगनी, कपड़ा सुखाने के लिए बाँधा गया बाँस।

अड़बड़ (सं.) भीड़। —(वि.) प्रचुर, बहुत।

अड़हा (वि.) मूर्ख, संस्कारहीन, बिना पढ़ा-लिखा, जिद्दी।

अड़हा बइद (सं.) नीम हकीम।

अड़ानी (वि.) अनाड़ी, अनजान।

अड़िसा (सं.) चावल और गुड़ से बना पकवान। दे. 'अनरसा'।

अड़ुक (वि.) इतना। दे. 'अतका'।

अढ़ई (वि.) ढाई, अढ़ाई।

अढ़ाम (सं.) व्यक्ति के ज़मीन पर गिर पड़ने से उत्पन्न ध्वनि, धड़ाम।

अढ़ैया (वि.) ढाई दिन के अंतर से आनेवाला ज्वर।

अढ़ोना (क्रि.) आदेश देना।

अतकहा (वि.) कुछ अधिक, ज्यादा।

अतका (वि.) 1. थोड़ा 2. इतना 3. इस सीमा तक।

अतकी (वि.) थोड़ा। दे. 'अतका'।

अतकेच (क्रि. वि.) इतना ही।

अतको मा (क्रि. वि.) इतने पर भी।

अतमयती (सं.) 1. जातीयता, आत्मीयता 2. स्वजातीय सहभोज।—(वि.) आत्मीय, प्रिय।

अतर (सं.) इत्र।

अतेक (वि.) दे. 'अतका'।

अत्तहा (क्रि. वि.) पहले के।

अथान (सं.) अचार।

अदरा (सं.) आर्द्रा नक्षत्र। —(वि.) नौसिखिया।

अदहरा (सं.) कंडे का अलाव।

अदियावन (वि.) जिसे देखकर दया उत्पन्न हो, दयनीय।

अद्धर (वि.) 1. अलग, पृथक् 2. ऊँचा।

अधकपारी (सं.) 1. आधे कपाल में दर्द का रोग 2. आधाशीशी।

अधिया (सं.) कृषि उपज का आधा भाग। —(वि.) आधा लेनेवाला।

अन (उप.) नहीं। उदा.—अनदेखना, अनभल।

अनख (सं.) ईर्ष्या, जलन।

अनगँइहाँ (वि.) दूसरे गाँव का।

अनगोड़वा (वि.) ऊटपटाँग, अव्यवस्थित, बेसिर-पैर का।

अनचिन्हार (वि.) अपरिचित।

अनठेहरा (वि.) 1. तिरछा देखने वाला, जिसकी पुतलियाँ स्थिर न हों 2. टेढ़ा, भेंगा 3. बनती हुई बात में टाँग अड़ाने वाला 4. लक्षणा में बात कहने वाला।

अनते (वि.) अन्यत्र, दूसरे स्थान पर।

अनदेखना (वि.) ईर्ष्यालु, दूसरे को काम करते देखकर स्वयं वही करके टाँग अड़ाने वाला।

अनपचन (सं.) अनपच, अजीर्ण।

अनबोला (सं.) 1. शत्रुता 2. मान, क्रोध आदि के कारण बातचीत बन्द होने की स्थिति।

अनभल (सं.) बुराई, अहित।

अनभरोसिल (क्रि. वि.) शायद।

अनमन (वि.) उदास।

अनरसा (सं.) चावल, गुड़ और खसखस के मिश्रण से बना एक पकवान, इंदरसा।

अनवट (सं.) एक आभूषण।

अनवासना (क्रि.) नई वस्तु का उपयोग प्रारंभ करके उसकी नवीनता को समाप्त करना।

अनाचार (सं.) अत्याचार, पाप का कृत्य, परंपरा-विरुद्ध कार्य।

अनाथिन (सं.) अनाथ (महिला)।

अनानास (सं.) अनन्नास।

अपंगहा (वि.) पंगु।

अपखया (वि.) 1. अभक्ष्य भक्षण करने वाली 2. स्त्रियों की एक गाली।

अपजस (सं.) अपयश, बदनामी।

अपन (सर्व.) अपना।

अपन-बिरान (सर्व.) अपना-पराया।

अपया (सं.) बदनामी, अवगुण।

अपरस (सं.) चमड़ी का एक रोग जिसमें त्वचा से भूरे रंग की परत-सी निकलती है।

अपहाँस (सं.) उपहास।

अपासी (सं.) आबपाशी, सिंचाई। —(वि.) सिंचाई की व्यवस्था युक्त।

अप्पत (वि.) जिद्दी, बेशर्म।

अबिरथा (वि.) व्यर्थ, बेकार का।

अबेर (सं.) देर, विलंब।

अबेरहा (वि.) देर से आनेवाला।

अब्बड़ (वि.) दे. 'अड़बड़'।

अभियावन (वि.) भयावना, डरावना।

अभीच (क्रि. वि.) अभी ही, अभी-अभी।

अमचुर (सं.) कच्चे आम के टुकड़ों को सुखा कर बनाया गया चूर्ण, अमचूर।

अमरइया (सं.) आम्र-कुंज, आम के वृक्षों का बाग। अमराई।

अमरना (क्रि.) पहुँचना, ऊँचाई पर स्थित वस्तु को प्रयत्नपूर्वक स्पर्श करना अथवा इस प्रकार उसे प्राप्त करना।

अमरित (सं.) अमृत।

अमरोइया (वि.) पहुँचाने वाला।

अमली (सं.) इमली।

अमसरा (सं.) पके हुए आमों के रस को सुखा कर जमाया गया खाद्य, अमावट, अमरस।

अमाना (क्रि.) समाना, घुसना।

अम्मट (वि.) खट्टा, खट्टे स्वाद वाला।

अम्मठ (वि.) दे. 'अम्मट'।

अम्मर (सं.) अमृत। —(वि.) अमर।

अयरी (सं.) आरी।

अरई (सं.) जुते हुए पशुओं को हाँकने के लिए प्रयुक्त डंडा जिसके एक सिरे पर कील लगी होती है।

अरकटहा (वि.) लक्ष्यहीन, दिशाहीन।

अरथ (सं.) अर्थ।
अरमपपई (सं.) पपीते का वृक्ष या उसका फल।
अरसी (सं.) अलसी।
अरिया (सं.) आला।
अरुआ (सं.) बिना उबाले धान से कूटा गया चावल।
अर्र (अव्य.) जुते हुए बैल को दाहिने से बाएँ हाँकने के लिए प्रयुक्त ध्वनि। दे. 'तता'।
अलकर (वि.) कष्टदायक, असुविधाजनक, गुप्त, कष्टसाध्य।
अलकरहा (वि.) अनपेक्षित।
अलखा (सं.) अंचल।
अलगा (सं.) चप्पल, जूता।
अलटना (क्रि.) उमेठना।
अलथी-कलथी (सं.) छटपटाहट, तड़पन।
अलबेला (वि.) अल्हड़।
अलमल (वि.) पर्याप्त, संतोषप्रद मात्रा में।
अलबाइन (वि.) ऊधमी, शैतान।
अलवा-जलवा (वि.) ऐसा-वैसा, व्यर्थ का, हीन कोटि का। फालतू।
अलवान (सं.) 1. शाल 2. रुमाल।
अलहन (सं.) विपदा, संकट, झंझट, दुर्घटना।
अलाउंस (सं.) घोषणा, एनाउंस।
अलाल (वि.) आलसी, सुस्त।
अलिन-गलिन (सं.) गली-गली।
अलोना (वि.) नमक रहित, स्वादहीन।
अल्लर (वि.) सुस्त। दे. 'उल्लुर'।
अल्होरना (क्रि.) अन्न आदि के ढेर से कचरे को अलग करने की प्रक्रिया।
अवइया (वि.) आनेवाला।
अवतरना (क्रि.) जन्म लेना, उत्पन्न होना।
अवाज (सं.) आवाज़।
असंख (वि.) असंख्य, अनगिनत।
अस (सं.) अस्थि। —(वि.) दे. 'अइसन'।
असकट (सं.) ऊब, परेशानी, उकताहट, आलस्य।
असकटना (क्रि.) तंग होना, ऊब जाना, उकता जाना।
असकरवा (सं.) नियोजित परिवार। —(वि.) एकाकी।
असकराना (क्रि.) 1. कपड़े की तह खोलना। 2. एक पर्त में फैलाकर रखना, बिछाना, फैलाना।
असकरिया (सं.) एक तल्लेवाला जूता। दे. 'अकतरिया', 'पनही'। —(वि.) कूटने की पहली प्रक्रिया का चावल।
असकरी (वि.) इकहरा कपड़ा।
असकिटियाना (क्रि.) दे. 'असकटाना'।
असकुड़ (सं.) बैलगाड़ी के पहिए में उपयोग में आनेवाला लोहे का डंडा। दे. 'अछाँद'।
असगुन (सं.) अपशकुन।
असढ़िया (सं.) आषाढ़ का प्रभावी विषयुक्त सर्प विशेष।
दे. 'घमना'।
असत (सं.) झूठ।
असती (वि.) दे. 'अघोरी'। दे. 'असत्ती'।
असत्ती (वि.) 1. स्त्रियों की एक गाली।
2. चरित्रहीन।
3. बहुत तंग करने वाली।
अस्थान (सं.) स्थान, जगह।
असन (वि.) दे. 'अइसन'।
असनान (सं.) स्नान।
असनाँद (सं.) दे. 'असनान'।
असरोना (क्रि.) प्रतीक्षा करना, आशा लगाना।
अलबार (सं.) सवार, सवारी करने वाला, चढ़ा हुआ व्यक्ति।

असाद (वि.) आलसी, साफ़-सफ़ाई न रखनेवाला। असाधु।
असीस (सं.) आशीष, आशीर्वाद।
असुधहा (वि.) अशुद्ध, अस्वच्छ।
असोढ़िया (सं.) दे. 'असढ़िया'।
असोना (क्रि.) अन्न को साफ़ करना, अनाज उड़ाना। दे. 'ओसाना'।
अहमी (वि.) घमंडी।
अहिवात (सं.) सुहाग, सौभाग्य।
अहिवाती (वि.) सौभाग्यवती।

आ

आँकना (क्रि.) चिकित्सा के उद्देश्य से शरीर के पीड़ित भाग को गर्म लोहे से जलाना या दागना।
आँकुस (सं.) 1. अंकुश 2. नियंत्रण।
आँखी (सं.) आँख।
आँच (सं.) लौ की गरमी, हल्का ताप।
आँजर-पाँजर (सं.) 1. शरीर का पिंजरा, विशेषतः शरीर की नश्वरता संकेतित करने के लिए प्रयुक्त शब्द। दे. 'ढाँचा'
2. अंग-प्रत्यंग।
आँट (सं.) 1. रस्सी की ऐंठ 2. चबूतरा।
आँटना (क्रि.) 1. रस्सी बँटना 2. घुमाना, चलाना।
आँटी (सं.) रस्सी बँटने का लकड़ी का बना उपकरण 2. बाँटी (दे.) खेल की एक स्थिति।
आँठ (सं.) बैठने के लिए बनाई गई दीवार से लगी मुँडेर। –(वि.) गाढ़ा।
आँठना (क्रि.) ऐंठना, रस्सी-जैसी वस्तु में घुमाव देना।
आँठी (सं.) दही का थक्का।
आँड़ग (वि.) 1. अधिक।
2. अकथ्य भाव-युक्त।
आँतर (सं.) 1. भूमि का बिना जुता या जोत में छूट गया भाग 2. अंतर।
आँधी-चापट (सं.) आँख-मिचौनी की तरह का एक खेल।
आँवर (सं.) प्रसव के बाद का फूल, आँत।
आँवा-जुड़ी (सं.) दस्त की बीमारी।
आँसो (क्रि. वि.) इसी साल।
आकाबीसा (वि.) एक से बढ़कर एक। दे. 'तारासीरा'।
आगर (वि.) अधिक, नाप-तौल से अधिक।
आग लुवाट (सं.) खीझ का मुहावरा।
आगी (सं.) अग्नि, आग।
आगू (क्रि. वि.) आगे, पहले, सामने।
आगू-पाछू (क्रि. वि.) आगे-पीछे, बहुत थोड़े अन्तर से, बाद में।
आघू (क्रि. वि.) दे. 'आगू'।
आछर (सं.) अक्षर।
आठे (सं.) श्रीकृष्ण के जन्म का पर्व, कृष्ण-जन्माष्टमी जो भादों मास के कृष्ण पक्ष की अष्टमी को पड़ती है।
आड़ (सं.) परदा, ओट, अवरोध, बीच में।
आड़ा (सं.) मोटा डंडा।
आड़ी (सं.) आयताकार में अधिक लंबाई का भाग। –(वि.) 1. लंबा 2. तिरछा
आतमा (सं.) आत्मा।
आदा (सं.) अदरक।

आधसीसी (सं.) आधे कपाल का दर्द। —(वि.) 1. अपूर्ण, अधूरा, कमज़ोर। 2. गर्भवती।

आने (सर्व.) कोई और, दूसरा, पराया, अन्य।

आन-तान (वि.) अनाप-शनाप, बिना विचार के।

आनना (क्रि.) 1. लाना 2. आने देना।

आनी-बानी (वि.) नाना प्रकार के, विविधता लिए हुए।

आन (वि.) अन्य।

आमसड़ा (सं.) दे. 'अमसरा'।

आमा (सं.) आम का फल या पेड़।

आमा डगारी (सं.) आम की डाल पर चढ़ने का एक खेल।

आरी (सं.) 1. गाड़ी के पहिए के बीच की लकड़ी 2. दे. 'अरई' 3. आरी।

आरुन (वि.) शुद्ध।

आरो (सं.) आहट, समाचार।

आल (सं.) नस।

आलस (सं.) 1. आलस्य 2. चेचक।

आवाँ (सं.) कुम्हार की भट्ठी जिसमें वह मिट्टी के कच्चे पात्रों को पकाता है।

आसरा (सं.) 1. भरोसा, सहारा, आश्रय 2. गर्भ।

आसा-तिसना (सं.) आशा और तृष्णा।

आसों (क्रि. वि.) इसी वर्ष। दे. 'आँसो।

इ

इंदरावन (सं.) एक औषधीय वृक्ष।

इंद्री (सं.) इंद्रिय उदा. —'दाई-ददा के इंद्री जरथे, भउजी के जियरा जुड़ाय' (माता-पिता का जीव जलता है, भाभी का जीव शीतल होता है)।

इदारगोई (सं.) मित्र।

इजारा (सं.) ठेका।

इटली (सं.) इडली।

इढ़र (सं.) अरबी या घुइयाँ के पत्तों पर बेसन या उड़द के आटे को भाप में पकाकर बनाया गया एक खाद्य।

इतरौना (वि.) इतराने वाला, चंचल।

इनकर (सर्व.) इनका।

इफरात (वि.) बहुत अधिक।

इब्बा (सं.) 1. गुच्ची अर्थात् गिल्ली-डंडे के खेल में गिल्ली उछालने के लिए ज़मीन पर बनाया गया खाँचा या लंबा उथला गड्ढा 2. गिल्ली।

इमान (सं.) ईमान।

इरखा (सं.) ईर्ष्या, जलन।

इसारा (सं.) संकेत, इशारा।

इस्कूल (सं.) स्कूल, शाला।

इस्टेंड (सं.) 1. अड्डा, साइकिल अथवा बस इत्यादि के रखने या रुकने का निर्धारित स्थान 2. साइकिल, स्कूटर आदि के पिछले पहिए पर लगा हुआ उपकरण, जिस पर उसे स्थिर करके रखा जाता है 3. टेकनी।

इस्लोक (सं.) 1. श्लोक 2. इहलोक, भौतिक संसार।

इहाँ (क्रि. वि.) यहाँ, इस स्थान पर।

इहाँ-उहाँ (क्रि. वि.) यहाँ-वहाँ।

इहीचे (क्रि. वि.) यहीं पर।

ई

ईकरा (क्रि. वि.) इसी जगह।
ईचमेर (क्रि. वि.) इसी जगह।
ईंटकोटहा (वि.) जो समुचित ढंग से गीला न हो।
ईंटा (सं.) ईंट।
ईहा (सर्व.) यह।
ईसर (सं.) ईश्वर।

उ

उँकरु (सं.) उकड़ू, पैरों के पंजों के बल बैठना।
उँचान (सं.) ऊँचाई।
उँटवा (सं.) ऊँट।
उँटिहार (सं.) ऊँटी (दे.) लेकर गाड़ी के आगे-आगे चलने वाला व्यक्ति।
उंडा (वि.) औंधा, मुँह के बल।
उकठना (क्रि.) बीती घटनाओं को सुना-सुना कर गाली-गलौज करना।
उकेरना (क्रि.) निकालना, रस्सी आदि की बटाई खोलना।
उखरु (सं.) दे. 'उँकरू'।
उखलहा (वि.) ओछी तबीयत का, नीच स्वभाव का, दोषी।
उखरा (सं.) रस से पगी लाई (दे.)। (वि.) नंगे पैर।
उखानना (क्रि.) उखाड़ना।
उगता (सं.) मजदूरी का ठेका।
उगती (सं.) सूर्योदय।
उगोना पाख (सं.) शुक्ल पक्ष।
उघरा (वि.) 1. शरीर के ऊपर वस्त्र न होना 2. खुला हुआ, बिना आवरण के।
उघारना (क्रि.) खोलना।
उचंती (सं.) थोड़े समय के लिए लिया हुआ ऋण, अग्रिम राशि, –(वि.) चलने को उत्सुक।
उचना (क्रि.) ऊँचा होना, उठना 2. जलना, क्रियाशील होना।
उचाना (क्रि.) 1. ऊँचा करना, उठाना 2. जलाना, क्रियाशील करना 3. खर्च करना।
उच्छिन होना (क्रि.) 1. दृष्टि से ओझल हो जाना, अदृश्य हो जाना 2. उदास होना।
उछरना (क्रि.) वमन करना।
उछराई (सं.) 1. कै का आभास, उल्टी करने का मन होना 2. अत्यधिक पिटाई।
उछला (वि.) लबालब (खेत, तालाब आदि के सम्बन्ध में)।
उछार (सं.) वमन, कै, उल्टी।
उछाल-तलाव (सं.) हैज़ा।
उछाह (सं.) उत्साह।
उजारना (क्रि.) उजाड़ना।
उजियार (सं.) उजाला, प्रकाश।
उजियारी (वि.) उज्ज्वल।
उजीर (सं.) धोबी।
उज्जर (वि.) उज्ज्वल, सफेद, स्वच्छ, साफ़।
उझारना (क्रि.) नष्ट करना, उजाड़ना।
उझालना (क्रि.) उछालना, ऊपर फेंकना, ऊपर-नीचे करना।
उटंग (वि.) वस्त्र पहनने पर अपेक्षित लंबाई से उसका कम पाया जाना, धुलने पर कपड़े का लंबाई में सिकुड़ना।

उटकट (सं.) ऊब। दे. 'असकट'। —(वि.) उत्कट, अत्यधिक।

उटकटाना (क्रि.) दे. 'असकटाना'।

उटकना (क्रि.) ताना देना, व्यंग्य करना, उलाहना देना, अनपेक्षित पुरानी बातें कहना।

उटकुट (वि.) दे. 'उटकट'।

उठलँगरी (वि.) स्त्रियों की एक गाली, जिसमें दुश्चरित्रता का बोध समाहित है।

उड़ासना (क्रि.) बिस्तर उठाना, बिस्तर समेटना।

उड़िया (सं.) 1. उड़ीसा का निवासी। 2. सँवरा जाति की एक उपजाति।

उड़ियाना (क्रि.) 1. उड़ना 2. उड़ाना।

उड़ेरा (वि.) आकस्मिक। उदा.—'नदिया मा उड़ेरा पूरा आ गिस' (नदी में आकस्मिक बाढ़ आ गई)।

उढ़ना (सं.) पहनने या ओढ़ने का वस्त्र, चादर, ओढ़नी। —(क्रि.) ओढ़ना।

उढ़रिया (सं.) 1. भगाई हुई या भागी हुई औरत 2. विवाह का एक प्रकार। दे. 'उढ़री'।

उढ़री (सं.) पति या पिता के घर को छोड़कर भागी हुई औरत।

उढ़ेरना (क्रि.) खाली करना।

उतरना (सं.) एक प्रकार का कर्णाभूषण। —(क्रि.) उतरना, नीचे जाना।

उतलंग (वि.) ऊधम करने वाला।

उतान (क्रि. वि.) पीठ के बल, सीधे चित्त। उत्तान।

उतान भँसेड़ा (वि.) ऊटपटाँग, अव्यवस्थित, अनियमित।

उतारु (सं.) ढलान।

उतियाइल (वि.) नटखट, ऊधमी, उतावला।

उतेरना (क्रि.) गीले खेत में बीज फेंककर बोना।

उतेरा (सं.) उतेरने (दे. 'उतेरना') के लिए बीज।

उत्ता-धुर्रा (वि.) अनियंत्रित तरीके से, मनमाने ढंग से। —(क्रि. वि.) जल्दी-जल्दी।

उत्तिम (वि.) उत्तम।

उत्ती (सं.) 1. पूर्व दिशा 2. सूर्योदय का काल।

उत्थल (वि.) उथला।

उदंत (सं.) जिस शावक के दूध के दाँत न टूटे हों।

उद (सं.) 1. प्रेत, मसान 2. मुर्दों को उखाड़ कर खानेवाला एक जंगली जानवर।

उदकना (क्रि.) उछलना।

उदबास (सं.) उपद्रव। —(वि.) उपद्रवी।

उदबिदहा (वि.) उत्पात मचाने वाला, गड़बड़ करने वाला, ऊधमी, उथल-पुथल करने वाला।

उदलना (क्रि.) 1. बोए गए बीजों का उमस के कारण बेकार हो जाना 2. भेलवा (दे.) के प्रभाव से फोड़े हो जाना।

उदाली (सं.) अपव्यय।

उदीम (सं.) उद्यम, परिश्रम, यत्न।

उधवा (सं.) मिसाई (दे. 'मिसना') करके रखा हुआ अनाज का ढेर।

उधाना (क्रि.) टिकाना।

उधार (सं.) ऋण।

उधोनी (क्रि.) समाप्त करना।

उन कर (सर्व.) उन का, उन के, उन की।

उन खर (सर्व.) दे. 'उन कर'।

उन खर ले (सर्व.) उन्हीं से।

उनारना (क्रि.) दे. 'ओनारना'।

उन्ना (सं.) दे. 'उढ़ना'। —(वि.) खाली।

उन्हाँ (सं.) कपड़ा।

उन्हारी (सं.) रबी की फ़सल, गर्मी की फ़सल, दलहन की फ़सल।

उपनना (क्रि.) मार आदि का निशान दिखाई पड़ना, कोई भी चिह्न या वस्तु अचानक दिखाई पड़ना, उत्पन्न होना।

उपकाना (क्रि.) उखाड़ना।

उपत के (क्रि. वि.) अपनी ओर से, स्वेच्छा से, स्वयं होकर।

उपटना (क्रि.) दे. 'उबकना'।

उपदरा (सं.) उपद्रव, उत्पात, ऊधम। —(वि.) उपद्रवी।

उपदरी (वि. स्त्री.) उपद्रवी।

उपर (क्रि. वि.) ऊपर। (पर.) पर।

उपरना (सं.) दुपट्टा।

उपर सँस्सी (सं.) साँस का ऊपर चलने का क्रम।

उपरहा (वि.) आवश्यकता से अधिक, उपयोग के अतिरिक्त बचा हुआ।

उपरोहित (सं.) पुरोहित, पंडित।

उपरौना (सं.) दे. 'पुरौनी'।

उपला (सं.) सूखा हुआ गोबर। दे. 'बिनिया छेना'।

उपसहिन (सं.) उपवास रखने वाली स्त्री।

उपाई (वि.) कुचक्री, गड़बड़ करने वाला, उपद्रवी।

उपास (सं.) उपवास।

उफनना (क्रि.) उबलकर पात्र से बाहर निकलना।

उफलना (क्रि.) सतह पर तैर आना, सतह पर आ जाना।

उबकना (क्रि.) 1. उभरना 2. उखड़ना।

उबजना (क्रि.) उत्पन्न होना, उपजना (विशेषकर घनत्व के साथ)।

उबड़ी (वि.) औंधा, पेट के बल।

उबड़ी परना (क्रि.) किसी चीज़ को पाने के लिए टूट पड़ना।

उबरना (क्रि.) शेष रहना, निवृत्त होना, बचना।

उबारना (क्रि.) मुक्त करना, उद्धार करना, उत्पत्ति में सहायता देना।

उभुक-चुभुक होना (क्रि.) 1. डूबना-उतराना 2. आगा-पीछा करना, अनिश्चय की स्थिति में होना।

उमन (सर्व.) वे।

उम्मर (सं.) 1. आयु 2. मीठापन।

उम्हर (वि.) अत्यधिक मीठा।

उरई (सं.) 1. खस की घास 2. एक प्रकार का धान।

उरई जर (सं.) उरई की जड़ अर्थात् खस।

उरकना (क्रि.) 1. कम पड़ना 2. समाप्त होना।

उरकहा (सं.) फटने वाली ज़मीन।

उरभठ (वि.) ऊबड़-खाबड़।

उरमाल (सं.) रूमाल।

उररना (क्रि.) खींचना, खींचकर निकालना।

उरला (वि.) पीछे भार अधिक होने से आगे के हिस्से के उठ जाने की स्थिति, उठंग होने की स्थिति।

उरिद (सं.) उर्द।

उरेरना (क्रि.) बनाना।

उर्री-पुर्री (वि.) लबालब। दे. 'उछला'।

उरु (वि.) कड़ा, सूखा।

उलँडना (क्रि.) उल्टा हो जाना, संतुलन बिगड़ जाने के कारण लुढ़क पड़ना।

उलचना (क्रि.) खाली करना, उलीचना।

उलदना (क्रि.) औंधा कर के ढालना, उलटना।

उलफुलहा (वि.) कम बुद्धिवाला, प्रशंसा सुन कर प्रसन्न हो जानेवाला।

उलफुलाना (क्रि.) मतलब साधने के लिए उत्साहित करना।

उलरना (क्रि.) 1. गाड़ी का पीछे से वजनी होने की स्थिति में असंतुलित हो जाना 2. ढीला होना 3. ढीला करना।

उलरुआ (सं.) उलरने (दे. 'उलरना') की स्थिति में गाड़ी को सहारा देने के लिए अड़ाई गई लकड़ी।

उलार (वि.) दे. 'उरला'।

उलेंडा (वि.) दे. 'उड़ेरा'।

उल्ला (वि.) दे. 'उरला'।

उल्लुर (वि.) 1. दे. 'उरला' 2. सुस्त, ढीला 3. कोमल।

उल्हवा (वि.) कोमल (पत्ते)।

उल्होना (क्रि.) अंकुरित होना, कोंपल फूटना।

उसकारना (क्रि.) पड़ी हुई वस्तु को खड़ा करना या उठाना।

उसनना (क्रि.) उबालना।

उसना (वि.) उबाला हुआ।

उसनिंदा (वि.) निद्रातुर, जिसकी नींद पूरी नहीं हुई हो, उनींदा।

उसयाइल (वि.) 1. सूजा हुआ (अंग-विशेष)। 2. मैला-कुचैला, गंदा, फूहड़।

उसरना (क्रि.) कार्य समाप्त होना, निवृत्त होना।

उसराना (क्रि.) कार्य समाप्त करना, निबटाना।

उसलती (वि.) उठता हुआ, बंद होता हुआ, उचटता हुआ।

उसलना (क्रि.) 1. उठ कर चला जाना 2. उखड़ना।

उसालना (क्रि.) जमी हुई वस्तु को धीरे-धीरे उठाना।

उसीसा (सं.) 1. सिरहाना 2. सिर को टिकाने का साधन, तकिया।

उसुआना (क्रि.) सूजना।

उसुर-पुसुर (क्रि. वि.) उकताकर, किसी परेशानी से बेचैनी की स्थिति।

उहाँ (क्रि. वि.) वहाँ।

उहीं मन ला (सर्व.) उन को।

उही (सर्व.) 1. वही 2. उसी।

ऊ

ऊँच (वि.) ऊँचा, ऊँची जाति का, बड़ा।

ऊँटी (सं.) गाड़ी टिकाने के लिए प्रयुक्त होनेवाली विशेष तरह से तैयार की गई लकड़ी जिसके नीचे की ओर दो पाये हों, लाठी।

ऊँधम (सं.) ऊधम।

ऊना (क्रि.) उदित होना।

–(वि.) खाली, कम, न्यून। दे. 'उन्ना'।

ऊमस (सं.) उमस।

ऊल (सं.) 1. संतुलन 2. गिल्ली को ऊँचा उछालने का कार्य।

ए

एँड़रा (सं.) नर पक्षी।

एँड़री (सं.) मादा पक्षी।

एँड़ी (सं.) एड़ी।

ए (सर्व.) यह।

एकंगू (वि.) एकतरफा, एक तरफ को झुका हुआ, एकपक्षीय, असंतुलित।

एककठन (क्रि. वि.) पृथक्-पृथक्।

एकथौंआ (वि.) एकबारगी।

एकजुनिहा (वि.) दे. 'एकोहा'।
एकजुवार (वि.) आधा दिन।
एकटक (क्रि. वि.) अपलक नेत्रों से।
एकड़ा (वि.) 1. अकेला 2. जोड़ी में से एक।
एकबहिनिया (सं.) तेलियों की एक उपजाति।
एकबोलिया (वि.) एक ही बात पर अडिग रहने वाला, एक बार वचन देकर उसका निर्वाह करने वाला।
एकभाँवर (क्रि. वि.) चारों ओर।
एकर (सर्व.) इसका।
ए-करा (क्रि. वि.) यहीं पर।
एकरो (सर्व.) इसका भी।
एकलौता (वि.) एकमात्र, इकलौता।
एकसरी (वि.) दे. 'असकरी'।
एकसरिया (वि.) 1. एक पर्तवाला 2. एक ही बार।
एकहत्था (सं.) एक ही व्यक्ति के हाथों संपन्न (कार्य)।–(वि.) एक ही हाथवाला।
एकहत्थी (वि.) एक ही के अधिकार में रहने वाला/रहने वाली।
एके (वि.) अकेला।
एके झन (वि.) अकेला।
एकौंझा (वि.) पुरुष जिसके एक ही संतान हुई हो।
एकौंझी (वि. स्त्री) दे. 'एकौंझा'।
एकौहा (वि.) निरंतर, विश्राम रहित।
एक्की (सं.) 1. ताश के पत्तों में इक्के का पत्ता 2. शाला में बच्चों द्वारा कनिष्ठा ऊपर उठा कर पेशाब के लिए जाने का संकेत।
एक्के (वि.) एक ही।
एक्को (वि.) एक भी।
एखत्थी (वि.) दे. एकहत्थी।
एच (सर्व.) यही।
एड़का (सर्व.) मेष, भेड़।
एड़हा-बेड़हा (वि.) ऐरा-गैरा, उपेक्षणीय।
एतका (वि.) इतना।
एती तेती (क्रि. वि.) इधर-उधर।
एतेक (वि.) दे. 'एतका'।
एती (क्रि. वि.) इस ओर।
एन (वि.) ठीक, उचित।
एमन (सर्व.) ये लोग, वे लोग।
एमे (सर्व.) इसमें।
एलंग-ओलंग (क्रि. वि.) इधर-उधर।
एला (सर्व.) इसे।
एसों (वि.) दे. 'आसों'।
एहिच (अव्य.) यही।
एहू (अव्य.) यह भी।

ऐ

ऐंठुल (वि.) अकड़ने वाला, घमंडी।
ऐतवार (सं.) इतवार।
ऐन (सं.) पशु के थन।
–(वि.) बिल्कुल, ठीक, उपयुक्त।
ऐना (सं.) आईना।
ऐरिंग (सं.) इअरिंग, कान में पहनने का एक आभूषण, झुमका।
ऐरी (सं.) सर्प।
ऐलाना (क्रि.) कुम्हलाना, सूखना, मुरझाना।
ऐसन (क्रि. वि.) दे. 'अइसन'।
ऐहवास (सं.) सुहाग, सौभाग्य, पत्नीत्व।

ओ

ओंगन (सं.) बैलगाड़ी के पहिए के बीच में लगाया जानेवाला गाढ़ा सस्ते किस्म का तेल।

ओंगना (क्रि.) 1. बैलगाड़ी के पहिए में ओंगन (दे.) के तेल को लगाने की क्रिया 2. शरीर में बहुत अधिक तेल का चुपड़ा जाना।

ओंघर्रा (वि.) प्रायः ऊँघने वाला।

ओंघासी (सं.) तंद्रा का अनुभव, ऊँघ का अनुभव, निद्रातुरता।

ओंटी (सं.) दे. 'ओली'।

ओंदराना (क्रि.) 1. मिटाना, बिगाड़ना, नष्ट करना 2. मुँह लटकाना, उदास होना।

ओ (सर्व.) वह।
(अव्य.) पति, पत्नी और बड़ी लड़की के लिए संबोधन-शब्द, री, रे।

ओइँचना (क्रि.) आचमन करना।

ओइरना (क्रि.) 1. पात्र में भरना या डालना 2. खपरैल में खप्पर जमाना।

ओइलाना (क्रि.) पशुओं की घेरा-बंदी करके एक जगह पर उन्हें बन्द करना।

ओइसन (वि.) वैसा, उस प्रकार का।

ओइसनेच (वि.) वैसा ही, सामान्य।

ओकर (सर्व.) उस का, उस के, उस की।

ओ-कारा (क्रि.वि.) वहीं पर।

ओकलाई (सं.) कै करने की इच्छा, उल्टी करने की इच्छा, उबकाई।

ओकलाना (क्रि.) उबालना, भाप में पकाना। दे. 'उसनना'।

ओकियाना (क्रि.) कै करना।

ओकियासी (सं.) दे. 'ओकलाई'।

ओकी (सं.) 1. कै की हाजत 2. उल्टी, ओक्की।

ओखद (सं.) औषधि, दवाई।

ओखर (सर्व.) दे. 'ओ कर'।

ओखर ले (सर्व.) उसी से, उस से।

ओखरा (सं.) गुड़ या शक्कर से पगी हुई लाई (दे.)। दे. 'उखरा'।

ओखी (सं.) बहाना।

ओगरना (क्रि.) कुएँ आदि में पानी का थोड़ा-थोड़ा करके रिसना।

ओझियाना (क्रि.) बातें करना।

ओझी (सं.) गाली का जवाब, प्रत्युत्तर।

ओड़िया (सं.) उड़ीसा देश का वासी।

ओड़घाना (क्रि.) उड़काना, ओट करना, किवाड़ों को खुला, किन्तु भिड़ाकर रखना जिससे ओट हो जाए।

ओड़ना (सं.) दे. 'उन्हाँ'।

ओढ़ना (सं.) 1. दे. 'उढ़ना' 2. ढकना।

ओढ़र (सं.) बहाना।

ओत (सं.) सुस्ती, आलस्य, उदासीनता।

ओतका (वि.) उतना।

ओतियाना (क्रि.) टाल-मटोल करना, बहाना करना।

ओती (क्रि.वि.) उस ओर।

ओतेक (वि.) दे. 'ओतका'।

ओथरना (क्रि.) 1. रिसना 2. कम होना।

ओथराना (क्रि.) मुँह लटकाना, उदास होना, निराश होना।

ओदरना (क्रि.) उधड़ना, विशेषतः दीवार की मिट्टी, पलस्तर आदि का।

ओदरहा (वि.) मोटा।

ओदरही (वि. स्त्री.) मोटी।

ओ दे (अव्य.) वह देखो, उधर।

ओद्दा (वि.) गीला, भीगा।

ओधा (वि.) आड़, ओट।

ओधाना (क्रि.) टिकाना, आड़ करना, उढ़काना, बन्द करना।

ओनचानना (क्रि.) खाट की बुनाई को कसने के लिए पैताने की ओर डोरी से कसकर बाँधना।

ओनचावन (सं.) खाट में बुने हुए बान या सुतली के जाल को कसाव देने के लिए पैताने की ओर कसी गई रस्सी, अलवायन।

ओन्हा (सं.) वस्त्र।

ओन्हारी (सं.) दे. 'उन्हारी'।

ओनारना (क्रि.) रबी की फ़सल की बुआई का कार्य करना।

ओमन (सर्व.) वे, वे लोग।

ओमाँ (सर्व) उसमें।

ओरचावन (सं.) दे. 'ओनचावन'।

ओरझटहा (वि.) अपनी बात मनवाकर ही दम लेनेवाला, ज़िद्दी, उलझने का आदी।

ओरझना (क्रि.) उलझना, झगड़े या विवाद में पड़ना।

ओरमना (क्रि.) लटकना।

ओरवाँती (सं.) दीवार के आगे निकला हुआ छप्पर का वह भाग जिससे पानी गिरता है।

ओरहन (सं.) उलाहना, शिकायत।

ओरिया (सं.) 1. छत की ढाल का निम्नतम छोर, जहाँ से वर्षा का पानी नीचे गिरता है 2. पितृ-पक्ष में पितरों के आकर बैठने के लिए लीप कर सजाई गई मुँडेर।

ओरियाती (सं.) ओरिया (दे.) से लगी हुई दीवार।

ओरी (सं.) दे. 'ओरिया'।

ओल (सं.) भूमि की नमी।

ओलना (क्रि.) प्रवेश करना।

ओलवान (सं.) शाल, अलवाइन।

ओलवार (सं.) परदा।

ओलहट (सं.) दे. 'ओल्होत'।

ओलहा (सं.) नमी से युक्त भूमि। दे. 'ओल'।

ओला (सर्व.) उसे, उसको।

ओलियाना (क्रि.) 1. आँचल (दे. 'ओली') में भरना 2. दे. 'ओलिहाना'।

ओलिहाना (क्रि.) जानवरों को कोठे (दे. 'कोठा') में प्रवेश कराना।

ओली (सं.) किसी वस्तु को रखने के लिए स्त्रियों के द्वारा आँचल को विशेष ढंग से समेट कर कमर में खोंसने से बना रूप।

ओल्होत (सं.) जानवरों को कोठे (दे. 'कोठा') में प्रवेश कराने के लिए की जानेवाली ध्वनि।

ओसकना (क्रि.) सूजन का घटना, बाढ़ का पानी घटना, कम हो जाना।

ओसध (सं.) दे. 'ओखद'।

ओसरी (सं.) 1. पाली, बारी 2. घर का मुख्य भाग। दे. 'ओसारी'।

ओसाना (क्रि.) अनाज से भूसा उड़ाना।

ओसार (वि.) चौड़ा।

ओसारी (सं.) घर का मुख्य या पवित्र भाग।

ओहर (सर्व.) उसने।

ओहरना (क्रि.) 1. दिन ढलना 2. सूजन कम होना।

ओहा (सर्व) दे. 'ओ हर'।

ओही ला (सर्व.) उसी को।

ओहू (सर्व.) वह भी।

ओहू मन (सर्व.) वे भी।

औ

औंठ (वि.) दे. 'अउठ'।

औंठियाना (क्रि.) घर को गोबर, खड़िया, चूने आदि से रेखाएँ बनाते हुए दीवार के किनारे-किनारे लीपना।

औंतार (सं.) अवतार।

औकात (सं.) हैसियत, ओहदा, पद, सामर्थ्य।

औखड़दानी (वि.) बिना सोचे-समझे दान करने वाला, औघड़दानी, भगवान शिव की एक उपाधि, फक्कड़।

औघड़ (सं.) श्मशान में रहने वाला साधु।

क

कँधौवा (सं.) कान का मैल।

कँचगना (क्रि.) पछाड़ना।

कँटहा (वि.) काँटेदार, कँटीला।

कँड़रा (सं.) एक जाति जो बाँस की टोकरी आदि बनाती है।

कँदरना (क्रि.) 1. रोना, विलाप करना 2. काटने की रेखा डालना।

कँदहा (वि.) क्षीण, पुराना, कमज़ोर।

कँदियाना (क्रि.) कपड़े का जर्जर होना।

कँदैल (वि.) बेस्वाद, घास जैसा स्वाद।

कँवल (सं.) कमल का फूल।

कंकन (सं.) कंगन।

कंचा (सं.) काँच की गोली। –(वि.) कच्चा।

कंझट (सं.) हल्ला। –(वि.) उबाऊ, चिकचिक करने वाला।

कंझा के (क्रि.वि.) खीझकर, तंग आकर, ऊबकर।

कंझाना (क्रि.) 1. खीझना, सुन्न पड़ना 2. ऊब जाना 3. अंगारे या कंडे की आग धीमी पड़ जाना।

कंटोप (सं.) ऐसी टोपी जिससे कान ढक जाते हैं।

कंठा (सं.) 1. गले का गहना, हार 2. तुलसी की लकड़ी के बने पिंडों को पिरोकर बनाई गई माला जिसे विशेषकर कबीर-पंथी पहनते हैं।

कंठी (सं.) एक मनके (मनिका) की माला जिसे गुरु से दीक्षा लेकर गले में बाँधते हैं।

कंडील (सं.) लालटेन।

कंतर (सं.) ब्याज।

कंसी (सं.) अंकुर।

कइयो (वि.) अनेक।

कइथ (सं.) खैर का वृक्ष या फल, कैथा।

कइथला (सं.) कनकी की कढ़ी।

कइना (सं.) कन्या।

कइसन (वि.) कैसा।

कइहा (वि.) काई-युक्त।

कउड़ा (सं.) 1. अलाव, निरंतर सुलगती रहने वाली आग से युक्त गड्ढा 2. एक गड्ढे में उपले की आग और उसका मिट्टी से बना छेदयुक्त ढक्कन।

कउवाना (क्रि.) तंग आना, खीझना, विस्मित होना, स्तब्ध रह जाना।

कउहा (सं.) नदी-नाले के किनारे होनेवाला एक वृक्ष।

ककई (सं.) कंघी दे. 'कोकई'।

ककनी (सं.) 1. हाथ में पहनने का आभूषण-विशेष, कंगन 2. कुएँ की भीतर की दीवार पर उभरी हुई ईंटों की तिरछी सज्जा।

ककरो (सर्व.) दे. 'काकरो'।

ककबा (सं.) छोटा कंघा।

कका (सं.) चाचा, काका।

कखबिलई (सं.) काँख या बग़ल में होनेवाला व्रण।

कगरा (अव्य.) पास, निकट।

कागद (सं.) काग़ज़।

कचवाना (क्रि.) खुजलाहट होना।

कचरा (सं.) कूड़ा।

कचवाना (क्रि.) संकोच में पड़ना, हिचकना।

कचोटना (क्रि.) पछताना, अखरना।

कचारना (क्रि) पटकना।

कच्चा (वि.) गीला, कच्चा।

कछार (सं.) नदी या नाले के किनारे की उपजाऊ रेतीली भूमि।

कछिया (सं.) सफ़ेद-काले रंग का एक चितकबरा जंगली जानवर।

कछैरी (सं.) कचहरी।

कछू (सर्व.) कुछ भी।

कछोरा (सं.) 1. कमर पट्टा 2. साड़ी पहनने की एक विधि 3. दे. 'तोलगी'।

कजरहा (वि.) जलकर काला पड़ा हुआ बरतन।

कजराही (वि.) कजरारी, काजल जैसी, काली आँखों वाली।

कजरी (सं.) भीतरी चोट से रक्त के जमाव के कारण काली पड़ी चमड़ी।

कजरौटी (सं.) काजल रखने का पात्र।

कजिया (सं.) लड़ाई-झगड़ा।

कटकरा (सं.) 1. धूल-कंकड़ आदि से युक्त अनाज 2. अधूरे चावल से युक्त धान 3. अनाज का भूसा।

कटकिरवा (सं.) कीचड़ में रहने वाला एक कीड़ा।

कटफारी (सं.) वह लकड़ी जो मोटी लकड़ी को चीरने के समय बीच में लगाई जाती है।

कटवा (सं.) 1. गले में पहनने का आभूषण-विशेष 2. धान की पत्ती को काटने वाला कीड़ा-विशेष।

कटहर (सं.) कटहल।

कटहा (सं.) महापात्र ब्राह्मण।

कटहा मलई (सं.) दे. 'भटब्राह्मन'।

कटही (सं.) गर्मी में उगने वाला एक कँटीला पौधा।

कटाव (सं.) बिना हत्थे की पतली चादर की धातु वाली कड़ाही।

कटुआ (सं.) 1. अनाज मापक एक पात्र। दे. 'काठा' 2. धान की पत्ती को काटने वाला कीड़ा-विशेष। दे. 'कटवा'। —(वि.) कटा हुआ।

कट्टा (सं.) बंडल।

कठइ (सं.) गन्ना।

कठर्री (वि.) कड़ा, गूदाहीन।

कटवा (सं.) काठ।

कठवाना (क्रि.) 1. काठ की तरह कड़ा हो जाना 2. चुप्पी साध लेना।

कठियारा (सं.) मौत-मिट्टी से वापस लौटे हुए व्यक्ति।

कड्डहा बाह्मन (सं.) दे. 'भटबाह्मन'।

कड़रा (सं.) दे. 'कँड़रा'।

कड़हा (वि.) सड़ा हुआ भाग, कीड़ा लगा हुआ भाग।

कढ़ही (सं.) कढ़ी, छाछ को बघारकर बनाई गई तरकारी-विशेष।
कढ़ना (क्रि.) सीखना, गुनना।
कतकहिन (सं.) कार्तिक मास में प्रातःकाल नदी में स्नान का व्रत लेनेवाली स्त्री।
कतका (वि.) कितना।
कतकी (वि.) थोड़ी।
कतको (वि.) दे. 'कतनो'।
कतकोन (वि.) दे. 'कतनो'।
कतना (वि.) दे. 'कतका'।
कतनो (वि.) कितना ही।
कती (क्रि. वि.) किधर, कहाँ।
कतेक (वि.) दे. 'कतका'।
कथरी (सं.) गुदड़ी।
कदर (सं.) इज्ज़त, सम्मान।
कदरहा (वि.) काम से जी चुराने का आदी।
कन (अव्य.) दे. 'अकन'।
कना (अव्य.) पास।
कनकट्टा (सं.) 1. भुनगा 2. खेत में हरे पत्तों को काटने वाला कीड़ा, टिड्डा।
कनखजूर (सं.) कनखजूरा।
कनघटेर (वि.) अनसुनी करने वाला।
कनघेटरा (वि.) दे. 'कनघटेर'।
कनधौवा (सं.) कान का मैल। दे. 'कँधौवा'।
कनचोदी (वि.) आँखें होते हुए भी न देख पाने पर दी जानेवाली एक गाली।
कनटेटरा (वि.) काना, भेंगा।
कनबुच्ची (वि.) घुटनों के नीचे से हाथ निकाल कर कान पकड़कर बैठने का एक ढंग।
कनवा (वि.) दे. 'कनटेटरा'।
कनसइया (सं.) जिमीकंद से उगा मुलायम तना जो तरकारी के रूप में खाने के काम आता है।
कनाछी (सं.) रेती।
कनिहा (सं.) दे. 'कन्हिया'।
कनी (वि.) साथी।
(अव्य.) दे. 'केन'।
कनेखी (सं.) कनखी, ओट करके देखना, आँखें तिरछी करके देखना।
कनेर (सं.) 1. सीधी शाखा 2. एक ज़हरीला फल व उसका वृक्ष, एक फूल।
कनौजिया (सं.) 1. किसी ज़माने में कन्नौज से आकर बसी ब्राह्मण, अहीर आदि जातियों के लिए प्रयुक्त संबोधन। 2. मिट्टी का पात्र-विशेष।
कनौजी (सं.) मिट्टी का बरतन-विशेष जो बिना हत्थे की कड़ाही के समान होता है।
कन्हार (सं.) 1. काली मिट्टी की भूमि 2. मिट्टी का क़िला 3. दो-फ़सली भूमि।
कन्हिया (सं.) कमर।
कपचारी (सं.) दे. 'कपठारी'।
कपठारी (सं.) खपच्ची, फाड़ी हुई लकड़ी।
कपरी (सं.) कपूरी पान।
कपसा (सं.) कपास।
कपाट (सं.) दरवाज़ा।
कपार (सं.) माथा।
कपिला (सं.) गाय। —गाय की तरह सीधी।
कपिला तरपन (सं.) गोदान की रस्म।
कबरा (वि.) चितकबरा।
कबियाना (क्रि.) कौलिया भरना।
कब्जा (सं.) 1. अधिकार 2. लोहे का कुंडानुमा उपकरण, जिस पर किवाड़ घूमता है 3. सीना, छाती।
कभू-कभू (क्रि. वि.) कभी-कभी।

कमई (सं.) 1. कमाई 2. पारिश्रमिक।

कमचिल (सं.) दे. 'कमची'।

कमची (सं.) बाँस का चीरा हुआ भाग, बाँस की खपच्ची।

कमरोही (सं.) 1. मकान के बीच लगी लकड़ी, जिस पर छप्पर टिका होता है 2. मेखला, करधनी।

कमरा (सं.) 1. कमरा, कोठरी 2. कंबल।

कमलगट्टा (सं.) कमलगट्टे का फल।

कमवैया (सं.) दे. 'कमैया'।

कमसइया (सं.) दे. 'कनसइया' बीज।

कमसल (वि.) कमज़ोर।

कमिया (सं.) दे. 'कमैया'।

कमिलहा (वि.) इमारती।

कमेलिन (सं.) कमैया (दे.) की पत्नी।

कमैया (सं.) नौकर, मज़दूर, परिश्रमी व्यक्ति, श्रमिक।

कया (सं.) एक फल, जिसे घिसकर गन्दे पानी में डालने से पानी साफ़ हो जाता है।

कर (पर.) का, के, की।

करइल (सं.) बाँस की कोंपल। –(वि.) कड़वा।

करइहा (सं.) कड़ाही।

करकराना (क्रि.) अंडा देते समय मुर्गी का आवाज़ करना।

करकस (वि.) किरकिरा, खुरदरा।

करगा (सं.) एक विशेष तरह की धान का पौधा जिसे घास के रूप में मानते हैं।

करछटहा (वि.) धुएँ की कालिख़ जैसी लगी हुई।

करछुल (सं.) भोज्य पदार्थ को निकालने और परोसने का एक पात्र, कलछी।

करतब (सं.) 1. कर्म 2. भाग्य 3. कर्तव्य 4. कौशल।

करतूत (सं.) किया हुआ कर्म।

करधन (सं.) कमर का आभूषण-विशेष।

करन (सं.) एक कँटीला फल जिसका तेल खुजली में औषधि के काम आता है।

करनाँग (सं.) नाव का कर्ण जिससे नाव को वांछित दिशा में मोड़ा जाता है।

करपा (सं.) कटी हुई फ़सल की छोटी ढेरियाँ।

करम (सं.) कर्म, भाग्य।

करम-छड़हा (वि.) अभागा।

करमा (सं.) एक समूह-नृत्य जिसे प्रमुखतः गोंड जाति के लोग करते हैं।

करलई (सं.) 1. विलाप, क्रंदन 2. दया।

करवा (सं.) 1. मिट्टी का चौड़े मुँहवाला कटोरे-जैसा पात्र 2. कद्दूकस आदि से कस कर या खुरच कर (दे. 'करोना') निकाला गया टुकड़ा।

करसा (सं.) लाल मिट्टी का चौड़े मुँह का गडुआ जिसे शादी और अन्य धार्मिक अवसरों पर काम में लाया जाता है।

करसी (सं.) लाल मटका।

करा (सं.) ओला।

कराएल (सं.) अचार में पड़ने वाला एक काला मसाला।

करायर (सं.) दे. 'कराएल'।

करार (सं.) वादा, अनुबंध।

करारी (सं.) ठीक, उपयुक्त, सही अनुमान।

करासिंग (सं.) क्रॉसिंग की जगह, वह स्थल जहाँ दो वाहन-मार्ग एक-दूसरे को काटकर आगे बढ़ते हैं।

कराव (सं.) 1. कड़ाह 2. अचार का मसाला।

करिया (वि.) काला।

करी (सं.) बेसन आदि से निर्मित कच्चे अथवा पके हुए सेव।

करील (सं.) बाँस के अंकुर (दे. 'करइल') से बना खाद्य-पदार्थ।

करु (वि.) कड़वा।

करेजा (सं.) हृदय, कलेजा, साहस।

करैहा (सं.) दे. 'करइल'।

करोइया (सं.) कर्त्ता, करने वाला।

करोना (क्रि.) खुरचना।

करोंदा (सं.) एक खट्टा छोटा फल जिसकी चटनी, अचार और मुरब्बा बनाते हैं, करौंदा।

करोनी (सं.) बरतन की तली में जमी हुई पके दूध की खुरचन।

कर्रउआँ (वि.) भूरी आँखों वाला।

कर्रन (वि.) चिल्लाता रहने वाला।

कर्रा (सं.) 1. दे. 'कँडरा' 2. एक सस्ती लकड़ी। —(वि.) कंजी आँखों वाला।

कर्री (वि. स्त्री.) दे. 'कर्रा'।

कर्रु (वि.) दे. 'कर्रउआँ'।

कलई (सं.) अल्यूमीनियम का बरतन, बरतनों पर की जानेवाली कलई।

कलऊ (सं.) कलियुग की चरम परिणति।

कलकल (सं.) कलह, बड़बड़।

कलकलहा (सं.) कलहप्रिय पुरुष।

कलकलही (सं.) हमेशा बड़बड़ाने वाली स्त्री, कलहप्रिय नारी।

कलकलाना (क्रि.) कलह करना, बड़बड़ाना।

कलकुल (वि.) दे. 'कलकुथ'।

कलकुथ (वि.) आतुर, व्यग्र, घबराकर विविध चेष्टाएँ करने वाला।

कलगी (सं.) पगड़ी पर खोंसा जानेवाला पुष्प-गुच्छ।

कलजुग (सं.) कलियुग।

कलथना (क्रि.) पलटना।

कलपना (सं.) विलाप, व्यथा। (क्रि.) विलाप करना।

कलबलाना (क्रि.) व्याकुल होना, कुलबुलाना।

कलमी (सं.) चीरे हुए बाँस की कमची या खपच्ची, एक प्रकार का आम।

कलस (सं.) 1. किसी शुभ अवसर पर जलाई जानेवाली ज्योति 2. मन्दिर के शिखर पर धातु की बनी, 'घड़े पर घड़े की आकृति' की सज्जा।

कलार (सं.) एक जाति, जिसका मुख्य कार्य महुए की शराब निकालकर बेचना है।

कलारी (सं.) धान के पुआल को उलटने-पलटने का बाँस जिसके एक सिरे पर लोहे का कुंडा लगा होता है, शराब की दुकान।

कलिंदर (सं.) तरबूज़।

कलीर (सं.) करील, बाँस का अंकुर।

कलुआ (वि.) काला।

कलूठी (वि. स्त्री.) काली।

कलेकल (क्रि. वि.) चुपचाप।

कलेचुप (क्रि. वि.) चुपचाप।

कलेवा (सं.) किसी उत्सव पर बनाया जानेवाला पकवान जिसे भोग के पश्चात् ही खाया जाता है।

कलोर (सं.) वह पुष्ट गाय जो गाभिन हो चुकी हो।

कलौली (सं.) ज़िद, आर्तनाद।

कल्ला (सं.) पौधों में पीका फूटने की पूर्वावस्था।

कस (अव्य.) 1. के समान 2. क्यों, कैसे। दे. 'कइसत'।

कसकसाना (क्रि.) कसक महसूस होना।

कसकुट (सं.) अन्य धातु के मिश्रण से युक्त कांस्य धातु।

कसना (क्रि. वि.) कैसा।

कसमसाना (क्रि.) शरीर को किसी परेशानी के कारण हिलाना-डुलाना।

कसमल (वि.) विकार, कल्मष।

कसर (सं.) 1. कमी, अभाव 2. टोने का प्रभाव।

कसरहा (सं.) टोने के प्रभाव से उत्पन्न बीमारी। —(वि.) ऐसा बीमार।

कसही (सं.) एक पौधा जिसका मकोई (दे.) के समान फल होता है, जिसका स्वाद कसैला रहता है।

कसार (सं.) 1. कछार 2. भुना हुआ आटा।

कसेर (सं.) धातु के बरतनों का निर्माण, उनमें सुधार और उनका व्यापार करने वाली एक जाति।

कसेला (सं.) कसैले स्वाद वाला।

कसेली (सं.) मिट्टी का छोटा पात्र, दुहनी।

कहनोत (सं.) कहावत।

कहवा (सं.) कहावत।

कहिनौ (सं.) कहानी।

कहे (सं.) 1. कहना, सलाह 2. आज्ञा।

काँके (सं.) स्त्रियों को प्रसव के बाद पिलाया जानेवाला विशेष औषधियों से निर्मित काढ़ा।

काँख (सं.) कुक्ष।

काँखना (क्रि.) 1. पेट पर बल देना 2. कराहना।

काँचना (क्रि.) कपड़ों को पटककर साफ़ करना।

काँचा (वि.) कच्चा।

काँची (सं.) खिलौने के बरतन।

काँची-कुचिया (सं.) खिलौनों का समूह।

काँटा (सं.) 1. कुएँ से डूबी हुई बाल्टी निकालने का काँटा 2. काँटा।

काँटी (सं.) 1. स्त्रियों के द्वारा गले में पहना जानेवाला स्वर्णाभूषण-विशेष 2. कील।

काँड़ (सं.) छप्पर में लगाने वाली ढाल के लिए प्रयुक्त बल्ली या लकड़ी का लंबा, मोटा और मज़बूत लट्ठा।

काँड़-खीला (सं.) काँड़ (दे.) में लगाने की कील, लंबी कील।

काँड़ी (सं.) 1. तीली, लकड़ी की बारीक सींक 2. करघे का काम 3. भूमि में लगाया हुआ पत्थर का खल।

काँदना (क्रि.) रोना।

काँदा (सं.) कंद, प्याज।

काँदी (सं.) घास।

काँदी हउस (सं.) काँजी हाउस।

काँरी (सं.) मछली-विशेष। —(वि. स्त्री.) काली।

काँवर (सं.) कामर, बहँगी।

काँस (सं.) 1. शरद ऋतु में फूलने वाली लम्बी घास 2. काँसा धातु।

काँसड़ा (सं.) लगाम। दे. 'साँकड़ा'।

काँसी (सं.) एक प्रकार का पौधा जिसकी रस्सी बनाई जाती है। दे. 'काँस'।

का (सर्व.) किस, क्या।

काकर (सर्व.) किसका।

काकरो (सर्व.) किसी का भी।

काकी (सं.) चाची।

काचर (सं.) 1. दे. 'ऐन' 2. थन का उभरा भाग।

काछ (सं.) दे. 'तोलगी'।

काछन (सं.) दैवी अनुभव, दैवी प्रेरणा।

काजर (सं.) काजल, काला अंजन।

काठा (सं.) अनाज को मापने का एक पात्र जिसकी धारण-क्षमता लगभग चार सेर होती है।

काठी (सं.) मुर्दनी।

काठी-माटी (सं.) दाह-संस्कार।

काड़ी (सं.) दातून।

काढ़ा (सं.) जड़ी-बूटी युक्त औषधि को उबाल कर छाना हुआ रसायन।

कान देना (क्रि.) ध्यान देना।

काना (सं.) बैलगाड़ी के पिछले हिस्से की पट्टी।

कानी (सं.) जानवरों के गले में बाँधने की रस्सी। —(वि. स्त्री.) दे. 'काना'।

काप (सं.) नदी की रेत पर जमी हुई मिट्टी।

कापू (सं.) कीचड़।

काबर (क्रि. वि.) किसलिए, क्यों।

काबर के (समु.) क्योंकि।

काबा (सं.) कौलिया।

कामाँ (सर्व) किसमें।

कारन (अव्य.) लिए।

कारी (वि. स्त्री.) काली।

कारीजिया (सं.) एक प्रकार की मछली।

काला (सर्व.) किसे, किसको।

काली (सं.) 1. कल अर्थात् गुजरा हुआ या आनेवाला दिवस 2. दुर्गा देवी का एक अवतार।

किंजरना (क्रि.) टहलना, घूमना दे. 'किंदरना'।

किंजरैहा (वि.) टहलने वाला, घूमने वाला।

किंदरना (क्रि.) 1. दे. 'किंजरना' 2. चारों ओर घूमना, गोलाई में घूमना।

किचपिच (क्रि. वि.) घिचपिच।

किचपिचहा (वि.) मीन-मेख करने वाला।

किनकिनाना (क्रि.) किटकिटाना, ठिठुरना, ठंड से गलना।

किन्नी (सं.) दे. 'किरनी'।

किरगा (सं.) दे. 'कोठी'।

किरचहा (वि.) कठोर, कड़ा।

किरचा (वि.) लकड़ी या धान आदि का बहुत छोटा टुकड़ा।

किरनी (सं.) पशुओं पर चिपकने वाला कीड़ा-विशेष, किल्ली।

किरपा (सं.) कृपा।

किरवा (सं.) कीड़ा।

किरहा (वि.) कीड़े से युक्त।

किराना (सं.) भोजन आदि से सम्बन्धित आवश्यकताओं की सामग्री। —(क्रि.) कीड़े पड़ना।

किरिम (सं.) कृमि का रोग।

किरिया (सं.) 1. क़सम, शपथ 2. क्रिया।

किल्ली (सं.) चिल्लाहट। दे. 'चिहुर'।

किवाड़ (सं.) बाँसों से बना पल्ला या किवाड़।

किसकिस (सं.) 1. किचकिच, चकल्लस 2. दाँतों में किसकिसाहट का अनुभव 3. घृणा-व्यंजक शब्द।

किसबिन (सं.) वेश्या।

किसानी (सं.) कृषि-सम्बन्धी व्यवसाय।

किसिम (सं.) तरह।

कीर (सं.) छज्जा।

कुँड़ेरा (सं.) मिट्टी का बना कटोरेनुमा एक बड़ा पात्र जो मुख्यतया चावल पसाने (दे. 'पसाना') के काम में लाया जाता है।

कुँदना (क्रि.) खरादना।

कुँदरा (सं.) खेत आदि में बनाया गया झोपड़ा।

कुँवर (वि.) कोमल, नरम।

कुँवर कलेवा (सं.) विवाह में वर को विशेष रस्म के रूप में कराया जानेवाला जलपान।

कुँवर बोड़का (वि.) ऐसा युवक जिसकी शादी न हुई हो।

कुँवारी भुइयाँ (सं.) वह ज़मीन जो जोती न गई हो।

कुई (सं.) कुमुदनी।

कुकरा (सं.) मुर्गा।

कुकरी (सं.) मुर्गी।

कुकरी-उड़ान (क्रि. वि.) पास ही, कुछ दूर।

कुकुर (सं.) कुत्ता, कूकुर।

कुकुरमुत्ता (सं.) वर्षा में छत्ते की तरह उगने वाला एक पौधा। –(वि.) उत्पाती, शैतान।

कुचरना (क्रि.) 1. कुचलना, पीसना, कूटना 2. पीटना, मारना।

कुचियाना (क्रि.) महुए के वृक्ष पर फूल की कलियाँ आना।

कुची (सं.) 1. कुंजी, चाबी 2. दातौन की कूँची 3. पायल को साफ़ करने की कूँची।

कुछू (सर्व.) दे. 'कछू'।

कुजानी (सं.) ग़लती।

कुटका (सं.) दे. 'कुटा'।

कुटकी (सं.) एक प्रकार का छोटा सस्ता अनाज।

कुटकुर (सं.) कंकड़।

कुटना (सं.) कुटनी के समान वृत्ति करने वाला पुरुष।

कुटनी (सं.) 1. कुटने अर्थात् मार खाने की अभ्यस्त 2. इधर की बात उधर करके प्रपंच फैलाने वाली स्त्री।

कुटहा (वि.) मार खाने में अभ्यस्त।

कुटा (सं.) टुकड़ा।

कुटेलहा (वि.) बहुत मार खाने पर भी जिस पर कुछ प्रभाव न पड़े।

कुटेला (सं.) 1. मुगदर 2. अनाज, कपड़े, आदि को पीटकर साफ़ करने के लिए प्रयुक्त लकड़ी।

कुठउर (क्रि. वि.) अनुपयुक्त स्थान पर, ग़लत मौके पर, अनुचित अवसर पर।

कुड़ियाना (क्रि.) भूमि जोतकर पंक्ति में मिट्टी को सजाना।

कुढ़ा (सं.) ढेर।

कुढ़ी (सं.) ढेरी।

कुढ़ेना (सं.) ढेर।

कुढ़ोना (क्रि.) ढेर करना।

कुढ़ोनी (सं.) ढेरी।

कुतकुतिया (सं.) धूल में रहने वाला एक कीड़ा।

कुतन्निन (सं.) कुतिया।

कुथुआ (सं.) 1. एक काँटेदार जंगली फल, जिसका आकार बेर की गुठली के बराबर होता है 2. तालाब में मिलने वाली एक गाँठदार बेल जिसके पिंड को बच्चों के गले में ताबीज़ के समान पहनाया जाता है।

कुदरा (सं.) 1. रेल, मिट्टी, धूल 2. बड़ी कुदाली।

कुदरी (सं.) बहुत छोटी कुदाली।

कुदार (सं.) कुदाल, फावड़ा।

कुदारी (सं.) कुदाली, छोटा कुदाल।

कुदौल (सं.) कूदने का एक खेल।

कुधरा (सं.) दे. 'कुदरा'।

कुधरिल (सं.) धूल।

कुधरी (सं.) 1. रेतीला स्थान 2. धूल।

कुन (सं.) रबी की फ़सल के भूसे की ढेरी –(अव्य.) मात्रा या परिमाणसूचक। उदा.–चिटिकुन (थोड़ा-सा), 'नानकुन' (छोटा-सा)।

कुनकुन (वि.) सहने लायक गर्म, गुनगुना।

कुप्पा (सं.) ढेर।

कुबरहा (वि.) कूबड़ वाला।

कुबरा (वि.) कूबड़ से युक्त, कूबड़ वाला।

कुबरी (सं.) 1. टेकने या सहारे के लिए मुड़ी हुई लकड़ी। —(वि.) झुकी हुई, कूबड़ वाली।

कुबेरहा (क्रि. वि.) निर्धारित समय के बाद, असमय।

कुमत (सं.) कुमति, बुरे विचार।

कुर (सं.) अचार का मसाला।

कुरकरहा (वि.) कुरकुरा।

कुरचा (सं.) कच्चे और मुलायम आमों के नमकीन अचार का एक प्रकार।

कुरमा (सं.) इमली के मुलायम पत्तों का समूह, इमली की कोंपल।

कुरा ससुर (सं.) पति का बड़ा भाई।

कुरिया (सं.) कुटी, कुटीर, झोपड़ी, कोठरी, कमरा।

कुरु (सं.) 1. बीस का समूह। दे. 'कोरी'। 2. मुर्गियों को बुलाने की आवाज़।

कुरु स्नान (सं.) अपूर्ण स्नान।

कुरो (सं.) अनाज मापने का एक पात्र जो लगभग एक किलो के बराबर होता है।

कुर्मी (सं.) एक खेतिहर जाति।

कुर्री (सं.) 1. मिट्टी खींचने का औज़ार 2. एक पक्षी।

कुरुं (सं.) बहेड़े की तरह का एक जंगली फल।

कुलकित (सं.) प्रसन्न।

कुला (सं.) 1. कूल्हा 2. चूतड़।

कलापा (सं.) नहर की छोटी नाली, नहर-पाइप।

कुली (सं.) मज़दूर।

कुल्की (सं.) कोंपल।

कुस (सं.) कुश, एक विशेष प्रकार की घास। दे. 'काँसी'।

कुसली (सं.) एक मीठा पकवान, गुझिया।

कुसवा (वि.) हल्के भूरे रंग का (बैल आदि)।

कुसियार (सं.) ईख, गन्ना।

कुसी (वि. स्त्री.) हल्की भूरी (भैंस या बिल्ली आदि)।

कुसुँदहा (वि.) कुसुँधा (दे.) से युक्त।

कुसुँधा (वि.) दही रखने के पात्र से आनेवाली गंध।

कुसुवा (वि.) दे. 'कुसवा'।

कुसौंध (सं.) दुर्गंध (विशेषकर बासी मट्ठे या दूध की)।

कुहक (सं.) गर्मी।

कुहकुही (सं.) उमस।

कुहड़ी (वि. स्त्री.) 1. फूहड़ 2. सुस्त।

कुहरना (क्रि.) 1. गर्मी पड़ना, गर्मी महसूस होना 2. कराहना।

कुहरा (सं.) धुआँ।

कूँड़ा (सं.) कचरे का ढेर।

कूँड़ी (सं.) जोती हुई भूमि की पंक्तियों की बीच की नाली।

कूँदना (सं.) लकड़ी आदि पर शिल्प। —(क्रि.) लकड़ी आदि पर शिल्प-क्रिया करना।

कूची (सं.) दे. 'कुची'।

कूना (सं.) चने, गेहूँ आदि की ढेरी।

कूनी (सं.) लकड़ी चीरने के लिए प्रयुक्त छेनी।

कूला (सं.) कूल्हा।

केंचुल (सं.) सर्प की ऊपरी त्वचा, जो सूखकर उससे अलग हो जाती है, केंचुली।

केंदराना (क्रि.) कातर होना, खुशामद करना।

केंदवा (सं.) पैर की अँगुलियों के जोड़ों में होनेवाला रोग।

केंवची (वि.) कोमल, अविकसित।
केंवट काँदा (सं.) शकरकंद।
केंवटा (सं.) निषाद की एक जाति।
केंवटी (सं.) एक जंगली औषधि।
के (पर.) संबंधसूचक अव्यय—का, की, के।
केऊ (सं.) एक प्रकार का कंद।
केकती (सं.) ग्वारपाठा, घीगवार। दे. 'बतराज'।
केकर (सर्व.) किसका।
केखर (सर्व.) दे. 'केकर'।
केकरा (सं.) केकड़ा।
केछुआ (सं.) कछुआ। दे. 'लिमवान'।
केजा (सं.) दोनों हाथों की अंजलि के बराबर की मात्रा।
केतका (वि.) कितना।
केती (सं.) तरफ़।
केतेक (वि.) दे. 'केतका'।
केरवंछ (सं.) दे. 'केरवस'।
केरवस (सं.) धुएँ की कालिख़।
केरा (सं.) केला।
केवाँछ (सं.) खुजली पैदा करने वाली एक वनस्पति के फल।
केसटूटी (सं.) बालतोड़, केश के उखाड़ने से उत्पन्न व्रण।
केसरइया (सं.) केसरिया रंग का एक पुष्प।
कैती (सं.) ओर, तरफ़, पक्ष।
कैना (सं.) कन्या।
कोंअर (वि.) कोमल, नरम।
कोंकड़ा (सं.) बगुला।
कोंख (सं.) गर्भ, कोख।
कोंछा (सं.) साड़ी पहनते समय कमर पर दिया जानेवाला मोड़।
कोंघरना (क्रि.) कूबड़ को उभारते हुए झुकना।
कोंघरे-कोंघरे (क्रि. वि.) झुके-झुके।
कोंचना (क्रि.) दे. 'कोचकना'।
कोनटा (सं.) कोना।
कोंढ़ा (सं.) धान का बारीक छिलका या भूसी जिसमें चावल के कण मिले रहते हैं।
कोंदा (वि.) गूँगा।
कोंदी (वि. स्त्री.) गूँगी।
कोंवर (वि.) दे. 'कोंअर'।
कोंहड़ा (सं.) कद्दू, काशीफल, कुम्हड़ा।
कोंहार (सं.) कुम्हार।
कोइत (सं.) ओर, तरफ़।
कोइला (सं.) कोयला।
कोइली (सं.) कोयल।
कोकई (सं.) जूँ निकालने की कंघी।
कोकड़ना (क्रि.) झुकना, सिकुड़ना।
कोकड़ा (सं.) बगुला। दे. 'कोंकड़ा'।
कोकड़ी (सं.) मादा बगुला। —(वि.) टेढ़ी, सिकुड़ी हुई।
कोकती (सं.) जूँ का बच्चा।
कोकमना (क्रि.) नख या दाँत से नोचना, खरोंचना।
कोकवा (वि.) टेढ़ा (अर्ध चंद्राकार रूप में)।
कोग (सं.) दफ़न किए गए मुर्दे को उखाड़कर खानेवाला जंगली जानवर।
कोगवा (सं.) जंगली कुत्ता। दे. 'कोग'।
कोचई (सं.) अरबी, घुइयाँ।
कोचकना (क्रि.) चुभाना, विशेषकर जुते हुए जानवर को हाँकते समय।
कोचना (क्रि.) दे. 'कोचकना'।
कोचनिन (सं.) वह स्त्री जो कोचिया (दे.) का काम करे।
कोचिया (सं.) दलाली लेकर सब्ज़ी आदि बेचने वाला छोटा दुकानदार, कुँजड़ा।

कोछियाना (क्रि.) धोती या साड़ी को विशेष प्रकार से तह करके पहनना।

को जनी (अव्य.) कौन जाने, नहीं मालूम।

कोटना (सं.) पशुओं के चारे और पानी की व्यवस्था हेतु पत्थर अथवा सीमेंट से निर्मित पात्र।

कोटरी (सं.) 1. चारसिंगा, चार सींगों का हिरण 2. बिना सींग का एक जंगली जानवर।

कोटवार (सं.) राजस्व-विभाग का निम्नतम ग्रामीण अधिकारी जो गाँव की चौकसी करता है और गाँव की ख़बरें सरकार तक पहुँचाता है।

कोठली सं. 1. छोटा कमरा 2. छोटी कोठी (दे.)।

कोठा (सं.) जानवरों को रखने के लिए मकान। दे. 'गोर्रा'।

कोठार (सं.) खलिहान जहाँ फ़सल का अनाज एकत्र होता है।

कोठी (सं.) बाँस से बना गोबर से लिपा अथवा मिट्टी का बना अन्न का गोदाम।

कोड़ना (क्रि.) खोदना।

कोड़हा (सं.) दे. 'कोंढ़ा'।

कोड़ही (सं.) कुष्ठ रोग।

कोड़ियाना (क्रि.) कुरेदना, गुड़ाई करना।

कोढ़िया (वि.) काम से जी चुराने वाला, निकम्मा, काम में सुस्त।

कोत (सं.) ओर, तरफ़।

कोतमइर (सं.) हरा धनिया।

कोतरा (सं.) कोतरी (दे.) से बड़ी मछली।

कोतरी (सं.) एक प्रकार की छोटी मछली।

कोती (सं.) ओर, तरफ़।

कोथना (क्रि.) चुटकी काटना।

कोथा (सं.) पेडू, पेट के ठीक नीचे का भाग।

कोदई (सं.) छोटी जाति का कोदो नामक सस्ता अन्न।

कोदरइता (सं.) कोदो दलने की चक्की।

कोदरइला (सं.) कोदो (दे.)।

कोदो (सं.) जल्दी पकने वाला एक प्रकार का सस्ता अन्न। दे. 'कोदई'।

कोदो साँवर (वि.) हल्का गोरा।

कोन (सर्व.) कौन (एकवचन), किस।

कोनटा (सं.) कोना।

कोनमन (सर्व.) कौन लोग।

कोनहा (सं.) कोना।

कोनो (सर्व.) कोई।

कोनो मेर (क्रि. वि.) कहीं भी, कहीं पर।

कोनो हर (सर्व.) कोई भी।

कोपर (सं.) खेती का यंत्र-विशेष जिससे खेत समतल किया जाता है।

कोपरा (सं.) बड़े आकार की पीतल की परात, घमेला।

कोपरी (सं.) पीतल की छोटी परात।

कोर (सं.) किनारा।

कोरना (क्रि.) कंघी करना, बाल काढ़ना।

कोरमुआ (वि.) हल्का गीला, नम।

कोरवान (वि.) 1. जिसे एक भी बार उपयोग में नहीं लाया गया हो 2. कोरा।

कोरहा (वि.) कोरा (दे.) में रहने का आदी।

कोरा (सं.) 1. क्रोड़, गोद 2. चूहे अथवा कीड़े द्वारा खोदी हुई मिट्टी।

कोरी (सं.) 1. बीस का समूह 2. कपड़ा बुनने वाली एक जाति।

कोर्रा (सं.) चाबुक।

कोलकी (सं.) सँकरी गली, दो तरफ़ मकानों से घिरा सँकरा मार्ग। दे. 'सँगसा'।

कोलर (सं.) बाँस का बना बड़ा टोकरा जिसे बैलगाड़ी पर रखकर सामान लादा जाता है।

कोलवा (सं.) लूला।

कोला (सं.) 1. शौचालय 2. घर से लगी बाड़ी

कोलिया (सं.) 1. दे. 'कोलकी'। 2.कोयला।

कोलिया (सं.) सियार, गीदड़।

कोली (सं.) लूली।

कोवा (सं.) महुए का फल।

कोल्हिया (सं.) दे. 'कोलिहा'।

कोसना (क्रि.) शाप देना।

कोसम (सं.) भूरे रंग का लसौड़े की तरह का एक छोटा गुठलीदार खट्टा फल जिसके बीज का तेल निकाला जाता है।

कोसा (सं.) रेशम-कीड़े की कोटि के एक कीड़े का अंडाकार घर जिससे तैयार होनेवाले रेशे से टसर सिल्क का निर्माण किया जाता है।

कोस्टा (सं.) बुनकरों की एक जाति।

कोहनी (सं.) कुहनी।

कोहा (सं.) छोटा पत्थर जिसे हाथ से फ़ेंका जा सके।

कौंरा (सं.) कौर, निवाला।

कौंवा (सं.) कौवा।

कौद (सं.) जलने या कील आदि के बार-बार चुभने से शरीर पर बना चिह्न।

कौहा (सं.) नीलगिरि के पेड़ की तरह का एक वृक्ष।

क्योंची (वि.) दे. 'केंवची'।

क्रासपाटी (सं.) कबड्डी की क्रॉसलाइन।

ख

खँइटहा (वि.) निंदा करने वाला।

खँगना (क्रि.) कम पड़ना, न्यून होना।

खँगार (वि.) 1. कंजूस 2. न्यून।

खँचवा (सं.) 1. गड्ढा 2. छोटा खाँचा (दे.)।

खँटाना (क्रि.) टिकना, देर तक प्रयोग में आते रहना।

खँड़ (सं.) किनारा।

खँड़री (सं.) चमड़ी।

खँड़हर (सं.) खंडहर।

खँड़िया (वि.) खंडित।

खँद-बिलई (सं.) बग़ल का घाव।

खँदालना (क्रि.) खँगालना, पानी भरकर हिलाते हुए साफ़ करना।

खँदोलना (क्रि.) दे. 'खँदालना'।

खँधइया (सं.) कंधे का सहारा।

खँधेला (सं.) साड़ी के पल्ले को कंधे पर दाएँ या बाएँ डालने का तारीक़ा।

खँधोना (क्रि.) सहमत करना, राज़ी करना, अपने पक्ष में मिलाना।

खंझर (वि.) झगड़ालू महिला।

खंडा (सं.) टूटे चावल, बड़े दानोंवाली कनकी। —(वि.) खंडित।

खंडी (सं.) बीस काठा (दे.) का माप।

खंडू (वि.) जिस व्यक्ति का ओठ खंडित हो।

खंती (वि.) 1. खुदाई 2. गड्ढा।

खइ (सं.) बच्चों के खाने की कोई भी वस्तु जैसे—मिठाई, भुना चना आदि।

खइता (सं.) अपव्यय, नुकसान, क्षति। –(वि.) व्यर्थ, बेकार, बरबाद।
खइलर (सं.) दही मथने की मथानी।
खउक्खन (क्रि. वि.) शीघ्र।
खक्खू (वि.) 1. खाने को सदा आतुर रहने वाला 2. ख़ाली जेबवाला। दे. 'फुक्कड़'।
खखरना (क्रि.) खखारना।
खखश (सं.) कूड़ा-करकट।
खखाना (क्रि.) 1. भूखा होना 2. आतुर होना।
खखोलना (क्रि.) काट खाना।
खौरी (सं.) बग़ल, कोख।
खचकुल (सं.) दे. 'खँचवा'।
खचित (क्रि. वि.) निश्चित रूप से, अनिवार्यतः।
खजरी (सं.) खुजली।
खजुआना (क्रि.) खुजलाना।
खजुहा (वि.) खुजली के कारण जिसकी त्वचा के रोएँ झड़ गए हों।
खटकार (सं.) सच्ची-कड़वी बात कहने वाला व्यक्ति।
खटना (क्रि.) निभना।
खटला (सं.) औरत, पत्नी।
खटास (सं.) खट्टापन।
खटोली (सं.) 1. छोटी खाट 2. नारियल का कड़ा छिलका या खोल।
खट्टी (सं.) बच्चों द्वारा बातचीत बन्द करने का भाव।
खड्डा (सं.) 1. हार्ड बोर्ड, गत्ता, पुट्ठा 2 पुस्तक आदि का कवर 3. गड्ढा।
खड़खड़ाना (क्रि.) 1. खटखटाना 2. खड़-खड़ की आवाज़ होना।
खड़खड़िया (सं.) ग्रामीणों द्वारा खेला जानेवाला जुए का एक प्रकार।
खड़खोड़ी (सं.) जानवरों के विश्राम करने की जगह।
खड़फड़ी (सं.) जानवर के गले में लटकने वाली लकड़ी की घंटी।
खड़ा (सं.) नग, मूल्यवान पत्थर। –(वि.) साबुत।
खड़िया (सं.) खड़िया, चूना, चाक-मिट्टी।
खड़ोरना (क्रि.) खुरचना, खरोंचना।
खतम (वि.) ख़त्म।
खतुवाहा (वि.) खाद-युक्त।
खदभुसरा (वि.) 1. मटमैला, मैला-कुचैला, गंदा 2. असमतल।
खदर (सं.) 1. छप्पर के लिए लंबी घास 2. बिना मिंजा (दे. 'मींजना') पैरा या भूसा 3. दूध दुहने की आवाज़।
खदर-भूसर (वि.) मोटा और पुराना।
खदुहन (सं.) खाने योग्य सस्ता धान जिसमें कई प्रकार के धानों की मिलावट होती है।
खदेरना (क्रि.) खदेड़ना, भगाना।
खधरा (वि.) अधिक खानेवाला।
खधान (सं.) खदान।
खधोरना (क्रि.) 1. कुरेदना 2. खँगालना।
खन (सं.) 1. क्षण, समय 2. चूड़ी बजने की आवाज़।
खनना (क्रि.) खोदना।
खपकाना (क्रि.) जमाना, सटाकर रखना।
खपना (क्रि.) 1. क्षीण होना 2. समाप्त होना। 3. समाना।
खपरा (सं.) 1. छत ढकने के लिए मिट्टी के खप्पड़ 2. भाड़। 3. भाड़ की हंडी।
खपरैला (सं.) टूटे हुए खपरे।
खपलना (क्रि.) औंधाना, उलट देना।
खपाना (क्रि.) संयुक्त करना, मिलाना।
खपियाना (क्रि.) फावड़े से खोदना।

खोंटनी (सं.) एक भाजी, जिसे नाखून की सहायता से तोड़ा जाता है। दे. 'खोंटना'।

खोंधरा (सं.) घोंसला।

खोइला (सं.) सुखाई हुई हरी सब्ज़ी।

खोकसा (सं.) एक प्रकार की मोटी मछली।

खोकसी (सं.) खोकसा (दे.) का लघु रूप।

खोक्खड़ (वि.) दे. 'फुक्कड़'।

खोखमा (सं.) कुमुदनी और उसका फल।

खोखरा (सं.) पेड़ की खोह।

खोखर्रा (वि.) खों-खों करके हमेशा खाँसने वाला।

खोगिर (सं.) घोड़े की बोरी की ज़ीन।

खोचका (सं.) छोटा गड्ढा, डबरा (दे.) से छोटा।

खोजियई (सं.) कंबल।

खोजियाना (क्रि.) 1. खुजलाना 2. खुजलाहट होना।

खोझ (सं.) खोज।

खोझना (क्रि.) खोजना, ढूँढ़ना।

खोटली (सं.) नारियल, घाव आदि का कड़ा छिलका, खाल या पपड़ी।

खोड़रहा (वि.) ऊबड़-खाबड़।

खोदरना (क्रि.) कुरेदना

खोदरा (सं.) गड्ढा।

खोदास (सं.) 1. एक कृषि-यंत्र जो पुआल के ढेर को उथल-पुथल करने के काम आता है। दे. 'कलारी' 2. शव को जलाते समय बीच में बाँस से कुरेदने की क्रिया।

खोना (सं.) धान कूटने के समय उसे बटोरने का यंत्र। –(क्रि.) 1. कुरेदना 2. सूखते अन्न पर हाथ फेरना 3. पकती हुई सब्ज़ी पर करछुल चलाना।

खोपरा (सं.) 1. नारियल 2. नारियल की कसी हुई गिरी।

खोपा (सं.) बालों का जूड़ा।

खोपिया (सं.) 1. गुप्तचर, भेद लेनेवाला 2. जूड़े पर लगाई जानेवाली शृंगारिक वस्तु।

खोबसना (क्रि.) घुसना, चुभना। दे. 'खबोसना'।

खोभा (सं.) 1. मुट्ठी-भर वस्तु 2. अरहर आदि का ठूँठ।

खोर (सं.) घर के पास का रास्ता या गली।

खोरबहरा (सं.) गली बुहारने वाला व्यक्ति, उसके लिए प्रयुक्त संबोधन।

खोरवा (वि.) लँगड़ा।

खोरी (वि. स्त्री.) लँगड़ी।

खोर्रा (सं.) पेड़ का खोखला। –(वि.) नंगा, सादा। दे. 'खरहर'।

खोल (सं.) 1. गिलाफ़, आवरण 2. घाटी 3. गली।

खोलखा (सं.) खोह। –(वि.) पोला, खोखला।

खोलिन खोल (सं.) गली-गली।

खोली (सं.) 1. कमरा 2. दीवार की छोटी अलमारी।

खोवइया (सं.) 1. खेनेवाला, खेवैया 2. कुरेदनेवाला।

खोवा (सं.) उबाल कर जमने तक गाढ़ा किया दूध, खोया, मावा।

खोलौरा (सं.) 1. वृक्ष के तने या मकान आदि की मिट्टी को पोला करके बनाया गया खोल 2. बड़ा दोना।

खोहा (सं.) खोह, गुफा।

खोहार (वि.) नष्ट।

ग

गँउठला (सं.) बच्चों को पहनाया जानेवाला रजत-हार।

गँगरवा (सं.) 1. केंचुआ 2. एक प्रकार की वनस्पति।

गँजहा (वि.) गँजेड़ी।

गँडरिस (सं.) तुच्छ क्रोध।

गँड़इन (सं.) गाँड़ा (दे.) की पत्नी।

गँड़ई (सं.) कोटवार का काम।

गँड़थैला (सं.) 1. जाँघिया 2. पाजामा।

गँड़वा (सं.) बाजा बजाने वाली एक जाति।

गँठ (सं.) टुकड़ा (हल्दी, गन्ने, आदि का)। दे. 'गाँठ'।

गँठजोरावा (सं.) गँठजोड़।

गँठियाना (क्रि.) 1. गाँठ लगाना 2. गठरी बनाना या पोटली या बंडल के रूप में बाँधना।

गँथाना (क्रि.) लंबे-लंबे बालों को गूँथना या सँवार कर बाँधना।

गँवइहा (वि.) ग्रामीण, गाँव का।

गँवई (सं.) 1. छोटा गाँव 2. पेशेवर जातियों (दे. 'पउनी') के हिस्से का गाँव 3. यात्रा।

गँवतरिहा (वि.) दूसरे गाँव जानेवाला या दूसरे गाँव से आनेवाला।

गँवार फल्ली (सं.) एक प्रकार की हरी फ़ली जिसे सब्ज़ी के रूप में प्रयुक्त किया जाता है।

गँवारी (सं.) 1. मूर्खता 2. भोलापन। 3. भूल।

गंगई (सं.) 1. धान का एक कीट-रोग 2. एक जलीय वनस्पति जिसका कंद स्वादिष्ट होता है।

गंगा अमली (सं.) इमली और जलेबी की मिलती-जुलती शक्ल का एक सफेद गूदेवाला फल और उसका पेड़, जंगल-जलेबी नामक पेड़ और उसका फल।

गंगाजल (सं.) 1. गंगा के जल की साक्षी से संबंध के आजीवन निर्वाह का संकल्प करने वालों का पारस्परिक संबोधन 2. गंगा नदी का पवित्र जल।

गंगा बारु (सं.) गंगा की रेत, गंगा की बालू।

गंगार (सं.) 1. चौड़े मुँह का एक बड़ा धातु-पात्र, पानी रखने का बड़ा घड़ा। गंगाल 2. गड़ा हुआ धन।

गंगाहू (सं.) उत्तर दिशा।

गंज (सं.) 1. एक बरतन 2. अनाज की ख़रीद-फ़रोख्त की सरकारी जगह। —(वि.) बहुत, खूब।

गंजी (सं.) 1. छोटा गंज (दे.), पतीली 2. काँजी हाउस 3. बनियान।

गंधाना (क्रि.) गंध मारना, बदबू आना।

गउँटिया (सं.) 1. ग्राम-प्रमुख 2. ग्राम का संपन्न कृषक 3. मालगुज़ार।

गउँटी (सं.) 1. ग्राम का आतिथ्य 2. शासन।

गउद (सं.) जलाऊ लकड़ी।

गउरा (सं.) 1. आदिवासियों का एक गीत-प्रकार 2. भगवान शिव।

गउहइता (सं.) गोहत्या, गोवध।

गगरा (सं.) धातु का घड़ा।

गघरा (सं.) दे. 'गगरा'।

गघरी (सं.) मटका, गगरी।

गजओबरी (सं.) ऊँची कोठी (दे.)।

गजगजा (सं.) फेन।

गजट (सं.) अख़बार, समाचार-पत्र।

गजब (सं.) बहुत, अंधेर।

गजरा (सं.) 1. फूलों का हार, कंठहार 2. ढोलक की बाईं ताल (मढ़ाई) पर लगी किनारे की गोल चमड़ा-पट्टी, जिसे मात्र सज्जा के लिए लगाया जाता है 3. फेन।

गजरी (सं.) 1. मिश्रित धान 2. आभूषण साफ़ करने का ब्रश। दे. 'बिरोछी'।

गजा (सं.) अंकुर।

गजामूँग (सं.) 1. आषाढ़ की रथद्वितीया पर वितरित होनेवाला चने और मूँग का विशिष्ट प्रसाद 2. गजामूँग के प्रसाद के आदान-प्रदान से आजीवन मैत्री के निर्वाह का संकल्प करने वालों का पारस्परिक संबोधन।

गझाना (क्रि.) 1. तेज़ वारिश होना 2. बाज़ार में अधिक भीड़ होना।

गझिन (सं.) शोरयुक्त, कोलाहल।

गटारन (सं.) झाड़ीनुमा कँटीला वृक्ष जिसके फल से तेल निकाला जाता है।

गठुअन (सं.) 1. गाँठ का एक रोग 2. गाँठयुक्त एक जलीय वनस्पति।

गठुला (वि.) नाटा, गठे शरीर वाला।

गड़गड़ी (सं.) 1. कुएँ से पानी निकालने के लिए लगाई गई लोहे की घिर्री 2. कुएँ से पानी निकालने के लिए डिब्बों की माला।

गड़ना (क्रि.) 1. गड़ना या गड़ जाना 2. चुभना 3. तन्मय या तल्लीन होना।

गड़ाना (क्रि.) गाड़ना।

गड़बड़ाना (क्रि.) बीमार पड़ना, तबीयत बिगड़ जाना, अव्यवस्थित होना।

गड़हा (सं.) गाड़ीवान।

गड़ा सक्कर (सं.) खाँड़।

गड़ियाना (क्रि.) गाड़ना।

गड़ी (सं.) 1. समान वय का मित्र या सखी 2. नमक की डली।

गढ़ (सं.) 1. क्षेत्र 2. किला।

गढ़ाजिर (सं.) गैरहाज़िर।

गढ़ाना (क्रि.) गाढ़ा होना। दे. 'रसाना'।

गत (सं.) 1. गति, चाल 2. स्वरूप।

गतगढ़न (सं.) शक्ल-सूरत।

गतर के (वि.) गति का, गतिवाला।

गथना (क्रि.) गुँथना, गुँथ जाना।

गद (सं.) 1. ढोलक की बाईं ताल 2. गद्य।

गदगदाना (क्रि.) 1. अधिक पक जाना 2. गद्गद हो जाना।

गदेली (सं.) 1. हथेली 2. हथेली का उभरा मोटा भाग 3. छोटा गद्दा।

गदोना (क्रि.) ढेर करना।

गद्दर (सं.) झगड़ा। –(वि.) अधपका (फल)।

गनना (क्रि.) गिनना।

गपोड़ी (सं.) गप मारने वाला।

गप्पा (सं.) कौर, निवाला।

गफ (वि.) गुंफित, कसी हुई बुनाई वाला।

गफेलना (क्रि.) गले पर हाथ रखकर धक्का देना।

गबर्रा (वि.) जल्दी-जल्दी खानेवाला।

गभार (सं.) उपजाऊ भूमि।

गम (सं.) 1. पता, आभास 2. धैर्य।

गमकना (क्रि.) 1. महकना 2. गूँजना।

गमछा (सं.) अंग पोंछने के लिए तथा विशेषकर अधोवस्त्र को बदलने के समय शरीर ढकने के लिए पतला वस्त्र, अँगोछा।

गम्मत (सं.) 1. तमाशा, खेल, मज़ाक 2. ग्रामीणों के मनोरंजनार्थ बीच-बीच में लघु प्रहसन के साथ नृत्य। दे. 'नाचा'।

गर (सं.) गला।

गरकटवा (सं.) गला काटने वाला (एक गाली), दूसरों को हानि पहुँचाने वाला।

गरज (सं.) मर्ज़ी।

गरब (सं.) गर्व।

गरबइला (सं.) गर्वीला, घमंडी।

गरभ पूजा (सं.) 1. पोला के दिन गाँव के लोगों द्वारा ठाकुर देव की पूजा 2. भूमि-पूजन।

गरभाती (सं.) गरभ पूजा (दे.) की सामग्री।

गरमी (सं.) दे. 'तपन'।

गरसुली (सं.) गले में पहनने का आभूषण विशेष।

गरहन (सं.) सूर्य या चंद्रमा का ग्रहण।

गरहना (सं.) धान या गेहूँ की बड़ी बालियाँ।

गरहुन (सं.) वह अन्न जो देर से पकता है।

गरा (सं.) 1. दे. 'गर' 2. अंडा 3. बंसी में लगा लोहे का काँटा।

गरिबहा (वि.) निर्धन।

गरियस (वि.) गरिष्ठ, गाढ़ा।

गरियार (वि.) 1. कायर 2. घोर आलसी, निकम्मा।

गरु (सं.) भार, वज़न। –(वि.) भारी, वज़नी।

गरुआ (सं.) गाय, बैल आदि ढोर, पशु।

गरेरा (सं.) आँधी।

गर्जना (सं.) 1. वह पर्व जिसमें मघा नक्षत्र में बादलों के गरजने से स्त्रियाँ बादलों को कपास दिखाती हैं और व्रत रखती हैं 2. रव, गर्जन 3. बिजली। दे. 'गाज'।

गर्रा (सं.) दे. 'गरेरा'।

गर्रा-धूँका (सं.) आँधी-पानी।

गल (सं.) 1. मछली फँसाने का काँटा। दे. 'गरा' 2. गला दे. 'गर'।

गलियार (वि.) दे. 'गरियार'।

गली (सं.) गाँव का चौड़ा मार्ग।

गल्लारना (क्रि.) किलकारी मारना।

गस (सं.) गश्त दे. 'गस्त'।

गसना (सं.) बाँस का जोड़।

गस्त (सं.) गाँव या नगर में चौकीदारी करते समय का फेरा।

गहकी (सं.) 1. ग्राहकी 2. बँधा हुआ ग्राहक।

गहन (सं.) गिरवीं।

गहबर (सं.) मांसाहारी पशु।

गहिरा (सं.) ग्वाला, अहीर, ढोर चराने वाला। –(वि.) गहरा।

गहिरिन (सं.) दे. 'रउताइन'।

गहीर (वि.) गहरा।

गहूँ (सं.) गेहूँ।

गाँ (सं.) गाँव।

गाँजना (क्रि.) 1. ढेरी लगाना 2. सजा कर रखना, व्यवस्थित करना।

गाँठ (सं.) 1. गाँठ, गठान 2. टुकड़ा (हल्दी आदि का)।

गाँड़ा (सं.) दे. 'गँड़वा'। कोटवार (दे.)।

गाँ तमाम (सं.) सारा गाँव।

गती (सं.) मफ़लर जैसा कपड़ा।

गाँथना (क्रि.) बुनना, गूँथना, फँसाना।

गाँसना (क्रि.) 1. कसना 2. गाय आदि के थन में दूध भर जाना 3. सटा कर रखना।

गाँसा (सं.) खेत के ढाल की ज़मीन, खेत का निचला भाग।

गा (अव्य.) पुरुष के लिए सामान्य संबोधन का शब्द जैसे–हिन्दी में जी, भाई आदि।

गाज (सं.) आकाश में चमकने और आकाश से गिरने वाली बिजली।

गाड़ (वि.) सख्त, कड़ा, चुस्त।

गाड़ा (सं.) 1. भैंसा-गाड़ी 2. बीस खंडी अनाज का माप।

गाड़ी (सं.) बैलगाड़ी।

गाद (सं.) तालाब में होनेवाली एक जलीय घास।

गाभा (सं.) खेत की नाली।

गाभिन (वि. स्त्री.) गर्भिणी (केवल पशुओं के लिए प्रयुक्त)।

गाभी (सं.) जोती गई भूमि का अवशिष्ट भाग जिसे दूसरे चरण में जोतकर पूरा किया जाता है।

गार (सं.) अंडा।

गारा (सं.) 1. शिकार के लिए बाँधा गया चारे का पशु 2. पलस्तर या जुड़ाई के लिए चूना, रेत, सीमेंट, मिट्टी आदि के मिश्रण से बना गीला मसाला।

गारी (सं.) गाली।

गिंगरुवा (सं.) 1. उदर का कृमि 2. केंचुआ

गिंजरना (क्रि.) दे. 'किंदरना'।

गिजगिज ले (क्रि. वि.) मूर्खता के या गलती महसूस कर लेने के खिसियाए भाव से।

गिजरा (वि.) बात-बात पर दाँत निकालकर हँसने वाला।

गिजोरना (क्रि.) दाँत निपोरना।

गिटकुल (वि.) छोटे क़द का, बौना।

गिधवा (सं.) गिद्ध नामक पक्षी।

गिधोलना (क्रि.) मसल डालना, रौंदना, मथना।

गिनवाँ (वि.) गिना हुआ।

गिनहा (सं.) 1. बुरा, घृण्य दे. 'घिनहा' 2. इकलौता।

गियाँ (सं.) संगी, सखी, मित्र।

गिया (सं.) पुत्री।

गिरमा (सं.) जानवरों को बाँधने की रस्सी। दे. 'गेरवाँ'।

गिरहथ (सं.) 1. मालिक 2. गृहस्थ।

गिरी (सं.) पुआल की कुंडलीनुमा रस्सी।

गिलकी (सं.) बड़ी चिकनी तरोई।

गीद (सं.) 1. गीत, गान 2. गिद्ध।

गीदा (सं.) 1. गीत 2. अपयशगान।

गुँगवाना (क्रि.) बाहर निकलने के अभाव में धुएँ से कमरे का भर जाना, धुआँ होना, जलने के पूर्व धुआँ देना, पर्वत-शृंखला पर धुआँ उठना जिससे वर्षा की संभावना बढ़ जाती है।

गुँगुर (सं.) गूगल।

गुँगुर-धूप (सं.) पूजा का धूप और घी का मिश्रण, गुड़-घी का मिश्रण, सुगंधित हवन-सामग्री।

गुँड़ (सं.) पैरे (दे. 'पैरा') की मोटी रस्सी।

गुँड़री (सं.) दे. 'गुँर्री'।

गुँधेलना (क्रि.) दे. 'गिंधोलना'।

गुँर्री (सं.) बोझ रखने के लिए सिर पर रखे जानेवाले कपड़े की गोल आकृति।

गुंड (सं.) पीतल आदि का सँकेरे मुँह का बरतन, कलसा।

गुंडी (सं.) पीने का पानी रखने के लिए पीतल आदि का सँकेरे मुँह का छोटा पात्र।

गुइयाँ (सं.) दे. 'गियाँ'।

गुखरु (सं.) 1. एक प्रकार की काँटेदार औषधीय जड़ी 2. काँटा गड़ने पर स्थल विशेष के कड़ा पड़ जाने पर बनी गाँठ 3. कान का एक आभूषण।

गुचना (क्रि.) हटना, खिसकना।

गुजगुज (वि.) कोमल, नरम, पिलपिला।

गुजर (सं.) 1. निर्वाह, गुज़ारा 2. चिटकनी।

गुजरी (सं.) 1. एक आभूषण जो हाथ में पहना जाता है 2. गूजर जाति की औरत।

गुजा (सं.) गुझिया।

गुटका (सं.) लकड़ी का घनाकार टुकड़ा।

गुठ्लू (सं.) गुठली।

गुड़रिया (सं.) 1. गौरैया 2. लता विशेष जो औषधि के काम आती है।

गुड़ा (सं.) चूर्ण, कण।

गुड़िहार (वि.) ग्रामीण या जातीय बैठकों में अनिवार्य रूप से भाग लेनेवाला।

गुड़ी (सं.) 1. गाँव-संबंधी समस्याओं पर चर्चा हेतु निर्मित सार्वजनिक स्थल 2. गुड़ी में बुलाई गई बैठक, ग्रामीण पंचायत।

गुड़ेरना (क्रि.) आँखें दिखाकर क्रोध दिखाना।

गुड़ैत (सं.) गुड़ी (दे.) का प्रमुख।

गुढ़वा (सं.) रस्सी का बंडल।

गुढ़री (सं.) पानी की गागर या अन्य भारी सामान उठाने की स्थिति में सिर पर रखी जानेवाली कपड़े की लिपटी हुई गोलाई युक्त कुंडलीनुमा पर्त। दे. 'गुँर्री'।

गुत्तुर (वि.) दे. 'गुरतुर'।

गुदगुद (वि.) 1. नरम, गूदेवाला 2. सूजा हुआ।

गुदगेलना (क्रि.) मसलना, बार-बार दबाना।

गुदाम (सं.) 1. बटन 2. गोदाम।

गुदार (वि.) गूदेदार, गूदेवाला।

गुदाल (वि.) गूदेवाला। दे. 'गुदार'।

गुद्दा (सं.) गूदा।

गुधेलना (क्रि.) दे. 'गुदगेलना'।

गुन (सं.) गुण। दे. 'गुँड़'। –(वि.) गुना।

गुनहगरा (वि.) कृतघ्न।

गुना (सं.) गुणा।

गुनान (सं.) सोच-विचार।

गुनिया (सं.) 1. झाड़-फूँक, मंत्र-तंत्र आदि के माध्यम से उपचार करने वाला ओझा 2. राजगीर या बढ़ई का एक औज़ार।

गुपचुप (सं.) पानी का बताशा। –(वि.) चुपचाप।

गुप्ती (सं.) 1. खोखली छड़ी जिसके अंदर छुरा, तलवार-जैसा घातक हथियार हो 2. पैसे रखने के लिए धागों से या पीतल की कटोरियों से बनी थैली।

गुरतुर (वि.) गुड़तुल्य, मीठा।

गुरदा (सं.) पहिए के बीच में लगा लोहे का बुश।

गुरमटिया (सं.) धान की एक क़िस्म।

गुरमट्टी (सं.) सत्यानाश, बर्बाद।

गुरहा (वि.) गुड़ से निर्मित।

गुराँवट (सं.) 1. कन्याओं के पारस्परिक आदान-प्रदान की प्रथा, किसी भाई-बहन की शादी किसी अन्य बहन-भाई के साथ होने की प्रथा 2. विनिमय।

गुरमा (सं.) आम का गुड़ से बना मुरब्बा।

गुरिया (सं.) 1. मनका, जाप की माला का दाना 2. मांस का टुकड़ा।

गुरौठी (सं.) दे. 'गुराँवट'।

गुर्रहा (वि.) गुर्राने वाला, क्रोधी स्वभाव का।

गुलगुल (वि.) नरम, कोमल, ढीला।

गुलगुला (सं.) 1. संकट 2. गुड़ और आटे का बना पकौड़ा। –(वि.) गुलगुले जैसा।

गुलत्थी (सं.) खाने की पथ्य वस्तु।

गुलफी (सं.) कुलफ़ी।

गुल्ली (सं.) 1. महुए का फल 2. अंडकोश।

गुह (सं.) गू।

गुहराइन (सं.) गू की दुर्गंध।

गुहलेद (वि.) 1. गंदा 2. बास-युक्त।

गूँड़ना (क्रि.) टुकड़े-टुकड़े करना (जैसे रोटी को)।

गूँड़ा (सं.) 1. चूर्ण, चूरा 2. चिड़िया का घोंसला।

गूजर (सं.) चौखट पर लगी कील जिस पर फाटक घूमता है।

गूजा (सं.) गुझिया।

गेंगरवा (सं.) एक बरसाती कीड़ा। दे. 'गँगरुवा'।

गेंडरा (सं.) दे. 'गेर्रा'।

गेंड़ा (सं.) 1. गेंडा नामक जानवर 2. लकड़ी का लंबा टुकड़ा।

गेंड़ी (सं.) बाँस के दो टुकड़ों में पायदान के लिए खूँटिया फँसाकर बनाया गया मनोरंजक वाहन जिस पर सवार होकर हरियाली के त्योहार के अवसर पर बच्चे घूमते फिरते हैं।

गेंर्रा (सं.) दे. 'गेर्रा'।

गेंवार फल्ली (सं.) एक फली जिसकी सब्ज़ी बनती है।

गेजगेजाना (क्रि.) अनावश्यक रूप से हँसते हुए बातें करना।

गेज ले करना (क्रि.) एकाएक दाँत निकालकर हँसना (तिरस्कारजनक शब्द)।

गेदरहा (वि.) अधपका। दे. 'गेदरा'।

गेदरा (वि.) अधपका, गदरा, गदराया हुआ।

गेदराना (क्रि.) आधा पकना (विशेषकर फलों का), पकने की स्थिति में आना।

गेबड़ी (सं.) दे. 'चेथी'। गलफड़ा।

गेरवाँ (सं.) ढोरों को बाँधकर रखने के लिए उनके गले में फँसाने की रस्सी।

गेर्रा (सं.) 1. पुरुष के आवश्यकता से अधिक बढ़े हुए केश 2. घोड़े की गरदन के बाल।

गैंती (सं.) ज़मीन को खोदने के लिए दो तरफ़ नोकोंवाला लोहे का औज़ार।

गोंगची (सं.) घुँघची, गूँज का बीज।

गोंगनियाँ (क्रि. वि.) घुटने के बल।

गोंगैया (क्रि. वि.) दे. 'गोंगनियाँ'।

गोंजला (सं.) दे. 'गोदैला'।

गोंटकर्रा (सं.) कन्हार मिट्टी में पाया जानेवाला कंकड़।

गोंटी (सं.) गोट, गोटी, शतरंज आदि का मोहरा।

गोंदली (सं.) 1. प्याज़ 2. प्याज़ के आकार का एक फटाका।

गोंदा (सं.) गेंदे का फूल।

गोंदैला (सं.) प्याज़ की तरह का एक जंगली पौधा।

गोंसिया (सं.) मालिक, मुखिया।

गोंही (सं.) गुठली।

गो (अव्य.) दे. 'गा'।

गोइहा (सं.) गोह।

गोई (सं.) 1. बच्चियों के लिए संबोधन 2. सखी के लिए संबोधन। दे. 'गियाँ'।

गोखरु (सं.) 1. कान में पहनने का एक आभूषण 2. तलुए की एक बीमारी।

गोखी (सं.) 1. गाय का चमड़ा 2. एक पक्षी। –(वि.) कपटी, छली।

गोज (सं.) केंचुल।

गोजरा (सं.) कनखजूरा।

गोजा (सं.) पतली एवं लंबी छड़ी या वृक्ष की कोमल डंडी।

गोज्जा (वि.) भोंदू।

गोटकर्रा (सं.) दे. 'गोंटकर्रा'।

गोटनिन (सं.) गाँव के सम्पन्न व्यक्ति की पत्नी, गोंटिया की पत्नी।

गोटानी (सं.) छड़ी, जिसका एक सिरा मुड़ा हुआ रहता है, कुबड़ी छड़ी।

गोट्ठ (वि.) मोटा।

गोट्ठल (वि.) दाँतों में कसैलापन या करकराहट पैदा करने वाला।

गोठ (सं.) 1. बात 2. बोली 3. गोशाला।

गोठबात (सं.) वार्तालाप।

गोठान (सं.) गोस्थान, गोशाला।

गोठियाना (क्रि.) बात करना।

गोड़ (सं.) पैर, टाँग।

गोड़तरिया (सं.) खाट का पैताना।

गोड़ धोई (सं.) 1. विवाह के समय वर के पाँव धोने की रस्म 2. पत्थर, जिस पर पैर धोया जाता है।

गोड़ धोवा (सं.) घाट-विशेष।

गोड़हा (सं.) 1. पैरों का एक रोग 2. डली।

गोड़ही (सं.) डली (नमक आदि की)।

गोड़ा (सं.) विशाल कमरों में छत को थामने के लिए निश्चित दूरियों पर निर्मित आधार-स्तंभ, पुल का स्तंभ, गोठी (दे.) बनाने का आधार-स्तंभ।

गोड़ायत (सं.) पशुओं के पैरों में बाँधी जानेवाली वज़नी लकड़ी जिससे वे भाग न सकें।

गोड़िहारी (सं.) कोठी (दे.) के नीचे का अँधेरा घिरा हुआ भाग जिसमें ख़रगोश आदि पाले जाते हैं।

गोत (सं.) गोत्र।

गोतरी (वि.) समगोत्रीय, संबंधी।

गोतियार (वि.) 1. एक ही गोत्र के संबंधी 2. मेहमान।

गोदना (सं.) 1. एक प्रकार की वनस्पति 2. शरीर के अंगों पर अन्धविश्वास या शौक के कारण गुदवाए गए नाम, चित्र आदि। —(क्रि.) 1. उक्त क्रिया करना 2. बारंबार चुभाना।

गोदरी (सं.) गुदड़ी।

गोदरी गोना (सं.) कई बोरे अनाज एक साथ संगृहीत कर सकने की क्षमता वाला मोटे बारदाने से बना विशेष बोरा या थैला।

गोदाना (क्रि.) गुदवाना। दे. 'गोदना'।

गोदी (सं.) दस फुट लंबे, दस फुट चौड़े, तथा एक फुट गहराई तक गड्ढे का माप।

गोना (सं.) 1. चकवा पक्षी 2. दे. 'गोदरी गोना'।

गोप (सं.) 1. कान का एक आभूषण जिसे मर्द भी पहनते हैं 2. नाराज़गी

गोपना (क्रि.) चुभाना, घोंपना।

गोबर चोत्ता (सं.) गोबर का एक जगह स्थित जमा हुआ ढेर, गोबर का चोथ, गाय, बैल, भैंस और भैंसे द्वारा की गई एक बार की विष्ठा जो एक़ ही जगह पर होती है।

गोबराइन (वि.) गोबर की गंधवाला।

गोबरियाना (क्रि.) गोबर से लीपना।

गोबरेटना (क्रि.) दे. 'गोबरियाना'।

गोबर्रा (वि.) 1. गंदा 2. दे. 'गबर्रा' 3. गुबरैला कीड़ा।

गोरतरिया (सं.) दे. 'गोड़तरिया'।

गोरस (सं.) गाय का दूध।

गोरसी (सं.) कंडे जलाने के लिए तैयार की गई मिट्टी की अँगीठी, अलाव।

गोरिया (सं.) गोरापन। —(वि.) गोरा।

गोरु (सं.) खेती के पशु।

गोर्रा (सं.) 1. जानवरों के रखने का मकान या घेरा या बाड़ा दे. 'कोठा' 2. चने का एक प्रकार, देशी चना 3. थाला।

गोर्रियाना (क्रि.) साँप का कुंडली मारकर बैठ जाना।

गोलर (सं.) खाद ढोने के लिए गाड़ा के किनारे लगाए जानेवाले बाँस के टट्टे या परदे।

गोलहत्थी (सं.) मृतक के घर पर दस दिनों तक भोजन करने की रस्म।

गोला (सं.) गोल मोटी लकड़ी।

गोल्लर (सं.) साँड़।

गोस (सं.) मांस, गोश्त।

गोसइन (सं.) स्वामिन, मालकिन, पत्नी।

गोसइनिन (सं.) दे. 'गोसइन'।

गोसइयाँ (सं.) स्वामी, मालिक, पति।

गोहड़ा (सं.) दे. 'गोहड़ी'।

गोहड़ी (सं.) पशुओं का झुंड।

गोहनान (क्रि. वि.) 1. पीछे-पीछे 2. पिंडली से लगे हुए धोती के छोर को पकड़ने की क्रिया।

गोहनाना (क्रि.) 1. लाड़ से या फुसलाकर माँगना 2. किसी के पास जाने के लिए बच्चे का रोना।

गोहराना (क्रि.) चिल्लाना, पुकारना, करुणापूर्ण स्वर में याचना करते हुए रोना।

गोहार (सं.) चीख़, पुकार, हल्ला।

गोहार पारना (क्रि.) चीख़ना, पुकारना, हल्ला करना।

गोही (सं.) 1. आम की गुठली 2. ज़ख्म के कारण काँख या जाँघ में होनेवाली गिलटी।

गौंटिया (सं.) दे. 'गँउटिया'।

गौंतरी (सं.) ग्राम-यात्रा।

गौंतिहार (सं.) ग्राम-यात्री।

गौकिन (सं.) गाय की क़सम।

गौचर (सं.) चरागाह।

गौर (सं.) जंगली गाय।

गौर गनेस (सं.) गौरी-गणेश।

गौरसा (वि.) वह खेत, जिसमें गाँव का खाद-युक्त पानी एकत्र होता है।

ग्यारा (वि.) ग्यारह।

ग्यास (सं.) गैस बत्ती।

ग्वालिन (सं.) 1. दीपावली के पर्व पर बनाई जानेवाली दीपधारिणी पुत्तलिका 2. एक चिड़िया 3. एक बरसाती कीड़ा 4. ग्वाले की पत्नी 5. बेशरम के पौधे के सदृश एक पौधा।

घ

घँक्खर (वि.) ढीठ, निर्लज्ज।

घँघरा (सं.) 1. लहँगा, पेटीकोट, घाघरा 2. बैलों के गले में पहनाने के घुँघरू।

घँपना (क्रि.) 1. दबना 2. दब जाना।

घँसेलहा (वि.) 1. ढीठ 2. आत्मीय।

घंट (सं.) 1. घंटी या घंटे के बीच का पेंडुलम 2. तिरस्कार, उपेक्षा 3. पुरुष की जननेन्द्रिय

घउहा (सं.) घावों से भरा हुआ।

घघरी (सं.) मिट्टी की गगरी, हंडी।

घटौंधा (सं.) नहाने के लिए बना तालाब आदि का घाट।

घन (सं.) बहुत बड़ा हथौड़ा।

घनियारी (सं.) 1. लाल गिलहरी 2. गोंड जाति का एक देव।

घनौची (सं.) पानी से भरे पात्र आदि को रखने के लिए तिपाई, घड़ौंची। दे. 'पनिहाँ'।

घपघपाना (क्रि.) 1. घबरा जाना 2. घने रूप से छा जाना।

घपना (क्रि.) दबना।

घमछाँही (सं.) धूप-छाँह।

घमहा (वि.) धूप खाया हुआ।

घमुर्री (सं.) गर्मी से उत्पन्न होनेवाली अल्पकालिक फुंसियाँ, मरोड़ी। घमौरी।

घमेला (सं.) मिट्टी आदि भरकर ढोने के लिए लोहे की पतली चादर का बना हुआ कड़ाहीनुमा पात्र, तसला।

घरगोंसिया (सं.) गृह-स्वामी।

घरघुँदिया (सं.) घरौंदा।

घरघुसरा (सं.) उल्लू की जाति का एक छोटा पक्षी, खसफूसट। –(वि.) हमेशा घर में घुसा रहने का आदी।

घरजियाँ (सं.) ससुराल में बसकर रहने वाला दामाद, घर-जमाई।

घरफोरवा (वि.) घर में कटुता उत्पन्न करने वाला।

घररक्खा (सं.) 1. छिपकली। दे. 'नपल्ली'। 2. घर की रखवाली करने वाला।

घरी (सं.) 1. घड़ी, क्षण 2. तह, पर्त।

घरुहा (सं.) 1. थाला, घेरा 2. साँचा।

घला (नि.) भी। उदा.–'पहिरब ओढ़ब घला हरकस के लगिस हमार' (हमारा पहनना-ओढ़ना भी बुरा लगा)।

घलो (नि.) दे. 'घला'।

घलोक (नि.) दे. 'घला'।

घंव (सं.) बार, आवृत्ति।

घसना (क्रि.) घिसना।

घसलना (क्रि.) खिसकना, फिसलना।

घसिया (सं.) एक जाति, जो घोड़े की देख-रेख करने का, घास बेचने का व्यवसाय करती है, घसियारा, सईस।

घसेलहा (वि.) 1. वह निकटवर्ती व्यक्ति, जिसका भय अथवा संकोच छूट गया हो, मुँहलगा, ढीठ 2. घनिष्ठ।

घाँघड़ा (सं.) बैलों के गले में पहनाया जानेवाला बड़े आकार के घुँघरुओं का गुच्छा।

घाँटा (सं.) चावल का बनाया गया पेय पदार्थ।

घाँटी (सं.) 1. घाटी 2. अलिजिह्वा 3. भैंस के गले की घंटी।

घाँठा (सं.) 1. जूते, कुल्हाड़ी, काँवर, आदि की बार-बार रगड़ से पड़ी हुई गाँठ 2. आदत।

घाँव (सं.) दे. 'घव'।

घाट (सं.) 1. पहाड़ों के बीच की घाटी 2. घाट।

घाघर (सं.) गौरैया-जैसा एक पक्षी।

घाना (सं.) एक बार या खेप में आ सकने लायक सामान।

घानी (सं.) 1. तेल निकालने के लिए देशी उपकरण, कोल्हू 2. पाली, बार, आवृत्ति।

घानी मूनी (सं.) बच्चों का खेल जिसमें बच्चे अपनी जगह पर चारों ओर घूमते हैं।

घाम (सं.) धूप। दे. 'रवनिया'।

घारी (सं.) 1. बेसन की रोटी को मठे में उबाल कर बनाई गई सब्जी। दे. 'डुबकी' 2. कढ़ी।

घालना (क्रि.) 1. डालना 2. व्यर्थ करना 3. विलंब करना 4. खप्पर बनाने के लिए मिट्टी तैयार करना 5. हानि पहुँचाना।

घिउ (सं.) घी।

घिउरी (सं.) कुमुदनी का फल। दे. 'खोखमा'।

घिउहा (वि.) 1. घी से बना, घी युक्त 2. घी रखने का पात्र।

घिटला (सं.) सुअर का बच्चा।

घिनहा (वि.) घृणा के योग्य, घृणित स्वभाव या वेश-भूषा वाला।

घिनही (सं.) 1. हथेली पर होनेवाला फोड़ा 2. दे. 'घिनहा'।

घिना (सं.) घृणा।

घिनाना (क्रि.) 1. घिनही (दे.) रोग का होना 2. कीड़े पड़ के मरना।

घिया (सं.) दे. 'गियाँ'।

घिरिया (सं.) छिपकली।

घिरियाना (क्रि.) तह करना, सजाते हुए समेटना।

घिरी (सं.) कपड़े आदि की तह।

घिरी मिटकी (क्रि. वि.) बिना पलक खोले, बिना ध्यान दिए।

घीव (सं.) दे. 'घिउ'।

घुँचना (क्रि.) हटना, सरकना। दे. 'घुचना'।

घुंडी (सं.) 1. बटन 2. चिटकनी।

घुइँ (सं.) गीली मिट्टी के भीतर रहने वाला एक कीड़ा।

घुघरी (सं.) उबला हुआ अनाज।

घुघुवा (सं.) उल्लू, घुग्घू।

घुघुवाना (क्रि.) उल्लू की तरह मुँह बनाना, रोष या मान से मुँह फुलाना।

घुचना (क्रि.) हटना।

घुचपुचहा (वि.) आगा-पीछा करने वाला।

घुचुर-पुचुर (सं.) आगा-पीछा, अनिश्चय।

घुटाला (सं.) घोटाला।

घुठुआ (सं.) टखना।

घुनघुटी (सं.) छोटी जाति की एक मक्खी, जो घुन-घुन करती हुई मँडराती है।

घुनघुना (सं.) शिशुओं को बहलाने के लिए खिलौना-विशेष, झुनझुना।

घुना (सं.) घुन।

घुमना (वि.) चुप रहने वाला।

घुमासी (सं.) चक्कर की अनुभूति, सिर चकराने की प्रतीति।

घुरनहा (वि.) घुलने वाली (कोई वस्तु)।

घुरुआ (सं.) घूरा, कूड़ा-करकट फेंकने की जगह।

घुल (सं.) गुच्छ।

घुलघुलाना (क्रि.) घुल जाना, कोमल हो जाना, गुलगुले-जैसा हो जाना।

घुसरा (सं.) देशी सुअर।

घुसेरना (क्रि.) घुसाना।

घूँटी (सं.) 1. गीली या सूखी दवाई की मात्रा 2. घूँट।

घूँस (सं.) 1. बड़ी जाति का चूहा 2. रिश्वत।

घूवा (सं.) 1. नदी के तट के बाहर का भराव 2. चौखट पर लगी लोहे की कील, जिस पर फाटक घूमता है। दे. 'गूजर'।

घेंघरी (सं.) चने, तिउरे (दे. 'तिउरा') आदि के ख़राब दाने, जिन्हें दौनी (दे.) की सहायता से निथारकर अलग कर दिया जाता है, चने, तिउरे आदि की फली जो दाने निकालने के समय खराब बीजों से युक्त होने के कारण अलग कर दी जाती है।

घेंघा (सं.) टेंटुआ।

घेंच (सं.) गला, गरदन।

घेंटना (सं.) गर्भवती बकरी। --(क्रि.) मिलाना।

घेंटवा (सं.) सुअर का बच्चा। दे. 'घिटला'।

घेंटा (सं.) सुअर।

घेंटू (सं.) सुअर का बच्चा। दे. 'घिटला'।

घेक्खर (वि.) निर्लज्ज, संकोचहीन, हठी, दुराग्रही।

घेपना (क्रि.) 1. मानना, समझना 2. आँखें फाड़ देना।

घेर (सं.) केले के फलों का घेर या गौद या गार।

घेरी-बेरी (क्रि. वि.) बार-बार, हमेशा।

घेवर (सं.) घी से बना हुआ मीठा पकवान-विशेष।

घैला (सं.) गगरी।

घोंघटहा (वि.) गंदा।

घोंघन (वि.) गंदा।

घोंघा (सं.) 1. गला 2. मोटी भर्राई आवाज।

घोंघी (सं.) घोंघा।

घोंटैया (वि.) हस्त-मैथुन करने वाला।

घोंटो (सं.) 1. चांवल या मड़िया (दे.) को घोल की स्थिति तक पकाकर बनाया गया पेय-विशेष 2. तरोई जैसी लता-विशेष।

घोंठिहा (सं.) एक सस्ती लकड़ी, जो कच्ची होने पर भी जलती है। –(वि.) दे. 'घोंटैया'।

घोइँजा (सं.) दियासलाई की तीली।

घोखना (क्रि.) याद करना, रटना।

घोटरहा (वि.) जो पूरी तौर पर नहीं पका है, पकाने पर भी अधपका रहने वाला।

घोड़सार (सं.) घुड़साल।

घोलँडना (क्रि.) जमीन पर लेटना-पलटना, लुढ़कना, असावधानीवश ज़मीन पर लुढ़क पड़ना।

घोलघोलहा (वि.) गीला-सा, पतला-सा, ढीला-सा धुला हुआ।

घोलड़इया (वि.) ज़मीन पर लोट-पोट होने या मचलने वाला, ज़मीन पर लुढ़कने वाला।

घोलार (वि.) घुल कर बढ़ा हुआ या फैला हुआ।

घोरन (वि.) दे. 'घोरनहा'।

घोरनहा (वि.) दीर्घसूत्री, ज़िद्दी।

घोरमुहा (वि.) बात-बात पर मुँह लटका लेनेवाला।

घोर्रियाना (क्रि.) ज़िद्द करना।

घोर्रियाहा (वि.) ज़िद्दी।

घोर्रिहा (वि.) दीर्घसूत्री, कामचोर। दे. 'घोरनहा'।

घौद (सं.) 1. हौज 2. एक फल जिसके रंग से कपड़े रँगे जाते हैं।

घौहा (वि.) घावों से भरा हुआ, घावयुक्त।

च

चँगोरा (सं.) टोकरी।

चँगोरिया (सं.) छोटी टोकरी।

चँदनाहू (सं.) कुर्मी जाति की एक उपजाति।

चँदबौरी (सं.) किंकर्तव्यविमूढ़ता।

चँदरमा (सं.) 1. चंद्रमा, चाँद 2. बच्चों के गले में पहनाया जानेवाला आभूषण- विशेष।

चँदर लगना (क्रि.) मरने के समय आँखों का खुला रह जाना।

चँदरस (सं.) लाख की बनी हुई लाल गुड़िया, जो गले की तिलरी (दे.) में लगती है, लाख का बना गोला।

चँदरोना (सं.) चार दिन।

चँदली (वि.) गंजी।

चँदुआ (वि.) 1. गंजा या अर्धगंजा 2. भैंसे के मस्तक पर सफ़ेद धब्बा।

चँदैनी (सं.) 1. तारागण 2. चाँदनी 3. मछली-विशेष।

चँदोर (सं.) एक बहुप्रचलित गाली। –(वि.) बहानेबाज।

चँदोर ढकोर (सं.) बहानेबाजी, ढोंग-ढकोसला।

चँदोवा (सं.) छत।

चँवर (सं.) गाय की पूँछ के बालों को गुच्छे के रूप में बाँधकर बनाया गया उपकरण, जिसे सम्मानित व्यक्ति या देवी-देवता के पास हिलाया जाता है।

चंडाल (वि.) निर्दयी, दुष्ट।

चंडी (सं.) 1. रौब 2. एक देवी 3. प्रतिदिन दूध देने का बँधा हुआ नियम 4. बँधुआ ग्राहक।

च (नि.) ही। उदा. मोला भूखेच नीं लगे (मुझे भूख ही नहीं लगती)।

चइत (सं.) चैत्र मास।

चउँक (सं.) 1. चौराहा, चौक 2. रँगोली या आटे से भूमि पर की गई सज्जा।

चउँकना (क्रि.) चौंकना।

चउत (सं.) चतुर्थी, चौथ।

चउथिया (सं.) 1. पयली (दे.) का माप 2. शादी के बाद लड़की वापस लाने के लिए उस पक्ष से जानेवाली बरात।

चउरा (सं.) चबूतरा।

चक (सं.) भूमि-खंड।

चकचक ले (क्रि. वि.) चकाचौंध के साथ।

चकचकाना (क्रि.) भ्रमित होना, चकित होना।

चकरा (वि.) चौड़ा।

चकराना (क्रि.) चौड़ा करना, फैलाना।

चकरी (सं.) 1. एक प्रकार का खिलौना 2. छोटी चक्की –(वि.) 1. चौड़ा 3. चौकोन।

चकरेठी (वि.) गोल एवं चौड़े चेहरे वाली।

चक ले (क्रि. वि.) 1. बिल्कुल 2. तुरंत, झट से।

चकहा (सं.) चकवा पक्षी।

चकाचक (सं.) चकाचौंध। –(वि.) उजला। –(क्रि. वि.) तेज़ी से।

चकिया (सं.) 1. अधिक खानेवाली औरत 2. चक्की।

चक्का (सं.) पहिया।

चक्की (सं.) गुड़ की बहुत बड़ी भेली।

चघना (क्रि.) चढ़ना।

चटकन (सं.) थप्पड़।

चटका (सं.) 1. आला 2. तप्त 3. पैरों की घाई फटने का भाव। 4. करताल-जैसा एक वाद्य। –(वि.) प्यासा। (क्रि. वि.) सूखे गले से।

चटरहा (वि.) बातूनी।

चट्टी (सं.) 1. चप्पल 2. गुड़, पत्थर आदि की ढेरी 3. चटाई।

चड्डा (सं.) टिड्डीनुमा एक बरसाती पतंगा। दे. 'फरफुँदी'।

चड्डी (सं.) जाँघिया, ढीली चड्डी।

चढ़ऊ (सं.) चढ़ाव।

चतवार (सं.) गीली मिट्टी काटने के लिए लकड़ी का हथियार, लकड़ी का फावड़ा।

चतुरा (वि.) चतुर, चालाक, होशियार, बुद्धिमान।

चनैनी बीरा (सं.) वीर बहूटी।

चन्नाहू (सं.) दे. 'चँदनाहू।'

चपकन (सं.) बालों को चिपकाकर रखने वाला श्रृंगार-प्रसाधन, चिमटी, क्लिप।

चपकना (क्रि.) 1. दबाना 2. चिपकना 3. छिप जाना 4. छिपाकर रख लेना।

चपका (सं.) पशुओं के मुँह में होनेवाला एक रोग जिसमें मुँह चिपक जाता है।

चपना (क्रि.) दबना।

चबरंग (सं.) पानी में चलने की आवाज।

चबरा (वि.) काटने वाला।

चबैना (सं.) 1. चना 2. चबाया जानेवाला खाद्य।

चभक्का (सं.) कीचड़ से युक्त गड्ढा। —(क्रि. वि.) 1. दब कर 2. तेज़ी से।

चभरंग (सं.) पानी में चलने, कूदने या डूबने को संकेतित करने वाली ध्वनि।

चमकना (क्रि.) चौंकना, डर जाना।

चमकुल (वि.) चंचल, चौंकने वाला। चंचल स्त्री।

चमगेदरी (सं.) चमगादड़।

चमचम ले (वि.) कसा हुआ।

चमड़ा (सं.) खाल, त्वचा।

चमरगोड़हा (वि.) छोटे-छोटे कंकड़ों वाली (कन्हार मिट्टी)।

चमर छोंचन (सं.) अपमानित होने के डर से किया जानेवाला अनावश्यक कार्य।

चमरौधा (सं.) चमड़े से बना हुआ ग्रामीण जूता।

चमाचम (क्रि. वि.) जमकर, कसकर।

चम्मास (सं.) चौमास, बरसात के चार महीनें।

चरकट्टी (वि.) स्त्रियों को दी जानेवाली एक गाली, दुश्चरित्रा।

चरखा (सं.) गन्ना पेरने की मशीन, कोल्हू।

चरखी (सं.) 1. तकली 2. आतिशबाज़ी की चकरी या अग्नि-चक्र 3. चौखटा।

चरचराना (क्रि.) 1. तेज़ ताप लगना, अधिक गरमी लगना 2. चरका-चर की आवाज़ निकलना 3. चमड़ी का फटना।

चरन्नी (सं.) चवन्नी, पच्चीस पैसे का सिक्का।

चरस (क्रि. वि.) एकदम।

चरागन (सं.) चरागाह।

चरित्तर (सं.) चरित्र।

चरिहा (सं.) टोकरी। दे. 'झरिहा'। —(वि.) चुगलख़ोर।

चरु (सं.) सँकरे मुँह और लंबे आकार का छोटा लोटा।

चरोहन (सं.) चावल धोया हुआ पानी।

चरौंटा (सं.) एक प्रकार की वनस्पति जिसकी सब्ज़ी बनाई जाती है।

चर्रक (सं.) 1. झाड़ू आदि की छरछर की आवाज़ 2. लकड़ी के टूटने की आवाज़, चरचराहट 3. रुक-रुक कर पेशाब गिरने की आवाज़।—(वि.) खूब खट्टा।

चर्रा (सं.) 1. एक खेल, जिसमें आठ-नौ लोग विरोधियों को चकमा देकर दौड़-दौड़ कर आगे बढ़ते जाते हैं और वापस आते समय बीच तक पहुँचे हुए अपने साथियों को वापस लेते आते हैं 2. पेड़ के तने की कड़ी छाल 3. दरार 4. कच्चे आमों का अचार। दे. 'नुनचरा'।

चर्राना (क्रि.) फल आदि का कड़ा पड़ जाना। फटना।

चलतू (वि.) चालू क़िस्म का, प्रचलित।

चलबल (वि.) चुलबुला।

चहा (सं.) चाय।

चहुक्का (सं.) अफ़वाह।

चाँउर (सं.) चावल।

चाँचल गोंदल (सं.) मौज करना, मजे उड़ाना।

चाँटना (क्रि.) चाटना।

चाँटा (सं.) 1. चींटा 2. छलाँग 3. थप्पड़ या चाँटा। दे. 'चटकन'।

चाँटी (सं.) 1. कँवर जाति की एक उपजाति 2. चींटी।

चाँदनी (सं.) 1. सीमेंट से बनी छत 2. पंडाल 3. कमरे के भीतर छत की ओर तानकर लगाया गया कपड़ा, जिससे छत का कूड़ा नीचे न गिरे।

चांग (सं.) सबरिया जाति का ढोल-जैसा एक वाद्य।

चाकर (वि.) चौड़ा।

चाट (वि.) अपव्ययी।

चानक (वि.) बुद्धिदाता, प्रेरक।

चानी (सं.) फाँक या टुकड़ा।

चाबना (क्रि.) दाँत से काटना, कीड़े द्वारा काटना।

चाम (सं.) चमड़ा।

चार (सं.) एक छोटा काला मीठा फल जिसकी गुठली से चिरौंजी निकलती है। —(वि.) चार की संख्या।

चारयानी (सं.) सामूहिकता। —(वि.) सामूहिक।

चारागाह (सं.) चरागाह।

चारी (सं.) दोष-कथन, शिकायत, चुगली।

चाल (सं.) 1. छप्पर 2. बैरक, कुछ कमरों का पंक्तिबद्ध समूह 3. गति।

चालना (क्रि.) 1. चलनी से छानना 2. लाठी चलाना 3. धान के पौधे अलग-अलग करके लगाना 4. फैलाना।

चाली (सं.) बारी, पाली, क्रम।

चिंगराज (सं.) 1. सर्प-विशेष जिसके छुए हुए पानी के स्पर्श से शरीर पर सफ़ेद दाग़ पड़ जाते हैं 2. एक रोग।

चिंगरी (सं.) 1. झींगे से छोटी एक मछली-विशेष 2. मिर्च।

चिंगार (सं.) एक बड़ी मछली, झींगा मछली।

चिंगुरना (क्रि.) हाथ-पैर का सिकुड़ जाना।

चिंडा (सं.) 1. दही आदि का कठोर हिस्सा 2. थक्का, थाका।

चिंदी (वि.) कपड़े का चिथड़ा।

चिंवरा (सं.) उबले धान को कूटकर बनाया गया अन्न, चौला, पोहा।

चिंवरी (सं.) छोटे दानेवाला चिंवरा (दे.)।

चिउँटी (सं.) दे. 'चिमटी'।

चिउड़ा (सं.) दे. चिंवरा'।

चिकनमुँहा (वि.) अच्छा भोजन खाने का आदी।

चिकमिकी (सं.) 1. अभ्रक 2. झिलमिलाहट।

चिकसा (सं.) उबटन।

चिकसी (सं.) शादी के समय वधू को लगाया जानेवाला लेप।

चिकारा (सं.) सारंगी के समान एक बड़ा वाद्य।

चिकी (सं.) आटे या मैदे को उबालकर बनाई गई लेई।

चिक्कट (वि.) 1. चिकना 2. कंजूस।

चिक्कन (वि.) 1. चिकना 2. छरहरा।

चिखना (सं.) भोजन के साथ चखने के लिए सब्जी या उसके एवज़ में अचार, चटनी आदि कोई खाद्य वस्तु, पकी तरकारी। शराब के साथ खाई जानेवाली नमकीन वस्तु। —(क्रि.) चखना, स्वाद लेना।

चिखला (सं.) कीचड़।

चिचियाना (क्रि.) रोना, चिल्लाना।

चिचुआना (क्रि.) दे. 'चुचुआना'।

चिचोरना (क्रि.) चूसना।

चिचोल (सं.) इमली का बीज।

चिटचिटा (सं.) दे. 'चिरचिरा'।

चिटपोट (सं.) हरकत, चंचलता। —(वि.) गुमसुम, चुपचाप, शांत।

चिटहा (वि.) मैला, गंदा।

चिटरा (सं.) 1. गिलहरी 2. बाँझ या अविकसित वृक्ष।

चिटिक (सं.) थोड़ा-सा, अल्प मात्रा में।

चिटियाना (क्रि.) मैला या गंदा हो जाना, मैल से लट जाना।

चितपोट (सं.) सक्रियता।

चितवा (सं.) 1. चीता 2. तेंदुआ।

चिताना (क्रि.) सावधान करना, याद दिलाना, चेतावनी देना।

चिताबर (सं.) निर्जन स्थान पर जलयुक्त गड्ढा, सूखे नदी-नाले का जलयुक्त गड्ढा।

चितोना (क्रि.) याद करना, स्मरण दिलाना। दे. 'चेताना'।

चिथरई देवी (सं.) एक देवी, जिसे फटे-पुराने वस्त्र अर्पित कर बदले में नए वस्त्रों की कामना की जाती है।

चिथरा (सं.) चीथड़ा।

चिन्हार (सं.) पहचान, निशानी, स्मृति-चिह्न।

चिन्हारी (सं.) दे. 'चिन्हार'।

चिपचिप (वि.) लसदार, चिपचिपा।

चिपरहा (वि.) वह व्यक्ति जिसकी आँखें हमेशा कीचड़ से भरी रहती हों।

चिपरही (वि. स्त्री) दे. 'चिपरहा'।

चिपरा (सं.) आँखों का कीचड़।–(वि.) दे. 'चिपरहा'।

चिपरी (सं.) अधपका चावल।–(वि. स्त्री.) दे. 'चिपरही'।

चिपाना (क्रि.) दब जाना, पिचना, कुचल जाना।

चिपास (वि.) कंजूस।

चिबरी (सं.) दे. 'चिपरी'।

चिभोरना (क्रि.) डुबाना या डुबाकर नहलाना।

चिमटना (क्रि.) चिमटी (दे.) या चिउँटी (दे.) काटना।

चिमटी (सं.) दो अँगुलियों की चुटकी।

चिमटुल (सं.) एक प्रकार का खेल जिसमें एक बच्चे की आँख पर पट्टी बाँधकर उसको चुटकी काटी जाती है, आँख-मिचौनी।

चियाँ (सं.) मुर्गी का बच्चा।

चिरई (सं.) चिड़िया, पक्षी।

चिरई-चिरगुन (सं.) पक्षीगण, जीव-जंतु, पशु-पक्षी।

चिरई जमनी (सं.) बहुत छोटी जामुन।

चिरई जाम (सं.) बड़ी जामुन। दे. 'राय जाम'।

चिरकना (क्रि.) बीट करना, अल्प मात्रा में पतली टट्टी करना।

चिरचिरा (सं.) 1. एक पौधा जिसकी दातौन कार्तिक मास में स्त्रियाँ करती हैं तथा जिसकी राख से कपड़े धोए जाते हैं 2. इसके बीज पापड़ में डालते हैं। दे. 'चिटचिटा'।

चिरपोटी (सं.) छोटे-छोटे हरे गोल टमाटर जैसे फलोंवाला एक पौधा। –(वि.) छोटा।

चिरहा (सं.) फटा हुआ।

चिरौंजी (सं.) 1. बेर की गुठली के भीतर की गिरी 2. कद्दू या बहेड़ा के बीज की गिरी 3. चार (दे.) की गुठली के अंदर की गिरी जिसका उपयोग मेवे की तरह होता है।

चिलकना (क्रि.) 1. फट कर अलग होना, चटखना 2. चमकना।

चिलचिल (सं.) झंझट, परेशानी।

चिलफा (सं.) 1. काटी गई लकड़ी के छोटे-छोटे टुकड़े 2. पेड़ की छाल।

चिलवास (वि.) ध्यान न देनेवाला, तंग करने वाला।

चिल्ला (सं.) चावल का पतला चीला 2. पानी के भीतर उगने वाली एक घास 3. रबी फ़सल का भूसा। दे. 'कूना'।

चिल्हर (सं.) 1. छोटी जाति की जूँ 2. फुटकर पैसे, रेज़गारी, छुट्टा।

चिल्हरा (सं.) गिलहरी।

चिंसका (सं.) उबटन।

चिहाना (क्रि.) चुगलखोरी करना।

चिहुर (सं.) चिल्लाहट, शोर।

चिहुरना (क्रि.) चिल्लाना।

चींगरी (सं.) दे. 'झिंगरी'।

चीकट (सं.) 1. ब्याह में वर-वधू और उनके परिजनों को निकट संबंधियों द्वारा भेंट किए गए वस्त्र-विशेष 2. गूदेवाली वनस्पति।

चीट (सं.) गाड़ी के पहिए की कील के पास जमा हुआ गंदा तेल।–(वि.) कंजूस।

चीना बादाम (सं.) मूँगफली।

चीन्हा (सं.) 1. चिन्ह 2. यादगार के लिए दी गई वस्तु।

चीपर (सं.) आँख की कीचड़। दे. 'चिपरा'।

चीपा (सं.) 1. पहिए को रोक रखने वाली कील 2. खपच्ची 3. तेल निकालने की देशी मशीन।

चीला (सं.) 1. चावल के आटे का दोसा 2. तालाब में उत्पन्न घास।

चुंगड़ी (सं.) बोरी।

चुंटना (क्रि.) छेद बंद करना।

चुंदरी (सं.) साड़ी-विशेष।

चुंदियाना (क्रि.) केश पकड़कर खींचना।

चुंदी (सं.) दे. 'चूँदी'।

चुकिया (सं.) मिट्टी का बहुत छोटा पात्र, पोरा (दे.) से छोटा।

चुक्कुल (सं.) 1. परीक्षण 2. दाँव, ट्रायल 3. खेल में कच्ची लोई –(क्रि. वि.) 1. परीक्षण के तौर पर 2. दाँव में।

चुचरना (क्रि.) चूसना।

चुचुआना (क्रि.) थोड़ा-थोड़ा गिरना, बूँद-बूँद टपकना।

चुटई (सं.) चोटी, शिखा।

चुटकी (सं.) 1. पैर की अँगुलियों में पहनने का छल्ला, बिछिया 2. छोटी लाखड़ी (दे.) 3. चुटकी।

चुटैया (सं.) दे. 'चुटई'।

चुनई (सं.) 1. चुनाव 2. गारे-सीमेंट से ईंटों की चुनाई।

चुनचुनाना (क्रि.) 1. चुनचुन की आवाज़ करना 2. दे. 'चुनचुनाना'।

चुनचुनिया (सं.) एक प्रकार की वनस्पति जिसे सब्जी के उपयोग में लाया जाता है।

चुनना (क्रि.) काटकर छोटे-छोटे टुकड़े करना।

चुनमुनाना (क्रि.) तीखापन, जलन, कटने आदि के कारण त्वचा में जलन होना।

चुनी (सं.) दाल के छिलकों आदि का चूरा, चूनी।

चुन्ना (सं.) कृमि, कृमिरोग।

चुपचुपहा (वि.) न सूखा, न गीला।

चुपरना (क्रि.) चुपड़ना।

चुमड़ी (सं.) दे. 'चुँगड़ी'।

चुमना (क्रि.) चूमना।

चुरकी (सं.) छोटी-सी टोकरी।

चुरचुटिया (सं.) गँवारफली।

चुरनट (सं.) साड़ी या कपड़े की चुन्नट।

चुरना (क्रि.) 1. भोजन का पकना, भोजन का पक कर तैयार होना 2. दे. 'चुन्ना'।

चुरपुर (वि.) तीखा, चरपरा।

चुरवा (सं.) 1. हाथ का कड़ा 2. अंजलि 3. पैर का एक आभूषण। –(वि.) औंटाया हुआ।

चुरहाई (वि.) विवाहित पति को छोड़कर अन्य पुरुष को सामाजिक मान्यता के साथ पति के रूप में वरण करके उसके नाम से चूड़ी पहन लेनेवाली स्त्री।

चुर (सं.) 1. हाथ का कड़ा 2. पैर में पहनने का पीतल का आभूषण-विशेष।

चुरुक (वि.) 1. खट्टा 2. थोड़ा-सा।

चुरुआ (सं.) चुल्लू, हाथों का संपुट, अंजलि। दे. 'चुरवा'।

चुरे (वि.) पका हुआ।

चुरैना (सं.) दे. 'चुरोना'।

चुरोना (सं.) कपड़े धोने के लिए उबाला गया जल। (क्रि.) पकाना।

चुलकाना (क्रि.) चिढ़ाना, उत्तेजित करना, उकसाना।

चुलमाटी (सं.) विवाह की पहली रस्म जिसमें घर के पकवान बनाने के लिए तालाब के किनारे से समारोहपूर्वक मिट्टी लाकर चूल्हा बनाया जाता है।

चुलुक (सं.) आदत।

चुल्ला (सं.) छप्पर लगाने के लिए दीवार पर लगाया गया हुकनुमा पत्थर।

चुहउल (सं.) दे. 'पचरंगा'।

चुहकना (क्रि.) दे. 'चुचरना'।

चुहना (क्रि.) टपकना, बूँद-बूँद करके छत का टपकना, चूना।

चूँदा (सं.) मुर्गे के सिर के ऊपर का लाल भाग, कलगी।

चूँदी (सं.) केश, बाल।

चूची (सं.) स्त्री के स्तन की घुंडी।

चूड़ा (सं.) दे. 'चिंवरा'।

चूनी (सं.) 1. उर्द की दाल का छिलका 2. ढोरों को खिलाया जानेवाला टूटी दाल और छिलकों का मिश्रण।

चूमा (सं.) चुंबन।

चूरा (सं.) 1. स्त्रियों के हाथ का एक आभूषण 2. चूर्ण।

चूरी (सं.) चूड़ी।

चूहा (सं.) 1. धान के साथ उगने वाली एक घास 2. चूहा।

चेंघट (वि.) बार-बार पूछने वाला।

चेंच (सं.) एक भाजी जिसके पत्ते नीम के पत्ते की तरह होते हैं।

चेंदका (सं.) बीच-बीच में छूटा हुआ स्थान।

चेंदरा (सं.) दे. चेंदरी।

चेंदरी (सं.) दे. 'चिंदी'। दे. 'फरिया'।

चेंदवा (सं.) जानवरों के माथे पर टीके जैसा चिह्न। दे. 'चँदुआ'।–(वि.) गंजी चाँदवाला।

चेंघना (क्रि.) किसी बात को खोद-खोदकर पूछना या बार-बार पूछना।

चेंघबउरी (सं.) 1. पहचानकर या जानकर भी चुप रहने का भाव 2. मस्ती।

चेचरा (सं.) दे. 'सेसरा'।

चेत (सं.) ध्यान।

चेतभूत (सं.) होश-हवास।

चेतलग (वि.) होशियार।

चेथी (सं.) गरदन, गले का पिछला हिस्सा।

चेपा (सं.) 1. एक पक्षी 2. बालिश्त भर।

चेम्मर (वि.) 1. चमड़े के समान कठोर, कड़ा 2. लचीला।

चेर (सं.) आम की गुठली का कड़ा छिलका।

चेरिया (सं.) दे. 'चेरी'। –(वि. स्त्री.) चुगली करने वाली।

चेरी (सं.) सहचरी।

चेर्राना (क्रि.) कड़ा हो जाना।

चेलिक (वि.) युवा, तरुण, वयस्क।

चेलिहा (सं.) माप का एक प्रकार। दे. 'चरिहा'।

चोंगरी (सं.) मछली पकड़ने हेतु खपच्चियों का बनाया गया जाल।

चोंगा (सं.) पाइप, कीप।

चोंगी (सं.) तंबाकू भरकर बनाई गई पलाश अथवा साल के पत्तों की बीड़ी।

चोआ (सं.) चावल पकाने की एक विधि।

चोकरा (सं.) आटे का चोकर।

चोचला (सं.) नख़रा, दिखावा।

चोज (सं.) मज़ाक।

चोटली (सं.) 1. बच्चे का लिंग 2. टोंटी। –(वि.) अपेक्षा से छोटा।

चोट्टा (सं.) चोरी करने वाला।

चोता (सं.) गोबर का थक्का, गोबर की जमी हुई ढेरी, चोथ।

चोथना (क्रि.) धान की बालें लगे पौधों से खींच लेना।

चोनहा (सं.) छोटे-छोटे बच्चों की अठखेलियाँ, हँसी-मजाक़।

चोप (सं.) पेड़ का चिपचिपा रस जो गोंद के काम आता है।

चोभियाना (क्रि.) 1. अंकुरित होना 2. चोंच आदि से ज़मीन को खोदना।

चोभी (सं.) दे. 'सूली'।

चोरनी बत्ती (सं.) टॉर्च।

चोला (सं.) शरीर, हृदय।

चोहदी (सं.) चारों ओर की हद, चौहद्दी।

चौंरा (सं.) चबूतरा।

चौंसेला (सं.) चावल के आटे की नमकीन पूरी।

चौक (सं.) 1. आटे या रंगोली से बनी सज्जा 2. चौराहा।

चौका (सं.) 1. रसोईघर 2. कबीर-पंथियों का धार्मिक उत्सव।

चौकी (सं.) 1. पाटा, पटल 2. भोजन बनाने का स्थान 3. थाना।

चौथिया (सं.) कन्या पक्ष की ओर से जानेवाली बरात जो वधू को पहली बार वापस लाने के लिए जाती है। दे. 'पइली'।

चौथैया (वि.) चौबारा, चार गुना।

चौमास (सं.) बरसात के चार महीने।

चौरासी (सं.) चौरासी गाँवों का समूह। –(वि.) चौरासी की संख्या।

चौहत्था (सं.) ऊँची चौहदी (दे.)।

चौहदी (सं.) चारों ओर की सीमा या हद, चौहद्दी, घेरा।

चौहर (सं.) जबड़ा।

छ

छँटारा (सं.) दे. 'छटारा'।

छँड़ई (सं.) 1. परित्यक्ता स्त्री 2. छोड़ने का भाव।

छँदकना (क्रि.) चलते-चलते पैरों का कपड़े आदि में फँस जाना।

छइला (सं.) सफेद दाग का रोग, कोढ़।

छकड़ा (सं.) छोटी बैलगाड़ी।

छकना (सं.) पच्चीकारी। –(क्रि.) ऊब जाना, छकना।

छकनाही (वि.) झूठ गढ़ने वाली स्त्री, झूठी औरत।

छचान (सं.) बाज पक्षी।

छटारा (सं.) 1. दुलत्ती 2. गाय आदि के द्वारा पीछे की ओर एक पैर से मारना।

छट्ठी (सं.) बच्चे के जन्म से छठे दिवस का पर्व।

छड़ही (वि.) पति या आदमी बदलने वाली (स्त्री)।

छतरभंगी (सं.) पशुओं की एक बीमारी।

छन (सं.) क्षण।

छनकना (क्रि.) 1. बिदकना, भड़कना, बहकना 2. पिसे हुए अन्न की सफाई करना।

छपकना (क्रि.) 1. फैले हुए पानी को सूखे कपड़े से छपक-छपक कर सुखाना 2. गंदे कपड़ों को साफ़ करने के लिए छपछपाना 3. दबाकर पकड़ना 4. छिपाना।

छपछप (सं.) नापने के पात्र को मुँह के बराबर तक भरना।

छपहा (सं.) काठ का बना हुआ अनाज मापने का एक घटक।

छबना (सं.) पलस्तर, दीवार की सतह की छबाई (दे.)।

छबाई (सं.) किसी वस्तु के छापे जाने या पलस्तर करने का भाव।

छरन (सं.) टुकड़ा।

छरना (क्रि.) अनाज को ओखली से कूटकर साफ़ करना।

छरवट (वि.) ओखली से कूटकर साफ़ किया हुआ।

छरहर (वि.) अलग-अलग दानों वाला।

छरा (सं.) गोबर घुला हुआ पानी जिसका आँगन आदि में छिड़काव किया जाता है।

छरा-छिटका (सं.) 1. धान की बुआई की एक शैली 2. आँगन आदि में गोबर मिला पानी छिड़कने का कार्य।

छरिया (वि.) साफ़ किया हुआ (प्रायः चावल के लिए प्रयुक्त)।

छरियाना (क्रि.) 1. बिखराना 2. बिखरना।

छलँड़ना (क्रि.) किसी वस्तु का फिसल कर ऊपर से गिर पड़ना। दे. 'बिछलना'।

छाँकड़ा (वि.) 1. छँटा हुआ 2. गाड़ी में जुतने वाला स्वस्थ बैल।

छाँड़ना (क्रि.) छोड़ना।

छाँदना (क्रि.) 1. रस्सी से पैरों को बाँधना, विशेषतः पशुओं के संदर्भ में 2. छानना।

छाँव (सं.) छाँह, छाया।

छागल (सं.) विशेषकर यात्रा के समय ले जाया जानेवाला ठंडा पानी रखने का पात्र विशेष।

छाटा (सं.) 1. बैलगाड़ी के बीचोबीच की आगे से पीछे तक की पट्‌टी 2. दे. 'छटारा'।

छाता (सं.) 1. सीना 2. मधुमक्खी, ततैया आदि का छत्ता 3. छाता या छतरी।

छानना (क्रि.) तलना।

छानी (सं.) दे. 'छान्ही'।

छान्ही (सं.) खपरों वाली छत, छाई गई छत, छप्पर, ऊपरी छत। दे. 'परवा' (भीतरी छत)।

छापा (सं.) 1. तालाब से टोकरी में रस्सी बाँध कर पानी निकालने की क्रिया 2. चिक 3. छपा हुआ चित्र।

छाबना (क्रि.) 1. दीवार पर पलस्तर करना 2. छापना।

छाली (सं.) लकड़ी के छिलके, पेड़ की छाल।

छिंकास (सं.) छींकने की तलब।

छिंगुरी (सं.) सबसे छोटी उँगली, कनिष्ठा, कन की उँगली।

छि (सं.) टट्टी।—(अव्य.) घृणा-सूचक शब्द।

छिछीलेदर (सं.) छीछालेदर, अपमान, बुरा हाल।

छिटकना (क्रि.) छिड़कना, छूटकर बिखर जाना, गेंहू आदि की बाली का खिलना।

खलखलाना (क्रि.) खिलखिलाना।

खलरोगहा (वि.) खुरदरे शरीर वाला।

खलौरा (सं.) बड़े आकार का दोना।

खवइ (सं.) 1. खुराक 2. खाने संबंधी भाव।

खवना (सं.) दे. 'खई'।

खवा (सं.) 1. भित्ति 2. कीचड़-युक्त गड्ढा।

खवाना (क्रि.) खिलाना।

खवास (सं.) नाई।

खवासिन (सं.) नाईन।

खवासी (सं.) खाने की इच्छा।

खसखस ले (वि.) 1. फूल कर फैले हुए (जैसे बीज) 2. अधिक मात्रा।—(क्रि.वि.) खिलखिलाकर। दे. 'खलखल ते'।

खसखसोजन (क्रि. वि.) शीघ्रतापूर्वक।

खसफसाना (क्रि.) हिलना-डुलना।

खसफूसट (सं.) उल्लू।

खसना (क्रि.) खाँसना।

खसलना (क्रि.) 1. खिसकना, फिसलना 2. गर्भ गिर जाना।

खसबा (वि.) 1. नपुंसक 2. खुजली-युक्त।

खसुअइन (वि.) खुजली पैदा करने वाली (तलैया)।

खसुआना (क्रि.) खुजली होना।

खसुवहा (सं.) खाज-खुजली से ग्रस्त। दे. 'खसवा'।

खसू (सं.) खुजलाने वाली फुंसी का रोग।

खस्सी (वि.) बधिया किया हुआ।

खस्सू (सं.) दे. 'खसू'।

खाँचना (क्रि.) धीरे-धीरे गड्ढा करके निकालना।

खाँचा (सं.) ज़मीन में जानवरों के पैरों से बना गड्ढा।

खाँड़ (सं.) कम, न्यून।

खाँड़ा (सं.) 1. खड्ग 2. मिसरी।

खाँड़ी (सं.) अनाज का एक माप जो बीस काठे (दे. 'काठा') के बराबर होता है। दे. 'खंडी'।

खाँध (सं.) 1. कंधा 2. जानवरों की गरदन की सूजन।

खाँधा (सं.) 1. सहारा, अटकाव 2. वृक्ष पर चढ़ते समय पैर रखने की जगह।

खाई-खजाना (सं.) 1. खाने-पीने का सामान 2. चना-फुटेना। (दे.)।

खाखी (वि.) ख़ाकी।

खाजा (सं.) खाने की वस्तु, खाद्य, पकवान।

खात-खवई (सं.) पारिवारिक भोज।

खातरी (सं.) खान-पान से सेवा, ख़ातिर।

खातिर (सं.) दे. 'खातरी'। (अव्य.) वास्ते, के लिए, के कारण।

खाती (अव्य.) 'खातिर'।

खातू (सं.) खाद।

खादा (सं.) छानने के बाद बचा हुआ गाढ़ा पदार्थ 2. मछली के पेट के अंडे।

खानी (सं.) पारी, पाली, बारी, बार।

खाप (सं.) परिवार।

खापना (क्रि.) 1. संयुक्त करना, दो लकड़ियों को आधा-आधा काटकर मिलाना 2. काटना।

खार (सं.) 1. बियावान, जंगल, ग्राम के समीप का जंगली और सुनसान इलाका, मैदान, खेत 2. दे. 'खर'। दे. 'खरी'। 3. राख, चिता की भस्म।

खारा (सं.) नमकीन नाश्ता।

खारी (सं.) 1. मृतक की भस्म, चिता की राख, अस्थि 2. चने के पौधे से इकट्ठा किया गया खारा पानी।

खारो (वि.) नमकीन।

खाले (क्रि. वि.) दे. 'खाल्हे'।

खपुर्री (सं.) चपाती।

खप्पर (सं.) 1. देवी के सम्मुख जलाई जानेवाली अग्नि के लिए प्रयुक्त होनेवाला मिट्टी का पात्र 2. रक्त-पात्र।

खबड़ा (वि.) हमेशा खाने को आतुर।

खबोसना (क्रि.) 1. झपटते हुए मुट्ठी में भर लेना 2. मुँह में क्षमता से अधिक खाना भरना 3. अधिक-से-अधिक मात्रा निकालने की कोशिश करना।

खबोसा (सं.) 1. मुट्ठी-भर मात्रा 2. खबोस कर निकाली हुई मात्रा।

खभर (सं.) समाचार, ख़बर।

खमखम ले (क्रि. वि.) एकदम से।

खमरछठ (सं.) भादों मास में होनेवाला स्त्रियों का हलषष्ठी नामक व्रत।

खम्हार (सं.) पान के जैसे पत्तोंवाला वृक्ष विशेष, जिसकी लकड़ी से ढोलक आदि बनाई जाती है।

खम्हारी (सं.) कृषि-सेवक।

खर (वि.) 1. खरा, तेज़, स्पष्ट 2. नमकीन।

खरइन (सं.) 1. उरई नामक घास से बनने वाली झाड़ू 2. पेशाब की गंध।

खरगोस (सं.) ख़रगोश।

खरचा (सं.) 1. ख़र्च 2. भोजन-व्यवस्था।

खरचा करना (क्रि.) ख़र्च करना।

खरतर (वि.) बहादुर। दे. 'खर'।

खरतरिहा (वि.) दे. 'खरतर'।

खरपटहा (सं.) ऊटपटाँग काम करने वाला।

खरभुसरा (वि.) गंदा।

खरवन (सं.) 1. खलिहान में अनाज का दान 2. तबले, ढोलक, आदि पर लगाया जानेवाला मसाला।

खरसा (सं.) कटाव का चिह्न, अवरोध।

खरसी (सं.) गोबर का सूखा चूरा।

खरहन (सं.) खलिहान में दिया गया अन्न का दान।

खरहर (वि.) 1. बिना बिछावन का। 2. खुरदरा।

खरहरा (सं.) बाँस की खपच्चियों या अरहर की लकड़ियों आदि से बनी झाड़ू।

खरहा (सं.) ख़रगोश।

खराही (सं.) 1. कटी हुई फ़सल की व्यवस्थित ढेरी 2. पैरे (दे. 'पैरा') का ढेर 3. कंडों की ढेरी।

खरा (वि.) तेज़, ठीक। दे. 'खर'।

खराना (क्रि.) अधिक सूख जाना, तेल में आवश्यकता से अधिक सिंकना।

खरिका (सं.) गाँव के बाहर का वह मैदान, जहाँ ढोर इकट्ठे होते हैं —(वि.) समूह, ढेर।

खरिखा (सं.) दे. 'खरिका'।

खरिखा डार (सं.) 1. दे. 'खरिका' 2. दीपावली पर जानवरों को एकत्रित किए जाने का स्थान।

खरिया (सं.) थैली।

खरिहार (सं.) बीता हुआ या आनेवाला चौथा वर्ष।

खरी (सं.) खली (किसी तिलहन की)।

खरैरा बहिरी (सं.) आँगन, गोशाला आदि की सफ़ाई में प्रयुक्त होनेवाली झाड़ू। दे. 'खरईन'।

खरोना (क्रि.) 1. कपड़े धोने के लिए पानी गरम करना 2. कड़ा पड़ना।

खर्रा (वि.) 1. बिना बिस्तर की खाट 2. नंगे पैर 3. क्षिप्र 4. तेज़ बहाव 5. कड़ा 6. विस्तार से लिखा पत्र।

खलखलते (क्रि. वि.) दे. 'खसखस ले'।

छितका (सं.) 1. दे. 'पर्रा' डलिया 2. घास-फूस की झोपड़ी।–(वि.) जीर्ण-शीर्ण, अंधकारपूर्ण।

छितौरा (सं.) छोटा छाता। दे. 'खुमरी'।

छिन (सं.) क्षण।

छिनना (क्रि.) 1. सूप से अनाज फटकना 2. लूटना, छीनना 3. काटना, काटकर अलग करना।

छिनमिनहा (वि.) 1. हर चीज़ में दोष निकालने वाला 2. आवश्यकता से अधिक सफ़ाई चाहने वाला।

छिनहा (वि.) छेनी से सुधारा गया।

छिनार (वि.) व्यभिचारिणी, छिनाल।

छिनी (सं.) 1. लकड़ी फाड़ते समय बीच में डाला जानेवाला लोहे का गुटका 2. पत्थर सुधारने का औज़ार, छेनी।

छिनी अँगठी (सं.) दें. 'छिंगुरी'।

छिपकिली (सं.) छिपकली।

छिपिया (सं.) बुनकर जाति। दे. 'कोस्टा'।

छिलपट (सं.) 1. चट्टान 2. छिलका, छाल। दे. 'चिलफा'।

छींचना (क्रि.) 1. सींचना 2. छिड़कना। दे. 'उतेरना'।

छींट (सं.) छपा हुआ कपड़ा विशेष।

छींटा (सं.) 1. स्त्री पर जादू करने का भाव 2. पानी का छींटा।

छींटी (सं.) दे. 'पर्रा'।

छींद (सं.) खजूर की जाति का एक पेड़ जिसके पत्तों से झाड़ू बनाते हैं।

छीछन (सं.) दे. 'छेछन'।

छीछना (क्रि.) दे. 'छींचना'।

छीताफल (सं.) सीताफल, शरीफ़ा।

छीपा (सं.) थाली।

छीपी (सं.) सीपी।

छीला (सं.) दे. 'छइला'।

छुआ (सं.) 1. छूत 2. रजस्वला।

छुआ छुऔला (सं.) बच्चों के द्वारा एक-दूसरे कौ दौड़कर छूने का खेल।

छुइहा (वि.) 1. रस चूसी हुई गँड़ेरी 2.आम के अचार को चूसने के बाद बचा हुआ अखाद्य अंश 3. पुताई की चूना-मिट्टी।

छुच्छा (वि.) ख़ाली। दे. 'जुच्छा'।

छुछिंद (वि.) स्वच्छंद।

छुछुँद (वि.) स्वच्छंद। दे. 'छुछिंद'।

छुछुँदरा (वि.) ताक में रहने वाला, किसी खोज में रहने वाला।

छुछु (सं.) छछूँदर।

छुछुआ (सं.) दे. 'छुछु'।

छुछुआना (क्रि.) भटकना, परेशान होना।

छुट्टा (सं.) चिल्हर।–(वि.) स्वतंत्र, स्वच्छंद।

छुट्टहा (वि.) मुक्त, स्वतंत्र। दे. 'छुट्टा'।

छुचिया (वि.) मिट्टी का अपवित्र बरतन।

छुही (सं.) सफ़ेद मिट्टी, खड़िया मिट्टी। दे. 'छुइहा'।

छुही पोता (सं.) पुताई करने वाला।

छुछू (सं.) 1. छछूँदर 2. शरीर के तिल।

छेंगुरिया (वि.) छह अँगुलियों वाला।

छेंगुरी (वि. स्त्री) छह अँगुलियों वाली।

छेंवट (वि.) आख़िरी।

छेकना (क्रि.) रोकना, मार्ग अवरुद्ध करना।

छेछन (सं.) नाक का सूखा हुआ मैल, गुज्जू।

छेछा (सं.) दे. 'छेछन'।

छेछान (सं.) बाज़ पक्षी।

छेदा (सं.) छेद। दे. 'भोंगरा'।

छेना (सं.) गोबर में भूसा मिलाकर बनाया गया उपला, कंडा, ईंधन।

छेना कोनिया (सं.) कंडे रखने की जगह।

छेपका (सं.) चपटी नाकवाला।

छेरका (सं.) बकरी चराने वाला।

छेरकिन (सं.) बकरी चराने वाली।

छेरछेरा (सं.) धान की फ़सल कटने के बाद पौष-पूर्णिमा को पड़ने वाला एक त्यौहार, जिसमें कृषि-मज़दूर और भिखारी अन्न की याचना करने को निकलते हैं और 'छेरछेरा, माई कोठी के धान ला हेरहेरा' (छेरछेरा, मुख्य भंडार के धान को निकालो) की आवाज लगाते हैं।

छेरछेरा पुन्नी (सं.) पौष-पूर्णिमा।

छेरवा (सं.) कँवर जाति की एक उपजाति।

छेरिया (सं.) दे. 'छेरी'।

छेरी (सं.) बकरी।

छेवट (क्रि. वि.) अंत में।

छेवर (सं.) समाप्ति।

छेवारी (सं.) 1. प्रसूतिका, ज़च्चा 2. प्रसूति।

छैंहा (सं.) दे. 'छाँव'।

छैबुंदिया (सं.) पीठ पर छह बूँदियों वाला एक ज़हरीला कीड़ा।

छैमसी (सं.) मृतक का छह माह बाद का क्रिया-कर्म।

छैला (सं.) 1. नाच 2. दाग़ों की बीमारी।

छोइहा (सं.) छिलका। दे. 'छुइहा'।

छोट (वि.) छोटा।

छोट अँखिया (वि.) नियतख़ोर।

छोटका (वि.) छोटा।

छोटकी (वि. स्त्री.) छोटी।

छोट कुन (वि.) छोटा-सा।

छोपियाना (क्रि.) 1. कपड़े पटकना 2. हथियार से काटना या छीलना।

छोरना (क्रि.) 1. छोड़ना 2. गाँठ खोलना।

छोराना (क्रि.) पशुओं के अंडकोश को दबाकर उन्हें नपुंसक करना, बधिया करना।

छोलना (क्रि.) 1. छीलना 2. चिकना करना।

छोहर पीरा (सं.) प्रसव के बाद की पीड़ा।

छौंचना (क्रि.) शौच-क्रिया के बाद मल धोने की क्रिया।

छौंड़ा (सं.) लड़का।

छौंड़ी (सं.) लड़की।

छौआ (सं.) लड़का, बच्चा। दे. 'छौंड़ा'।

छौना (सं.) 1. मृग-शावक 2. बिस्तर का कपड़ा।

ज

जँवरिहा (वि.) समवयस्क।

जँवारा (सं.) 1. नवरात्रि का पर्व जिसमें 'भोजली' (दे.) के रूप में 'जौ' या 'गेहूँ' बोते हैं और देवी की पूजा करते हैं 2. देवी के प्रसाद के रूप में भोजली के आदान-प्रदान से मैत्री-संबंधों के आजीवन निर्वाह का संकल्प करने वालों का पारस्परिक संबोधन।

जंगाना (क्रि.) क्रोधित होना। दे. 'खिसियाना'।

जंफर (सं.) लंबा ब्लाउज।

जकला (वि.) आधा पागल।

जकली (वि. स्त्री.) आधी पागल।

जकहा (वि.) मूर्ख, सनकी, विक्षिप्त।

जकही (वि. स्त्री.) मूर्ख या सनकी औरत।

जगजग (वि.) जगमग, चकाचक, चकाचौंध।

जगना (क्रि.) अंकुरित होना।

जघा (सं.) जगह, स्थान।

जटना (क्रि.) हड़पना, ठगना।

जड़ (वि.) चलने में जाम होना।

जड़जूड़ (सं.) सर्दी-खाँसी।

जड़कल्ला (सं.) शीत ऋतु। दे. 'जड़काला'।

जड़काला (सं.) शीत ऋतु, ठंड का मौसम।

जड़ाना (क्रि.) ठंड का अनुभव करना, ठंड से पीड़ित होना।

जड़ावर (सं.) जाड़े के कंबल आदि वस्त्र जिन्हें मालिक अपने नौकरों को बाँटते हैं।

जतका (वि.) जितना।

जतखत (वि.) बिखरा हुआ। –(क्रि. वि.) यत्र-तत्र। दे. 'जतर-खतर'।

जतन (सं.) 1. रखरखाव 2. यत्न –(वि.) जितना। दे. 'जतका'।

जतना (वि.) जितना। दे. 'जतका'।

जतर-खतर (वि.) बिखरा हुआ, अव्यवस्थित। –(क्रि. वि.) यत्र-तत्र।

जतरा (सं.) 1. यात्रा 2. तीर्थ यात्रा।

जतुलिया (सं.) मिट्टी का एक खिलौना जो जाँते (दे. 'जाँता') के आकार का होता है।

जतौला (वि.) दिखावट प्रिय, जताने वाला।

जथर-खथर (वि.) दे. 'जतर-खतर'।

जदर्रा (वि.) अधिक मोटा, हृष्ट-पुष्ट।

जनमना (क्रि.) उत्पन्न होना, जन्म लेना।

जनाना (सं.) स्त्री दे. 'जनौवल'। –(क्रि.) 1. संकेत करना, याद दिलाना 2. वादा करना 3. दर्द आदि महसूस होना।

जनौला (सं.) दे. 'जनौवल'।

जनौवल (सं.) पहेली।

जपर्रा (वि.) अधिक सोने वाला।

जबड़ (वि.) विशालकाय, बड़ा।

जबर (वि.) शक्तिशाली, बड़ा, विशाल।

जबरन (सं.) ज़बरदस्ती, बलपूर्वक।

जबान (सं.) 1. जीभ 2. बात।

जबाना (सं.) ज़माना, युग।

जभाँना (क्रि.) जँभाई लेना।

जम (सं.) यम।

जमनी (सं.) छोटी जामुन।

जमराई (सं.) जामुन के पेड़ों का समूह।

जमुहाल (सं.) दे. 'जमराई'।

जमुहाना (क्रि.) आलस्य में मुँह फाड़कर जँभाई लेना। दे. 'जभाँना'।

जम्मे (सर्व.) सब, कुल। दे. 'जम्मो'।

जम्मो (सर्व.) सब, कुल।

जर (सं.) 1. जड़ 2. ज्वर।

जरई (सं.) 1. अंकुर 2. हल के फाल को रोकने के लिए लगाया जानेवाला गोल हुक।

जरना (क्रि.) 1. जलना। दे. 'बरना'। 2. ठंड से गलना।

जरहा (सं.) एक प्रकार की मछली। –(वि.) 1. जला हुआ 2. ज्वर से पीड़ित।

जरी (सं.) 1. शाक-विशेष। दे. 'खेड़हा'। 2. जड़ी 3. जड़।

जरी-बूटी (सं.) जड़ी-बूटी।

जरु (सं.) दे. 'जरई'।

जरोंधा (वि.) जुड़वाँ।

जरौंधा (सं.) गन्ने, भुट्टे आदि के तनों के ऊपरी भागों में निकली जड़ों का समूह।

जलकुकड़ा (वि.) ईर्ष्यालु, जलने वाला।

जलखड्ड (सं.) नदी, समुद्र, आदि का गहरा स्थान। दे. 'दहरा'।

जलघस (क्रि. वि.) जब तक।

जलतारन (सं.) नाव।

जलतारे (सं.) नाविक, केवट की एक उपजाति।

जलथल (वि.) जलमग्न।

जलनहा (वि.) ईर्ष्यालु।

जलहरी (सं.) 1. शिव की पिंडी को स्नान कराने के लिए शिवलिंग के ऊपर तिपाई के सहारे रखा या लटकाया गया पानी से भरा घड़ा जिससे बूँद-बूँद पानी टपकता है 2. शिवलिंग के चारों ओर बनी हुई नालीदार परिधि जिससे अभिषेक का जल बहता है।

जलियाना (क्रि.) अन्न में कीड़े लगने से उनके रेशों से अन्न का जुड़ जाना।

जवा (सं.) जौ।

जस (सं.) यश, प्रसिद्धि, बड़ाई। –(वि.) दे. 'जइसन'।

जाँगर (सं.) 1. परिश्रम 2. शक्ति 3. शरीर।

जाँता (सं.) घरू चक्की। दे. 'चकिया'।

जाँवर (सं.) 1. युग्म, युगल 2. पति।

जाँवर-जियाँ (वि.) जुड़वाँ।

जाँवर-जोड़ी (सं.) समवयस्क युग्म, पति-पत्नी की जोड़ी।

जागा (सं.) जगह।

जाड़ (सं.) शीत, ठंड, जाड़ा। –(वि.) आकार का।

जानिबकार (वि.) जानकार।

जाप (सं.) जप।

जाम (सं.) 1. जामुन 2. अमरूद।

जामन (सं.) दही जमाने के लिए आधार रूप दही की थोड़ी सी मात्रा।

जामफल (सं.) अमरूद।

जामना (क्रि.) अंकुरित होना।

जिंद (सं.) जिन्न, प्रेत।

जिकिया (सं.) कोई छोटा फल। दे. 'झीकी'।

जिजितवा (सं.) वह किसान जो अन्य के बैलों से उसके खेत दो-तीन दिन जोतकर अपना खेत उन बैलों से एक दिन जोतता है।

जिठौत (वि.) जेठ की तरफ का।

जिनगानी (सं.) जिंदगानी, जिंदगी।

जिनगी (सं.) दे. 'जिनगानी'।

जिनिस (सं.) वस्तु।

जिबराना (सं.) जीभ निकालकर चिढ़ाना।

जिभिया (सं.) 1. सूप का अग्र भाग 2. जीभ साफ़ करने की पट्टी, जीभी 3. खलिहान में अनाज मापने के पूर्व देव के लिए निकाला गया भाग।

जिमी काँदा (सं.) सूरन, जिमीकंद।

जिया (सं.) हृदय।

जिल्लो (सं.) लाख-लाखड़ी नामक दालों के साथ पैदा होनेवाली सस्ती दाल जिसे सामान्यतः पशुओं को खिलाया जाता है। दे. 'अँकरी'।

जिवका (सं.) जीविका।

जिवरा (सं.) जीव, मन।

जिहली (सं.) छाल, पपड़ी।

जुआँ (सं.) जुए का खेल।

जुआँड़ा (सं.) भैंसागाड़ी का जुआ।

जुआँड़ी (सं.) 1. जुआ खेलने वाला 2. ज्वार की फसल 3. बैलगाड़ी का जुआ।

जुआनी (सं.) जवानी।

जुआब (सं.) जवाब।

जुआर (सं.) 1. काल, प्रहर 2. एक अन्न, ज्वार।

जुगाड़ (सं.) व्यवस्था।

जुगुत (सं.) युक्ति, उपाय, तरीक़ा, हल, समाधान।

जुच्छा (वि.) ख़ाली, ख़ाली हाथ।

जुटहा (वि.) जूठा खानेवाला।

जुड़ा (सं.) जुआ (गाड़ी का)

जुड़ाना (क्रि.) 1. ठंडा करना 2. शीतल होना।

जुतिया (सं.) गले में पहनने की धागों की पवित्र डोरी।

जुनहा (सं.) चीथड़ा। –(वि.) पुराना।

जुन्ना (वि.) दे. 'जुनहा'।

जुराना (क्रि.) 1. लटना 2. कम पड़ना 3. उलझना 4. जुटना, इकट्ठा होना।

जुल (सं.) धोखा, छल, कपट, चकमा।

जुहाँ (सं.) दे. 'जुआँ'।

जूड़ (सं.) सर्दी, ठंड। –(वि.) ठंडा, शीतल।

जून (सं.) प्रहर।

जूरा (सं.) जूड़ा।

जूरी (सं.) बंडल, गट्ठा।

जेंना (क्रि.) भोजन करना, जीमना।

जेंमन (सं.) भोज। –(सर्व.) जिन्होंने।

जेंवाना (क्रि.) खिलाना, भोजन कराना।

जेंवारा (सं.) दे. 'जँवारा'।

जे (सर्व.) जो।

जेकर (सर्व.) जिसका।

जेठासी (वि.) ज्येष्ठ पुत्र को बँटवारे के अतिरिक्त मिलने वाला भाग।

जेठौत (सं.) जेठ का पुत्र।

जेठौती (सं.) जेठ की पुत्री।

जेठौनी (वि.) दे. 'जेठासी'।

जेतका (वि.) जितना।

जेती-तेती (क्रि. वि.) जहाँ-तहाँ।

जेतेक (वि.) दे. 'जेतका'।

जेमा (सर्व.) जिसमें।

जेरु (सं.) दे. 'जरइ'।

जेला (सर्व.) जिसे।

जेवन (सं.) भोजन।

जेवनार (सं.) 1. भोज का आयोजन, भोज-समारोह 2. भोज्य सामग्री।

जेवनास (सं.) बरात ठहरने का स्थान, जनवासा।

जेवनिहा (सं.) हल में प्रयुक्त दाहिना बैल।

जेवनी (वि.) दाहिना, दायाँ, दाहिनी ओर का।

जेवर (सं.) गाँव के कोटवार, नाई, धोबी आदि का पारिश्रमिक 2. गहना, आभूषण, जेवर।

जैसन (वि.) जैसा।

जोंख (सं.) जोंक।

जोंगना (क्रि.) 1. काम करने के लिए कहना 2. मनगढ़ंत बातें करना।

जोंता (सं.) बाड़ी में बैल को बाँधने की रस्सी।

जोंदरा (सं.) मक्का। दे. 'जोंधरी'।

जोंधरी (सं.) भुट्टा, मक्का।

जोंट (सं.) पशुओं आदि का संभोग हेतु मिलना।

जोंही (सं.) 1. साथी 2. जोड़ी।

जोई (सं.) सखी।

जोक्कड़ (सं.) जोकर, हँसाने वाला, विदूषक।

जोख (सं.) तौल।

जोखी (सं.) 1. केंचुल 2. तौल। –(वि.) जोखिम उठाने वाला।

जोग (सं.) संयोग। –(वि.) योग्य।

जोगना (क्रि.) 1. प्रतीक्षा करना 2. रखवाली करना।

जोगनी (सं.) जुगनू।

जोगार (सं.) जुगाड़, युक्ति, उपाय।

जोजन (सं.) योजना, चार कोस।

जोजबा (वि.) भोंदू।

जोजियाना (क्रि.) खुशामद करना।

जोट (सं.) दे. 'जोंट'।

जोत (सं.) ज्योति। –(वि.) जुता हुआ।

जोतसी (सं.) ज्योतिषी, भविष्यवक्ता।

जोदर्रा (वि.) अधिक मोटा। दे. 'जदर्रा'।

जोरंढा (सं.) युग्म। –(वि.) जुड़वाँ।

जोर (सं.) 1. प्रहर, काल 2. दबाव।

जोरफा (वि.) गुच्छयुक्त, मिला हुआ।
जोरन (सं.) 1. वधू को दिया जानेवाला उपहार 2. टूटे हुए को मिलाने वाली रस्सी।
जोरना (क्रि.) जोड़ना, इकट्ठा करना।
जोरी (सं.) युग्म, जोड़ी।
जोरी-जाँवर (सं.) दे. 'जाँवर-जोड़ी'।
जोरोंधा (वि.) दे. 'जरोंधा'।
जोहना (क्रि.) प्रतीक्षा करना।
जोहार (सं.) अभिवादन।
जोहारना (क्रि.) अभिवादन करना।
जौं (सं.) जौ।
जौंहर (सं.) 1. आफत, विपत्ति, संकट, आपदा 2. 'सत्यानाश' का अर्थ देनेवाली गाली 3. जौहर।
जौन (सर्व.) जो, जिस।
जौनमन (सर्व.) जो लोग।
जौन हर (सर्व.) जो हो।

झ

झँगुलिया (सं.) छोटे बच्चे को पहनाया जानेवाला सिला हुआ ढीला-ढाला वस्त्र।
झँगुली (सं.) साड़ी का वह भाग जो पहनने के बाद लटकता रहे, पल्ला।
झँपाना (क्रि.) 1. डालना 2. जान-बूझ कर फँसना, गिरना 3. कूद पड़ना।
झँपुलिया (सं.) दे. 'झाँपी'।
झँपोली (सं.) छोटी झाँपी (दे.)।
झँवाना (क्रि.) 1. झुलसाना 2. झुलसना।
झंगा झोली (वि.) ढीला-ढाला।
झंझा (सं.) लू। दे. 'झाँझ'।
झकझक ले (क्रि. वि.) झिलमिलाता हुआ।
झक्कर (सं.) आँधी के साथ धीमी-धीमी वर्षा।
झगरा (सं.) झगड़ा, विग्रह।
झझकना (क्रि.) 1. झिझकना, ठिठकना 2. भयग्रस्त हो जाना।
झझकरहा (वि.) झिझकने वाला।
झझियाना (क्रि.) भाप देना, भाप से पकाना।
झटकना (क्रि.) 1. छीनना, छीनकर ले लेना 2. दुबला होना 3. अन्न साफ़ करना।
झटकुन (क्रि. वि.) तुरंत, शीघ्रता से।
झट-झट (क्रि. वि.) जल्दी-जल्दी, शीघ्रता से।
झड़ी (सं.) वर्षा की झड़ी, वर्षा की निरंतरता।
झन (सं.) 1. 'लोग'-सूचक शब्द, जन। उदा.—राँधे बर एक झन, खाए बर दस झना (भोजन पकाने के लिए एक आदमी और खाने के लिए दस)। 2. नग, अदद। —(अव्य.) मत, नहीं। उदा.—'झन साँप मरे, झन लाठी टूटै' (न साँप मरे, न लाठी टूटे)।
झनझनहा (वि.) नाराज़गी के साथ बड़बड़ाने वाला।
झनझनही (वि. स्त्री.) दे. 'झनझनहा'।
झनझनाना (क्रि.) बुदबुदाना, उपेक्षा के भाव से हाथ-पैर पटकना, झल्लाना।
झन्न (सं.) बरतन आदि के बजने की ध्वनि।
झपकिन (क्रि. वि.) झट से।
झप-झप (क्रि. वि.) शीघ्रतापूर्वक, वेगपूर्वक।
झपटना (क्रि.) छीनना।
झपड़ियाना (क्रि.) झापड़ मारना।
झप ले (क्रि. वि.) 1. तुरंत 2. अचानक।

झबला (सं.) छोटे बच्चे को पहनाया जानेवाला ढीला-ढाला वस्त्र। दे. 'झँगुलिया'।

झब्बा (सं.) 1. चाँदी का एक आभूषण जिसे वेणी में गूँथ कर पहना जाता है 2. गुच्छ।

झमक (सं.) 1. त्वरा, जल्दबाज़ी 2. पायल आदि की आवाज़।

झमक के (क्रि. वि.) जल्दी से, तत्परता से।

झरती (वि.) समाप्त होता हुआ।

झरना (क्रि.) 1. समाप्त होना 2. रिसना 3. गिरना 4. झड़ जाना।

झरफर (क्रि. वि.) वेगपूर्वक, त्वरित गति से, शीघ्रता से, अविलंब।

झरिटा (सं.) बाँस का टोकरा।

झर्राना (क्रि.) 1. कपड़े, भाजी आदि को हाथ से झटक कर झाड़ना 2. खरी-खोटी सुनाना, खरी-खरी बातें करना।

झलझला (सं.) वह कपड़ा जिसकी बुनावट दूर-दूर हो। —(वि.) पारदर्शक, पतला।

झलफला (वि.) ढीला-ढाला (कपड़ा आदि)।

झलार (सं.) लहर।

झाँगा (सं.) अचकन-जैसा एक शाही वस्त्र।

झाँझ (सं.) 1. गर्म हवा, लू 2. बड़ा मँजीरा।

झाँझर (सं.) 1. बड़ा मँजीरा 2. झगड़ालू महिला। —(वि.) रिक्त।

झाँटना (क्रि.) 1. पसिया (दे.) निकालना। 2. निथारना 3. निकासी करना।

झाँपी (सं.) बाँस की सींकों से बनी ढक्कनदार बड़ी गोल टोकरी।

झाँवा (सं.) बेहोशी।

झाबना (क्रि.) मुफ्त में लेना।

झाबा (सं.) 1. दे. 'झब्बा'। बड़ा टोकरा 2. वधू का चाँदी का एक गोल आभूषण जिसे वेणी में बाँधा जाता है।

झार (सं.) 1. तेज़ तीखी गंध, तीखापन 2. विष 3. पेट साफ़ करने की दवा। —(वि.) सब, सभी।

झारना (क्रि.) 1. साफ़ करना 2. रिक्त करना 3. तंत्र-मंत्र से कष्ट-निवारण करना।

झारा (सं.) 1. रसोई में काम आनेवाला एक छिद्रदार उपकरण, छेददार करछुल। 2. समूह।

झारा-झारा (सं.) घर के सभी लोगों का नेवता।

झालर (सं.) 1. मुंडन के समय उतारे जानेवाले केश 2. बल्बों की लड़ी 3. किसी वस्तु के किनारे पर सजावट के लिए लगाई जानेवाली कपड़े की चुन्नट वाली पट्टी 4. चिड़ियों आदि को खिलाने के लिए धान की बालियों से बनी सज्जा।

झाला (सं.) 1. पत्ते की छोटी झोपड़ी 2. पक्षी का घोंसला।

झिंकी (सं.) नवजात फल।

झिंगरी (सं.) छोटी झींगा मछली।

झिंटी (वि.) दे. 'झिटी'।

झिटी (वि.) पतली, दुबली।

झिथरा (वि.) 1. उलझे बालों वाला, बिखरे बालों वाला 2. गुच्छेदार।

झिथरी (वि. स्त्री.) दे. 'झिथरा'।

झिन (अव्य.) दे. 'झन'।

झिमझाम (वि.) सुनसान, एकांत, नीरव, स्तब्ध।

झिमिर-झामर (सं.) 1. हल्की-हल्की वर्षा, थोड़ी-थोड़ी बूँदा-बाँदी, रिमझिम 2. सुनसान स्थान।

झिमिर-झिमिर (सं.) दे. 'झिमिर-झामर'।

झिरना (सं.) झरना, पात।

झिरसा (सं.) रिमझिम, पानी की अस्थायी हल्की फुहार।

झिरिया (सं.) 1. झरने या नदी के तट पर बालू को खोद कर पीने के लिए पानी एकत्र करने के निमित्त गड्ढा 2. खेत के पानी को निकालने के लिए बनाई गई नाली।

झिलझिलहा (सं.) अल्प पारदर्शक कपड़ा। दे. 'झलझला'। –(वि.) पतले झिलमिले आवरण वाला।

झींकना (क्रि.) खींचना।

झींप (सं.) वर्षा की फुहार।

झीपना (क्रि.) अन्न को सूप आदि से झटकारकर गिराना।

झीमना (क्रि.) 1. दे. 'झीपना' 2. दे. 'झूपना'।

झुँझकुर (सं.) झुरमुट, कुंज।

झुँझरा (वि.) जिसे कम दिखाई देता है, अस्पष्ट दृष्टिवाला।

झुँझरी (वि. स्त्री.) दे. 'झुँझरा'।

झुँटी (वि.) दे. 'झिटी'।

झुक्खा (वि.) 1. खाली। दे. 'जुच्छा'। 2. सूखा।

झुखाना (क्रि.) 1. सुखाना 2. सूखना।

झुपुलिया (सं.) ढक्कनदार टोकरी।

झुमका (सं.) 1. एक वाद्य-यंत्र 2. कान का बुंदे-जैसा एक आभूषण।

झुरगा (सं.) बरबटी का बीज जिसकी बड़ी क़िस्म को लोबिया कहा जाता है।

झुरना (क्रि.) 1. भूनना 2. आग पर झुलसना।

झुलझुलहा (सं.) भोर का अँधेरा, झुटपुटा।

झुलना (सं.) झूला।

झुलपहा (वि.) लंबे बालों वाला, जुल्फ़ों वाला।

झुलफुलहा (सं.) सूर्यास्त के बाद का अँधेरा।

झुलुआ (सं.) झूला।

झुलुप (सं.) जुल्फ़, सामने की ओर लटके लंबे बाल।

झूपना (क्रि.) 1. बालों को खोलकर बिखराते हुए सिर को तेज़ी से आगे-पीछे ले जाना, विशेषतः जादूगरनी (टोनही) के क्रियाकलाप का अंग 2. बाल बिखरा कर झूमना।

झूरी (वि.) झुरा (दे. 'झुरना') हुआ।

झूलना (सं.) झूला। –(क्रि.) 1. झूलना 2. लटकना 3. आँखों के सामने स्मृति-रूप में आना।

झेंगुरा (सं.) झींगुर।

झेंझरी (सं.) 1. बाँस की सींकों से बनी विशेष टोकरी जिसे पानी में डाल कर अन्न आदि साफ़ करने के काम में लाया जाता है 2. छिद्रयुक्त पात्र।

झेरिया (सं.) 1. तेली और रावत जातियों की उपजाति 2. सोता। दे. 'झिरिया'।

झोंकना (क्रि.) 1. लपक कर पकड़ना या ग्रहण करना 2. झोंकना 3. स्वीकार करना।

झोइला (वि.) भुना हुआ।

झोंझगना (क्रि.) झुक जाना।

झोरथा (सं.) समूह, झुंड, दल, टोली, गुच्छा। दे. 'जोरफा'।

झोर (सं.) रस, सब्ज़ी का रस, झोल।

झोरहा (वि.) रसयुक्त, झोलयुक्त।

झोलगा (वि.) ढीला।

झोलटा (वि.) ठग।

झोलटू (वि.) दे. 'झलफला'।

झोला (सं.) 1. थैला 2. लू।

झौंसाइन (सं.) एक गाली, मुँहजली।

झौंहा (सं.) 1. ढेर, झुंड 2. टोकरी।

ट

टँगड़ी (सं.) टाँग, पैर।

टँगली (सं.) छोटी कुल्हाड़ी।

टँगिया (सं.) कुल्हाड़ी।

टँगुली (सं.) 1. दे. 'टँगिया' 2. डाल।

टकर (सं.) 1. आदत 2. टकटकी।

टकरहा (वि.) आदी।

टकला (वि.) गंजा।

टघलना (क्रि.) पिघलना।

टनमन (वि.) स्वस्थ, ताजा। उदा.– 'ओकर लइका बिल्कुल टनमन हावे' (उसका बच्चा बिल्कुल स्वस्थ है)।

टनक (वि.) चंचल, तेज।

टपका (सं.) 1. दे. 'अड़कड़ी' 2. एक घाव। –(वि.) पककर गिरा हुआ (फल)।

टपराहा (सं.) टीन के बरतन आदि बनाने वाला।

टपटप (क्रि. वि.) जल्दी-जल्दी।

टभोलना (क्रि.) दे. 'टोभियाना'।

टमटमा (सं.) लालटेन। –(वि.) भक-भक के साथ अधिक ज्योतियुक्त।

टमटमाना (क्रि.) भक-भक करना।

टमड़ना (क्रि.) छूकर ढूँढना, टटोलना।

टनरना (क्रि.) दे. 'टमड़ना'।

टरकना (क्रि.) चुपचाप ग़ायब हो जाना, खिसक जाना।

टरकाना (क्रि.) किसी बहाने से मना कर देना या अन्यत्र भेज देना, टालना, खिसका देना।

टाँठ (वि.) 1. कड़ा 2. पित्त से उत्पन्न एक रोग।

टाट (सं.) बारदाने का कपड़ा, बोरा। –(वि.) (अँगरेज़ी) टाइट, कसा।

टाटपट्टी (सं.) टाट की चटाई।

टाठी (सं.) थाली।

टापर (सं.) टीन की चादर।

टापस (सं.) एक कर्णाभूषण।

टार (सं.) ढाल की ओर बना हुआ नाली-जैसा कटाव जिससे होकर वर्षा का पानी तालाब में जाता है।

टारना (क्रि.) टालना, हटना, सरकाना।

टिकरा (सं.) 1. ऊँची ज़मीन पर स्थित बिना मेंड़ का खेत 2. ऊँचा भूभाग।

टिकलहा (सं.) 1. ऐसा बैल जिसके माथे पर स्वाभाविक रूप से तिलक-जैसा चिह्न हो 2. तिलक लगाने का आदी व्यक्ति।

टिकलही (सं.) ऐसी गाय जिसके माथे पर स्वाभाविक रूप से तिलक जैसा चिह्न हो।

टिकली (सं.) 1. स्त्रियों के माथे की बिंदी 2. एक नए पैसे का सिक्का।

टिकावन (सं.) शादी के समय परिजनों के द्वारा टीका लगाने के बाद दिया जानेवाला उपहार।

टिकिस (सं.) टिकट।

टिकोरा (सं.) 1. टिकने की जगह 2. आम का बौर।

टिघलना (क्रि.) दे. 'टघलना'।

टिटही (सं.) टिटहरी।

टिपटिप (वि.) लबालब (बरतन के भरे होने के संबंध में)।

टिपना (क्रि.) 1. ताक कर निशाना लगाना 2. बरतन का छिद्र भरना।

टिपनी (सं.) छोटी-सी जन्म-कुंडली।

टिपाना (क्रि.) चेचक का टीका लगवाना।

टिमकी (सं.) दे. 'टिमटिमी'।

टिमटिमी (सं.) तबले की क़िस्म का चमड़ा मढ़ा एक देशी बाजा, जिससे टिम-टिम की ध्वनि होती है, डुगडुगी।

टिर्रहा (वि.) जिसकी नाक पर गुस्सा हो, ज़रा सी बात पर क्रोध करने वाला, गुस्सैल स्वभाव का टर्रा।

टीकना (क्रि.) 1. टीका लगाना 2. दहेज़ देना।

टीपा (सं.) टीन का पात्र, पीपा।

टुआल (सं.) दे. 'तुआल'।

टुकना (सं.) टोकरा।

टुकनी (सं.) टोकरी।

टुटपुँजिहा (सं.) सीमित या थोड़ी पूँजीवाला, साधनहीन।

टुटहा (वि.) टूटा हुआ।

टूरा (सं.) लड़का, छोकरा।

टूरी (सं.) लड़की, छोकरी।

टेंक (सं.) 1. ज़िद्द 2. टेक।

टेंकहा (वि.) ज़िद्दी (पुरुष)।

टेंकही (वि. स्त्री.) ज़िद्दी (औरत)।

टेंगना (सं.) मछली विशेष जिसके दो बड़े काँटे दोनों ओर और एक बड़ा काँटा ऊपर सिर की ओर होता है।

टेंडका (सं.) दे. 'टेटका'।

टेंड़ना (क्रि.) ढेंकुली से पानी निकालना।

टेंड़वाना (क्रि.) 1. ऐंठ दिखाना 2. मुकर जाना 3. अँगड़ाई लेना।

टेंड़ा (सं.) सिंचाई के लिए कुएँ या तालाब से पानी निकालने के लिए निर्मित एक देशी यंत्र जो लकड़ी के खंभे से बँधी आड़ी बल्ली में रस्सा बाँधकर बनाया जाता है, ढेंकुली।

टेंव (सं.) स्वभाव, आदत।

टेकना (क्रि.) 1. चक्की, सिल आदि को खुरदरा करना 2. अपनी बात पर अड़ना 3. टिकना।

टेकनी (सं.) एक पाये, दो पायों या तीन पायों का बैलगाड़ी का स्टैंड।

टेकरना (क्रि.) 1. टेकनी (दे.) से प्रहार करना 2. दे. 'टेकना'।

टेकर्रा (सं.) उँगली को मोड़ने पर उस के उल्टी ओर का नुकीला भाग।

टेकहा (वि.) दे. 'टेंकहा'।

टेका (सं.) 1. टेक 2. आसरा, सहारा।

टेकाना (क्रि.) टिकाना, टिका कर रखना।

टेक्टर (सं.) ट्रैक्टर।

टेटका (सं.) गिरगिट।

टेटरा (सं.) वह व्यक्ति जिसकी आँखों की पुतली सफेद हो गई हो, काना।

टेटराही (वि.) रूखा, कर्कश।

टेटा (सं.) आँख का उभरा और बाहर निकला हुआ भाग।

टेड़गा (वि.) टेढ़ा।

टेड़गा-बेड़गा (वि.) टेढ़ा-मेढ़ा।

टेनपा (सं.) बेंत, बाँस का टुकड़ा, छोटी छड़ी, लाठी।

टेना (क्रि.) धार करना, धार को पैना करना।

टेपरा (सं.) 1. आँख के ऊपर भौं के स्थान का उभरा भाग 2. जानवरों के गले में लटकाई जानेवाली लोहे की घंटी।

टेरना (क्रि.) पुकारना।

टेवना (सं.) पत्थर जिस पर रगड़कर औज़ारों की धार तेज़ की जाती है। –(क्रि.) औज़ार की धार पैनी करना।

टेसन (सं.) स्टेशन।

टेहर्रा (सं.) नीलकंठ। –(वि.) सुआपंखी रंग का।

टेहा (सं.) नीलकंठ पक्षी।

टेही (सं.) राउत (दे.) का विशेष स्वर में टेरना (दे.)।

टेहों (सं., वि.) दे. 'टेहर्रा'।

टोंटा (सं.) 1. गला 2. टेंटुआ 3. अभाव।

टोंड़का (सं.) छेद, सुराख़।

टोंड़ा (सं.) पैर का आभूषण, विशेष।

टोंड़ू (सं.) छोटा छिद्र।

टोकनी (सं.) दे. 'टुकनी'।

टोटका (सं.) अनिष्ट-निवारण के लिए तन्त्रोपचार (जैसे—जादूगरनी की कुदृष्टि से बचाने के लिए बच्चे को काजल का टीका लगाना, चौराहे पर सिंदूर चर्चित नीबू काट कर रखना आदि)।

टोटकी (सं.) दे. 'टोटका'।

टोनका (सं.) छिद्र, विशेषतः किसी पात्र में।

टोनहा (वि.) जादू-टोना करने वाला।

टोनहाना (क्रि.) जादू करना।

टोनही (वि. स्त्री.) वह स्त्री जो टोना (दे.) करती हो। दे. 'टोनहा'।

टोना (सं.) जादू, टोटका।

टोनाना (क्रि.) जादू करना।

टोपा (सं.) आँखों पर बाँधी जानेवाली पट्टी।

टोभा (सं.) दे. 'सुंबा'।

टोभियाना (क्रि.) 1. कुरेदना 2. अंकुरित होना।

टोभी (क्रि.) 1. सहारा 2. अंकुर।

टोरना (क्रि.) तोड़ना।

टोरा (वि.) टूटा हुआ।

टोर्रठ (वि.) कसैला, खट्टा।

टोर्रस (वि.) दे. 'टोर्रठ'।

टोर्रहा (वि.) दे. 'टोर्रठ'।

टोसकना (क्रि.) सूप से अन्न साफ़ करना।

टोह (सं.) 1. आहट 2. खोज।

टोहिया (वि.) भेदी।

ठ

ठंढई (सं.) पीपरमेंट।

ठउका (वि.) ठीक।

ठगड़ी (वि. स्त्री.) बाँझ।

ठगना (सं.) 1. ठग 2. मज़ाक करने वाला व्यक्ति। –(क्रि.) छल करना।

ठगनी (सं.) ठगनेवाली स्त्री।

ठट्ठा (सं.) मज़ाक, हँसी, चुहल।

ठठाना (क्रि.) 1. ठोककर पीटना 2. मारना।

ठठेसन (सं.) अनधिकृत रूप में विविध सेवाएँ प्राप्त करने या बेगार कराने का भाव।

ठड़गा (वि.) 1. जिस (पुरुष) के बच्चे न होते हों 2. लंबा (पुरुष) 3. सूखा (वृक्ष) 4. सीधा।

ठड़गी (वि. स्त्री.) 1. दे. 'ठगड़ी' 2. लंबी स्त्री।

ठन (सं.) नग, अदद, ठो। उदा.—'ओकार घर नी जाँव माँगे ला, दू ठन देही अउ दस ठन सुनाही' (उसके घर नहीं जाऊँगा/जाऊँगी माँगने को, दो नग देगा/देगी और दस अदद सुनाएगा/सुनाएगी)।

ठनकना (क्रि.) बच्चे का रुक-रुक कर रोना।

ठनकी (सं.) थोड़ा-थोड़ा करके पेशाब होने का रोग।

ठनगन (सं.) नख़रा, मान का भाव।

ठन्न (सं.) सिक्के आदि के बजने की ध्वनि।

ठप्पा (सं.) छाप, मुहर, अंकन।

ठलहा (वि.) बेगार, बिना काम का, निकम्मा, निठल्ला।

ठाँठ (वि.) कड़ा। दे. 'टाँठ'।

ठाँव (सं.) स्थान, जगह। दे. 'ठौर'।

ठाकुर (सं.) 1. नाई 2. जाति 3. देव-विशेष 4. मालिक।

ठाकुरदेव (सं.) ग्राम-देवता-विशेष।

ठाठा (सं.) ठठरी। –(वि.) बाँझ, विशेष कर पशुओं के संबंध में।

ठाढ़ होना (क्रि.) 1. खड़ा होना 2. रुकना।

ठाढ़ी (वि.) खड़ी, लंबवत्।

ठाढ़ी-ठाढ़ी (क्रि. वि.) सीधे-सीधे।

ठिक्की (सं.) टक्कर।

ठिन (सं.) दे. 'ठन'।

ठिहा (सं.) 1. काम करने का स्थान 2. बढ़ई के काम करने की मेज़ या पटला।

ठी (सं.) दे. 'ठन'।

ठुँआ (सं.) टोटका।

ठुँठवा (सं.) ठूँठ।

ठुनगुन (सं.) दे. 'ठनगन'। –(वि.) नाटा, बौना।

ठुर्रा (वि.) नाटा, बौना।

ठुर्री (वि. स्त्री.) 1. दे. 'ठुर्रा' 2. जिस बीज में अंकुरण-क्षमता न हो।

ठूँठा (वि.) लूला।

ठुँठी (वि. स्त्री.) 1. लूली 2. अधजली 3. घिसी-पिटी।

ठेंगना (वि.) छोटे क़द का, ठिगना।

ठेंगवा (सं.) अगूँठा, ठेंगा।

ठेंगा (सं.) 1. लाठी 2. दे. 'ठेंगवा'।

ठेंगा खाँसी (सं.) कुकुर, खाँसी, काली खाँसी।

ठेंसना (क्रि.) 1. भरना, ठूँसना 2. ठोकना।

ठेकला (वि.) सिरमुँड़ा।

ठेकली (सं.) मिट्टी का छोटा काला पात्र। –(वि.) सिरमुँड़ी (औरत)।

ठेठरी (सं.) बेसन का नमकीन पकवान।

ठेठवार (सं.) राउतों की एक उपजाति।

ठेठा (सं.) 1. शीशी की डाट या कॉर्क वाला ढक्कन 2. नाक का सूखा मैल दे. 'छेदन'।

ठेठी (सं.) 1. दे. 'ठेठा' 2. दे. 'ठेंगना' 3. स्तनाग्र।

ठेनी (सं.) तकरार, झगड़ा, मनमुटाव।

ठेपना (क्रि.) अपवित्र करना।

ठेपलना (क्रि.) दे. 'ठेपना'।

ठेलहा (वि.) दे. 'ठलहा'।

ठेला (सं.) 1. पशु के गले में डाली जानेवाली ज़मीन से छूती हुई लकड़ी, जिससे उसे भागने में असुविधा हो 2. ट्रक, ठेला 3. पशुओं को खिलाई जानेवाली जड़ी-बूटियों की औषधि।

ठोड़हा (सं.) तेल रखने का लकड़ी का पात्र। बाँस का पोला भाग, जिसका एक सिरा बंद रहता है।

ठोनकना (क्रि.) 1. चोंच मारना 2. नुकीली चीज़ से कुरेदना 3. बच्चे का भूख से रोना।

ठोम्हा (सं.) अंजलि, चुल्लू।

ठोहरियाना (क्रि.) खट्टेपन के कारण अनपच की प्रतीति होना।

ठोलब (क्रि.) उकसाना।

ठौंका (वि.) ठीक।

ठौंके (वि.) ठीक, सही। दे. ठौंका।

ठौर (सं.) स्थान।

ड

डँगचघा (सं.) 1. बाँस पर चढ़कर करतब दिखाने वाला नट 2. एक जाति।

डँगनी (सं.) 1. बाँस की लंबी लकड़ी 2. बाँस के किनारे पर खपच्ची बाँधकर फल तोड़ने के लिए बनाई गई लंबी लकड़ी 3. मछली पकड़ने की वंशी।

डँगाल (सं.) डाल, शाखा।

डँड़हा (वि.) 1. रेखायुक्त 2. विकसित (क्षेत्र)।

डंका (सं.) पानी निकालने का एक पात्र।

डंकी (सं.) आचमनी, पानी निकालने का छोटा पात्र, नपनी।

डंड (सं.) 1. बहाना 2. दंड, सजा।

डंडा (सं.) डंडों से खेला जानेवाला एक खेल।

डंडापचरंगा (सं) 1. डंडों से खेला जानेवाला एक खेल 2. वृक्षों पर खेला जानेवाला एक खेल।

डंडासरन (वि.) दंडवत्।

डंबेस (सं.) डंबल।

डगर (सं.) रास्ता।

डग्गड़ (सं.) डंका।

डग्गा (सं.) दे. 'डग्गड़'।

डड़ंगा (वि.) लंबा।

डटाना (क्रि.) 1. ठूँस-ठूँस कर भरना, घिच-पिच करना, बोतल की डाट के समान कसना 2. डाँटना।

डढ़ियल (वि.) दाढ़ीवाला, दढ़ियल।

डढ़िल्ला (वि.) लंबी ठोढ़ीवाला।

डढ़ेल (सं.) पकवान तलने के बाद कड़ाही में शेष जला हुआ तेल।

डफड़ा (सं.) दे. 'दफड़ा'। डफली।

डफोरना (क्रि.) पानी में हाथ मारकर आवाज़ करना।

डबकना (क्रि.) उबलना।

डबकाना (क्रि.) उबालना।

डबके (वि.) उबला हुआ।

डबरा (सं.) पानी से भरा छोटा गड्ढा।

डबरी (सं.) छोटा तालाब।

डबिया (सं.) टीन की छोटी डिब्बी, डिबिया।

डब्बी (सं.) 1. माचिस 2. डिबिया।

डभरा (सं.) दे. 'डबरा'।

डभोरना (क्रि.) 1. डुबोना 2. अधिक पानी में बियासी (दे.) करना।

डमरुआ (सं.) 1. बाघ का बच्चा 2. पेट का रोग-विशेष।

ड्राइवर (सं.) ड्राइवर।

डरपोकना (वि.) डरपोक।

डरभुतहा (वि.) ख़तरनाक।

डल्ला (सं.) भोज्य पदार्थ का एक टुकड़ा, जैसे मांस का या नमक का।

डल्ली (सं.) छोटा टुकड़ा, डली।

डहना (सं.) परोक्ष रूप से दुःख पहुँचाना, परेशान करना।

डहर (सं.) 1. रास्ता 2. और, तरफ।

डहर-छेकौंनी (सं.) विवाह का एक नेग, जिसमें वर-वधू का द्वार रोका जाता है।

डहरिया (सं.) सतनामियों की एक उपजाति।

डाँकना (क्रि.) फाँदना।

डाँग (सं.) 1. बाँस 2. एक नग गन्ना 3. एक नाप

डाँट (सं.) 1. डाट, कॉर्क 2. दरवाजे के ऊपर की गोल चुनाई।

डाँटना (क्रि.) 1. सटाना 2. डाटना, फटकारना।

डाँड़ (सं.) 1. लकीर 2. दंड या जुरमाना 3. मैदान।

डाँड़ी (सं.) 1. हल के बीच की गोल मोटी लकड़ी 2. गाड़ी, कोपर (दे.) आदि की आधार लकड़ी।

डाभा (सं.) 1. बच्चों को सन्निपात या निमोनिया का रोग 2. गर्म लोहे से दागने पर बना निशान।

डामा (सं.) जानवरों को बाँधने का फंदा।

डार (सं.) 1. दे. 'डाँड़' 2. डाल।

डारना (क्रि.) 1. डालना 2. जानवरों के बच्चों का निर्धारित समय से पूर्व जन्म होना 3. जानवरों का गर्भपात होना।

डारा (सं.) डाल, डाली, डगाल।

डाहर (सं.) दे. 'डहर'।

डिंगरा (सं.) 1. दुष्ट नौकर 2. बैल।–(वि.) उत्पाती।

डिंड़वा (सं.) बरात के प्रस्थान के बाद वर पक्ष के यहाँ महिलाओं द्वारा किया जानेवाला हास-परिहास 2. अकेला व्यक्ति, कुँवारा। रंडुवा।

डिंडा (सं.) अकेला पुरुष या स्त्री।

डिड़िन (सं.) 1. अकेली लड़की। कुमारी। 2. परित्यक्ता। –(वि. स्त्री.) ऊँची।

डिल्ला (सं.) 1. ढेला 2. वृषभ-कंध।

डिपरा (सं.) टीला।

डीठ (सं.) 1. दृष्टि 2. कुदृष्टि।

डीम (सं.) 1. अंडकोश 2. योनि, स्त्री का गुप्तांग 3. डींग 4. अंडा।

डीह (सं.) 1. टीला 2. टीले पर बसा गाँव 3. निवास-योग्य भूमि।

डुआ (सं.) करछुल, चम्मच।

डुग्गी (सं.) डुगडुगी, ढिंढोरा। दे. 'डग्गा'।

डुबकी (सं.) कढ़ी जैसी एक सब्ज़ी जो पिसी हुई उड़द-मूँग की बड़ियों को उबलते मठे में डाल कर बनाई जाती है 2. गोता।

डुहरु (सं.) 1. क्यारी 2. नाली।

डूड़ी (वि.) 1. अनामिका (उँगली) 2. टूटे सींगवाला।

डूमना (क्रि.) डुबाकर निकालना।

डूमर (सं.) गूलर।

डूमा (सं.) पानी निकालने का पात्र। दे. 'डूमना'।

डेंग (वि.) ऊँचा।

डेंगा (वि.) ऊँचा।

डेंगी (वि. स्त्री.) दे. 'डेंगा'।

डेंटरा (सं.) डंठल। उदा.–'कोंअर कोंअर डेंटरा मन ला झन फेंकबे, भाजी के संग मा चुर जाही' (कोमल-कोमल डंठलों को मत फेंकना, भाजी के साथ पक जाएँगे)।

डेंटा (सं.) दे. 'ढेंटा'।

डेकारना (क्रि.) डकारना।

डेढ़सारा (सं.) पत्नी का बड़ा भाई, बड़ा साला। दे. 'जेठसारा'।

डेढ़सास (सं.) पत्नी या पति की बड़ी बहन, बड़ी ननद, बड़ी साली।

डेढ़ा (सं.) ड्योढ़ा।

डेढौरी (सं.) पकौड़ी-जैसा चावल का एक पकवान।

डेढ़ौली (सं.) स्त्री जिसके प्रत्येक डेढ़ वर्ष में संतान हो।

डेना (सं.) 1. हाथ 2. पक्षियों का पूरा पंख, डैना।

डेनियाना (क्रि.) हाथ पकड़कर ले जाना।

डेबरा (वि.) बायाँ।

डेमचुल (सं.) एक प्रकार की मछली।

डेरहँत्था (वि.) बाएँ हाथ से काम करने वाला, खब्बू।

डेरहँत्थिन (वि. स्त्री.) बाएँ हाथ से काम करने वाली।

डेरहा (वि.) 1. हल में जुता हुआ बाईं तरफ़ का बैल 2. बद्दू (दे.) जीवन बिताने वाला, डेरा डालने वाला।

डेरी (वि.) बायाँ।

डेवड़ी (सं.) ड्योढ़ी, दहलीज़।

डेहरी (सं.) ड्योढ़ी, दहलीज़।

डैका (सं.) दे. 'डौका'।

डैकी (सं.) दे. 'डौकी'।

डोंको (सं.) अँगूठे के छोर से तर्जनी के छोर तक का नाप। दे. 'नेती'।

डोंगर (सं.) 1. पहाड़ 2. जंगल।

डोंगरी (सं.) 1. पहाड़ी 2. छोटा जंगल।

डोंगरीपाट (सं.) भूकंप आदि से रक्षा करने वाला वन-देवता।

डोंगा (सं.) नाव।

डोंगहा (सं.) नाविक।

डोंगी (सं.) छोटी नाव।

डोंड़का (सं.) बड़ी चिकनी तुरई। दे.'गिलकी'।

डोंड़की (सं.) दे. 'डोंड़का'।

डोंड़िया (सं.) पानी का साँप।

डोंड़ी (सं.) 1. कली 2. कौड़ी।

डोंहड़ी (सं.) कली। दे. 'डोंड़ी'।

डोकरा (वि.) बूढ़ा।

डोकरी (वि. स्त्री.) बूढ़ी।

डोकसी (सं.) नारियल का कड़ा खोल।

डोड़सा (सं.) दे. 'डोरसा'।

डोम (सं.) एक जाति।

डोमटा (सं.) फुंसी।

डोर (सं.) रस्सा।

डोरसा (सं.) कन्हार (दे.) और मटासी (दे.) मिली हुई भूमि।

डोरा (सं.) धागा, तागा।

डोरियाना (क्रि.) रस्सी से बाँधकर ले जाना।

डोरी (सं.) रस्सी।

डोरी तेल (सं.) महुए के फल 'गुल्ली' (दे.) का तेल।

डोला (सं.) पालकी।

डोली (सं.) 1. खेत 2. छोटा डोला या पालकी।

डोसा (सं.) दोशा।

डोहर (वि.) अधपका।

डोहारना (क्रि.) ढोना।

डौंडी (सं.) डंके की चोट पर ऐलान, डुगडुगी।

डौका (सं.) पुरुष, पति। –(वि.) ऊँचा।

डौकाराय (सं.) महाशय, स्वाभिमान को जगाने के लिए किया जानेवाला संबोधन।

डौकी (सं.) स्त्री, पत्नी। (वि. स्त्री.) ऊँची।

ढ

ढँगढँग ले (क्रि. वि.) जल्दी से (बढ़ना)।

ढँगढँगहा (वि.) ऊँचा।

ढँगढँगही (वि. स्त्री.) दे. 'ढँगढँगहा'।

ढकोसना (क्रि.) ठूँस-ठूँसकर खाना।

ढनढनी (सं.) एक पौधा जिससे हरी खाद बनाई जाती है।

ढपना (सं.) ढक्कन।–(क्रि.) ढकना।

ढमढल ले (क्रि. वि.) दे. 'ढँगढँग ले'।

ढमढेरहा (वि.) अनपेक्षित रूप से बढ़ा हुआ, ढींग।

ढरकना (क्रि.) 1. लुढ़कना, ढलना, बह जाना 2. लेटना, आराम करना।

ढरका (सं.) आँखों से पानी बहने का रोग।

ढरका पीना (क्रि.) बिना मुँह से छुआए पानी को ऊपर से पी जाना।

ढरकौआ (सं.) कलाई में पहनने का एक गहना, कंगन।

ढरैया (वि.) ढालने वाला।

ढलँगना (क्रि.) 1. लुढ़कना 2. लेटना। दे. 'ढरकना'।

ढलवाँ (वि.) ढालकर बनाया गया।

ढसवा (सं.) आधार की वस्तु।

ढाचा (सं.) अंजर-पंजर, ढाँचा।

ढाबा (सं.) 1. अनाज रखने का ईंटों से बना गोदाम 2. भोजनालय।

ढाभा (सं.) निमोनिया की बीमारी।

ढार (सं.) कान में पहनने का छतरी के आकार का एक आभूषण, झुमका 2. ढाल।

ढारना (क्रि.) ढालना।

ढिंढा (सं.) डली। दे. 'ढेला'।

ढिकवार (सं.) घीगवार का पौधा।

ढिग (सं.) पुआल की ढेरी।

ढिटोरी (सं.) मछली पकड़ने के बाद उसे रखने का छोटा पिटारा।

ढिल्ला (सं.) 1. ढीला 2. स्वतंत्र।

ढीठ (वि.) धृष्ट।

ढीमर (सं.) धीवर, मछुआ।

ढीलंग (वि.) ढीला।

ढुँढ़वा (सं.) छोटे मुँह का मिट्टी का बरतन-विशेष।

ढुकना (सं.) तत्परता से लग जाना।

ढुकाना (क्रि.) गाड़ी में जोतने के लिए बैलों को पास लाना।

ढुड़बुच (वि.) नाटा।

ढुड़मा (वि.) भोंदू।

ढुनमुनाना (क्रि.) अपने आप बातें करना, धीमे-धीमे बड़बड़ाना।

ढुरढुरिया (सं.) 1. गोल मुँह 2. नथ में लगाया जानेवाला नग 3. पायल आदि का छोटा घुँघरू।

ढुरवा (सं.) 1. छानने से ऊपर बचा हुआ बेकार अनाज 2. अन्न जो ठीक से पका या ठीक से भाड़ में फूटा न हो, ठुर्री।

ढुरु (सं.) दे. 'ढुरवा'।

ढुलेना (सं.) 1. काई के साथ होनेवाली एक वनस्पति 2. एक प्रकार का काला कंद, कुमुदनी का कंद।

ढुलोना (क्रि.) किसी गोल चीज़ को लुढ़काना।

ढूँढ़ी (सं.) 1. गर्म जड़ी-बूटियों और मेवों का लड्डू, जिसे प्रसूतिका को खिलाया जाता है 2. सफेदी (दे. 'छुही') का बनाया गया ढेला।

ढूढुम (सं.) किशोर। –(वि.) दे. 'ढूडमा'।

ढेंकी (सं.) चावल को कूटकर साफ करने के लिए लकड़ी से निर्मित यंत्र।

ढेंखरा (सं.) विशेषकर बेल चढ़ाने के लिए गाड़ी गई पेड़ की डाल। –(वि.) लंबा-ऊँचा।

ढेंगलवाती (सं.) लापरवाही, उदासीनता।

ढेंचा (सं.) दे. 'ढनढनी'।

ढेंटा (सं.) 1. डंठल 2. ठूँठ।

ढेंटी (सं.) स्तन का अग्र भाग।

ढेंटू (सं.) टेंटुआ, गला।

ढेठा (सं.) डंठल।

ढेंढ़ा (सं.) वर-वधू का जीजा या फूफा जो विवाह की रस्म पूरी कराने में सहायक होता है। दे. 'सुआसा'।

ढेंस (सं.) दे. 'ढेस'।

ढेकना (सं.) दे. 'ढेकुना'।

ढेकुना (सं.) खटमल।

ढेखरा (सं.) डालीरहित सूखा पेड़, सूखा हुआ झंखाड़, जिसका उपयोग प्रायः

टेक लगाने या बेलों को ऊपर चढ़ाने के लिए किया जाता है। दे. 'ढेंखरा'।

ढेड़हा (सं.) दे. 'ढेंढ़ा'।

ढेबरी (सं.) चिमनी, मिट्टी के तेल का छोटा लैंप। —(वि. स्त्री.) बड़ी आँखों वाली।

ढेरकौआ (सं.) दे. 'ढरकौआ'।

ढेरचा (सं.) तिरछा देखने वाला।

ढेरवा (वि.) दे. 'ढेरचा'। दे. 'अनठेहरा'।

ढेरा (सं.) 1. सूत कातने की तकली 2. धन चिह्न के आकार का बना लकड़ी का उपकरण जिस से रस्सी बनाई जाती है।

ढेराही (सं.) सुस्ती।

ढेरियाहा (वि.) आलसी।

ढेलखर (वि.) ढेला-युक्त।

ढेलवानी (क्रि.) खेत से ढेले निकालने की क्रिया, मेड़ पर मिट्टी चढ़ाने की क्रिया।

ढेलहा (वि.) ढेला-युक्त।

ढेलार (सं.) ढेले से मेड़ बनाने के लिए निकाला गया ढेला।

ढेलियाना (क्रि.) ढेले से मारना।

ढेलुआ (सं.) एक प्रकार का झूला, हवाई झूला।

ढेस (सं.) कमल-कंद, भसींडा।

ढेसरा (सं.) घटिया क़िस्म की एक खुरदरी मछली।

ढोंकना (क्रि.) बिना रुके या साँस लिए पानी, दूध आदि पीना।

ढोंकरना (वि.) 1. झुक जाना 2. तत्परता से लग जाना।

ढोंका (वि.) गन्ने के पाँच टुकड़ों के लिए प्रयुक्त गिनती।

ढोंगियई (सं.) ढोंग, ढोंग की प्रवृत्ति।

ढोंड़ (सं.) खेत का पानी बाहर निकालने के लिए मेड़ पर लगाया गया पाइप।

ढोंढना (क्रि.) दाँत निकलते समय बच्चे को पतली टट्टी होना।

ढोआई (सं.) ढुलाई की मज़दूरी, ढुलाई।

ढोखर (सं.) बैलगाड़ी की बंपर-जैसी लकड़ी।

ढोड़गा (सं.) 1. छोटा नाला 2. गड्ढा।

ढोड़गी (सं.) 1. नाली 2. गहरा खेत जिसमें पानी की कमी नहीं होती।

ढोढ़िया (सं.) 1. बाँस का एक पात्र 2. पानी में निकलने वाला एक सर्प।

ढोढ़ी (सं.) उथला कच्चा कुआँ।

ढोनढो (वि.) मूर्ख।

ढोबाई (सं.) ढुलाई।

ढोमरा (सं.) ढोरों को पानी आदि देने के लिए प्रयुक्त खंडित पात्र।

ढोली (सं.) अनाज रखने का एक पात्र जो मिट्टी अथवा बाँस का बना होता है।

त

तँगाना (क्रि.) तंग करना।

तँय (सर्व.) तू, तुम।

तँही (सर्व.) तू ही, तुम्हीं।

तूँही (सर्व.) तू भी।

तँगियाना (क्रि.) तंग करना। दे. 'तँगाना'।

तंग (वि.) 1. माप में छोटा 2. अभाव की स्थिति 3. सँकरा।

तंगी (सं.) तंग होने का भाव।

तइहा (क्रि. वि.) तब, बीते हुए काल में, उन दिनों, तब के ज़माने में। उदा. —'तइहा एक आना के पाँच पइली चाँउर मिलत रहिस' (उन दिनों एक आने का पाँच पइली (दे.) चावल मिलता था)।

तइसन (वि.) तैसा।

तउला (सं.) बड़े आकार की मथानी

तखरी (सं.) तराजू।

तखियात (सं.) जाँच-पड़ताल।

तगादा (सं.) तक़ाज़ा, बार-बार माँगना, बार-बार स्मरण कराना।

तजना (क्रि.) त्याग देना, छोड़ देना।

तड़का (सं.) दे. 'फोरन'।

तड़तड़ी (सं.) जल्दी, शीघ्रता, जल्दबाजी।

ततना (वि.) दे. 'ततेक'।

तता (अव्य.) जुते हुए बैल को बाएँ से दाएँ हाँकने के लिए प्रयुक्त ध्वनि। दे. 'अर्र'।

ततियाना (क्रि.) क्रोध करना, गुस्सा होना।

ततेक (वि.) उतना।

तनखा (सं.) तनख्वाह, वेतन।

तपन (सं.) गर्मी के कारण सिर में होनेवाली फुंसियों का रोग।

तपना (क्रि.) 1. दिमाग़ खाना, तंग करना, उपद्रव करना (उदा.—टूराहर ढेरेच तपत है), जुल्म करना, अंधेर करना 2. गरम होना।

तबेला (सं.) बड़ा तबेलिया (दे.)।

तबेलिया (सं.) एल्यूमीनियम आदि का सँकरे मुँह का बरतन जिसमें कुछ पकाया जाता है।

तभे (क्रि. वि.) तभी, तब ही।

तभो ले (वि.) तो भी।

तमकना (क्रि.) क्रोध से तमतमाना, क्रोध में आना।

तमही (सं.) ताँबे का छोटा घड़ानुमा पात्र। —(क्रि. वि.) तब, कुछ देर पहले।

तमासा (सं.) 1. जमघट, तमाशा 2. उपद्रव, झंझट।

तमोली (सं.) पान बेचने वाला। दे. 'बरई'।

तरई (सं.) 1. तारा 2. तालाब 3. नाला।

तरकी (सं.) कान में पहनने का बाला।

तरना (क्रि.) 1. तलना 2. पार होना।

तरनी (सं.) आँख की पुतली के चारों ओर का सफ़ेद भाग 2. वैतरणी नदी।

तरपँवरी (सं.) पैर का तलुआ।

तरपन (सं.) तर्पण।

तरपर (क्रि. वि.) 1. एक के बाद दूसरा, क्रमिक रूप से 2. जल्दी-जल्दी।

तरपाँव (सं.) दे. 'तरपँवरी'।

तरपौरी (सं.) दे. 'तरपँवरी'।

तरवार (सं.) तलवार।

तरार (सं.) गाँव का चौकीदार जिसे कोटवार भी कहते हैं।

तरिया (सं.) तालाब।

तरी (सं.) पके मांस या सब्ज़ी का गाढ़ा रस, शोरवा। —(क्रि. वि.) दे. 'तरे'।

तरुआ (सं.) 1. तालु 2. मस्तक। —(वि.) तला हुआ।

तरे (सं.) तरफ़। —(वि.) तला हुआ। (क्रि. वि.) नीचे।

तरैया (सं.) दे. 'तरई'।

तरोई (सं.) एक सब्जी।

तलघस (क्रि. वि.) तब तक।

तलमलाना (क्रि.) डगमगाना, हिलना-डुलना।

तलाब (सं.) तालाब।

तस (वि.) दे. 'तइसन'।

तसमई (सं.) खीर।

तसमा (सं.) चश्मा।

तस्यिया (सं.) फैसला।

तहीं (सर्व.) तू ही। —(क्रि. वि.) तब।

ताँबी (सं.) 1. अनाज मापने के लिए लगभग एक सेर का एक पात्र 2. ताँबे या पीतल का घड़े-जैसा पात्र।

ताँमा (सं.) ताँबा।

ताग (सं.) 1. धागा 2. एक अदद बाल।

तागना (सं.) सिलाई करना।

तागा (सं.) 1. धागा 2. बुनाई का ताना।

तात (वि.) गरम।

ताते-तात (वि.) गरमागरम।

तामी (सं.) दे. 'ताँबी'।

तार (सं.) 1. वाद्य-ताल 2. तार।

तारती (सं.) छोटा तराजू।

तारा (सं.) ताला।

तारासीरा (क्रि. वि.) एक से बढ़कर एक, बराबरी के।

तालपतरी (सं.) त्रिपाल।

तालमतौल (सं.) समतुल्य।

तालाबेली (सं.) व्याकुलता।

तावा (सं.) 1. तवा 2. तालाब का मध्य भाग।

तासा (सं.) चमड़ा मढ़ा हुआ एक तरह का वाद्य, ताशा।

तिवरा (सं.) 1. तिंवरे की दाल, केसरी दाल, लाखड़ी (दे.) 2. तिराहा।

तिखारना (क्रि.) बार-बार पूछना।

तिज-नहावन (सं.) मृतक के दाह-संस्कार के तीसरे दिन का स्नान।

तिजरा (सं.) तीन रोज़ के अंतर से आनेवाला ज्वर।

तिजहा (वि.) 1. तीजा (दे.) का, हरितालिका व्रत का 2. तिबारा।

तिजाही (वि.) दे. 'तिजहा'।

तिड़ी-बिड़ी (वि.) ऊटपटाँग, अंट-शंट, अस्त-व्यस्त, तितर-बितर।

तितरा (सं.) तीन लड़कियों के बाद उत्पन्न हुआ लड़का जो अच्छा नहीं माना जाता।

तितरी (सं.) तीन लड़कों के बाद उत्पन्न हुई लड़की जो अच्छी नहीं मानी जाती।

तिन (सं.) तृण। –(वि.) तीन।

तिनकर (सर्व.) उनका।

तिनपनिया (सं.) एक प्रकार की तीन पत्तोंवाली भाजी।

तिपत (वि.) तप्त।

तिपना (क्रि.) गर्म होना।

तिपाही (सं.) 1. तीन पायोंवाला बैलगाड़ी का स्टैंड। दे. 'टेकनी' 2. ब्लैक बोर्ड का स्टैंड 3. तिपायी।

तियार (वि.) तैयार।

तियारना (क्रि.) 1. सौंपना 2. तैयार करना 3. आदेश देना।

तिरपीट (वि.) भेंगी आँखवाला।

तिरछुल (सं.) त्रिशूल।

तिरपीट (सं.) तृप्त, संतुष्ट।

तिरपुंड (सं.) त्रिपुंड, मस्तक और नासिका के मध्य का भाग।

तिरबेनी (सं.) त्रिवेणी।

तिरसूल (सं.) त्रिशूल।

तिरिथ (सं.) तीर्थ।

तिरिया (सं.) त्रिया, स्त्री।

तिरी चौंक (सं.) भूमि पर पच्चीस खंड बनाकर कौड़ी फेंककर गोली पकाने का खेल।

तिरी पासा (सं.) दे. 'तिरी चौंक'।

तिरैया (सं.) चिड़िया की पूँछ के समान लगने वाला एक छोटा बरसाती फूल। बॉलसम।

तिलरी (सं.) गले में पहनने का तीन लड़ियों वाला सोने का एक आभूषण, चंद्रहार।

तिल्ली (सं.) तिल।

तिसका (सं.) उबटन।

तिसने (वि.) वैसा।

तिसरैया (वि.) तीसरी बार, तिबारा, तीसरा।

तिहरी (वि.) तिहरा।

तिहाइत (वि.) अन्य, पराया।

तिहार (सं.) त्यौहार।

तीखा (सं.) दीवार पर उभारा गया पत्थर जिस पर कुछ रखा जा सके।

तीखुर (सं.) 1. एक वन्य वृक्ष का कंद जिसका आटा व्रत में फलाहार हेतु प्रयुक्त होता है 2. एक मीठा पकवान।

तीजा (सं.) भादों मास की तीज का व्रत।

तीत (वि.) तिक्त, तीखे स्वाद वाला, तीता।

तीर (सं.) 1. समीप, पास 2. किनारा 3. तीर।

तीरना (क्रि.) खींचना।

तुँह (सर्व.) तुम।

तुँहर (सर्व.) तुम्हारा, तुम्हारे, तुम्हारी, आपका आदि।

तुँहला (सर्व.) आपको, तुमको।

तुआल (सं.) तौलिया।

तुकना (क्रि.) निशान लगाना, ताककर मारना।

तुतारी (सं.) जुते हुए बैलों को कोंचने की छड़ी। दे. 'अरई'।

तुमन (सर्व.) तुम लोग।

तुरकिन (सं.) चूड़ी बेचने वाली मुसलमान स्त्री।

तुर (अव्य.) दे. 'तुरते'।

तुरत (अव्य.) दे. 'तुरते'।

तुरतुर (क्रि. वि.) पतली धार और उसकी ध्वनि के साथ पानी का गिरना।

तुरतुरी (सं.) 1. पतली धार 2. एक छोटा काला विषैला कीड़ा।

तुरते (अव्य.) तुरंत, तत्काल।

तुरुत (अव्य.) दे. 'तुरते'।

तुलसी दल (सं.) 1. तुलसी के पत्र के पारस्परिक आदान-प्रदान से आजीवन मैत्री का व्रत लेनेवालों का पारस्परिक संबोधन 2. तुलसी का पत्ता।

तुलिंग (सं.) दे. 'फुलिंग'।

तुलुंग (वि.) ऊँचा, सीधा।

तुहुर-तुहुर (क्रि. वि.) रिमझिम।

तूमड़ी (सं.) 1. छोटी जाति की गोल लौकी 2. गोल लौकी जिसका गूदा निकालकर सुखा लिया गया हो।

तूमा (सं.) गोल लौकी।

तें (सर्व.) तू।

तेंदू (सं.) चीकू-जैसा एक वन्य फल।

तेंहर (सर्व.) तू।

ते (सर्व.) दे. 'तें'।

तेज (सं.) 1. वीर्य 2. कांति। –(वि.) तेज़, तीव्र।

तेतका (वि.) 'जितना' के साथ 'उतना' के अर्थ में प्रयुक्त तितना (दे.) के समान।

तेतरा (सं.) तीन लड़कियों के बाद उत्पन्न हुआ लड़का। दे. 'तितरा'।

तेतरी (सं.) तीन लड़कों के बाद उत्पन्न हुई लड़की। दे. 'तितरी'।

तेलइ (सं.) मिट्टी की कड़ाही।

तेतेक (वि.) दे. 'तेतका'।

तेरही (सं.) मृत्यु के तेरहवें दिन का संस्कार, तेरहीं।

तेलमाटी (सं.) विवाह में शरीर पर तेल चढ़ाने और गाँव के बाहर से मिट्टी लाने की रस्म।

तेला (सर्व.) उसको, जिसको।

तेलाई (सं.) मिट्टी का बरतन जिसका आकार कड़ाही की तरह का होता है।

तेहा (सं.) क्रोध, रोष। –(सर्व.) दे. 'तेंहरे'।

तैं (सर्व.) दे. 'तें'।

तैसन (वि.) तैसा।

तैहा (वि.) दे. 'तइहा'।

तो (सर्व.) तुझ।

तोका (सर्व.) तुझको। दे. 'तोला'।

तोतवा (सं.) तोतला।

तोपना (सं.) ढक्कन। –(क्रि.) ढकना। मूँदना।

तोर (सर्व.) तेरा, तेरी, तेरे।

तोरवाँ (वि.) तोड़ा हुआ।

तोलगी (सं.) धोती की काँछ, लाँग। धोती का वह भाग जो पीछे की ओर ले जाकर कमर में खोंसा जाता है।

तोला (सर्व.) तुझे, तुझको।

तोहार (सर्व.) तुम्हारा।

तौंरना (क्रि.) तैरना।

तौ (सर्व.) सो।

तौने (सर्व.) वही।

तौरना (क्रि.) तैरना।

थ

थकहा (वि.) थका हुआ, थकित।

थकासी (सं.) थकावट।

थक्का (सं.) लोंदा, ढेर। –(वि.) गाढ़ा, जमा हुआ।

थतमरहा (वि.) निर्बल।

थथमरहा (वि.) 1. थथर-मथर (दे.) करने वाला, अनिश्चय में पड़ा रहने का आदी 2. अत्यधिक कमज़ोर, अक्षम।

थथर-थमर (सं.) आगा-पीछा करना, निर्णय में अनिश्चय।

थनवार (सं.) 1. घसिया जाति 2. सईस।

थपरा (सं.) थप्पड़।

थपोल (सं.) पंजा।

थपोलना (क्रि.) 1. छप-छप करना 2. थप्पड़ मारना।

थपोड़ी (सं.) ताली।

थरकुलिया (सं.) छोटी थाली।

थरकोली (सं.) दे. 'थरकुलिया'।

थरहा (सं.) बीजों को अंकुरित करके तैयार किए गए छोटे पौधे जिन्हें बाद में विधिपूर्वक अन्यत्र लगाया जाता है, पौध।

थरहौटी (सं.) थरहा (दे.) का खेत।

थरिया (सं.) थाली।

थल्ल (वि.) स्वस्थ, हृष्ट-पुष्ट।

थवना (सं.) पौधे की जड़ के किनारे पानी भरने के लिए मिट्टी का गोलाकार घेरा, थाला।

थाँघा (सं.) 1. वृक्ष आदि पर चढ़ने के लिए पैर रखने की जगह 2. शाखा।

थाऊ (वि.) पंगु, निकम्मा।

थाका (सं.) दे. 'थक्का'।

थांथी (सं.) अमानत, थाती। –(वि.) जमा हुआ। दे. 'थक्का'।

थापक-थैया (सं.) बच्चों का खेल। –(वि.) भद्दा, बेडौल।

थापना (क्रि.) पाथना, स्थापना।

थाम्हना (क्रि.) 1. पकड़ना, सँभालना 2. सँभलना।

थारी (सं.) थाली।

थिर (वि.) स्थिर, थमा हुआ।

थिरकना (क्रि.) 1. रुकना 2. नाचना।

थिरकाना (क्रि.) 1. डुलाना, नचाना 2. रोक लेना।

थिराना (क्रि.) स्थिर होना, सुस्ताना, विश्राम के लिए रुकना।

थुनिहा (सं.) छप्पर आदि का छोटा खंभा जिसके ऊपरी छोर पर गुलेल की भाँति दो भाग हों।

थेथला (वि.) 1. बोदा, मूर्ख 2. तेजहीन 3. दंतहीन।

थेभा (सं.) दे. 'थेमा'।

थेमा (सं.) टेक, आसरा, सहारा।

थैली (सं.) 1. जेब 2. थैली।

थोकुन (वि.) थोड़ी मात्रा में, थोड़ा सा, अल्प, कुछ।

थोथना (सं.) थूथन, थूथड़ी, मुँह।

थोथवा (वि.) 1. बोदा, मंद बुद्धि 2. निष्क्रिय 3. साधनहीन।

थोपड़ा (सं.) चेहरा, थोपड़ा।

थोपना (क्रि.) पाथना, थापना (कंडे)।

थोपनी (सं.) मछली पकड़ने की जाली। —(वि. स्त्री.) मुँह फुलाकर बैठ जानेवाली, जल्दी रूठ जानेवाली।

थोपी (सं.) 1. थप्पड़ 2. दे. 'थोपनी'।

थोर (वि.) थोड़ा।

थोरकुन (वि.) दे. 'थोकुन'।

थोरौक (वि.) थोड़ा-सा।

थौरचा (वि.) थोड़ा-सा।

थौना (सं.) गागर या घड़ा टिकाने के लिए बनाया गया खाँचा या घड़ौंची। दे.'थवना'।

थौली (सं.) थैली।

द

दँतगिजरा (वि.) दे. दँतगिजरु'।

दँतगिजरु (वि.) बात-बात पर दाँत निकाल कर हँसने वाला।

दँतखिसोर (वि.) दे. 'दँतगिजरु'।

दँतना (क्रि.) 1. तत्पर हो जाना, तत्परता से लग जाना 2. नज़दीक आना ठसना 3. ठूँसना।

दँतनिपोर (वि.) दे. 'दँतगिजरु'।

दँतला (वि.) दे. 'दँतिला'।

दँतारी (सं.) एक कृषि उपकरण जिससे खेत की मिट्टी फोड़ी जाती है।

दँतिला (वि.) जिसके दाँत बाहर निकले हों।

दँतेला (सं.) विवाह के अवसर पर देवस्थल पर जाकर पूजा करने की प्रक्रिया।

दँदकना (क्रि.) उष्णता आना।

दंतारा (सं.) दाँतोंवाला बड़ा हाथी। —(वि.) विशाल।

दइली (सं.) सखी, बहन।

दइहान (सं.) गाँव के बाहर ढोरों के एकत्र होने की जगह।

दई (सं.) 1. देवी 2. माँ।

दगदेवा (सं.) बड़ा बेटा जो पिता की चिता में आग लगाने का अधिकारी होता है।

दगाना (क्रि.) सुलगाना, प्रज्वलित करना।

दतकी (वि.) थोड़ा, अत्यल्प, नाम मात्र का।

दतना (क्रि.) दे. 'दँतना'।

दतवन (सं.) दातून, दातौन।

दतरस (सं.) पशुओं का दंतरोग।

दतैया (सं.) बर्र, ततैया।

ददरिया (सं.) छत्तीसगढ़ की एक लोकप्रिय गीत-शैली, जिसमें प्रेमियों का प्रेमालाप निहित होता है।

ददा (सं.) पिता।

दनदनाना (क्रि.) धड़धड़ाकर प्रवेश करना।

दनगरा (सं.) दे. 'दनगार'।

दना (वि.) बड़ा।

दनगार (सं.) खेतों में पड़ने वाली दरार।

दनाक (सं.) 'दन्न' से होनेवाला शब्द, धड़ाम।

दनाका (सं.) धमाका, पटाखा।

दपकारना (क्रि.) डाँटना, घुड़कना।

दपटना (क्रि.) छिप जाना, ओट में हो जाना।

दफड़ा (सं.) ढपली, डफ के आकार का एक वाद्य यंत्र, चंग।

दमहा (वि.) दमे का रोगी।

दमाद (सं.) दामाद, जमाई।

दरंग-दरंग (क्रि. वि.) एकदम, तेजी के साथ।

दर (सं.) शव दफ़नाने के लिए खोदा गया गड्ढा।

दरकना (क्रि.) फट जाना, चिर जाना।

दरघेंटनी (सं.) दे. 'दरघोंटनी'।

दरघोंटनी (सं.) पकी हुई दाल को मिलाने के लिए चक्राकार घोटनी, दाल-घोटनी, छोटी मथानी, छोटी रई।

दरचुरा (वि.) अधपका।

दरछोलहा (वि.) दे. 'लचरहा'।

दरदरा (वि.) खुरदरा।

दरना (क्रि.) दलना।

दरपन (सं.) दर्पण।

दरबा (सं.) 1. दो दीवारों के बीच पटी हुई छोटी-सी जगह जिसमें छोटी-मोटी चीजें ऊपर रखी जा सकें 2. आला 3. मुर्गी का पिंजरा।

दरमी (सं.) दाड़िम, अनार।

दरसन (सं.) दर्शन।

दरुहा (सं.) समूह। —(वि.) शराबी।

दर्रा (सं.) खुरदरा पिसा हुआ अन्न। —(वि.) खुरदरा, दानेदार।

दलगार (सं.) दे. 'दनगार'।

दलगारना (क्रि.) गरजकर डाँटना।

दलाव (सं.) वह जगह जहाँ शहर का कूड़ा-करकट और रद्दी फेंकी और इकट्ठी की जाती है।

दवई (सं.) दवाई।

दसन-हावन (सं.) दशगात्र का संस्कार।

दसना (सं.) बिछौना, बिस्तर।—(क्रि. वि.) इस प्रकार।

दसनान (सं.) दशगात्र का संस्कार, दष्ठान्न।

दसरहा (सं.) दशहरा।

दसाना (क्रि.) बिछाना।

दहरा (सं.) नदी का गहरा हिस्सा।

दहला (सं.) 1. सट्टे में दस का नंबर 2. दस रुपए का नोट 3. ताश का पत्ता।

दहाना (क्रि.) अंदाज़ लगाना।

दहिकाँदो (सं.) 1. कीचड़ 2. श्रीकृष्ण-जन्माष्टमी के दिन दही लूटने का पर्व।

दाँती (वि.) दाँतयुक्त।

दाइज (सं.) दहेज।

दाई (सं.) माँ।

दाऊ (सं.) 1. बनियों की पदवी, पुराने मालगुज़ारों की पदवी 2. पुत्र, पिता, भाई, मित्र आदि के लिए सम्मानपूर्ण संबोधन।

दागना (क्रि.) लोहे की गर्म सलाख़ों से शरीर पर दाग़ लगाना।

दाब (सं.) बिना साफ़ किए हुए अन्न का ढेर, पुआल निकाल लेने के बाद का बिना साफ किया हुआ अन्न।

दार (सं.) दाल।

दारी (सं.) 1. पत्नी 2. वेश्या, एक गाली बेहया 3. लड़की 4. बार, बारी। –(अव्य.) से, के द्वारा।

दारू (सं.) शराब।

दिदी (सं.) 1. बड़ी बहन 2. बड़ी बहन के समान किसी महिला के लिए प्रयुक्त संबोधन।

दिनाही (सं.) पेट का एक रोग जिससे व्यक्ति सूखता चला जाता है।

दियाँर (सं.) दीमक।

दिया (सं.) दीपक।

दिलाना (क्रि.) देना।

दीदा (सं.) आँख। उदा.–'आँधर के आघू रोवै, आपन दीदा खोवै' (अंधे के आगे रोए, अपने नयन खोए)।

दीयट (सं.) लकड़ी का छोटा स्तंभ जिस पर दीया रखा जाता है, दीवट।

दुअलिया (सं.) दे. 'दुकौलहा'।

दुआ भेदी (सं.) दुराव-छिपाव, भेदभाव।

दुआरी (सं.) द्वार, दरवाज़ा।

दुइ (वि.) दो।

दुइज (सं.) द्वितीया की तिथि, दूज।

दुकाल (सं.) 1. अकाल 2. ख़राब फ़सल का काल।

दुकौलहा (सं.) दो-मुँहा चूल्हा।

दुक्की (सं.) 1. ताश के दो नंबर का पत्ता 2. दो रुपए का नोट 3. शाला के बच्चों के द्वारा मध्यमा और तर्जनी को ऊपर उठा कर टट्टी के लिए जाने का संकेत।

दुखवा (सं.) दुख-भरा गीत।

दुखहाई (वि.) दुखदायिनी, औरतों की एक गाली।

दुघरा (सं.) दूसरा मुख्य घर, रहने का दूसरा ठिकाना।

दुजहा (सं.) पहली औरत के मरने पर या साथ न रहने पर जो मर्द दूसरा विवाह करे, दुहाजू। (वि.) दुबारा।

दुधकुसली (सं.) दे. 'दुधफरा'।

दुधफरा (सं.) चावल के आटे का दूध में पकाया गया एक पकवान।

दुधरु (वि.) 1. अत्यंत कोमल 2. सफेद।

दुधिया (सं.) एक क़िस्म का बैल। –(वि.) दूध के रंग वाला।

दुपोंदिया (वि.) तटस्थ न रहने वाला, दोनों तरफ का पक्ष लेनेवाला, ढुलमुल, तत्काल अपनी बात बदलने वाला।

दुबट्टा (सं.) दोराहा।

दुब्बर (वि.) दुर्बल।

दुब्भर (वि.) दुर्लभ।

दुर (अव्य.) हटाने या भगाने के लिए प्रयुक्त शब्द।

दुरघट (वि.) कठिन।

दुरछुर (क्रि. वि.) यत्र-तत्र।

दुरदुराना (क्रि.) घृणापूर्वक भगाना।

दुरभत्ता (सं.) विवाह के द्वारचार के बाद का भोजन।

दुर्गासी (सं.) एक प्रकार की विषाक्त चींटी।

दुरिहा (सं.) दूरी।–(वि.) दूर।

दुलरु (वि.) दुलारा, प्यारा। दे. 'दुलरुआ'।

दुलरुआ (वि.) दुलारा, प्यारा।

दुलहा (सं.) पति।

दुलहा डौका (सं.) दूल्हा, वर।

दुलहिन डौकी (सं.) दुलहिन, वधू।

दुलाई (सं.) रज़ाई।

दुलारिन (सं.) दे. 'दुलौरिन'। –(वि.) दुलारी।
दुलौरिन (सं.) लड़की या स्त्री जिसे दुलार से रखा जाता है। –(वि.) दुलारी।
दुसरैया (वि.) दूसरी बार, दोबारा, दूसरा।
दुसौंधा (सं.) दे. 'दुसौंधिया'।
दुसौंधिया (सं.) गोधूलि।
दुहना (सं.) मिट्‌टी का पात्र जिसमें दूध रखा जाता है।–(क्रि.) दूध दुहने की क्रिया।
दुहनी (सं.) मिट्‌टी का वह पात्र जिसमें दूध दुहा जाता है।
दुहरी (वि.) दो पर्त किया हुआ, दुहरा।
दुदुदाई (सं.) 1. दूध पिलाने वाली महिला, धाय 2. माँ।
दू (वि.) दो।
दूधभात (सं.) 1. खेल में कच्ची लोई 2. भात, दाल, सब्जी में दूध डालकर बनाया गया खाद्य 3. बेटी की बिदाई के समय माँ द्वारा दिए आशीर्वाद-स्वरूप दूध-पिलाई की रस्म।
दूनों (वि.) दोनों।
दूबर (वि.) दुबला।
दूबी (सं.) एक घास, दूब।
दूरिहा (सं.) दूर।
देह (सं.) शरीर, देह।
देउत (सं.) अवसर।
देखाना (क्रि.) दिखाना।
देनाही (सं.) पेट फूलने का रोग।
देरानी (सं.) देवरानी।
देव (सं.) भूत-प्रेत।
देवइया (वि.) दाता, देने वाला।
देवघरा (सं.) पूजा-गृह।
देवतल्ला (सं.) देव-स्थान।
देवना (सं.) तुलसी की जाति की एक सुगंधित वनस्पति।
देवरहा (सं.) अँगुली में पहनने का स्त्रियों का एक जेवर जो अँगूठी के समान होता है।
देवरौत (सं.) देवर का पुत्र।
देवरौती (सं.) देवर की पुत्री।
देवाना (क्रि.) दिलाना, दिलवाना।
देवार (सं.) एक जाति विशेष।
देवारी (सं.) दीपावली।
देवालगिरि (सं.) दीवार पर लटकाया जानेवाला दीपक।
देहरन (वि.) शरीर के रंग का। उदा. –'ओकर नोनी हर दाई के देहरन मा गे हवै, अउ बाबू हर ददा के' (उसकी बच्ची माँ के रंग पर गई है और बच्चा पिता के)।
देहरौरी (सं.) चावल का एक पकवान जो दही के मेल से बनाया जाता है 2. चावल का पकौड़ा जिसे गुड़ से सिक्त कर दिया जाता है।
दोंगरना (क्रि.) मारना।
दोंगरा (सं.) 1. आषाढ़ की पहली वर्षा 2. वर्षा के आरंभिक छींटे।
दोदवा (वि.) आभूषण रहित (देह या अंग)।
दोश (सं.) दोष।
दोखनहा (वि.) दे. 'दोखहा'।
दोखहा (वि.) जिसमें दोष ही दोष भरे हों।
दोखही (वि. स्त्री.) दे. 'दोखहा'।
दोदना (क्रि.) मुकरना, झूठ कहना।
दोदरा (क्रि.) ददौड़ा। दे. 'फोसका'।
दोनिया (सं.) मृतक की आत्मा के लिए निकाला गया अन्न।
दोहद (सं.) प्रथम प्रसव के पूर्व मायके द्वारा व्यय-वहन करके ससुराल में मनाई जानेवाली रस्म, रीतें। दे. 'सधौरी'।

दोहरी (वि.) 1. दो पर्तोंवाली 2. दो लड़ियों वाली।

दौतेला (सं.) देवी पर तेल चढ़ाने की रस्म जो विवाहादि के अवसर पर संपन्न की जाती है।

दौंना (सं.) तुलसी की जाति का एक सुगंधित पौधा।

दौंरी (सं.) 1. बाँस की चौड़े मुँहवाली टोकरी 2. वह रस्सी जिसे बैलों के गले में बाँधकर उन्हें अनाज मींजने (दे. 'मींजना') के लिए एक गाड़ी गई बल्ली के चारों ओर घुमाया जाता है 3. उपर्युक्त कार्य के लिए रस्सी।

दौनी (सं.) दे. 'दौंरी'।

दौरी (सं.) 'दौंरी'।

ध

धँगरा (वि.) दे. ऐयाश प्रवृत्ति वाला 2. स्वस्थ, हृष्ट-पुष्ट।

धँगरी (वि. स्त्री.) दे. 'धँगरा'।

धँवरा (सं.) एक प्रकार की लकड़ी। –(वि.) धवल, सफेद।

धँवाना (क्रि.) बातों में घुमाना, मुकरना, छल करना।

धँसाना (क्रि.) पटकना, धँसाना, फँसाना, उलझाना 2. पीटना।

धंदा (सं.) 1. पहेली, बुझौवल 2. व्यवसाय, धंधा।

धकधक (सं.) हृदय की धड़कन।

धकियाना (क्रि.) 1. कंधे आदि से धक्का देना 2. विवाह आदि के अवसर पर गले मिलना।

धजा (सं.) ध्वज, विशेषतः देवी-देवता के पूजन का झंडा।

धड़ग-धड़ग (क्रि. वि.) जल्दी-जल्दी।

धन (वि.) धन्य।

धनकुट्टी (सं.) धान कूटने का यंत्र। दे. 'हालर'।

धनमंता (वि.) धनी, धनवान।

धनमिरची (सं.) छोटी काले रंग की और धान के आकार की बहुत तीखी मिर्च, धानमिर्च।

धनवारा (सं.) धान का गोदाम।

धनाना (क्रि.) 1. धनवान होना 2. पशुओं का गर्भ धारण करना।

धनिया पत्ती (सं.) (हरी) धनिया।

धनुहार (सं.) धनुष-बाण धारण करने वाली एक आदिम जाति।

धमना (सं.) एक मोटा और लंबा सर्प।

धमेला (सं.) लोहे का कड़ाहीनुमा एक पात्र।

धरकुटनी (वि.) घरों में फूट डालने वाली स्त्री।

धरना (सं.) मनौती। –(क्रि.) 1. पकड़ना, ग्रहण करना 2. गिरवी रखना।

धररपटी (क्रि. वि.) जल्दी-जल्दी।

धरमिन (वि. स्त्री.) धार्मिक।

धरसा (सं.) खेतों के बीच गुजरने वाला रास्ता।

धराऊ (वि.) पकड़ में आने योग्य।

धरारपटा (क्रि. वि.) 1. शीघ्रतापूर्वक रख बाँध कर तैयार होना 2. कठिनाई से।

धाँकड़ (सं.) एक जाति। (वि.) निडर व्यक्ति, धाकड़।

धाँगड़ (सं.) गोह आदि का शिकार करने वाली एक जाति।–(वि.) हृष्ट-पुष्ट, धाकड़।

धाँसना (क्रि.) 1. ठोक कर भरना या बराबर करना 2. खाँसना, विशेषकर जानवरों द्वारा।

धाप (सं.) आधे कोस की दूरी।
धार (सं.) 1. पैनापन 2. धारा, बहाव।
धारन (सं.) छप्पर के आधार की लकड़ी।
धिंगरा (वि.) कामुक, बदमाश। दे. 'धँगरा'।
धियरी (सं.) बेटी। दे. 'धिया'।
धिया (सं.) कन्या, बेटी।
धुँआसी (सं.) 1. धुएँ की प्रतीति 2. पापड़ बनाने का आटा 3. अनपच की डकार।
धुँकी (सं.) 1. हैजे का रोग 2. स्त्रियों की एक गाली।
धुँगिया (सं.) 1. धुआँ, धुएँ के रंग का 2. बीड़ी आदि की तंबाकू।
धुँगियाइन (सं.) दे. 'धुँआसी'।
धुँगेन (सं.) दे. 'धुँआसी'।
धुँधका (वि.) धुंधला, धूमिल।
धुँधरा (सं.) धुंध–(वि.) अस्पष्ट।
धुकधुकी (सं.) आशंका, भय।
धुकना (सं.) धौंकनी।–(क्रि.) हवा करना।
धुजा (सं.) ध्वज।
धुमरा (वि.) मोटा व्यक्ति।
धुम्मस (सं.) पोली या नरम ज़मीन में कठोरता लाने के लिए ज़मीन को धाँसने का उपकरण।
धुरमुस (सं.) मिट्टी पीटने का लोहे का वजनी उपकरण। दे. 'धुम्मस'।–(वि.) चकनाचूर।
धुरहा (वि.) गाड़ी के अगले हिस्से में अधिक भार से युक्त।
धुरी (सं.) गाड़ी का तीन पायों वाला स्टैंड। दे. 'तिपाही'। दे. 'टेकनी'।
धुर्रा (सं.) धूल।
धुकास (सं.) चावल की मोटी रोटी। दे. 'अँगाकर'।
धुस्सा (सं.) 1. सूती कंबल 2. दुशाला।
धूँकना (क्रि.) हवा करना। दे. 'धुकना'।
धूका (सं.) 1. हवा 2. आँधी।
धूर (सं.) 1. धूल 2. दूरी।
धूर मारना (क्रि.) लकवे की बीमारी हो जाना।
धूरी (सं.) दे. 'धुरी'।
धोअन (सं.) धुलाई का पानी।
धोकरना (क्रि.) 1. झुकना 2. तत्परता से खुशामद में संलग्न हो जाना।
धोबनिन (सं.) धोबन।
धोसा (सं.) दोशा।
धौंरा (वि.) सफेद, धवल।
धौड़ना (क्रि.) दौड़ना।

न

नँगत (वि.) अधिक।
नँगद (सं.) रोकड़।–(वि.) अच्छी तरह, खूब। उदा.–'नँगद ठठाही त भुला जाबे' (अच्छी तरह मारेगा, तो भूल जाओगे)।
नँगरा (वि.) नंगा।
नँनरिहा (सं.) हल चलाने वाला।
नँगरी (सं.) खिलौने का हल।–(वि. स्त्री.) नंगी।
नँगनाचन (वि.) 1. नंगा नाचने वाला या वाली 2. स्त्रियों की एक गाली।
नँगाना (क्रि.) छीनना।
नँगारा (सं.) नगाड़ा।
नँगीच (अव्य.) पास, समीप, नज़दीक।
नँदाना (क्रि.) लुप्त होना, प्रचलन में न रहना।
नँदिया (सं.) 1. नदी 2. महादेव की सवारी 'नंदी' (बैल)।
नँवरी काठा (सं.) अनाज भरने का लकड़ी का एक पात्र।
नइ (अव्य.) नहीं।
नइ अकन (वि.) नया जैसा।

नइतो (समु.) अथवा।

नकटा (वि.) बात का जिस पर असर न हो, निर्लज्ज 2. नकटा।

नकटी (वि. स्त्री.) दे. 'नकटा'।

नकडेवन (सं.) बीन।

नकडेवरा (वि.) बड़ी नाकवाला।

नकदेवना (सं.) दे. 'नकडेवन'।

नकरोनहा (वि.) नाक में रोनेवाला, बात-बात पर दोष निकालकर खिन्न होने और शिकायत करने वाला।

नकरोनही (वि. स्त्री.) दे. 'नकरोनहा'।

नकवार (सं.) 1. नाई की चिमटी जिससे पैर का काँटा निकाला जाता है अथवा नाक के भीतर का अवांछित बाल नोचा जाता है 2. हल के फाल की नोक पर लगाया जानेवाला छल्ला।

नकवारा (सं.) बाल उखाड़ने की चिमटी। दे. 'नकवार'।

नखनिमार (वि.) नाखून से चुनकर साफ़ किया हुआ।

नखसूटी (सं.) 1. नख का व्रण 2. नख के किनारे की ठोस चमड़ी जिससे नख की रक्षा होती है।

नग (सं.) 1. मूल्यवान पत्थर जैसे—मूँगा, पुखराज आदि का तराशा हुआ टुकड़ा। 2. अदद।

नगरची (सं.) एक जाति-विशेष।—(वि.) नगाड़ा बजाने वाला।

नगारची (सं.) दे. 'नगरची'।

नगारा (सं.) नगाड़ा। दे. 'नँगारा'।

नचकहरा (वि.) नाचने वाला।

नचकार (वि.) नाचने वाला। दे. 'नचकहरा'।

नचकारिन (वि. स्त्री.) दे. 'नचकार'।

नछत्तर (सं.) नक्षत्र। —(वि.) काम बिगाड़ने वाला, ग्रही।

नजर (सं.) 1. दृष्टि 2. कुदृष्टि, टोना।

नटई (सं.) 1. भागने वाले जानवर के पैर में बाँधी जानेवाली लकड़ी 2. मुकरने का भाव 3. टखने के ऊपर की गोलाई।—(वि.) नटखट।

नटकुटिहा (वि.) नटखट। दे. 'नटई'।

नठाना (क्रि.) खराब होना, बिगड़ना, नष्ट होना।

नड्डा (सं.) 1. चावल का बना पाइप के आकार का नमकीन खाद्य-विशेष 2. टेंटुआ।

नतनिन (सं.) नातिन।

नत्थी (सं.) पशुओं की नाक में बाँधी जानेवाली रस्सी।

नथैल (सं.) 1. दे. नत्थी 2. नाक में छल्ला पहना हुआ व्यक्ति।

नदिया (सं.) नदी।

ननकी (वि.) छोटा या छोटी, लघु।

ननजतिया (वि.) 1. जो जाति का नहीं है, हरामज़ादा, वर्णसंकर। छोटी जाति का 2. स्त्रियों की एक गाली।

नपनी (सं.) डंडी लगी हुई छोटी लुटिया, घंटी।

नपल्ली (सं.) छिपकली।

नफेरी (सं.) मुँह से फूँककर बजाया जानेवाला वाद्य, नफीरी।

नता-गोता (सं.) नाता-रिश्ता।

नरई (सं.) धान की कटाई के बाद बचा हुआ नीचे का ठूँठ भाग।

नरक (सं.) नरक।

नरवा (सं.) नाला।

नरही (सं.) नाला।

नरियर (सं.) नारियल।

नरियाना (क्रि.) गला फाड़कर चिल्लाना, आवाज करना।

नरी (सं.) 1. गला 2. आवाज़।

नेरचरहा (वि.) शरारती।
नेरटी (सं.) नारियल के ऊपर का कड़ा खोल।
नरेड़ी (सं.) गले का सामने का भाग।
नेरना (सं.) छप्पर पर जमाई गई बाँस की खपच्चियाँ जिन पर खपरे छाए जाते हैं। दे. 'अदरी'।
नरसों (सं.) आनेवाले परसों के बाद का या बीते हुए परसों के पहले का दिन।
नरन (सं.) दे. 'नरसों'।
नेररी (सं.) नारियल की नरेटी (दे.)।
नरों (सं.) दे. 'नरसों'।
नर्रा (सं.) दे. 'नेर्रा'।
नव (वि.) नौ।
नवना (क्रि.) झुकना।
नवरात (सं.) नवरात्रि का पर्व।
नवा (वि.) नया।
नवाइन (सं.) नाई की स्त्री।
नवादसी (सं.) कफ़न।
नवाना (क्रि.) झुकाना।
नहकउ (वि.) पार किया जा सकने योग्य।
नहकौनी (सं.) नदी पार करने का किराया।
नहछू (सं.) विवाह में नाखून काटकर वर या वधू को नहलाने की रस्म।
नहडोरी (सं.) 1. विवाह के अवसर पर वर-वधू को नहलाने की रस्म। दे. 'नहछू' 2. वर-वधू को नहलाने के समय उपयोग में आनेवाला मिट्टी का छोटा पात्र।
नहना (सं.) 1. पशुओं को बाँधने की रस्सी 2. चमड़े की रस्सी।–(क्रि.) चमड़े की रस्सी से जुए को बाँधना।
नहनी (सं.) नाखून काटने का औज़ार।
नहरी (सं.) 1. छोटी नहर 2. क्यारी तक पानी ले जाने के लिए बनाई गई नाली।
नहाकना (क्रि.) लाँघना, पार करना।
नहानू (सं.) नाखून।
नहावन (सं.) 1. मृतक के लिए स्नान की रस्म, दशगात्र के प्रथम दिन से दसवें दिन तक का स्नान 2. मासिक धर्म।
नहौड़ (सं.) दशगात्र, मृत्यु के दसवें दिन का संस्कार।
नाँग (सं.) नाग।
नाँगर (सं.) हल।
नाँगा (सं.) अनुपस्थिति, नागा।
नाँगिन (सं.) नागिन।
नाँधना (क्रि.) लाँघना, पार करना।
नाँदिया बइला (सं.) 1. महादेव की सवारी, 'नंदी' बैल 2. भटरी जाति द्वारा सजाया गया बैल जिसके खेल दिखाकर वे लोग वृत्ति कमाते हैं 3. पोला (दे.) के त्यौहार पर प्रयुक्त मिट्टी या काठ का बैल।
नाँदी (सं.) 1. मिट्टी का बड़े आकार का दिया 2. मिट्टी का बना बैल।
नाँव (सं.) 1. नाम 2. नाव।
नाउ (सं.) नाई।
नाकर (सं.) पानी पर तैरने वाला और उसमें डुबकी मारने वाला एक पक्षी।
नागमोरी (सं.) बाजूबंद की तरह का बाँह का एक गहना जो सर्प की तरह मोड़ वाला होता है।
नाचा (सं.) 1. नृत्य 2. नौटंकी की छत्तीसगढ़ी शैली।
नाथ (सं.) नकेल। दे. 'नत्थी'।
नाथना (क्रि.) 1. नकेल डालना 2. रस्सी से बाँधना।
नान (वि.) नन्हा, छोटा।
नानकुन (वि.) छोटा-सा।
नानचिक (वि.) दे. 'नानकुन'।

नानना (क्रि.) लाना।

नान-नान (वि.) छोटे-छोटे।

नानपन (सं.) बाल्यावस्था।

नानमुन (वि.) छोटा-मोटा।

नानुक (वि.) दे. 'नानकुन'।

नान्हे (वि.) नन्हा, छोटा-सा।

नार (सं.) लता।

नारा (सं.) 1. गर्भ की नाल 2. नाड़ा।

नारा नवा (वि.) बिल्कुल नया।

नारिक (सं.) पुराना सुधारा हुआ बरतन।

नारी (सं.) 1. नाड़ी 2. कलाई। दे. 'मुरवा' 3. पत्नी।

नाव (सं.) दे. 'नाँव'।

नास (सं.) 1. हल के फाल के नीचे की लकड़ी 2. नाश।

निंगान (क्रि.) प्रविष्ट होना।

निंगाना (क्रि.) 1. घुसाना, प्रवेश कराना 2. पैदल चलाना।

निंगोटी (सं.) लँगोटी।

निंदई (सं.) घास आदि को खेत से अलग करने का कार्य, निराई।

निंधा (सं.) निंदा।–(वि.) ठोस।

निंधी (वि.) पचास कोड़ी।

निकयाना (क्रि.) सूप के द्वारा अनाज को फटकने के बाद उपयोगी-अनुपयोगी भागों को अलग-अलग करना।

निकाई (सं.) व्यंग्य में 'अच्छा' कहना। उदा.–'निकाई के बाबू बने हवयँ' (अच्छे बाबू बने हैं)।

निकियाना (क्रि.) अन्न में मिले कंकड़ों को निकालना। दे. 'मनियारना'।

निघरघट (वि.) निर्लज्ज।

निचोना (क्रि.) 1. निचोड़ना 2. हाथ धोने के लिए पानी ढालना।

निच्चट (वि.) बिल्कुल, निपट, घोर, निरा।

निटुरना (क्रि.) दृढ़ रहना।

निनासना (क्रि.) निंदा करना, नीचा दिखाना, कमी दिखाना।

निपराहेठ (सं.) बकबक।

निपोर (अव्य.) तिरस्कार का संबोधन। उदा.–'चुपेरा निपोर; लपर-लपर झिन मार (चुप रह भोंदू, बकबक मत कर)

निपोरना (क्रि.) दाँत दिखाना, खीसें निकालना।

निमक (सं.) नमक।

निमगा (वि.) शुद्ध, बिना मिलावट का।

निमारना (क्रि.) अन्न को साफ़ करना, चुनना, छाँटना।

नियाव (सं.) 1. न्याय 2. गुज़ारा।

निरनय (सं.) निर्णय।

निसत्ती (सं.) 1. असत्य 2. अन्याय।

निसपेट्टर (सं.) इंस्पेक्टर, निरीक्षक।

निसान (सं.) छोटे नगाड़े जैसा निशान नामक वाद्य।

निसार (सं.) गुज़ारा। दे. 'निस्तार'।

निसेनी (सं.) सीढ़ी, नसेनी।

निस्तार (सं.) 1. शौचादि कार्य से निवृत्ति 2. गुज़ारा।

निस्तुक (वि.) थोड़ा, अल्प।

निहई (सं.) हथौड़े का एक प्रकार जिसके एक ओर नोक भी होती है।

निहचे (सं.) निश्चय।

निहरना (क्रि.) झुकना।

निहारना (क्रि.) टकटकी लगाकर देखना।

निहुरना (क्रि.) झुकना। दे. 'निहरना'।

नी (क्रि. वि.) नहीं, मत।–(अव्य.) समर्थनसूचक। उदा.–'मैं कहत हौं नी' (मैं कह रहा हूँ न)।

नीक (वि.) 1. अच्छा, शुद्ध, पवित्र 2. मनभावन।

नीचट (वि.) दे. 'निच्चट'।

नीछना (क्रि.) छीलना।

नुनचरा (सं.) बिना जाली पड़ी गुठली के कच्चे आमों का अल्पकालिक अचार।

नुनछुर (वि.) तेज़ नमक वाला, अधिक नमकीन, नमक का आभास देनेवाला।

नुनछुरहा (वि.) दे. 'नुनछुर'।

नून (सं.) नमक।

नूनपाट (सं.) 1. एक खेल। दे. 'चर्रा'। 2. नमक रखने का पात्र।

नेंग (सं.) 1. नियम 2. परंपरा।

नेंगहा (वि.) नाम-मात्र को, नेग हेतु।

नेंगहा-जोगहा (वि.) नियम-मात्र।

नेंव (सं.) नींव, आधार-भूमि।

नेओता (सं.) दे. 'नेवता'। न्यौता।

नेती (सं.) 1. लट्टू या भौंरा लपेटने की या राजगीर द्वारा प्रयुक्त डोरी 2. अँगूठे और तर्जनी को फैला कर नापी गई दूरी।

नेम (सं.) नियम, विशेषतः धर्म और नीति के।

नेरवा (सं.) गर्भ की नाल। दे. 'नारा'।

नेरहवा (सं.) दे. 'नेरवा'।

नेरे (अव्य.) समीप।

नेरी (सं.) 1. जानवरों के लिंग 2. लता की नाल। दे. 'नार' 3. दे. 'सिसरा'।

नेवई (वि.) अपरिचित, नया।

नेवता (सं.) निमंत्रण।

नेवन्निन (वि.) दे. 'नेवई'।

नेवरा (सं.) नेवला।

नेवरात (सं.) नवरात्रि का पर्व दे. 'नवरात'।

नेवरिया (वि.) अपरिचित, नया, नौसिखिया।

नेह (सं.) 1. दे. 'नेंव' 2. स्नेह।

नो (क्रि. वि.) नहीं।

नोई (सं.) गाय की पूँछ के बालों की रस्सी, जो विशेषकर दोहन के समय बछड़े को गाय की टाँग से बाँधने के लिए प्रयुक्त की जाती है।

नोखन (वि.) 1. दे. 'नेवई' 2. दे. 'लोखन'।

नोचनी (सं.) दे. 'लोचनी'।

नोना (क्रि.) दे. 'डालना'।

नोनी (सं.) लड़की, बच्ची (स्नेह के संबोधन में प्रयुक्त, निरपेक्ष संबोधन में 'टूरी' प्रयुक्त)।

नोवई (सं.) दे. 'नोई'।

नोहर (वि.) क़ीमती, दुर्लभ।

नौरंगी (सं.) एक प्रकार की खुशबूदार और महँगी शराब, जिसे मसाला-शराब भी कहते हैं।

न्याव (सं.) न्याय।

प

पँइत (सं.) बार, दफ़ा, मरतबा।

पँच-लकड़िया (सं.) दाह-संस्कार के समय चिता में लकड़ी के टुकड़े डालने की अंतिम रस्म।

पँचहर (सं.) दहेज़ में दिए जानेवाले पाँच प्रकार के बरतन।

पँछत्था (वि.) पाँच हाथ का, ऊँचा पूरा।

पँजरी (सं.) इष्टदेव के भोग के लिए आटे और शक्कर आदि से निर्मित प्रसाद, पँजीरी।

पँजेरी (सं.) दे. 'पँजरी'।

पँड़की (सं.) फ़ाख़्ता नामक चिड़िया।

पँड़रा (वि.) 1. गोरा, पांडुवर्ण का 2. सफेद।

पँड़री (वि. स्त्री.) गोरी।

पँड़रु (सं.) भैंस का बच्चा, पाड़ा।

पँड़वा (सं.) भैंस का नर बच्चा।

पँड़िया (सं.) भैंस का मादा बच्चा।

पँड़ोरा (सं.) तरोई के समान एक सब्ज़ी।

पँदोली (सं.) 1. फल के डंठल के पास का भाग 2. गीली मिट्टी का गोला 3. किसी को ऊँचा उठाने के लिए उसके कूल्हों पर दिया जानेवाला सहारा।

पँछोत (सं.) दे. 'तोलगी'। काँछ।

पँर्रा (सं.) टोकरा। –(वि.) दे. 'पँड़रा'।

पँर्री (सं.) खुली टोकरी।–(वि.) दे. 'पँड़री'।

पंखी (सं.) दे. 'पाखी'।

पंचुचहा (वि.) पनीला।

पंछटहा (सं.) पानी छोड़ने वाला, जिससे पानी बहता हो।

पंछा (सं.) अँगोछा।

पंजी (सं.) 1. ताश के पाँच अंकों का पत्ता 2. पाँच रुपए का नोट 3. पाँच पैसे का सिक्का।

पंती (सं.) प्रपौत्र।

पंथी (सं.) सतनामियों द्वारा गाया जानेवाला एक प्रकार का नृत्य-गीत।

पइट ले (क्रि. वि.) पट से, तत्काल।

पइठना (क्रि.) स्त्री का अपने पति को छोड़कर अन्य मर्द के यहाँ रखैल के रूप में प्रवेश करना।

पइठू (सं.) 1. पति को छोड़कर या घर से भाग कर किसी पराए पुरुष के यहाँ प्रविष्ट स्त्री 2. छोटा तालाब। दे. 'डबरी'।

पइडिल (सं.) पैडिल।

पइत (सं.) दे. 'पँइत'।

पइधना (क्रि.) 1. अभ्यस्त हो जाना, आदत पड़ जाना 2. बार-बार आना।

पइधे (क्रि. वि.) आदतन, स्वभाव से।

पइरथन (क्रि.) पलेथन। दे. 'परथन'।

पउआ (सं.) पायदान।–(वि.) पाव, चौथाई।

पउनी (सं.) नाई, रावत, धोबी, लोहार, कोटवार जैसी जातियों के लोग जो गाँव में बारहों माह के बँधे हुए नौकर होते हैं।

पउर (सं.) गत वर्ष।–(वि.) पूर्व का, पिछला।

पउला (सं.) अन्न के भंडारण के लिए प्रयुक्त मिट्टी की कोठी।

पउहा (सं.) 1. चक्की घुमाने का हैंडिल 2. तीर्थ-यात्रियों का दल 3. पायदान। दे. 'पउआ'।

पकती (सं.) 1. सीढ़ी की आड़ी पट्टी 2. पंक्ति 3. हड्डी, पसली।

पकपकहा (वि.) 1. पोला, खोखला 2. फटा हुआ 3. बीमारी के बाद या दुर्बलता के कारण पीले चेहरे वाला।

पकुआ (सं.) पतला हलुआ।

पक्का (वि.) पका (विशेषकर फल)।

पखना (सं.) पत्थर।

पखरिया (सं.) दौरी (दे.) में जोता गया अंतिम जानवर।

पखार (सं.) खेत का ऊँचा भाग।

पखारना (क्रि.) (पाँव) धोना।

पखाल (सं.) धोया हुआ अन्न।

पगबंधी (सं.) मृतक के दशगात्र-संस्कारकर्ता को नए वस्त्रादि प्रदान करने की रस्म, जिसके बाद उसे घर का प्रमुख मान लिया जाता है, पगड़ी रस्म।

पगरइत (सं.) विवाह के आयोजन में घर का मुखिया।

पगरइतिन (सं.) पगरइत (दे.) की पत्नी।

पगुराना (क्रि.) जुगाली करना।

पघई (सं.) मिट्टी का कच्चा घड़ा।

पचकना (क्रि.) पिचकना, दबना।

पचकुल (सं.) पाँच प्रकार की जड़ी-बूटियों की दवा।

पचरंगा (सं.) वृक्षों पर खेला जानेवाला एक खेल।

पचरी (सं.) 1. घाट की सीढ़ी 2. हड्डी टूट जाने पर उसे जोड़ने हेतु बाँधने के लिए उपयोग में लाई जानेवाली बाँस की खपच्ची।

पचर्रा (वि.) 1. बार-बार पूछने वाला 2. स्वादहीन 3. आलसी।

पचोई (वि.) पाचक।

पचीसा (सं.) दे. 'तिरी-चौक'।

पछपात (सं.) पक्षपात।

पछिंदर (सं.) पैसिंजर (ट्रेन)।

पछियाना (क्रि.) पीछा करना।

पछीत (सं.) पीछे का स्थान। पिछवाड़ा। —(क्रि. वि.) पीछे की ओर, बाद में।

पछीनना (क्रि.) सूप से अनाज साफ़ करना।

पछेलना (क्रि.) पीछे की ओर धक्का देना, पीछे छोड़ना।

पछेला (सं.) 1. हाथ में पहनने का एक गहना 2. पिछला भाग।

पजइ (सं.) औज़ारों आदि की धार तेज करने का पारिश्रमिक।

पजनिया (सं.) पायल, पाजेब, पैजनिया।

पजाना (क्रि.) औज़ारों की धार को तेज करना।

पझरना (क्रि.) रिसना।

पझरा (वि.) 1. रिसा हुआ 2. पसीजा हुआ।

पटंतर (सं.) उपमा।

पटकनी (सं.) पटक कर फोड़ा जानेवाला पटाखा।

पटनी (सं.) लकड़ी के सफ़ाई के साथ चीरे हुए चिकने टुकड़े, लकड़ी की लंबी और चौड़ी पट्टी।

पटपट ले (क्रि. वि.) 1. एकदम 2. लगातार 3. एक साथ।

पटपटाना (क्रि.) 1. सूख जाना, ऐंठ जाना 2. मर जाना, सत्यानाश हो जाना 3. रंग का उड़ जाना या फीका पड़ जाना 4. ईर्ष्या करना।

पटपर (सं.) 1. पठार 2. पानी के नीचे की ठोस भूमि।

पटरस (सं.) 1. बरसात में स्वतः पैदा होनेवाला एक कंद जिसका आकार छोटे आलू जैसा होता है 2. पट की ध्वनि।

पटरस पटरस (क्रि. वि.) पट-पट की ध्वनि के साथ।

पटवा (सं.) 1. एक क़िस्म की भाजी 2. बुनकरों की एक उपाधि 3. मनिहार जाति 4. पटसन।

पटा (सं.) विधवा स्त्रियों द्वारा पहनी जानेवाली धातु की पिटवाँ (दे.) चूड़ी।

पटासी (सं.) बढ़ई का एक औज़ार जो चौकोर छेद करने के काम आता है।

पटिया (सं.) छप्पर के नीचे की पड़ी लकड़ी जो कड़ी जैसा काम करती है।

पटियाना (क्रि.) 1. पट पड़ के सो जाना। 2. मर जाना।

पटुआ (सं.) दे. 'पटवा'।

पटुका (सं.) अँगोछा, गमछा। दे. 'पंछा'।

पटेतर (सं.) दे. 'पटंतर'।

पटौंहा (सं.) ऊपर की मंज़िल, लकड़ी के पटियों को कमरे और छत के मध्य पाट कर बनाया गया ऊपरी हिस्सा।

पट्टा (सं.) 1. गाड़ी के पहिए के ऊपर लगी हुई लोहे की पट्टी 2. निश्चित किया गया लगान 3. लगान-पुस्तिका।

पट्टी (सं.) 1. स्लेट 2. सट्टे का नंबर 3. पट्टी।

पट्टीदार (वि.) साझेदार।

पट्ठल (वि.) ठोस।

पठरु (सं.) बकरी का बच्चा, मेमना।

पठलहा (वि.) ठोस। दे. 'पट्ठल'।

पठिया (सं.) बकरी का मादा बच्चा।

पठेरा (सं.) आला। दे. 'दिरखा'।

पठोना (क्रि.) भेजना।

पठौनी (सं.) गौना, द्विरागमन, विवाह के बाद दूसरी बार बिदाई की रस्म।

पड़ती (सं.) 1. बंजर भूमि, अनुपजाऊ जमीन, बिना बोई गई भूमि 2. माफ़िक भाव, उचित मूल्य। उदा.—'मोला पड़ती नइँ परत हे' (मुझे पड़ता नहीं पड़ता)।

पढ़िना (सं.) एक प्रकार की बड़ी मछली।

पतरा (सं.) पत्रा, पंचांग, विरल जंगल।

पतरिया (सं.) कुर्मी (दे.) जाति की एक उपजाति।

पतरी (सं.) 1. पत्तल 2. छोटी परात।

पतरेंगा (वि.) पतली कमर वाला।

पतरेंगी (सं.) 1. एक छोटी चिड़िया। —(वि. स्त्री.) पतली कमर वाली।

पतलू (वि.) पतला।

पताड़ी (सं.) अन्न में पड़ने वाला कीड़ा।

पताल (सं.) 1. टमाटर 2. पाताल लोक।

पतियाना (क्रि.) विश्वास करना।

पतुरिया (सं.) वेश्या, रंडी, बदचलन औरत।

पतेरना (क्रि.) पत्ते से मुँह बंद करना।

पतो (सं.) पुत्रवधू, पतोहू।

पतौआ (सं.) पत्तों का ढेर।

पत्ता गोभी (सं.) बंदगोभी।

पत्ती (सं.) 1. साझेदारी 2. ब्लेड 3. पत्ती।

पत्तो (सं.) दे. 'पतो'।

पथ (सं.) 1. पथ्य 2. पथ।

पथना (सं.) दे. 'पखना'।

पथरहा (वि.) पथरीला।

पथरा (सं.) दे. 'पखना'।

पथरी (सं.) पेशाब की नली में पैदा हो जानेवाली पथरी। (वि.) पथरीला।

पदरा (वि.) पादने की आदत वाला।

पदरी (वि. स्त्री.) पादने की आदत वाली।

पदाइन (सं.) पाद की दुर्गंध।

पदीना (सं.) पुदीना।

पदौनी (सं.) 1. परेशान होने तक तंग करने की क्रिया 2. खेल में हारे हुए को दंडस्वरूप दिया जानेवाला अवसर।

पनखत्ती (सं.) वह तालाब जिसका पानी पीने के काम में लिया जाता है।

पनचुटहा (वि.) पानी के जैसा बेस्वाद।

पनडुब्बी (सं.) पानी में डुबकी मारने वाली एक चिड़िया। दे. 'अएँरी'।

पनड़ी (सं.) दे. 'पनही'।

पनदेवा (सं.) श्राद्ध में पानी देनेवाला पुत्र।

पनबुड़ी (सं.) 1. वह शिशु जिसे गर्मी सहन नहीं होती तथा जिसे बार-बार पानी से नहलाया जाता है 2. 'पनडुब्बी'।

पनलुका (सं.) पेड़ से आम आदि तोड़ लेने के बाद छूट गया फल, पेड़ के पत्तों में लुका हुआ फल।

पनवार (सं.) विवाह आदि के अवसर की विशेष पंगत।

पनही (सं.) जूता।

पना (सं.) 1. भूने या उबाले हुए खट्टे आम का मसालेदार रस, किसी फल के रस में दूध-शक्कर आदि मिलाकर तैयार किया गया पेय 2. चमकीला काग़ज़, पन्नी 3. नट-बोल्ट खोलने का औज़ार, पाना। —(अव्य.) बार, आवृत्ति।

पनिका (सं.) एक जाति।

पनियर (वि.) पानीदार, ज्यादा पानी मिला हुआ, पानी के जैसा पतला।

पनिहा (सं.) 1. पानी का घड़ा रखने का स्टैंड या जगह 2. घड़ा।

पन्हाना (क्रि.) दे. 'पेन्हाना'।

पपई (सं.) पपीता।

पपची (सं.) एक मीठा पकवान।

पबेरना (क्रि.) खोना, गुमाना।

पय (सं.) दोष, अवगुण।

पर (वि.) अन्य, दूसरा। –(अव्य.) परंतु।

परई (सं.) हंडी या मटके का मिट्टी का ढक्कन।

परकार (सं.) 1. प्रकार 2. परकार।

परगट (सं.) प्रकट, प्रत्यक्ष।

परगनिहा (सं.) कुर्मियों (दे. 'कुर्मी') की एक उपजाति।

परघनी (सं.) बरात के स्वागत की रस्म। उदा.–मँय उहाँ पहुचेंव तो परघनी होगे रहिस' (मैं वहाँ पहुँचा, तो बरात के स्वागत की रस्म हो चुकी थी)।

परघाना (क्रि.) परघनी की रस्म पूरी करना, आगे बढ़कर बरात का स्वागत करना।

परचा (सं.) 1. वह पुस्तिका जिसमें लगान प्राप्ति की प्रविष्टियाँ की जाती हैं। दे. 'पट्टा' 2. समाचार-पत्र 3. प्रश्न-पत्र।

परछइहाँ (सं.) परछाई।

परछहा (वि.) 1. परीक्षा लेनेवाला 2. खुफिया।

परछी (सं.) बरामदा।

परछो (सं.) 1. परीक्षा 2. रहस्य।

परजा (सं.) प्रजा।

परता (सं.) मूल्य की पूर्ति, लाभ। दे. 'पड़ती'।

परती (सं.) पड़ती (दे.) जमीन।

परदा (सं.) ओट के लिए बनाई गई दीवार, आड़।

परथन (सं.) रोटी बेलने के लिए इस्तेमाल किया जानेवाला अलग रखा हुआ आटा, पलेथन।

परथम (वि.) प्रथम।

परदेसी (वि.) उत्तर प्रदेश और बिहार से छत्तीसगढ़ में आया हुआ व्यक्ति।

परन (सं.) प्रण।–(वि.) खेत में अनुमानित बीज डालने के योग्य।

परन दिन (सं.) परसों।

परना (क्रि.) पड़ना।

परपराइन (वि.) जीभ में जलन महसूस करने या तिक्त स्वाद वाला।

परबंध (सं.) प्रबंध।

परब (सं.) पर्व।

परबत (सं.) पर्वत।

परबुधिया (वि.) पराई बुद्धि से चलने वाला।

परबुधनिन (वि. स्त्री.) दे. 'परबुधिया'।

परभू (सं.) प्रभु।

परले (सं.) प्रलय।

परवा (सं.) 1. भीतरी छत 2. छप्पर 3. परवाह।

परसंग (सं.) प्रसंग।

परसा (सं.) 1. पलाश 2. परोसा गया अन्न।

परसाद (सं.) प्रसाद।

परसार (सं.) लंबा-चौड़ा सादा घर, घर के प्रवेश-भाग में स्थित बड़ा बरामदा, खलिहान में पैरा (दे.) आदि रखने के लिए मकान।

परसुल (सं.) सब्ज़ी आदि काटने का हँसिए जैसा एक औजार।

परछित (सं.) दे. 'पछीत'।–(वि.) पराश्रित।

परान (सं.) प्राण।

पराना (क्रि.) भागना, निगाह से ग़ायब हो जाना।

परानी (सं.) 1. प्राणी 2. दंपति 3. पत्नी।

परिकरमा (सं.) परिक्रमा।

परिछन (सं.) बरात के लौटने पर घर में वर-वधू के स्वागत की रस्म।

परिया (सं.) 1. दे. 'पड़ती' 2. बोई जाने पर भी जिस भूमि में फ़सल न हो।

परिवाँ (सं.) प्रतिपदा की तिथि।

परिहार (सं.) दे. 'परियार'।

परेत (सं.) प्रेत।

परेना (क्रि.) रोटी बेलना।

परेनी (सं.) धुनी हुई रुई।

परेतिन (सं.) प्रेतनी।

परेवना (सं.) दे. 'परेवा'।

परेवा (सं.) कबूतर।

परोसी (सं.) पड़ोसी।

पर्रा (सं.) बाँस की सींकों से निर्मित बड़ा गोल पात्र, झाबा। –(वि.) सफेद। दे. 'पँड़रा'।

पर्री (सं.) छोटा पर्रा (दे.)। –(वि. स्त्री.) दे. 'पँड़री'।

पलटन (सं.) 1. सैनिक 2. पशु-समूह।

पलथियाना (क्रि.) पालथी मार के बैठना।

पलपला (सं.) दहकने के बाद सुलगती हुई आँच।

पलान (सं.) 1. घोड़े की पीठ की आसन-सज्जा, जीन 2. योजना या प्लान 3. सिंचित क्षेत्र की भूमि।

पलाना (क्रि.) खेतों में पानी देना।

पलानी (सं.) अरहर की लकड़ी और पत्तों आदि की छत जो खुली दीवार की रक्षा के लिए बनाई जाती है।

पलिया (सं.) 1. बाँस की बनी टट्टी, जिसे गाड़ी पर लगा कर खाद आदि की ढुलाई करते हैं 2. टोकरी।

पलोना (क्रि.) 1. दीपक बुझाना 2. खेतों में पानी देना।

पल्ली (सं.) दीवार के बचाव के लिए छोटा छप्पर। दे. 'पलानी'।

पल्हरी (सं.) छाया।

पल्हवा (वि.) सिंचाई करके उगाई हुई।

पवनी-पसारी (सं.) सुख-दुख में सहायक नाई-धोबी आदि कार्यकर्त्ता। उदा.–'बड़ बताथस गा, अतका तो हमर इहाँ पवनी-पसारी मन पा लेथें (खूब कहते हो, इतना तो हमारे यहाँ नाई-धोबी आदि सेवक पा लेते हैं)।

पवाना (क्रि.) 1. गोद में लेना 2. दे. 'पाना'।

पसइया (सं.) 1. माँड़ 2. माँड़ निकालने वाला व्यक्ति। –(वि.) जिसका माँड़ निकाला जा चुका है।

पसगइत (क्रि. वि.) पीछे-पीछे।

पसर (सं.) दोनों हाथों की अंजलि।

पसरा (सं.) विक्रय के लिए फैलाकर रखा गया सामान, अस्थायी दुकान। –(वि.) फैला हुआ।

पसहर (सं.) प्राकृतिक रूप से जल में उत्पन्न धान जिसका लाल चावल स्त्रियों द्वारा खम्हर छठ में खाया जाता है।

पसाना (क्रि.) 1. पात्र से माँड़ निकालना 2. मार कर सुला देना।

पसरना (क्रि.) फैलाना।

पसिया (सं.) माँड़। दे. 'पसइया'।

पहट (सं.) 1. एक ही मालिक के पशुओं का झुंड 2. भोर, प्रभात।

पहटिया (सं.) प्रभात में मालिक के ढोरों को चराने के लिए ले जानेवाला ग्वाला।

पहती (सं.) जो ज़मीन बोई न जाए। दे. 'परिया'।

पहार (सं.) 1. पर्वत 2. प्रहर।

पहरी (सं.) पहाड़ी।

पहवाना (क्रि.) व्यतीत करना।

पहाती (क्रि.) सूर्योदय के पूर्व का काल।

पहाना (क्रि.) 1. व्यतीत करना 2. प्रातः होना।

पहर (सं.) पहाड़।

पहिनना (क्रि.) पहनना।

पहिना (सं.) दे. 'पढ़िना'।

पहिरन (सं.) 1. पशु 2. स्त्री की गुप्तेंद्रिय, योनि।

पहिरावन (सं.) शुभ कार्य के समय बाँटे गए कपड़े।

पहिलाँवत (सं.) पहली संतान।–(वि.) प्रथम।

पहिली (वि.) पहला। –(क्रि. वि.) पहले।

पही (सं.) धान का अंबार।

पहुँची (सं.) बाँह का एक आभूषण। दे. 'नागमोरी'।

पहुना (सं.) मेहमान।

पहुरा (सं.) जानवरों को बाँधने के लिए ऐसी लकड़ी जिसके दोनों ओर रस्सी बँधी होती है।

पाँ (सं.) 1. पैर 2. तलुआ।

पाँख (सं.) पंख, पर।

पाँखी (सं.) दे. 'पाँख'।

पाँजर (सं.) 1. अस्थि-पंजर 2. पेट का मध्य भाग।

पाँड़े (सं.) कुम्हार जाति के लिए संबोधन।

पाँव पखारना (क्रि.) 1. विवाह के समय कन्या और जमाई के पाँव धोना 2. अपने बड़ों के पैर धोना।

पाइक (सं.) 1. पगडंडी 2. सिपाही। –(वि.) पैदल।

पाका (वि.) पका हुआ।

पाके (वि.) दे. 'पाका'। –(अव्य.) लिए। उदा.–'मँय गाँव चले गे रहेंव, ते पाके कल नइँ आन पाएँव' (मैं गाँव चला गया था इसलिए कल नहीं आ सका)।

पाख (सं.) पक्ष, पखवाड़ा।

पाखा (सं.) 1. छप्पर 2. पुट्ठा 3. बग़ल।

पखियाना (क्रि.) दीवार समतल करना।

पाखी (सं.) 1. पंख। दे. 'पाँखी' 2. दीवार की रक्षा के लिए बनाई गई टट्टी।

पाग (सं.) 1. चाशनी 2. उचित अवसर।

पागना (क्रि.) चाशनी बनाना, चाशनी में लपेटना, मीठा पकवान बनाना।

पागी (सं.) 1. धोती का छोर, जो पीछे खोंसा जाता है 2. स्त्रियों की लँगोटी, जो मासिक धर्म के समय पहनी जाती है।

पागुर (सं.) जुगाली।

पाछू (क्रि. वि.) पीछे, बाद में।

पाटा (सं.) 1. पीढ़ा 2. पटला 3. पहिए के बीच से किनारों की ओर जानेवाला पटला 4. कमर में लपेटा गया धोती का फेंटा 5. चकला।

पाठी (सं.) 1. सिर में निकाली गई माँग 2. माथे के बाएँ-दाएँ बालों की लटों को गूँथकर की गई सज्जा 3. खाट की पट्टी 4. छत की आधारपट्टी।

पाठ (सं.) लकड़ी का एक टुकड़े का सपाट पटला।–(वि.) प्रमुख। –(अव्य.) बाद।

पाठा (सं.) पशु का (विशेषकर बकरी का) बच्चा।

पाड़िन (सं.) स्त्री जिसे मासिक धर्म नहीं होता।

पातर (वि.) पतला।

पान (सं.) पत्ता।

पाना (सं.) 1. पत्ता 2. नट-बोल्ट कसने-खोलने के लिए प्रयुक्त उपकरण। —(क्रि.) गोद में लेना।

पानी भाजी (सं.) मछली।

पापर (सं.) पापड़।

पाय के (अव्य.) दे. 'पाके'।

पायजेब (सं.) पैर का आभूषण, पाजेब, पायल।

पार (सं.) 1. नदी का बाँध 2. तालाब, खेत आदि का उठा हुआ किनारा 3. एक ही जाति के अलग-अलग हुए समूह 4. पक्ष।

पारधी (सं.) बहेलिया नामक एक शिकारी जाति।

पारना (क्रि.) देना, बनाना, लगाना, सँवारना, इत्यादि। उदा.—'गार (दे.) पारना' (अंडा देना), 'फूल पारना' (फूल बनाना), 'गोहार पारना' (आवाज़ लगाना), 'पाटी पारना' (बाल सँवारना)।

पारा (सं.) मोहल्ला।

पारी (सं.) बारी, पाली।

पाल (सं.) 1. दल, पारटी 2. ओर 3. बार 4. कबड्डी के खेल में आवश्यक रूप से पार की जानेवाली सीमा-रेखा।

पालागी (सं.) पाँव स्पर्श करके किया गया अभिवादन, दंडवत प्रणाम, नमस्कार।

पासँग (सं.) 1. तराजू का एक ओर का झुकाव 2. तुच्छता का भाव 3. बराबरी की तोल।

पासना (क्रि.) ताकना, प्रतीक्षा करना, घात लगाना, निगरानी करना।

पासा (सं.) 1. चौपड़ 2. फावड़े का पिछला हिस्सा 3. मुँदरी (दे.) का छल्ला।

पाहटा (सं.) दे. 'थाँघा'।

पाहती (सं.) दे. 'पहाती'।

पाही (सं.) 1. पंक्ति 2. धान की निराई-कटाई के लिए खेत का पंक्तियों में बँटा हिस्सा।

पाही-पाही ले (क्रि. वि.) बारी-बारी से।

पिंडा (सं.) पिंडदान, श्राद्ध-कर्म।

पिंयर (सं.) ताश के खेल में बेगम और बादशाह का युग्म या पेयर। —(वि.) पीला।

पिंयरी (वि. स्त्री.) दे. 'पिंवरी'।

पिंचरी (वि. स्त्री.) 1. पीली 2. पीले रंग की साड़ी या अन्य शुभ वस्त्र।

पिकरी (सं.) पीपल, बट आदि का फल, पीपरी।

पिकियाना (क्रि.) अंकुरित होना। पीकना।

पिचका (सं.) 1. बच्चा 2. पिचकारी। —(वि.) पिचका हुआ।

पिचकाट (सं.) उलझन, उलझाव। उदा.—'पिचकाट के काम मोला झन बता, मोर ले नइँ होय, (उलझाव का काम मुझे मत बता, मुझसे नहीं होता)। —(वि.) पेचीदा उलझा।

पिचकोलना (क्रि.) मसलना।

पिचगोल (सं.) शरीर पर पड़ा हुआ, सूजा हुआ लाल चकत्ता, ददौरा।

पिचगोलना (क्रि.) दे. 'पिचकोलना'।

पिचपिचहा (वि.) 1. गला हुआ, गीला-सा 2. बार-बार पूछने वाला।

पिचरी (वि.) बार-बार थूकने की आदत वाला।

पिचर्रा (वि.) बार-बार बोलने वाला।

पिचर्री (वि. स्त्री.) बार-बार बोलने वाली।

पिछुआना (क्रि.) पीछे होना।

पिछू (क्रि. वि.) पश्चात्, पीछे।
पिछौत (सं.) पिछवाड़ा।
पिछौरी (सं.) चादर के समान बिछाने का वस्त्र, दुपट्टा।
पिजगोलना (क्रि.) हाथों से मींजना।
पिटपिटी (सं.) एक छोटा साँप।
पिटवाँ (वि.) पीटकर बनाया गया।
पिठघोड़ी (सं.) पीठ पर लादने का ढंग।
पिठैया (क्रि. वि.) पीठ पर।
पिड़उरी (सं.) 1. पीली मिट्टी 2. लकड़ी का छोटा पाटा (दे.)।
पिड़िया (सं.) आटे आदि से बनाया गया, गुझिया-जैसा एक मीठा पकवान, पिराकी।
पिढ़वा (सं.) 1. पीढ़ा 2. नीचे दोनों ओर टेक लगा हुआ पटला।
पिपरी (सं.) 1. दे. 'पिकरी' 2. पीपल के वृक्ष की छाल 3. घाव सूखने के पश्चात् निकलने वाली पपड़ी, खुरंट।
पियई (सं.) 1. पेय पिलाने का भाव। 2. उसका मेहनताना।
पियरी (सं.) पीलावस्त्र।
पियाना (क्रि.) पिलाना।
पियारा (वि.) प्यारा।
पियास (सं.) प्यास।
पियासी (सं.) प्यास की तलब।
पिरकी (सं.) फुंसी।
परथी (सं.) पृथ्वी।
पिरपिट्टी (सं.) दे. 'पिटपिटी'।
पिराना (क्रि.) पीड़ा होना, दर्द होना।
पिरीत (सं.) प्रीति।
पिला (सं.) 1. बच्चा 2. कुत्ते का बच्चा। पिल्ला।
पिलारी (सं.) 1. नहर की छोटी शाखा 2. दूध पिलाने वाला पशु।
पिलापन (सं.) बचपन, बाल्यावस्था।
पिसवैया (वि.) पीसने वाला।
पिसान (सं.) आटा।
पिसाब (सं.) पेशाब।
पिहरी (सं.) फफूँदी, कुकुरमुत्ता।
पींड (सं.) तना।
पीक (सं.) फ़सल।
पीका (सं.) 1. अंकुर 2. कोंपल 3. कटे पेड़ से निकली नई शाखा, कटिंग लगाने से निकली कोंपल।
पीकी (सं.) 1. कमल की नाल से निकला नया डंठल या फुनगी 2. अंकुर।
पीछू (क्रि. वि.) पीछे। दे. 'पिछू'
पीठी (क्रि.) भिगा कर पीसी गई उड़द, मूँग, आदि की गीली दाल, पिट्ठी।
पीढ़ा (सं.) दे. 'पाठ'।
पीतर (सं.) पितृ, स्वर्गवासी पूर्वज, पितर।
पीतरखेदा (सं.) पितृमोक्ष।
पीतरपाख (सं.) पितृपक्ष।
पीपर (सं.) पीपल।
पीनी (सं.) दे. 'पीकी'।
पीरा (सं.) पीड़ा।
पीला (सं.) 1. 'दे. 'पिला'।
(वि.) 2. पीला।
पुक (सं.) 1. दे. 'पूक' 2. जल्दी।
पुख (सं.) 1. पुष्य नक्षत्र 2. वर्ष।
पुचपुचहा (वि.) अपने को आगे-आगे दिखाने वाला, आवश्यकता से अधिक व्यग्रता की वृत्तिवाला, अनिश्चय की स्थिति में रहने वाला, किंकर्तव्यविमूढ़।
पुछी (सं.) पूँछ।
पुछारो (सं.) पूछताछ, खोज।
पुट्ठा (सं.) कार्ड-बोर्ड, पट्ठा।
पुतका (सं.) 1. पोटली 2. बंदगोभी।

पुतकी (सं.) 1. धूल 2. कपड़े में कुछ रखकर बनाई गई छोटी पोटली या गाँठ, जिसका उपयोग चिकित्सार्थ सेंक आदि के लिए किया जाता है 3. पुड़िया।

पुतरी (सं.) 1. पुतली, गुड़िया 2. चित्र 3. चाँदी या सोने के सिक्कों का हार।

पुतवा (सं.) पूत।

पुदकना (क्रि.) उखाड़ना, खींचना, तोड़ना।

पुदगा (सं.) पंख।

पुन (सं.) पुण्य।

पुनई (वि.) पूर्णिमा को जन्मा हुआ।

पुन्न (सं.) पुण्य। दे. 'पुन'।

पुन्नी (सं.) पूर्णिमा, पूर्ण चंद्र की तिथि।

पुरकना (क्रि.) 1. कुल्ला करके मुँह से धार के साथ पानी को बाहर निकालना 2. पटाखे का विस्फोट न होकर यों ही जल जाना।

पुरखौती (वि.) पुरखों के काल से चला आया, पुरखों की परंपरा से प्राप्त, पुश्तैनी।

पुरती (वि.) पूर्ति के योग्य।

पुरवा (सं.) नगर का कोई भाग, पुरी। —(वि.) ऊपर-नीचे अंगारों या जलते कंडों की सहायता से पत्तों के बीच रखकर पकाया गया।

पुरवाही (सं.) पूर्वी सुखद हवा।

पुरुस भर (क्रि. वि.) सिर से ऊपर तक। पानी की गहराई की नाप।

पुरौनी (सं.) सब्जी आदि ख़रीदने पर माँगने से थोड़ी और मिलने वाली मात्रा, रूख।

पुहमी (सं.) पृथ्वी।

पूक (सं.) गेंद, कंदुक।

पूजना (क्रि.) 1. बलि देना 2. पशु को काट डालना 3. पूजा करना।

पूत (सं.) पुत्र।

पूर (सं.) बाढ़।

पूरनपूरी (सं.) 1. बेसन की मीठी पूरी 2. चने की दालयुक्त मसालेदार पराँठा।

पूरना (क्रि.) 1. पूरा पड़ना 2. रँगोली बनाना।

पूरा (सं.) दे. 'पूर' 2. घास का मुट्ठा।

पेंउस (सं.) ब्याई हुई गाय के 2-3 दिन बाद तक के दूध को पकाकर बनाया जानेवाला व्यंजन, पायस।

पेंड़वा (सं.) पेड़ का तना।

पेंरी (सं.) पिंडली।

पेज (सं.) 1. बासी (दे.) का पानी 2. दे. 'बोरे'।

पेजहा (सं.) पेज (दे.) रखने का पात्र।

पेटघँइयाँ (क्रि. वि.) पेट के बल।

पेटबोजवा (सं.) स्वादहीन वस्तु जिसका उपयोग मात्र क्षुधा मिटाने के लिए हो। —(वि.) खाऊ, पेटू।

पेटला (वि.) बड़े पेटवाला, वह व्यक्ति जिसकी तोंद निकली हो।

पेटमाधो (वि.) दे. 'पेटबोजवा'।

पेन्हाना (क्रि.) पशुओं द्वारा दूध देने की स्थिति में आ जाना।

पेरना (क्रि.) 1. घानी से तेल निकालने या चक्की से दलने आदि की क्रिया 2. समय लगाना या बरबाद करना।

पेरोसी (सं.) पैरे (दे. 'पैरा') की भूसी।

पेलना (सं.) मछली पकड़ने का एक प्रकार का तिकोना जाल।—(क्रि.) 1. धकेलना 2. प्रविष्ट होना, घुसना।

पेलनाही (सं.) विशिष्ट त्रिकोणाकार खेत। —(वि.) ज़िद्दी।

पेलहा (वि.) ज़िद्दी।

पेसुवा (सं.) पिस्सू।

पैंलगी (सं.) अभिवादन, पाँव लगने का भाव।

पैंसुल (सं.) 'परसुल'।

पैकरमा (सं.) परिक्रमा।

पैकहा (सं.) गाँव का व्यक्ति जो जूते आदि बनाता है, मोची।

पैकहिन (सं.) की पत्नी।

पैकार (सं.) कँवरों की एक उपजाति।

पै-डगरी (सं.) पैदल चलने वालों की डगर, पगडंडी।

पैजन (सं.) पायल।

पैजनी (सं.) दे. 'पैजन'।

पैन (सं.) 1. बहाव का रास्ता, छोटी नहर 2. कलम।

पैना (सं.) नए चावल को भाप से पकाने की विधि।

पैरपट्टी (सं.) पायजेब, बिना घुँघरू वाली पायल।

पैरा (सं.) धान के सूखे डंठल, पुआल।

पैरावट (सं.) पैरा (दे.) रखने की जगह 2. पैरे (दे. ''पैरा') का ढेर।

पैरी (सं.) 1. स्त्रियों के पैर का गहना। दे. 'पैजनी' 2. बबूल का फल।

पैली (सं.) अनाज मापने के लिए बाँस की सींकों या किसी धातु से बनाया गया पात्र, जिसमें लगभग एक किलोग्राम अन्न आता है, पायली।

पैसुली (सं.) दे. 'पैसुल'।

पोंकर्रा (वि.) बार-बार दस्त करने वाला।

पोंकर्री (वि. स्त्री) दे. पोंकर्रा।

पोंकी (सं.) दस्त।

पोंगरी (सं.) बाँस की नली।—(वि.) खोखली।

पोंगल्ला (वि.) पोला।

पोंगा (सं.) 1. भीतर से खाली वस्तु मूर्ख 2. भोंपू, लाउड स्पीकर, हॉर्न 3. कोंपल 4. कंद से निकला डंठल 5. कमल-नाल।

पोंडा (वि.) पोला, खोखला, बीच से ख़ाली।

पोंद (सं.) 1. मल-द्वार 2. योनि 3. कूल्हा।

पोंदतरा (सं.) 1. मासिक धर्म के समय पहना जानेवाला कपड़ा 2. बच्चे की कमर के नीचे बिछाया जानेवाला कपड़ा।

पोंदा (सं.) 1. ढेंकुली का वज़नी हिस्सा 2. भार 3. सहारा।

पोई (सं.) 1. चौड़े पत्तोंवाली एक भाजी 2. मादा चूज़ा।

पोखरा (सं.) कमल का फल, कमलगट्टा।

पोखरी (सं.) 1. छोटा तालाब 2. खुली खान।

पोखाना (क्रि.) दे. 'पोठाना'।

पोगरी (वि.) 1. आरक्षित 2. निजी, एकाधिकृत।

पोगराना (क्रि.) दे. 'पोगरियाना'।

पोगरियाना (क्रि.) पहले से अधिकार करना।

पोचई (वि.) अंदर बीज के पुष्ट न होने के कारण नरम और सिकुड़ी हुई (फली आदि), पोला।

पोचवा (वि.) 1. दबा हुआ 2. बीज रहित (फली)।

पोची पड़ना (क्रि.) 1. फल में बीज या दाना न पड़ना 2. आँख का दृष्टिविहीन स्थिति तक धँस जाना।

पोहरियाना (क्रि.) सूजन आना।

पोटरी (सं.) किसी अन्न की गर्भावस्था। दे. 'पोटरु'।

पोटरु (सं.) धान आदि की बाल निकलने के पूर्व पौधे के मध्य भाग में मोटी गाँठ बनना। —(वि.) अविकसित, नाटा।

पोटा (सं.) आँत।

पोटारना (क्रि.) 1. लिपटाना, आलिंगन करना 2. अधिकार कर लेना।

पोटास (सं.) पोटेशियम।

पोटी (सं.) दे. 'पोटा'।

पोट्ठ (वि.) 1. पुष्ट, मज़बूत 2. धनवान 3. बड़ा 4. दानेदार।

पोठाना (क्रि.) 1. मज़बूत होना 2. परिपक्व होना।

पोढ़ार (सं.) कृषि-सेवक।

पोतनी (सं.) घर लीपने की चिंदी (दे.)।

पोतली (सं.) 1. बोरी 2. काली छोटी हंडी।

पोता (सं.) जूट का बड़ा थैला, बोरा।

पोतिया (सं.) कोसे या कच्चे रेशम की साड़ी।

पोती (सं.) चूल्हे के धुएँ से बरतन के पेंदे को बचाए रखने के निमित्त उस पर लेपी गई गीली मिट्टी या राख की पर्त 2. दे. 'पोतली'।

पोनतरा (सं.) दे. 'पोंदतरा'।

पोनतरिया (सं.) छोटे बच्चे की गदेली।

पोनहा (सं.) रुई का फाहा।

पोना (क्रि.) 1. हाथों से रोटी का आकार बनाना 2. पकाना।

पोनी (सं.) धुली हुई रुई।

पोर (सं.) 1. गन्ने आदि की गाँठों के बीच का स्थान 2. घुटने आदि का जोड़।

पोरहा (सं.) मिट्टी का एक बरतन, जिसे पोला (दे.) के समय उपयोग में लाया जाता है।

पोरा (सं.) 1. त्यौहार, जो भाद्र मास की अमावस्या को मनाया जाता है, जिसमें बैलों को सजाया और पूजा जाता है 2. लाल मिट्टी का छोटा गोल पात्र।

पोल (सं.) 1. सुराख़ 2. कमज़ोरी 3. खंभा। –(वि.) पोला।

पोलका (सं.) ब्लाउज़।

पोलखर (सं.) दे. 'पोलका'।

पोलपोला (वि.) पोला।

पोसई (सं.) पोषण।

पोसा (सं.) पोशाक।

पोहना (सं.) लीख निकालने का कंघा, कंघी, दे. 'ककुआ'। –(क्रि.) गूँथना, सुई में डोरा डालना।

पौर (वि.) दे. 'पउर'।

पौसना (क्रि.) काट कर टुकड़े करना।

पौला (सं.) अनाज रखने के लिए मिट्टी का छोटा कोठीनुमा पात्र। दे. 'पउला'।

फ

फँकिया (सं.) फाँकों में डाला गया अचार।

फँभना (क्रि.) जँचना, शोभित होना, फबना।

फँभवार (वि.) दूसरों को फाँसने वाला, छल-छद्म करने वाला।

फँदाना (क्रि.) 1. फँसना 2. जुतना, बंधित होना।

फँदिया (सं.) फंदेबाज़।

फँदोना (क्रि.) फँसाना, फाँसना।

फंदी (वि.) छल-छद्म करने वाला।

फइरका (सं.) किवाड़।

फउज (सं.) फौज।

फउद (सं.) 1. फौज। दे. 'फउज' 2. मृत्यु 3. धूल।

फकत (वि.) 1. बेकार, व्यर्थ 2. मात्र।

फकवाना (क्रि.) कटवाना।

फटक्का (सं.) पटाख़ा, फटाका।

फटफटाना (क्रि.) आकुल होना, परेशान होना।

फटफटी (सं.) मोटर साइकिल।

फजर (सं.) भोर, सबेरा।–(क्रि. वि.) सबेरे।

फटिकना (क्रि.) फेंकना।

फतोई (सं.) देसी बनियाइन।

फत्तू (सं.) हिजड़ा।

फदकना (क्रि.) 1. 'भदराना' 2. चावल आदि का अधिक पक जाना। 3. व्यापक रूप से फैला जाना।

फदफदाना (क्रि.) 1. भद्दा होना 2. फैल जाना।

फदल्ला (वि.) मोटा।

फदल्ली (वि. स्त्री.) मोटी।

फदित्ता (सं.) दे. 'फदीहत'।

फदीहत (सं.) अवमानना, फ़जीहत, फजीता।

फदुल्ली (सं.) शेखी।–(वि. स्त्री.) दे. 'फदल्ली'।

फभना (क्रि.) दे. 'फँभना'।

फुर (सं.) 1. दे. 'डल्ला' 2. सच्चा, 3. फल।

फरक (सं.) अंतर, फ़र्क।

फरकना (क्रि.) 1. फड़कना 2. दरकना, चिर जाना।

फरकाना (क्रि.) फाड़ना।

फरना (क्रि.) 1. फलना 2. गर्मी से शरीर पर दाने निकल आना।

फरफर ले (क्रि. वि.) 1. एकदम, फुर्ती से 2. फर-फर की आवाज़ के साथ।

फरहर (वि.) 1. स्वच्छ 2. उपयुक्त।

फरहार (सं.) फलाहार।

फरहार होना (क्रि.) भाग जाना, फ़रार होना।

फरा (सं.) चावल के आटे को भाप से पका कर बनाया गया एक पकवान।

फरिका (सं.) दरवाजे में लगाने का अस्थायी टट्टर।

फरिया (सं.) कपड़े का टुकड़ा, चिंदी।

फरियाना (क्रि.) 1. कपड़ों को साबुन से साफ़ करने के बाद अधिक पानी में फैला कर शेष गंदगी निकालना 2. स्वच्छ होना 3. फैलाना।

फरी (सं.) ढाल नामक हथियार।–(वि.) साफ़।

फरेहा (वि.) आवारा।

फर्रस (सं.) फर्श।

फलँगना (क्रि.) 1. फैलना 2. कूदना, फाँदना।

फलकना (क्रि.) फटना।

फलफलहा (वि.) बातूनी।

फलरना (क्रि.) फैलाना, बातें बढ़ाना।

फलरहा (वि.) दे. 'फलफलहा'।

फलाँग (सं.) लंबी कूद, लंबा डग।

फलाँगना (क्रि.) लंबी कूद मारना।

फलाना (वि.) फ़लाँ, अमुक।

फाँकना (क्रि.) बाल या नाखून या झाड़ी आदि काटना।

फाँका (सं.) 1. चूर्ण की एक खुराक 2. निराहार, फ़ाका।

फाँकी (सं.) फाँक। दे. 'चानी'।

फाँफा (सं.) टिड्डा।

फाँदना (क्रि.) 1. जोतना (बैल आदि को) 2. पार करना।

फाँदा (सं.) 1. फंदा 2. व्यवसाय 3. समस्या।

फाँस (सं.) 1. बंधन 2. फाँस।

फाता (सं.) गुलेल में लगा हुआ चमड़े का टुकड़ा।

फारना (क्रि.) 1. खोलना 2. चीरना, फाड़ना।

फारा (सं.) लकड़ी का चौड़ा पटिया।

फाली (सं.) 1. पर्त 2. बाँस का फाड़ा हुआ हिस्सा, खपच्ची।

फिरंता (वि.) घुमक्कड़।

फिलना (क्रि.) भीगना।

फिलोना (क्रि.) भिंगोना।

फिरना (क्रि.) वापस होना।

फीर (क्रि. वि.) फिर।

फुँकनी (सं.) फूँकने के काम में ली जानेवाली पोली नली।

फुँड़हर (सं.) सेमर के फल के समान एक जंगली फल।

फुँदना (सं.) दे. 'फुँदरी'।

फुँदरा (सं.) 1. फूलों का हार 2. केश-सज्जा के लिए रेशम या ऊन से बनाया गया गेंद-जैसा बड़ा फुँदना।

फुँदरी (वि.) चोटी में गूँथने का फुँदना।

फुक्कड़ (वि.) खल्लास, फक्कड़।

फुक्का (सं.) हुक्का।–(वि.) ख़ाली।

फुगड़ी (सं.) लड़कियों का एक खेल जिसमें वे पंजों के बल बैठकर सरकती हैं।

फुग्गा (सं.) गुब्बारा। –(वि.) फूला हुआ, फुग्गे (दे. 'फुग्गा') की तरह का।

फुटहा (वि.) टूटा-फूटा।

फुटू (सं.) कुकुरमुत्ता।

फुटेना (सं.) भाड़ में फोड़ा हुआ अन्न, विशेषतः चना।

फुतका (सं.) धूल।

फुतकी (सं.) दे. 'फुतका'।

फुदराना (क्रि.) कपड़े-टाट आदि के धागों का खिंच कर छितरा जाना।

फुनना (क्रि.) अन्न को सूप से साफ़ करना।

फुर (सं.) सत्य।

फुरकना (क्रि.) मुँह से हवा फेंकना।

फुरफुंदी (सं.) 1. टिड्डीनुमा बरसाती पतंगा 2. फफूँदी।

फुरसद (सं.) फुरसत।

फुरसुद (सं.) दे. 'फुरसद'।

फुरसुदहा (वि.) स्वच्छंद, खुलासा।–(क्रि.वि.) फुरसत में।

फुरहरी (सं.) 1. नाक की कील। लौंग 2. फूल-झाड़ू।

फुलफुलहा (सं.) दे. 'झुलफुलहा'।–(वि.) सूजा हुआ।

फुलहा (वि.) 1. फैला हुआ 2. घमंडी।

फुलिंग (सं.) वृक्ष का सबसे ऊपरी छोर।

फुलिया (सं.) बैलगाड़ी की धुरी का वह भाग, जो पहिए के बाहर तक निकला होता है।

फुलोना (क्रि.) 1. दे. 'उलफुलाना'। 2. फुलाना 3. भिगोना।

फुल्ली (सं.) नाक में पहनने का कीलनुमा एक आभूषण। दे. 'फुरहरी'।

फुसकना (क्रि.) 1. पादना 2. सुबकना, सिसकना।

फुसका (सं.) बिना ध्वनि किए अपान वायु।–(वि.) जल्दी नष्ट होनेवाला।

फुसकारना (क्रि.) फुफकारना।

फुसफुसाना (क्रि.) काना-फूसी करना।

फुसमुँहा (वि.) 1. बिना मुँह धोया 2. अर्धरात्रि से तड़के तक लगने वाला (बाज़ार)।

फुसमुँही (वि. स्त्री.) दे. 'फुसमुँहा'।

फुसियाहा (वि.) 1. कंजूस 2. मैला-कुचैला, गंदा 3. दे. 'फुसमुँहा'।

फुसी (सं.) सोकर उठने के समय मुँह पर जमा हुआ थूक, मैल या झाग।

फुसुर-फुसुर (क्रि. वि.) गुप-चुप, दबी आवाज़ में।

फूँआ (सं.) 1. बुआ। दे. 'फूफू' 2. फुंसी 3. नवजात शिशु।

फूँदना (सं.) दे. 'फुँदरी'।

फूकन (वि.) 1. अपव्ययी 2. फूँकने वाला।

फूट (सं.) 1. खरबूजे की जाति का एक फल 2. फूट 3. फुट।

फूटना (क्रि.) फट जाना, अलग हो जाना।

फूपा (सं.) फूफा।

फूफू (सं.) पिता की बहन, बुआ।

फूल (सं.) 1. अस्थि 2. कीड़ा 3. फूल।

फूलकाँस (सं.) कांस्य धातु।

फूलना (क्रि.) सूजना।

फूला (सं.) आँख की पुतली, मोतियाबिंद।

फूसी (सं.) मैल। दे. 'फुसी'।

फूहर पातर (वि.) फूहड़ और भद्दा, अनाप-शनाप।

फेंटना (क्रि.) मिलाना, घोटते हुए घोलना।

फेंटा (सं.) साफ़ा, पगड़ी।

फेंस (सं.) फेन।

फेंसना (क्रि.) ताश की पत्तियों को मिलाना।

फेचकुर (सं.) फेन, झाग।

फेर (क्रि. वि.) फिर। –(समु.) किन्तु।

फेरहा (वि.) व्यर्थ घूमने वाला, आवारा, दे. 'फरेहा'।

फेरा (सं.) 1. गले में पहनने का काला धागा 2. भाँवर, परिक्रमा।

फैंत (सं.) दफ़ा, वक्त।

फैनी (सं.) एक मिष्टान्न।

फैरिक (सं.) दे. 'फरीका'।

फोंक (सं.) फुनगी।

फोकलहा (वि.) छिलकेदार।

फोकला (सं.) छिलका।–(वि.) खोखला।

फोटका (सं.) 1. बुलबुला 2. उभार का चिन्ह।

फोदका (सं.) कपड़े को उमेठकर बनाया गया कोड़ा, जिसे बच्चों के वृत्ताकार बैठने वाले एक खेल में दाँव हारने वाले को पीटने के काम में लाया जाता है।

फोदना (क्रि.) खेल में कूल्हे पर थाप मारना।

फोरन (सं.) बघार, छौंक।

फोरना (क्रि.) 1. फोड़ना 2. फाड़ना।

फोसकना (क्रि.) 1. सुबकना 2. दे. 'फुदराना'।

फोसका (सं.) खुजलाने के बाद पड़ा सूजन का चिह्न, ददौरा।

फोसवा (वि.) 1. हल्का, भीतर से पोला 2. कमज़ोर।

फोहई (सं.) सामान्यतः घी मापने के लिए एक छोटा पात्र जो लगभग एक पाव का होता है।

फोही (सं.) फाहा।

ब

बँकड़ोइया (वि.) धान कूटने की प्रथम आवृत्ति वाला।

बँगठा (वि.) जिसकी प्रजनन-क्षमता समाप्त हो गई हो।

बँगठी (वि. स्त्री.) दे. 'बँगठा'।

बँगड़ी (वि. स्त्री.) बंध्या।

बँगरी (वि.) बाँझ (पशु आदि)।

बँगही (वि. स्त्री.) बंध्या।

बँगुनिया (सं.) छोटा बँगोना (दे.)।

बँगोना (सं.) भगोना।

बँझिला (वि. स्त्री.) बंध्या।

बँड़वा (वि.) 1. जिसकी पूँछ कट गई हो। 'बंडा' 2. समुचित लंबाई से कम का, छोटा।

बँड़ोरा (सं.) धूल-युक्त आँधी, चक्रवात।

बँद (सं.) घास।

बँधइ (सं.) 1. बंधन 2. मेंड़।

बँधवा (सं.) छोटा बाँध।

बँधिया (सं.) खेत जो बाँध दिया जाता है।

बँसरी (सं.) बाँसुरी।

बँहाचना (क्रि.) बचना।

बँहिगा (सं.) काँवर की लकड़ी।

बँहुटा (सं.) बाँह में पहनने का एक गहना।

बंगाला (सं.) टमाटर।

बंचक (सं.) बदमाश औरत।–(वि.) चुग़लखोर।

बंजारी देवी (सं.) जंगल की देवी जो बनैले पशुओं से मनुष्य की रक्षा करती है।

बंडी (सं.) 1. पुरुषों की देशी बनियान 2. लकड़ी आदि की ढुलाई के लिए प्रयुक्त बैलगाड़ी।

बंदन (सं.) देवी को चढ़ाने का सिंदूर।

बंधेज (वि.) 1. बँधा हुआ, प्रतिबंधित 2. नियमित रूप से आने वाला।

बंस (सं.) वंश।

बइँहा (सं.) बाँह।

बइटका (सं.) बैठक, पंचायत।

बइमान (वि.) बेईमान।

बइहाँ (सं.) बाँह।

बउगा (सं.) दे. 'झेंझरी'।

बकठना (क्रि.) रहस्य खोलना।

बकठियाना (क्रि.) 1. बाँझ हो जाना 2. ठूँठ हो जाना।

बकठी (वि. स्त्री.) 1. बाँझ 2. कामुक स्त्री।

बकना (क्रि.) गंदी-गंदी गाली देना।

बकला (सं.) छिलका।

बकेना (वि.) 1. (गाय या भैंस का ऐसा बच्चा) जो अब दूध पर ही आश्रित नहीं है, चारा खाकर भी रह सकता है 2. (ऐसी गाय या भैंस) जिसका बच्चा उसके दूध पर ही आश्रित न हो।–(वि.) 3. गाली बकने वाला 4. शैतानी करने वाला।

बक्खर (सं.) खेती का एक औज़ार जो मिट्टी को समतल करने के काम आता है।

बखटी (वि. स्त्री.) बंध्या।

बखत (सं.) 1. वक्त, समय 2. बार। दे. 'पँइत'।

बखरी (सं.) 1. गली 2. बाड़ी, वाटिका।

बगइचा (सं.) बग़ीचा।

बगई (सं.) 1. जानवरों के शरीर पर बैठने वाला मक्खी-जैसा कीड़ा 2. एक प्रकार की घास।

बगड़रिया (सं.) बारहसिंघा।

बगबग (सं.) 1. हल्दी (टि.–अशिक्षित तथा ग्रामीण लोगों द्वारा अंधविश्वास के कारण 'हरदी' (दे.) की जगह (विशेषतः) संध्या के पश्चात् प्रयुक्त नाम। 2. चकाचोंध।

बगबग ले (क्रि. वि.) चकाचौंध युक्त।

बगबगाना (क्रि.) 1. भक-भक जलना 2. टिमटिमाना 3. कहना न मानकर बच्चों का इधर-उधर दौड़ना। दे. 'बिदबिदाना'।

बगरना (क्रि.) बिखरना।

बगराना (क्रि.) फैलाना।

बगरी (सं.) लाल चावल।

बगार (सं.) प्रथम बार गर्भवती भैंस।

बगियाना (क्रि.) 1. बगई नामक कीड़े के काटने से जानवर का व्याकुल होकर यत्र-तत्र भागना 2. पागल हो जाना।

बगोंना (सं.) चौड़े मुँह का बरतन, गंज (दे.), विशेषकर पीतल का मध्यम आकार का गुंडीनुमा बरतन (दे. 'गुंडी') भगौना।

बघमुही (वि. स्त्री.) क्रोधी (स्त्री), कर्कश स्वर वाली।

बघवा (सं.) बाघ।

बच्छर (सं.) दे. 'बछर'।

बछर (सं.) वत्सर, वर्ष।

बछरु (सं.) गाय का बच्चा।

बछवा (सं.) बछड़ा।

बछिया (सं.) बछड़ा का स्त्रीलिंग।

बछेरी (सं.) घोड़े का बच्चा।

बजगरी (सं.) बाजा बजाने वाली एक जाति।

बजनिया (वि.) बजाने वाला।

बनजी (सं.) बजने वाला जूता 2. कुश्ती, मल्ल-युद्ध।

बजबजाना (क्रि.) सड़न से गैस निकलना।

बजरबट्टू (सं.) बच्चों के गले में पहनाया जानेवाला एक आभूषण।

बजेड़ना (क्रि.) 1. दे. 'बोजना' 2. मारना।

बज्जर (वि.) वज्रवत, कठोर, मज़बूत। उदा.—'ए हा बज्जर मुरुख हावे गा, कतको समझावे जस के तस रही' (यह वज्रवत मूर्ख है, कितना भी समझाओ जैसा का तैसा रहता है)।

बज्जात (वि.) बदजात, कुचाल, एक गाली।

बटकर (सं.) बिना दले हुए दलहन जैसे—चने, मटर, मसूर आदि की सब्ज़ी।

बटकी (सं.) कटोरेनुमा धातु-पात्र।

बटकीहा (वि.) मुफ्त।

बटलोही (सं.) काँसे का एक गोल पात्र, जिसमें दाल आदि पकाई जाती है, बटलोई।

बटनियाना (क्रि.) सुई-धागे से सिलाई करना।

बटियाना (क्रि.) 1. दे. 'बटनियाना'। 2. रस्सी को बटना।

बटेरना (क्रि.) आँखें फाड़ना।

बट्टी (सं.) 1. टुकड़ा 2. ब्याज, सूद।

बटुआ (सं.) 1. गोल आकार और सँकरे मुँह का एक पात्र 2. बटुआ।

बटुरा (सं.) मटर।

बड़ (वि.) बड़ा, बहुत।

बड़ई (सं.) बड़ाई, प्रशंसा, प्रशस्ति।

बड़का (वि.) बड़ा।

बड़कुन (वि.) बड़ा-सा, बहुत-सा।

बड़गइयाँ (सं.) ब्राह्मणों की एक उपजाति।

बड़ती (वि.) अधिक, बढ़ा हुआ, अतिरिक्त।

बड़बड़ही (सं.) बड़बड़ाने वाली, बातून।

बड़सारा (सं.) पत्नी का बड़ा भाई, बड़ा साला।

बड़हर (सं.) शरीफ़ा।

बड़ा (सं.) 1. ताऊ 2. जेठ 3. बड़ा मौसा।

बड़ी (सं.) 1. ताई 2. जिठानी 3. बड़ी मौसी।

बड़े (वि.) बड़ा।

बड़े आदमी (वि.) रईस, अमीर।

बड़े ददा (सं.) 1. ताऊ 2. बड़ा मौसा। दे. 'बड़ा'।

बड़े दाई (सं.) 1. ताई 2. बड़ी मौसी। दे. 'बड़ी'।

बढ़ईकम (सं.) बढ़ईगीरी।

बढ़ईकिन (सं.) बढ़ई की स्त्री।

बढ़ाई (सं.) बढ़ई।

बढ़ौना (क्रि.) समाप्त करना।

बतकहा (वि.) सलाहकार।

बतनियाना (क्रि.) बाँधना।

बतर (सं.) 1. कृषि-काल में पानी के गिरने और थम जाने से सूर्य के ताप से भूमि के भुरभुरे हो जाने की स्थिति, भूमि की जुताई के योग्य हो जाने की स्थिति 2. जुताई का अवसर आ जाने की स्थिति।

बतरस (सं.) बातचीत।

बतराज (सं.) नागफनी के जैसा काँटेदार फलों वाला एक पौधा। ग्वारपाठा, घीगवार।

बतराना (क्रि.) बतियाना, बातें करना।
बतहा (वि.) 1. वात रोग से ग्रस्त (व्यक्ति) 2. बातून।
बतही (वि. स्त्री.) दे. 'बतहा'।
बतिया (सं.) लता में लगा हुआ नया छोटा फल।
बत्ता (सं.) लकड़ी की पट्टी।
बदजात (सं.) दे. 'बज्जात'।
बदना (सं.) मनौती। –(क्रि.) 1. शर्त लगाना 2. परस्पर स्वीकार करना 3. मनौती माँगना।
बदमास (वि.) बदमाश।
बदराँड़ी (सं.) बाल-विधवा। दे. 'बरेंडी'
बदरा (सं.) बिना चावल का धान।
बदरी (सं.) 1. बदली 2. दे. 'बदरा'। 3. तोंद पर पड़ी सिलवट।
बदी (सं.) 1. भाग्य, क़िस्मत 2. कृष्ण-पक्ष।
बद्दी (सं.) आरोप, बदनामी, बुराई।
बद्दू (वि.) घुमंतू, घुमक्कड़, यायावर।
बधई (सं.) 1. सुअर का बच्चा 2. पुत्रोत्सव 3. बधाई।
बधरी (सं.) दे. 'बदरी'।
बधिया (सं.) 1. बंध्या किया हुआ जानवर 2. सुअर।
बन (सं.) दे. 'बंद' 2. जंगल, वन।
बनई (सं.) बनावट, निर्माण।
बननिन (सं.) बनिए की पत्नी।
बनबिलाव (सं.) वनबिलाव।
बनबोइर (सं.) वनबेर।
बनरमकेलिया (सं.) जंगली भिंडी।
बनिन (सं.) बनियाइन।
बनिहार (सं.) मज़दूर, श्रमिक।
बनिहारिन (सं.) मज़दूरिन।
बनी (सं.) मज़दूरी, पारिश्रमिक।
बनी-भूती (सं.) मज़दूरी और रोज़गार।
बनुरिया (सं.) कलाई का एक काँटेदार गहना।
बने (वि.) अच्छा।
बपुरा (वि.) बेचारा।
बफरना (क्रि.) बिगड़ना, रोष करना।
बफुरहा (सं.) मिरगी का रोगी।
बफोना (क्रि.) उबालना, गरम करना, भाप देना।
बफौरी (सं.) 1. बेसन-चावल से बनाया गया एक खाद्य पद.र्थ जो वाष्प से पकता है 2. कढ़ी का एक विशेष प्रकार।
बबा (सं.) 1. दादा 2. वृद्ध।
बमरी (सं.) बबूल।
बमियाना (क्रि.) चिल्लाना, अस्पष्ट आवाज़ निकालना।
बमूरी (सं.) दे. 'बमरी'।
बम्हनिन (सं.) ब्राह्मणी।
बम्हनिन साँप (सं.) बिना विषवाला छोटा सर्प।
बयाना (सं.) पेशगी।–(क्रि) पागल हो जाना।
बरँडना (क्रि.) मिट्टी और गोबर से लीपना-पोतना।
बरंडी (सं.) जिसका पति गौने के पूर्व ही मर गया हो, बाल-विधवा।
बर (सं.) 1. वट-वृक्ष 2. वर –(अव्य.) लिए, वास्ते, दे. 'खाती'। उदा.–'काला दोष देबे, ए तो दुंनेया के चलन ए कि अपन-अपन बर सबो करथें' (किसे दोष दोगे, जग की यही रीति है कि लोग अपनों के लिए ही व्यवस्था करते हैं)।
बरई (सं.) 1. तंबोली 2. काला मेमना, जिसकी बलि चढ़ाई जाती है 3. एक प्रकार की घास जिससे रस्सी बनाई जाती है।
बरकत (सं.) बरगद।

बरकस (वि.) बली।

बरक्कत (सं.) बढ़ोत्तरी, उत्तरोत्तर वृद्धि।

बरछा (सं.) 1. गन्ने का खेत 2. कटार।

बरजना (क्रि.) मना करना।

बरदाना (सं.) जूट का टाट। —(क्रि.) पशु का गर्भ धारण करना।

बरदिहा (सं.) चरवाहा, दे. 'बरदी'।

बरदी (सं.) चरवाहे के ज़िम्मे रहने वाला ढोरों का झुंड।

बरदौर (सं.) 1. गाय के पीछे कामोत्तेजित साँड़ की दौड़ 2. पशुओं की यौन-क्रिया।

बरन (सं.) एक प्रकार की भुरभुरी मिट्टी।

बरनना (क्रि.) दे. 'बरंडना'।

बरना (क्रि.) 1. जलना 2. रस्सी आदि को बटना।

बरनी (सं.) चीनी मिट्टी या काँच का ढक्कनदार पात्र, भरनी, मर्तबान, इमरतबान।

बरपेली (क्रि. वि.) ज़बरदस्ती, बलात, हठपूर्वक।

बरबट्टी (सं.) एक फली जिसे तरकारी के समान प्रयुक्त किया जाता है, बितरी।

बरबिहा (सं.) विवाह।

बरवाही (सं.) दूध दुहने वाले को हर तीसरे दिन दूध के रूप में दिया जानेवाला पारिश्रमिक।

बरसा (सं.) वर्षा (ऋतु)।

बरसी (सं.) मृतक की वर्षगाँठ।

बरहट (सं.) मुँहासा।

बरहा (सं.) 1. छोटी नाली 2. लंबी क्यारी 3. सुअर, बराह।

बरही (सं.) 1. बच्चे के जन्म से बारहवाँ दिवस 2. चमड़े की रस्सी जिसे गाड़ी का जुआ बाँधने के उपयोग में लाया जाता है।

बरा (सं.) एक नमकीन पकवान जो उड़द या मूँग की दाल से बनता है, बड़ा।

बरार (सं.) चंदा, आंशिक योगदान।

बरी (सं.) पिसी उड़द या मूँग आदि में मसाला मिलाकर सुखाई गई पकौड़ी, बड़ी।

बरुआ (सं.) 1. वह लड़का जिसका उपनयन-संस्कार हो 2. वह संस्कार।

बरेंडी (सं.) 1. छत पर लगी हुई लकड़ी जिस पर छत का भार टिका रहता है 2. बाल-विधवा। दे. 'बदराँड़ी'।

बरेठ (सं.) धोबी

बरेठिन (सं.) धोबिन।

बरेज (सं.) विवाह-संस्कार।

बरोबर (क्रि. वि.) बराबर।

बरोबाद (वि.) बरबाद।

बरवास (वि.) बर्ख़ास्त।

बर्रइयाँ (सं.) पशुओं आदि के बाल झड़ने का रोग।

बर्रिड़ी (सं.) दे. 'बरेंडी'।

बर्राना (क्रि.) बड़बड़ाना, विशेषकर नींद में।

बर्रे (सं.) 1. कँटीले पौधेवाला फल जिसका तेल खाने के काम में लाया जाता है 2. ततैया, बर्र।

बर्रो (सं.) वट वृक्ष की बाह्य जड़।

बलदना (क्रि.) बदलना।

बलदा (सं.) बदला।

बलहा (वि.) सिर पर सफेद दाग़वाला बैल।

बलही (वि. स्त्री.) दे. 'बलहा'।

बलाना (क्रि.) बुलाना।

बलाव (सं.) बुलावा।

बसदेवा (सं.) श्रवण कुमार के गीत गा-गाकर माँगने वाली ब्राह्मणों की एक उपजाति। यह जाति बैल का खेल भी दिखाती है। दे. 'भड़री'।

बसनी (सं.) 1. खोखला कमरपट्टा जिसमें रुपए भर कर कमर में बाँध लिया जाता है 2. दाँव।

बसरी (सं.) दे. 'बँसरी'।

बसायत (सं.) निवास, बस्ती, बसाहट।

बसिंधा (सं.) निवासी, वाशिंदा।

बसूला (सं.) बढ़ई का लकड़ी छीलने का औज़ार।

बस्साना (क्रि.) 1. दुर्गंध फैलना 2. बास करना।

बहना (सं.) खल या ओखली।

बहरा (सं.) वह खेत जिसमें पानी सहज ही बहकर आ जाता है, ढाल के निम्न भाग में स्थित खेत।

बहरी (सं.) झाड़ू-बुहारी।

बहिंगा (सं.) काँवर की लकड़ी।

बहिनी (सं.) बहन।

बहिरफट (वि.) घर से बाहर ही रहने-घूमने का आदी।

बहिरहा (वि.) जुताई में मोड़ते समय बाहर की ओर वाला पशु। दे. 'भितरहा'।

बहिरी (सं.) दे. 'बहरी'। –(वि.) बाहरी तरफ़ का।

बही (वि. स्त्री.) पगली। दे. 'बैही'।

बहुँटा (सं.) बाँह का एक आभूषण।

बहुँटी (सं.) दे. 'बहुँटा'।

बहुतेच (क्रि. वि.) बहुत ही।

बहुराचौत (सं.) बहुला चौथ का स्त्रियों का व्रत।

बहुरिया (सं.) 1. पुत्रवधू 2. भ्रातृ-वधू।

बाँक (सं.) पलाश के पेड़ की जड़ जिसकी रस्सी बनती है।

बाँख (सं.) दे. 'बाँक'।

बाँगा (सं.) दे. 'बँगोना'।

बाँचना (क्रि.) 1. पढ़ना 2. बच जाना।

बाँजिन (सं.) बाँस की झाड़ी।

बाँझिल (सं.) बाँझ।

बाँटा (सं.) हिस्सा, अंश, भाग।

बाँटी (सं.) 1. बच्चों के खेलने के लिए पत्थर की गोल छोटी गोली 2. कंडे की आग पर सेंकी गई मोटी रोटी।

बाँबर (सं.) दे. 'बाँबी'

बाँबी (सं.) सर्प-जैसी एक मछली।

बाँसगीत (सं.) अहीरों का एक गीत-विशेष जो बाँस के वाद्य पर गाया जाता है।

बाँसपान (सं.) धान की शिखा जिसके पकने पर धान की बालियाँ पक गई समझी जाती हैं।

बाँह (सं.) 1. जुताई की आवृत्ति 2. दे. 'बाँही'।

बाँहना (सं.) 1. ओखली 2. बहाना।

बाँहाँ (सं.) बाँह।

बाँही (सं.) दे. 'बाँहाँ'।

बाई (सं.) 1. लकवा 2. सन्निपात 3. स्त्रियों के लिए संबोधन

बाउग (सं.) 1. फ़सल के अनुरूप वातावरण 2. बोनी।

बाकस (सं.) संदूक, बक्सा।–(वि.) कसैला, नकटा।

बाखा (सं.) 1. कगार 2. कंधे का पिछला हिस्सा।

बागिन (सं.) 1. बोगी 2. मालगाड़ी का डिब्बा, वैगन।

बाट (सं.) रास्ता।

बाड़ा (सं.) एक परकोटे के भीतर कुछ मकानों का समूह।

बाढ़ना (क्रि.) बढ़ना।

बाढ़ी (सं.) अनाज के ऋण का ब्याज, जो अनाज के रूप में ही चुकाया जाता है।

बात (सं.) 1. वातरोग 2. बात, वार्ता, कथन।

बाती (सं.) बत्ती।

बादर (सं.) 1. बादल 2. बदली 3. आकाश।

बादी (सं.) मोटापा।

बाधी (सं.) 1. छुरा तेज़ करने का चमड़े का पट्टा 2. जाँघ का फोड़ा।

बान (सं.) 1. तीर 2. आदत 3. टोना 4. प्रण, प्रतिज्ञा।

बाफ (सं.) भाप।

बाबिन (सं.) सिलाई की मशीन की फिरकी।

बाबू (सं.) 1. बच्चा 2. क्लर्क 3. पिता, ताऊ, भाई, देवर, पुत्र आदि के लिए प्रयुक्त संबोधन।

बाम्हन (सं.) ब्राह्मण।

बाम्हन चिरई (सं.) गौरैया चिड़िया।

बार (सं.) दिन।

बारदाना (सं.) टाट।

बारना (क्रि.) 1. जलाना 2. एक दिन के अंतर से मुर्गी का अंडा देना 3. कुछ बीजों का न उगना।

बारहों (सं.) बारह गाँवों का समूह।

बारा (सं.) 1. बरतन के ऊपरी भाग का किनारा 2. दीवार मेज़ आदि का किनारा।

बारामासी (सं.) एक प्रकार का छत्तीसगढ़ी गीत जिसे बारहों मास गाया जाता है। —(वि.) बारहों महीने का बोधक।

बारिस (सं.) वारिश, वर्षा।

बारी (सं.) 1. घर से लगी वह वाटिका जो दैनंदिन कार्यों को संपन्न करने, सब्ज़ी आदि उगाने के उपयोग में लाई जाती है 2. एक कर्णाभूषण, बाली, छोटा बाला 3. बारी या पारी, अवसर।

बारु (सं.) बालू, रेत।

बारों (वि.) बारहों।

बाल अमचुर (सं.) गुठली पड़ने के पहले के आमों का अचार।

बालेबाला (क्रि. वि.) 1. गुप्त रूप से, चुपचाप 2. बाहर ही बाहर से।

बावा (सं.) 1. भिक्षा माँगने वाली एक जाति 2. दे. 'बबा' 3. साधु बाबा।

बावाडोल (सं.) 1. खिलौने की बालटी 2. कमंडल।

बासी (सं.) 1. सुबह के भोजन के लिए पिछले दिन का भात जिसमें पानी डाल दिया गया हो।

बाहन (सं.) खेती के पशु।

बाहरा (सं.) दे. 'बहरा'।

बाहिर (क्रि. वि.) 1. शौचादि की निवृत्ति हेतु 2. बाहर।

बिंझवार (सं.) छत्तीसगढ़ की एक जाति विशेष।

बिंधना (सं.) लड़की को बेधने या उसमें छेद करने का औज़ार।

बिक (सं.) विष। —(वि.) अत्यधिक।

बिकट (वि.) 1. विशाल 2. अत्यंत 3. भयंकर 4. विकट।

बिक्कट (वि.) दे. 'बिकट'।

बिख (सं.), (वि.) दे. 'बिक'।

बिगरिहा (वि.) बेगार करने वाला।

बिवार (सं.) सियार। दे. 'कोलिहा'।

बिगारी (सं.) बेगार।

बिघन (सं.) विघ्न, बाधा, अड़चन।

बिधवा (सं.) लकड़बग्घा।

बिचकना (क्रि.) काम से जी चुराकर भागना, किसी आशंका से भागना।

बिचारा (वि.) सीधा, भोला निरुपाय (व्यक्ति), बेचारा।

बिच्छल (वि.) चिकना, फिसलन भरा।

बिछलना (क्रि.) भूमि पर फिसलना, किसी का फिसलकर गिरना। दे. 'छलँड़ना'।

बिछिया (सं.) पैर की अँगुलियों का आभूषण।

बिजगुलिया (सं.) छिपकली।

बिजना (सं.) हाथ का पंखा।

बिजराना (क्रि.) जीभ दिखाकर चिढ़ाना।

बिजर्रा (वि.) अधिक बीज वाला।

बिजवारी (सं.) धान की बोनी के निमित्त प्रयुक्त नई टोकरी।

बिजहा (सं.) बीज के लिए रखा गया सुरक्षित अन्न।

बिजार (सं.) 1. साँड़ 2. संतानोत्पत्ति में सक्षम भैंसा।–(वि.) 1. शक्तिशाली 3. बीजयुक्त।

बिजौड़ी (सं.) दे. 'बिजौरी'।

बिजौरी (सं.) कुम्हड़े आदि के बीज, तिल एवं उड़द से बनाई गई बड़ी (दे.)।

बिझुक्का (सं.) काग-भगोड़ा। बिजूका।

बित्ता (सं.) नाप की एक इकाई जो लगभग नौ इंच के बराबर की होती है, एक बालिश्त, बारह अंगुल का नाप।

बिदबिदाना (क्रि.) तंग करना, परेशान करना, भगा देना।

बिदारना (क्रि.) भगाना।

बिदिया (सं.) 1. टोने-टोटके का मंत्र 2. विद्या।

बिन (सं.) बीने। –(अव्य.) बिना।

बिनती (सं.) विनती, प्रार्थना।

बिनना (क्रि.) 1. चुनना, उठाना, बीनना 2. बुनना।

बिनसा (सं.) फाड़ा हुआ दूध।

बिनिया छेना (सं.) पड़े-पड़े सूखे हुए गोबर का कंडा। दे. 'उपला'।

बिनौंधा (सं.) बरामदा।

बिनौरी (सं.) बरौनी, पलक के बाल।

बिपत (सं.) परेशानी, विपत्ति, संकट।

बिफड़ना (क्रि.) दे. 'बफरना'।

बिबकी (सं.) चिढ़ाने के लिए बनाई गई मुद्रा।

बिमरहा (सं.) रोगी।

बिमार (सं.) बीमार।

बिमारी (सं.) बीमारी, रोग।

बिया (अव्य.) दे. 'बुजा'।

बियाना (सं.) अग्रिम राशि, बयाना।–(क्रि.) बच्चा जनना।

बियारा (सं.) खलिहान।

बियारी (सं.) रात्रि का भोजन।

बियारी (सं.) धान के पौधों के कुछ बड़ा होने पर खेत में कम पानी रखकर हल चलाना।

बिरथा (वि.) व्यर्थ।

बिरवाना (क्रि.) वेशभूषा या चाल-ढाल की नकल करना।

बिरस्पतवार (सं.) वृहस्पतिवार।

बिरही (सं.) नवरात्रि के पर्व में देवी के सामने उगाने के लिए भिगोया गया अन्न।

बिरान (वि.) 1. दूसरा, पराया 2. वीरान।

बिरिया (सं.) कान का एक आभूषण विशेष।

बिरेंच (सं.) बेंच।

बिरोछी (सं.) 1. बराह के बालों का ब्रुश 2. खस की जड़ों से बनाया गया ब्रुश।

बिरोबाट (सं.) दे. 'बरोबाद'।

बिरौधा (सं.) घर के भीतर छाया हुआ भाग।

बिरौनी (सं.) बरौनी, पलकों के बाल। दे. 'बिनौरी'।

बिलई (सं.) बिल्ली। –(वि. स्त्री.) काली।

बिलमाना (क्रि.) रोकना, ठहराना, देर करना, विलंब करना।

बिलरा (सं.) बिलौटा, बिल्ला।

बिलबा (वि.) काला।

बिलहोरना (क्रि.) 1. अकारण रोक रखना, बातों में उलझाए रखना 2. असमंजस पैदा कर देना।

बिला (सं.) चूहे, सर्प आदि का बिल।

बिलाई (सं.) दे. 'बिलई'।

बिलाना (क्रि.) खो जाना, गुम हो जाना।

बिलोना (क्रि.) मथना।

बिल्ली (सं.) धान का गट्ठा, पूला।

बिल्हना (सं.) दे. 'बिंधना'।

बिसनू (सं.) विष्णु।

बिसरना (क्रि.) भूलना, याददाश्त खोना।

बिसवास (सं.) विश्वास।

बिसहत (वि.) खरीदा हुआ।

बिसाना (क्रि.) ख़रीदना, मोल लेना।

बिसाब (सं.) ख़रीद।

बिहनिया (सं.) दे. 'बिहान'।

बिहाता (वि.) विवाहित, ब्याहा।

बिहाती (सं.) दे. 'बिहौट'।–(वि. स्त्री.) विवाहिता, ब्याहता, ब्याही।

बिहान (सं.) प्रातःकाल।

बिहाव (सं.) विवाह।

बिहिनिया (सं.) दे. 'बिहान'।

बिही (सं.) अमरूद।

बिहौट (सं.) द्वितीय पति द्वारा अपनी पत्नी के प्रथम पति को दिया जानेवाला शादी का हरजाना।

बीछी (सं.) बिच्छू।

बीज (सं.) 1. वीर्य 2. बीज।

बीजफूटी (सं.) धान बोते समय कृषकों द्वारा कोटवार को दिया जानेवाला कमीशन।

बीड़ (सं.) लंबी घास के लिए सुरक्षित मैदान।

बीड़ा (सं.) धान का गट्ठा, धान का पुलंदा, बोझा।

बीता (सं.) दे. 'बित्ता'।

बीदर (सं.) ग्राम-देवता के सम्मुख वस्त्र और धान अर्पित करने के उपरांत बुआई प्रारंभ करने का पर्व।

बीना (सं.) वीणा।

बीर (सं.) 1. सिद्ध प्रेत 2. वीर 3. वीर्य।

बीरा (सं.) दे. 'बीड़ा'।

बीरापान (सं.) पान का बीड़ा।

बीरोबाट (वि.) बरबाद, छिन्न-भिन्न।

बुँझियार (सं.) दे. 'बोहार'।

बुँदकी (सं.) छोटे-छोटे धब्बे।

बुँदा (सं.) 1. कान का एक गहना, बुंदा 2. अपनी जाति में किसी अपराध के प्रायश्चित स्वरूप क्षतिपूर्ति 3. पानी की बड़ी बूँद।

बुँदेला (सं.) खीरे के जैसे स्वाद वाला एक गोल फल।

बुकना (क्रि.) 1. शरीर पर भभूत आदि मलना 2. बिखेरना।

बुकनी (सं.) किसी भी वस्तु का बारीक चूरा, चूर्ण।

बुक्की (सं.) छोटा केरोसीन लैंप, कुप्पी।

बुगबांग (सं.) टॉर्च।

बुगी (सं.) चिनगारी।

बुचुआ (वि.) 1. जिसके कान कटे हुए हों 2. खंडित, टूटा हुआ।

बुजबुजहा (वि.) आगा-पीछा करने वाला, अनावश्यक रूप से वार्तालाप या काम

के बीच बार-बार हस्तक्षेप करने का आदी।

बुजबुजा (सं.) बुलबुला।

बुजा (अव्य.) तिरस्कार या लाड़-सूचक शब्द, अबे, अरे।

बुटंगी (वि. स्त्री.) दे. 'बुटरी'।

बुटकुल (वि.) नाटा।

बुटरा (वि.) बौना, नाटा।

बुटरी (वि. स्त्री.) बौनी, नाटी।

बुड़की (सं.) पिसी हुई उड़द को उबालकर पकाई गई कढ़ी विशेष।

बुड़ती (सं.) पश्चिम दिशा।—(वि.) सूर्यास्त का, डूबती।

बुड़ोना (क्रि.) डुबोना।

बुढ़ना भाजी (सं.) चने की तोड़ी हुई कोंपलों की भाजी।

बुढ़वा (वि.) बूढ़ा।

बुढ़ियार (सं.) दे. 'बुझियार'।

बुतना (क्रि.) बुझना।

बुता (सं.) काम।

बुताना (क्रि.) बुझाना।

बुधियार (वि.) चतुर, होशियार।

बुरक्की देना (क्रि.) पशु द्वारा व्याकुल होकर शोर मचाना।

बुरडेंवा (सं.) एक प्रकार की छोटी मछली।

बुरिया (सं.) 1. दे. 'बोरे' 2. औरतों के लिए प्रयुक्त एक अश्लील गाली।

बुलँगना (क्रि.) चुपचाप निकल जाना, पार करना। दे. 'बुलकना'।

बुलुँग ले (क्रि. वि.) 1. तेज़ी से 2. छिपकर।

बुलकना (क्रि.) 1. छेद से निकलना 2. चुपचाप निकल भागना 3. भटकना।

बुलुट (सं.) बोल्ट।

बूँदा (सं.) दे. 'बुँदा'।

बूकना (क्रि.) लगाना (राख, सिंदूर आदि), छिड़कना। दे. 'बुकना'।

बूजा (अव्य.) पुरुषों द्वारा प्रयुक्त एक स्नेहपूर्ण संबोधन। दे. 'बुजा'।

बूझना (क्रि.) 1. समझना 2. बुझना।

बूड़ना (क्रि.) डूबना।

बूढ़ी दाई (सं.) दादी।

बूता (सं.) काम। दे. 'बुता'।

बूबू (सं.) 1. कीड़ा 2. कृमि

बेंगचा (सं.) बड़ा मेढक।

बेंगची (सं.) 1. एक प्रकार की घास 2. मेढकी 3. पैरों का एक त्वचा-रोग।

बेंगवा (सं.) पीले रंग का बरसाती बड़ा मेढक।

बेंट (सं.) कुल्हाड़ी, फावड़े आदि उपकरणों को फँसाकर रखने वाला डंडा।

बेंटखई (सं.) एक गाली, चुड़ैल।

बेंटहाई (सं.) पशुओं की खाल उतारना।

बेंठ (सं.) दे. 'बेंट'।

बेंठाही (सं.) मुफ्त में काम लिए जाने का भाव, बेगारी।

बेंड़हा (सं.) आयताकार में कम लंबाई का भाग। —(वि.) टेढ़ा।

बेंड़ा (सं.) खेत।—(वि.) मूर्ख।

बेंड़ी (सं.) जंज़ीर, सिटकनी, —(वि. स्त्री.) भोली।

बेंढ़ (सं.) हाँक।

बेंदरा (सं.) बंदर।

बेंमची (सं.) पैरों का एक त्वचा रोग। दे. 'बेंगची'।

बेंवट (वि.) 1. बदमाश 2. पशुओं में जन्म होने के क्रम की गिनती का।

बेंवत (सं.) 1. गुज़ारे से संबंधित। व्यवस्था 2. स्तन 3. घात।

बेंवाई (सं.) पैरों की एड़ियों का फटना।
बेंवारस (सं.) जरा-पुत्र। –(वि.) निठल्ला।
बेंस (सं.) ब्यारा (दे.) का लकड़ी एवं घास-फूस का कामचलाऊ दरवाजा 2. दरवाज़ा 3. दवाजे की चटकनी।
बेगारी (सं.) बेगार, किसानों से मुफ्त लिया जानेवाला कार्य। दे. 'बिगारी'।
बेचरौहा (वि.) बिकाऊ।
बेठियार (सं.) चमड़े का काम करने वाला।
बेड़ना (क्रि.) घेरना।
बेड़ा (सं.) 1. घेरा 2. नाव 3. परिवार 4. खेत 5. दिशा।
बेड़ी (सं.) अस्थायी दरवाज़ा, टट्टर।
बेढ़ (सं.) भाड़।
बेढ़ी (वि. स्त्री.) तिरछी। दे. 'बेंड़हा'।
बेद (सं.) 1. पशु का बच्चा 2. दे. 'बेंवट'।
बेन (सं.) बीन।
बेनी (सं.) बालों की वेणी।
बेपारी (सं.) व्यापारी।
बेमची (सं.) पैरों का एक त्वचा-रोग दे. 'बेंगची'।
बेमारी (सं.) बीमारी।
बेर (सं.) 1. समय 2. बार।
बेरा (सं.) बेला, समय।
बेर्रा (वि.) वर्णसंकर, दोगला, स्त्रियों की एक गाली।
बेलंदा (सं.) एक जंगली वनस्पति।–(वि.) झूठा।
बेलंदी (वि. स्त्री.) झूठी।
बेललड़गा (वि.) निरुद्देश्य घूमने वाला।
बेलहरा (सं.) पानदान।
बेला (सं.) 1. फेंक, उछाल 2. दोनों हाथों को दाएँ-बाएँ पूरा फैलाने की दूरी।
बेली (सं.) बेड़ी।
बेलो (वि.) नामर्द।
बेसनी (सं.) दे. 'बसनी'।
बैंठहाई (सं.) दे. 'बेंठाही'।
बैंहा (सं.) बाँह।
बैगा (सं.) ओझा।
बैचांदी (सं.) जंगल में उगने वाला एक कंद जो फलाहार के रूप में उपयोग में लाया जाता है।
बैझट (सं.) मक्की।
बैठांगुर (वि.) आराम-तलब, आलसी, निठल्ला।
बैद (सं.) वैद्य।
बैना (सं.) 1. निमंत्रण 2. शकुन रूप में कुछ देकर दिया गया निमंत्रण।
बैलड़हा (वि.) गैर-ज़िम्मेदार, बातून, आवारा। दे. 'बेललड़गा'।
बैलागाड़ी (सं.) बैलगाड़ी।
बैसकी (सं.) 1. दरवाज़ा 2. बैलगाड़ी जिस पर आधारित रहती है, वह लकड़ी।
बैहा (वि.) पागल।
बैही (वि. स्त्री.) दे. 'बैहा'।
बोकरा (सं.) बकरा।
बोकला (सं.) छिलका, बक्कल।
बोखार (सं.) बुख़ार।
बोचकना (क्रि.) 1. फिसलना 2. छूट जाना 3. खिसक जाना।
बोजना (क्रि.) 1. ठूँस-ठूँसकर भरना या खाना, घुसेड़ना 2. दबोचना।
बोझार (सं.) बोझ ढोनेवाला व्यक्ति।
बोडडिंग (सं.) छात्रावास।
बोड़री (सं.) नाभि
बोड़ी (सं.) 1. कर्ज, ऋण 2. कपास की फली 3. सोलह की संख्या का वाचक।

बोबरा (सं.) चावल के आटे के मिश्रण से तैयार किया गया पकवान।

बोमियाना (क्रि.) गला फाड़कर चिल्लाना, विशेषकर जानवरों द्वारा।

बोरडी (सं.) दे. 'बोड़री'।

बोरना (क्रि.) डुबोना।

बोरा (सं.) 1. सानी, जानवरों को खिलाया जानेवाला मिश्रण 2. जूट की बड़ी बोरी।

बोरे (सं.) पानी में डुबा कर खाया जानेवाला भात। दे. 'बासी'।

बोरी (सं.) दे. 'बोड़री'।

बोहना (क्रि.) 1. भार को सिर या कंधे पर रखना, भार वहन करना 2. बहना।

बोहाना (क्रि.) 1. सिर या कंधे पर रखवाना 2. बहाना।

बोहार (क्रि.) एक वृक्ष जिसकी पत्तियों का उपयोग शाक की तरह किया जाता है तथा जिसके फल का अचार बनाया जाता है लसौड़ा।

बोहो (सं.) बहू।

बौछरा (सं.) मुँह का छाला।

बौड़ार (सं.) शादी की एक रस्म जिसमें लड़की के रिश्तेदारों के द्वारा उसे भेंट दी जाती है

बौड़ी (सं.) 1. दे. 'बौली' 2. कली।

बौली (सं.) छोटा कुआँ।

बौसला (सं.) दे. 'बसूला'।

ब्याना (सं.) दे. 'बयाना'। –(क्रि.) जन्म देना।

ब्यारा (सं.) दे. 'बियारा'।

भ

भँइसा (सं.) भैंसा।

भँइसा मुंधियार (सं.) रात्रि के आरंभ का काल, रात का आरंभिक प्रहर।

भँइसी (सं.) भैंस।

भँग-भंग (वि.) नंगा। –(क्रि. वि.) 1. एकदम 2. लपट के साथ रुक-रुक कर (जलना)।

भँगेलना (क्रि.) एक बार में आवश्यकता से अधिक मिट्टी की मेंड़ या दीवार आदि को तोड़ना।

भँड़वा (सं.) 1. बरतन 2. एक गाली।

भँड़ोना (क्रि.) गर्म स्थान में रखकर फल को पकाना।

भँदई (सं.) ग्रामीण जूता।

भँवरा (सं.) दे. 'भौंरा।

भँवरी (सं.) 1. विवाह की सप्तपदी 2. दे. 'भवना'।

भँवा (सं.) भौंह।

भँवाना (क्रि.) चक्कर देना।

भँवारी (सं.) लकड़ी में गोल छेद करने का एक औज़ार।

भँसड़ना (क्रि.) गालियों की बौछार करना।

भंगी (सं.) 1. भाँग खाने का आदी, भंगेड़ी 2. एक जाति।

भंडार (सं.) उत्तर दिशा।

भंडारना (क्रि.) नवजात मृत शिशु को घड़े में भरकर दफन करना।

भंडारा (सं.) वह स्थल जहाँ सामूहिक भोज की व्यवस्था हो, लंगर।

भंडारी (सं.) सामूहिक भोजन या भंडारे की व्यवस्था सँभालने वाला।

भंडोरे (सं.) दक्षिण दिशा।

भइगे (वि.) पर्याप्त, बहुत। –(अव्य.) बस, हो गया।

भइना (क्रि.) 1. होना 2. लगना।

भइरता (सं.) भुरता (बैंगन आदि का)।

भउजी (सं.) भावज, भाभी।

भकर भेंदवा (वि.) बुद्धू। दे. 'भकला'।

भकराइन (सं.) बकरे के शरीर से आनेवाली दुर्गंध, बकरायँध।

भकला (वि.) मूर्ख, भोंदू।

भका डूडू (सं.) 1. कबड्डी 2. भिड़ंत।

भकुआ (वि.) भोला, मूर्ख। दे. 'भकला'।

भकुर्रा (वि.) 1. भद्दा, बेडौल (व्यक्ति) 2. बिखरे बालोंवाला।

भकोसना (क्रि.) मुँह में ठूँस-ठूँस कर भरते हुए खाना, बिना स्वाद लिए बड़े-बड़े कौर खाना।

भक्कम (वि.) बहुत अधिक।

भखना (क्रि.) 1. भक्षण करना 2. अशुभ बातें कहना।

भगदरी (सं.) भगदड़।

भचकटिया (सं.) एक प्रकार की कँटीली बेल जिसका फल गोल छोटे बैंगन जैसा होता है।

भजिया (सं.) पकौड़ी।

भटबाँभन (सं.) 1. महाराष्ट्रीय ब्राह्मण 2. पिंडदान कराने वाला ब्राह्मण।

भटरी (सं.) दे. 'भड़री'।

भटेलिया (सं.) खरगोश।

भठरी (सं.) भाट, चारण। दे. 'भड़री'।

भठैला (सं.) खरगोश।

भड़खया (सं.) पत्नी की इज्ज़त बेचकर भाड़ा खानेवाला।

भड़ना (क्रि.) विवाह के अवसर पर गाली के गीत गाना।

भड़री (सं.) 1. घूम-फिर कर भविष्य बताने वाला ज्योतिषी 2. भाट।

भड़ुवा (सं.) दे. 'भँड़वा' 2. दे. 'भड़ुआ'।

भड़ाँस (सं.) गुबार, भड़ास।

भड़ाक ले (क्रि. वि.) धड़ाम से।

भड़ुआ (वि.) दे. 'भड़खया' 2. स्त्रियों द्वारा मर्दों को दी जानेवाली एक गाली।

भड़ौनी (सं.) विवाह के अवसर पर गाया जानेवाला गाली-गीत।

भतपरहा (सं.) सायंकालीन भोजन का समय।

भतार (सं.) पति, भरतार।

भतीज (सं.) 1. भतीजा 2. छत्तीसगढ़ी में मौसी के लिए उसकी बहन तथा मौसा के लिए उसकी साली का बेटा भी भतीज कहलाता है।

भतीजिन (सं.) 1. भतीजी 2. दे. 'भतीज'।

भद (सं.) 1. 'धम' की ध्वनि 2. अपमान, बेइज्ज़ती।

भदई (सं.) दे. 'भँदई'।

भदकना (क्रि.) दे. 'भदराना'।

भदकी (सं.) झाड़ियों का जंगल।

भदराना (क्रि.) अधिक मात्रा में होना, व्यापक रूप से फैल जाना, जोरों पर रहना। उदा.—लौकी के नार भदरावत हे' (लौकी की बेल फैल रही है)।

भदरी (सं.) दे. 'नरेना'।

भदर्रा (वि.) भद्दा।

भद ले (क्रि. वि.) धड़ाम से।

भदाक ले (क्रि.वि.) दे. 'भद ले'।

भदेस (वि.) कुरूप, भद्दा।

भदेसिल (सं.) अपशब्द।

भन्नाटी (सं.) दे. 'भनेटी'।

भनेटी (सं.) बाँस के दोनों ओर आग लगाकर चलाने की क्रिया, अग्निचक्र।

भबकहा (वि.) 1. ख़र्चीला 2. दूसरे की सलाह को तत्काल माननेवाला।

भभोसना (क्रि.) 1. अनधिकार चेष्टा करना 2. ठूँस-ठूँस कर भरना 3. ठूँस-ठूँस कर खाना, ढकोसना।

भयरों (सं.) शिव।

भरकहा (वि.) 1. जल्दी टूट जानेवाला 2. जल्दी-जल्दी खानेवाला।

भरका (सं.) दे. 'भोरका'।

भरभर (सं.) शेखी।—(वि.) पूरा भरा हुआ। दे. 'सिग-सिग'।

भरभराना (क्रि.) 1. भर-भर करके जलना 2. जलन महसूस होना।

भरम (सं.) भ्रम।

भरमना (क्रि.) 1. पराई स्त्री या पुरुष से संबंध होने का भ्रम होना 2. संदेह होना।

भरमहा (वि.) 1. अपनी स्त्री का अन्य पुरुष से संबंध होने का भ्रम करने वाला 2. शक्की (पुरुष)।

भरमहिन (वि. स्त्री.) अपने आदमी का अन्य स्त्री से संबंध होने का भ्रम करने वाली।

भरिहाना (क्रि.) 1. बातें सिखाना 2. विपक्ष के लिए उत्साहित करना।

भरुआ (सं.) बाँस की तरह का एक पौधा, सोंटा। —(वि.) भरवाँ, भरा हुआ।

भरे (वि.) पूरा।

भर्री (सं.) वह खेत जिसमें चना, गेहूँ आदि रबी की फ़सलें बोई जाती हों।

भलभलहा (वि.) बातून, बेमतलब की बातें करने वाला, ज़ोर-ज़ोर से बातें करने वाला।

भला (वि.) अच्छा। —(क्रि. वि.) व्यर्थ ही।

भलारो (सं.) शेखी, डींग।

भलुआ (सं.) भालू, रीछ।

भलुक (अव्य.) अपितु, बल्कि, भले ही।

भवना (सं.) जलभँवर।

भसड़ना (क्रि.) 1. सड़ जाना 2. अधिक विलंब हो जाना।

भसड़हा (वि.) अधिक विलंब करने वाला।

भसकइन (सं.) सड़न की गंध।

भसकना (क्रि.) 1. धँसना 2. ढहना।

भसकोलना (क्रि.) ले भागना।

भसम (सं.) भस्म।

भसर्रा (वि.) 1. स्वाद का रूखापन या फीकापन 2. मोटा 3. अधिक बालोंवाला।

भसर्री (सं.) गला सूखने से भर्राई हुई आवाज़।

भसेड़ना (क्रि.) क्रोध में आकर कड़ी बातें कहना, गालियाँ देना।

भहरना (क्रि.) मार का दर्द अंग-प्रत्यंग में फैल जाना।

भाँचा (सं.) भानजा।

भाँची (सं.) भानजी।

भाँटा (सं.) बैंगन, भटा।

भाँटो (सं.) जीजा।

भाँठा (सं.) 1. मैदान 2. मैदानी भूमि। 3. चारागाह।

भाँड़ी (सं.) ओट के लिए बनाई गई दीवार, टूटी हुई दीवार, खँडहर की दीवार।

भाँवर (सं.) 1. विवाह के सात फेरे, सप्तपदी। दे. 'भँवरी' 2. घूमकर या दौड़कर लगाया गया चक्कर।

भाई (सं.) छोटा भाई।

भाईबहू (सं.) छोटे भाई की पत्नी।

भाकुर (वि.) बिखरे बालोंवाला। दे. 'भकुर्री'।

भाखा (सं.) 1. भाषा 2. आवाज़, पुकार।

भाग (सं.) भाग्य।

भाड़ (सं.) प्रजनन के समय बाहर निकली हुई पशु की योनि।

भात (सं.) पका चावल।
भात परना (क्रि.) सामाजिक दंड के रूप में भात (दे.) खिलाना।
भाथी (सं.) धौंकनी।
भानस (सं.) रसोई।
भाना (क्रि.) 1. मथना, बिलोना 2. पसंद आना 3. पसंद करना।
भार बाँधना (क्रि.) सर्प-दंशित व्यक्ति को मंत्र से ठीक करना।
भारा (सं.) कटे धान का गट्ठर।
भिंभोरा (सं.) 1. चूहे, साँप आदि का बिल 2. बाँबी।
भिंदोल (सं.) बड़ी जाति का मेढक, टोड।
भिखमंगा (सं.) भिखारी।
भितरहा (वि.) जुताई के समय मोड़ते समय भीतर की ओर वाला (पशु)। दे. 'बहिरहा'।
भितरहिन (सं.) रसोई के अंदर काम करने वाली स्त्री।
भितरी (क्रि. वि.) भीतर, अंदर।
भितिया (सं.) दीवार।
भिथिया (सं.) दे. 'भितिया'।
भिनसरहा (क्रि. वि.) दे. 'भिनसारे'।
भिनसा (क्रि. वि.) दे.—'भिनसारे'।
भिनसारे (क्रि. वि.) तड़के, सूर्योदय से पूर्व की बेला में।
भिरहा (सं.) 1. साल की तरह का एक वृक्ष 2. झुंड।
भिरिंग (सं.) घृणा।
भीतर (सं.) 1. रसोईघर 2. अंदर।
भीती (सं.) दीवार, भित्ति। दे. 'भितिया'।
भुंसड़ी (सं.) मच्छर।
भुंडा (सं.) एक प्रकार की बड़ी मछली।
भुंडी (सं.) गेहूँ का चोकर।
भुआभर (सं.) दरवाजे को बंद रखने के लिए प्रयुक्त लंबी लकड़ी। दे. 'हरक'।
भुइयाँ (सं.) भूमि।
भुकड़ियाना (क्रि.) फफूँदी लग जाना।
भुखासी (सं.) भूख की तलब।
भुतहा (वि.) भूतग्रस्त, निर्जन।
भुति (सं.) 1. काम 2. पारिश्रमिक, मजदूरी।
भुतियार (सं.) मजदूर।
भुतियारिन (सं.) मजदूरिन।
भुनुंग (सं.) मूँगफली।
भुमुंग (सं.) दे. 'भुनुंग'।
भुरकना (क्रि.) चूर्ण बुरकना, छिड़कना।
भुरका (सं.) चूर्ण।
भुरमुंग (सं.) दे. 'भुनुंग'।
भुरवा (वि.) 1. भूरा 2. भूरे बालों वाला।
भुरियाना (क्रि.) 1. भूरा होकर सड़ना 2. फफूँदी लगना 3. बहलाना 4. क्रोधित होना।
भुर्रा (सं.) पेट की जलन का रोग।
भुर्री (सं.) 1. खपच्चियों और पैरा (दे.) आदि से अलाव हेतु जलाई गई आग 2. व्याकुलता।
भुलका (सं.) छेद।
भुलन बँद (सं.) ऐसी घास, जिसके ऊपर पाँव पड़ जाने से व्यक्ति रास्ता भूल जाता है।
भुलाना (क्रि.) भूलना।
भुसड़ी (सं.) दे. 'भुँसड़ी'।
भुसड़ियाना (क्रि.) दे. 'भुकड़ियाना'।
भुसौरा (सं.) भूसा रखने की जगह।
भूँ (सं.) कुत्ते की आवाज़, भौंक।
भूँया (सं.) दे. 'भुइयाँ'।
भूँजना (क्रि.) भूनना।
भूँसा (सं.) 1. अनाज का छिलका 2. लकड़ी का बुरादा।

भूती (सं.) 1. मजदूरी 2. श्रम।
भूथिहार (सं.) दे. 'भुतियार'।
भूथिहारिन (सं.) दे. भुतियारिन'।
भेंगराज (सं.) 1. भृंगराज 2. वनस्पति विशेष जिसके पत्तों से श्यामपट साफ़ किया जाता है।
भेंटना (क्रि.) मिलना, भेंट करना।
भेंड़ना (क्रि.) 1. बंद करना, भेड़ना 2. घेरना।
भेंड़वा (सं.) भेड़।
भेंड़ा (सं.) नर भेड़।
भेंड़ी (सं.) भेड़। दे. 'भेंड़वा'।
भेंभन (वि.) भिनकते चेहरे वाला।
भेमुँग (सं.) दे. 'भुरमुँग'।
भेजा (सं.) मस्तिष्क।
भेट्ठा (वि.) बेशरम।
भेदर्री (सं.) सबसे सस्ती बिकने वाली एक मछली। –(वि.) भद्दी।
भेलभेलहा (वि.) 1. चंचल 2. बातून।
भेलवा (सं.) एक जंगली फल जिसे बच्चों को टोने-टोटके से बचाने के लिए उनके गले में पहनाया जाता है। इसके प्रभाव से किसी-किसी को फोड़े हो जाते हैं।
भेला (सं.) 1. नारियल के भीतर का सूखा गोला 2. गुड़ की भेली। –(क्रि. वि.) दे. 'बेला'।
भेसकटिया (सं.) दे. 'भचकटिया'।
भेसरियाना (क्रि.) गले का बैठ जाना।
भेसलिंग (सं.) वैसलीन।
भैरा (वि.) बहरा।
भैरी (वि. स्त्री.) बहरी।
भैंसासुर (सं.) कृषि का कल्पित देवता।
भैया (वि.) बड़ा भाई।
भोंग (सं.) कीड़े द्वारा किया गया छेद।
भोंगरा (सं.) बड़ा छेद, मोखला। दे. 'छेदा'।
भोंगर्रा (सं.) 1. जानवरों पर प्रहार करने वाला एक बड़ा काला कीड़ा, जो छेद-जैसा घाव कर देता है 2. बड़ा छेद।
भोंभरा (सं.) सूर्य से भूमि का इतना तपना कि पाँव जलने लगे। उदा.–'अतेक गर्मी में कहाँ जाबे, भोंभरा जरत हवे' (इतनी गर्मी में कहाँ जाओगे, धरती जल रही है)।
भोकराइन (वि.) दे. 'भकराइन'।
भोकवा (वि.) मंदबुद्धि। दे. 'भकला'।
भोगना (क्रि.) दंड सहना।
भोजली (सं.) 1. गेहूँ की पीली पौध 2. उपर्युक्त से संबंधित उत्सव 3. पौध को अदल-बदल कर की गई मित्रता।
भोथरा (वि.) कम धारवाला, खुट्टल।
भोभला (वि.) पोपला, जिसके दाँत टूट चुके हों।
भोभली (वि. स्त्री.) दे. 'भोभला'।
भोमरा (सं.) दे. 'भोंभरा'।
भोरका (सं.) ज़मीन पर स्वतः निर्मित गड्ढा।
भोरहा (सं.) 1. भ्रम 2. भूल।
भोसकना (क्रि.) 1. ढहना, धँसना 2. धसकना 3. खिसकना।
भौं (सं.) भौंह।
भौंता (सं.) 1. अनाज रखने के लिए बनाई गई छोटी गोलाकार कोठी 2. ड्रम के आकार में बनाया गया मिट्टी का पात्र।
भौंरा (सं.) 1. लट्टू 2. भौंरा।
भौंरी (सं.) दे. 'भँवरी'।
भौजी (सं.) भाभी। दे. 'भउजी'।

म

मँ (अव्य.) में।

मँइरसा (सं.) दे. 'मँड़िसा'।

मँउहा (सं.) महुआ।

मँगठा (सं.) करघा।

मँगनी (सं.) 1. माँगकर प्राप्त वस्तु, माँगने से मिली हुई वस्तु 2. सगाई की रस्म।

मँगरा (सं.) घड़ियाल, मगर।

मँगरोहन (सं.) विवाह-संस्कार में मंडप में गाड़ी जानेवाली विशेष रूप से तैयार की गई लकड़ी।

मँगसा (सं.) मच्छर।

मँगैया (सं.) भिखारी, माँगने वाला।

मँगोड़ा (सं.) मूँग की दाल से बनाया गया बड़ा (दे.)।

मँजनी (सं.) 1. सान (पत्थर) 2. ब्रुश।

मँजूरी (सं.) 1. तुलसी का फूल। मंजरी 2. समूह।

मँजूर (सं.) 1. मयूर 2. मजदूर 3. मंजूरी, स्वीकार।

मँझनिया (सं.) दोपहर।

मझोलन (वि.) मध्य का।

मँड़ई (सं.) 1. विशेष दिन के लिए निर्धारित किया गया मेला जिसमें जातीय नृत्य होता है 2. उपर्युक्त नृत्य के लिए विशेष रूप से अलंकृत और सुसज्जित बाँस।

मँड़वा (सं.) मंडप।

मँड़िया (सं.) छत आदि का पटाव।

मँड़िसा (सं.) दही मथने की बड़ी मटकी।

मँद (सं.) मद्य, मदिरा।

मँदक (सं.) दे. 'मँदत'।

मँदत (सं.) मदद।

मँदतगार (सं.) मददगार।

मँदहा (सं.) शराबी।

मँय (सर्व.) मैं।

मँही (सं.) दे. 'मही'।–(सर्व.) मैं ही।

मँहू (सं.) धान की फसल में लगने वाला कीड़ा।–(सर्व.) मैं भी।

मंगन (सं.) भिखारी। (वि.) 1. मग्न, तल्लीन 2. प्रसन्न।

मंगर (सं.) दे. 'मँगरा'।

मंजा (सं.) 1. मज़ा 2. पतंग के लिए विशेषतः तैयार डोरी, माँजा 3. एक विषैली वनस्पति।

मंझन (सं.) 1. मध्याह्न, दोपहर 2. देर।

मंडल (सं.) 1. गाँव का बड़ा किसान 2. सतनामियों के लिए संबोधन 3. वृत्त। –(वि.) धनी।

मंडलिन (सं.) दे. 'मंडल'।

मंतक (क्रि. वि.) मन में ताक कर, चुपचाप।

मंतर (सं.) मंत्र।

मंथरा (वि.) लड़ाने वाली औरत।

मइके (सं.) मायका, माँ का घर, मैहर।

मकील (सं.) राई।

मकुइयाँ (सं.) मकोई।

मकुट (सं.) मुकुट।

मकुना (सं.) बौना हाथी। –(वि.) बौना।

मखना (सं.) कद्दू, कुम्हड़ा।

मखुरहा (सं.) पुलिस। –(वि.) तंबाकू खानेवाला।

मगन (वि.) दे. 'मंगन'।

मगरमस्त (सं.) मदनमस्त का पौधा या फूल। –(वि.) अलमस्त, अपने में मस्त।

मगरा (सं.) मगर।

मगरोहन (सं.) दे. 'मँगरोहन'।
मघौरा (सं.) सिर के आगे का भाग जहाँ माँग निकालते हैं।
मचकना (क्रि.) दबाना।
मचकुरी (सं.) 1. वकील 2. मुंशी 3. अर्दली।
मचना (क्रि.) 1. उछलना 2. अपने शरीर के भार से ऊपर-नीचे हिलाना।
मचिया (सं.) 1. खटोली 2. पीड़ा 3. मचान।
मचोली (सं.) दे. 'मचिया'।
मछरी (सं.) मछली।
मछियाना (क्रि.) घाव में कीड़े पड़ जाना।
मछी (सं.) मछली।
मछेर (सं.) 1. मधुमक्खी 2. मधुमक्खी का छत्ता।
मछेव (सं.) मधुमक्खी।
मजकिहा (वि.) मज़ाक करने वाला।
मजगुत (वि.) पक्का, मज़बूत।
मजूर (सं.) दे. 'मँजूर'।
मझनिया (सं.) दे. 'मँझनिया'।
मझिला (सं.) मझला, मध्य का।
मझोत (वि.) बीच का।
मटपरई (सं.) काग़ज़ और मिट्टी की लुगदी से बनाई गई टोकरी।
मटमटहा (वि.) मटकने वाला।
मटमटही (वि. स्त्री.) दे. 'मटमटहा'।
मटमटाना (क्रि.) दिखावा करते हुए इधर-उधर टहलना, मटकना।
मटरु (वि.) दे. 'बुटरु'।
मटासी (सं.) पीली मिट्टी की भूमि।
मटाना (सं.) 1. चेचक 2. लाल चींटा।
मटिया (सं.) खाद्य सामग्री खा जानेवाली बौनी प्रेतनी।
मटुक (सं.) दे. 'मकुट'।
मट्ठर (वि.) सुस्त। उदा.–'खाए बर ए हर बड़ चंट हे, अउ काम करे बर मट्ठर' (खाने को यह बड़ा चंट है और काम के लिए सुस्त)।
मड़वा (सं.) दे. 'मँडवा'।
मड़िया (सं.) 1. झोपड़ी 2. कोदो (दे.) की जाति का अन्न।
मड़ियाना (क्रि.) घुटनों के बल चलना या खड़ा होना।
मढ़ाना (क्रि.) रखना।
मतरना (क्रि.) मंत्र पढ़ते हुए पानी को मथना।
मतलहा (वि.) मैला, गंदा। दे. 'मतलाना'।
मतलाना (क्रि.) विशेषकर पानी या मैला या गंदा होना या करना।
मतवार (सं.) 1. शराबी 2. मछेरा 3. मतवाला।
मताना (क्रि.) 1. मचाना 2. दे. 'मतलाना'।
मतावर (सं.) गंदा करने की प्रक्रिया।
मतौना (वि.) मादक।
मतौनी (वि.) दे. 'मतौना'।
मथौड़ी (सं.) बैल आदि को सजाने का सामान।
मथौरा (सं.) ललाट।
मदक्की (वि.) नशेबाज़ शराब का आदी।
मदत्ती (वि.) दे. 'मदक्की'।
मधीम (वि.) 1. मध्यम, बीच का 2. मंद।
मधरस (सं.) शहद, मधु।
मनखउ (वि.) मनुष्य के समीप रहने का आदी।
मनखया (वि.) नरभक्षी।
मनखाइन (सं.) 1. ऐसी स्त्री जिसे अन्य लोगों के साथ रहने में सुख मिलता हो 2. पालतू जानवर।–(वि. स्त्री.) दे. 'मनखया'।

मनखे (सं.) 1. मनुष्य 2. पति।
मनखे-जाने (सर्व.) अमुक, व्यक्ति विशेष, कोई व्यक्ति, अनजान व्यक्ति, कोई-कोई।
मनगम (वि.) अपने आप में लीन, मन में खोया रहने वाला, तल्लीन।
मनवा (सं.) मानव।
मनसा (सं.) 1. कल्पना, विचार 2. दे. 'मँगसा' 3. मनुष्य।
मनियारना (क्रि.) अन्न से कंकड़ों को अलग करना।
मनियारी (सं.) 1. छोटे आकार का गोल कंकड़ 2. दे. 'मनिहारी'।
मनिहारी (सं.) शृंगारिक वस्तुओं का समूह।
मनी (सं.) मणि।
ममहाना (क्रि.) सुगंध महसूस होना, महकना।
ममा (सं.) मामा।
मया (सं.) माया, लगाव, स्नेह।
मया करना (क्रि.) प्रेम करना।
मयार (सं.) छप्पर सँभालने के लिए लगाई गई मोटी लकड़ी।
मयारुक (वि.) मया (दे.) करने वाला या वाली, प्रेमी, स्नेही, प्रिय।
मरकनहा (वि.) मारने की आदत वाला।
मरकनही (वि. स्त्री.) दे. 'मरकनहा'।
मरका (सं.) मटका, घड़ा।
मरकी (सं.) मिट्टी की हंडी, मटकी।
मरखंडा (वि.) 1. दे. 'मरकनहा' 2. मार खाने का आदी।
मरखंडी (वि. स्त्री.) दे. 'मरखंडा'।
मरघटिया (सं.) श्मशान। दे. 'मरघट्टी'।
मरघट्टी (सं.) मरघट।
मरजाद (सं.) 1. मर्यादा 2. इज्ज़त।
मरदनिया (सं.) नाई।
मरनी (सं.) मृत्यु-संस्कार।
मरम (सं.) मर्म, रहस्य, भेद।
मरमुरहा (वि.) 1. अशक्त, कमज़ोर 2. बेसहारा।
मरसा (सं.) दे. 'भैरसा'।
मरहा (वि.) मृतवत, दुर्बल।
मरही (वि.स्त्री.) दे. 'मरहा'।
मरी (सं.) मृत पशु।
मरीच (सं.) काली मिर्च।
मरुआ (सं.) कलाई।
मरे (वि.) मृत।
मरेठा (सं.) मराठा।
मलई(सं.) 1. मालवीय ब्राह्मण 2. मलाई।
मलगी (सं.) छोटी नाव।
मलमलाना (क्रि.) आतुरता या छबीलापन प्रदर्शित करना, उतावली करना, जताना।
मलर-मलर (क्रि. वि.) आतुरता या छबीलेपन को अथवा आगे-आगे होने की स्थिति को प्रदर्शित करने की क्रिया।
मलहम (सं.) मरहम।
मलिया (सं.) काँसे का कटोरीनुमा पात्र।
मलोवन (सं.) मोल-भाव।
मस (सं.) स्याही, मसि।
मसकना (क्रि.) 1. दबाना 2. दबोचना।
मसकुरा (सं.) मसूड़ा।
मसरमोटी (सं.) 1. जानबूझकर उपेक्षा करने की वृत्ति 2. मस्ती 3. नटखटपन।
मसरमोटिया (वि.) 1. जानबूझकर तरह देने वाला 2. मस्ती दिखाने वाला 3. नटखट।
मसरी (सं.) 1. मसूर 2. मछली 3. चटाई।
मसान (सं.) 1. श्मशान 2. एक प्रकार का प्रेत 3. गँड़वा (दे.) जाति का नगाड़ा।

मसाला (सं.) मशाल।
मसाला सराप (सं.) दे. 'नोरंगी'।
मसिया (वि.) स्याह।
मस्त (वि.) 1. आनंददायक, अच्छा 2. खूब 3. मतवाला।
मस्तियाना (क्रि.) मौज करना।
महतो (सं.) 1. एक मुंडा जाति 2. किसी-किसी जाति में प्रधान से नीचे का एक पद।
महर (सं.) सुगंध।
महरा (सं.) एक अस्पृश्य मानी जानेवाली जाति।
महलइन (सं.) एक वृक्ष जिसकी जड़ रस्सी के रूप में उपयोग में लाई जाती है।
महिनती (वि.) मेहनती।
मही (सं.) मठा, छाँछ।
महुर (सं.) दे. 'महौर'।
महुरा (सं.) ज़हर।
महेरी (सं.) 1. मही की खीर 2. घी बनाने की प्रक्रिया में जले हुए मक्खन का खट्टा अंश 3. मठे के नीचे का गाढ़ा अंश 4. मही (दे.) रखने का पात्र।
महौर (सं.) महावर।
माँ (अव्य.) में, के अंदर।
माँघ (सं.) माघ का महीना।
माँदर (सं.) मृदंगनुमा एक वाद्य।
माँदा (सं.) 1. गुफा 2. पौध-रोपण के लिए कतार में उठाई गई मिट्टी। 3. थाला।
माई (सं.) 1. माँ 2. मादा। –(वि.) 1. मुख्य, बड़ा 2. दाहिना।
माई-अँगठी (सं.) बीच की उँगली, मध्यमा।
माई-अँगरी (सं.) दे. 'माई अँगठी'।
माई चूँदी (सं.) सिर की चोटी।
माई-धान (सं.) देर से पकने वाली धान की क़िस्म।
माई-पिला (सं.) स्त्री-बच्चों सहित।
माखुर (सं.) तंबाकू।
माघीपुन्नी (सं.) माघ मास की पूर्णिमा की तिथि।
माचा (सं.) 1. मचान 2. मंच 3. खाट।
माचाडेवाँ (सं.) सिंह।
माची (सं.) खटोली।
माचुर (सं.) दाँत और दाढ़ की जड़।
माछी (सं.) मक्खी।
माटरा (सं.) दे. 'माटा'।
माटा (सं.) बड़ा लाल चींटा।
माटी (सं.) मिट्टी।
माटीतेल (सं.) मिट्टी का तेल।
माटीराख (सं.) कपड़ा धोने का सोडा।
माड़ना (क्रि.) दे. 'माढ़ना'।
माड़ा (सं.) माँद।
माड़ी (सं.) घुटना।
माढ़ना (क्रि.) 1. दाल आदि का बैठ जाना या तली में लग कर जल जाना 2. स्थिर होना, शांत होना।
माढ़े मउरे (वि.) स्थापित, जमा हुआ।
मातना (क्रि.) मतवाला होना, उन्मत्त होना।
मातर (सं.) 1. अहीरों के नृत्य का निमंत्रण 2. दीपावली के दूसरे दिन का पर्व।
माता (सं.) चेचक।
माता-दाई (सं.) चेचक।
माता-देवाला (सं.) शीतला देवी का मंदिर।
माता-पंचनी (सं.) दे. 'माता-पहुँचनी'।
माता-पहुँचनी (सं.) चेचक निकलने के बाद उनकी शांति हेतु देवी की पूजा।
मानदान (सं.) दामाद, भानजा, फूफा या जीजा इत्यादि जो कन्या पक्ष के यहाँ सम्मान के पात्र समझे जाते हैं।

माय (सं.) 1. माता, चेचक 2. माँ।

मारिचखाना (सं.) औषधालय।

मारे (अव्य.) लिए, कारण।

मालबसूत (सं.) माल और वस्तु, चीज़ और वस्तु।

माली (सं.) दे. 'मलिया'।

मास (सं.) मांस।

माहिल (वि.) लड़ाने वाला।

माहुर (सं.) फ़सल को नुकसान पहुँचाने वाला हरा कीड़ा।

माहो (सं.) दे. 'महूँ'।

मिंजनी (सं.) बैलों आदि की सहायता से बालियों से धान को अलग करने का कार्य।

मिंजनी माटी (सं.) काली मिट्‌टी जिससे शरीर के बाल धोए जाते हैं।

मिंजाई (सं.) दे. 'मिंजनी।

मिंझरा (वि.) मिश्रित, मिला हुआ।

मिंयादी (सं.) ढिंढोरा।

मिचमिचहा (सं.) मिचमिचाती आँखों वाला।

मिजजहिन (वि. स्त्री.) 1. मज़ाक करने वाली 2. मिज़ाज दिखाने वाली।

मिटकना (क्रि.) 1. देख-बूझकर भी अनदेखी करना या चुप्पी साधे रहना 2. आँखें मटकाना।

मिटकी (सं.) पलक।

मिट्‌ठी (सं.) बच्चों की बातचीत बंद होने के पश्चात् पुनः शुरू होने का भाव। –(वि.) दे. 'मीठ'।

मितान (सं.) मित्र।

मितानी (सं.) मित्रता।

मितानिन (सं.)1. मित्र की पत्नी 2. सहेली।

मिनमेखहा (वि.) नख़रा करने वाला, दोष ढूँढ़ने वाला छिद्रान्वेषी, मीनमेख करने वाला।

मियारी (वि.) दे. 'माई'।

मियादी जर (सं.) मियाद से आने वाला ज्वर।

मिलकी (सं.) दे. 'मिटकी'।

मिलट (सं.) मिनट।

मिलभेंट (सं.) आलिंगन।

मिस (सं.) बहाना (झूठा कारण)।

मिसना (क्रि.) 1. बालियों से धान को अलग करना 2. सिर के बाल धोना।

मिसाई (सं.) बालियों से धान को अलग करने का कार्य।

मिसिर (सं.) 1. मिश्र (ब्राह्मणों का एक उपनाम) 2. काला मंजन।

मिसतिरी (वि.) 1. राजगीर 2. यंत्र-चालक 3. हलवाई।

मींजना (क्रि.) 1. मिंजनी (दे.) की क्रिया 2. मालिश करना 3. सिर के बाल धोना।

मीठ (वि.) मीठा।

मीसना (क्रि.) दे. 'मींजना'।

मुँगौरी (सं.) मूँग की पकौड़ी, मुँगौड़ी।

मुँड़ उघरी (सं. स्त्री.) सिर उघाड़े हुए रहने वाली, सिर को बिना ढके हुए रहने की आदी।

मुँड़ पिरवा (वि.) 1. सिर में दर्द पैदा करने वाला 2. चिंता का कारण उत्पन्न करने वाला।

मुँड़ पेलवा (वि.) अड़ियल, हठी।

मुँड़ मिंजनी (सं.) सिर धोने की काली मिट्‌टी। दे. 'मिंजनी-माटी'।

मुँड़ मींजना (क्रि.) 1. सिर के बाल धोना 2. रजस्वला होने के बाद सिर धोना।

मुँड़ सुद्धा (सं.) पूर्ण स्नान।–(वि.) सिर सहित।

मुँड़ी (सं.) 1. सिर, मुंड 2. छोर, किनारा।

मुड़ेरना (क्रि.) 1. बाँधना 2. मोड़ना 3. मुंडन करना 4. रस्सी को बटना।

मुढ़ेर (सं.) मुँडेर, दीवार का ऊपरी हिस्सा। –(वि.) बीच में व्यवधान उपस्थित करने वाला।

मुढ़ेरी (सं.) एक दुमुँहा सर्प जो पशुओं या स्त्रियों का दूध पी जाता है।

मुँदना (सं.) ढक्कन।

मुँदरी (सं.) मुद्रिका, अँगूठी।

मुँदी (सं.) दे. 'मुँदरी'।

मुँधरहा (सं.) पौ फटने के पूर्व का समय।

मुँधियार (सं.) 1. मुँह न दिखाई दे, ऐसे अँधेरे का समय 2. सूर्योदय के बाद का या पूर्व का समय।

मुँह अखरा (वि.) मुँह-ज़बानी, मौखिक।

मुँह देखौनी (सं.) 1. नई वधू का मुख देखने की रस्म, मुँह-देखाई 2. उस रस्म पर दिया जानेवाला उपहार।

मुँहरन (सं.) मुखाकृति, मुख की बनावट।

मुँहलेड़ी (सं.) 1. चूहे की लेड़ी 2. दे. 'मुँढेरी'।

मुँहा (सं.) मुँह के छाले।

मुँहाटी (सं.) 1. रास्ते या गली का मुख 2. दरवाज़ा, मुखद्वार।

मुहाठठी (सं.) साक्षात्कार, आमना-सामना।

मुँहासा (सं.) पशुओं के मुँह का छाला।

मुँहिक-मुँहा (क्रि. वि.) आमने-सामने, प्रत्यक्ष रूप से।

मुँही (सं.) खेत से पानी निकलने का रास्ता।

मुअखरा (वि.) दे. 'मुँहअखरा'।

मुकड़दम (सं.) मुकद्दम, गाँव का पटेल।

मुक्का (सं.) चुप्पी। –(वि.) गूँगा।

मुखारी (सं.) दातौन।

मुगलानी (सं.) राजगीर।

मुचकी (सं.) होंठ दबाकर व्यक्त की जानेवाली मुस्कराहट।

मुचमुचहा (सं.) हमेशा मुस्कराता रहने वाला।

मुचमुचाना (क्रि.) 1. स्त्रियों का मुँह दबाकर हँसना, लज्जायुक्त हँसी हँसना 2. टहलना।

मुटका (सं.) मुक्का, घूँसा।

मुठा (सं.) मुट्ठी।

मुठिया (सं.) 1. मूठ, हैंडिल 2. बेर के आटे से बना पकवान विशेष।

मुड़ उघरा (वि. स्त्री.) सिर न ढकी हुई औरत।

मुड़ उधारीं (वि. स्त्री.) दे. 'मुड़ उघरी'।

मुड़कट्टा (सं.) प्रेतों में से एक जिसका सिर कटा होता है।–(वि.) सिर झुकाकर चलने वाला (भैंसा)।

मुड़पीरा (सं.) सिरदर्द।

मुड़पुरुस (क्रि. वि.) दे. 'पुरुस भर'।

मुड़का (सं.) 1. गड़ी हुई मोटी लकड़ी या खंभा जिस पर छत टिकी होती है 2. बल्ली।

मुड़गड़वा (वि.) 1. भूमि में सिर गाड़ लेने वाला 2. सिर झुकाकर चलने वाला।

मुड़ढक्की (सं.) 1. शादी के समय सिर ढकने की एक रस्म 2. सिर छिपाने का भाव।

मुड़ढक्की रोग (सं.) जोरू के पास पड़े रहने का रोग।

मुड़सरिया (सं.) 1. तकिया 2. सिरहाना।

मुड़हर (सं.) मकान का वह भाग जिसमें पूजाघर और रसोईघर शामिल हों।

मुतरा (वि.) बार-बार मूतने वाला, विशेषकर बिस्तर गीला करने वाला।

मुतरी (वि. स्त्री.) दे. 'मुतरा'।

मुतू (सं.) पेशाब।

मुनगा (सं.) मुनगे का वृक्ष और उसका फल। सहजन।

मुनसी (सं.) मुंशी।

मुनादी (सं.) ढिंढोरा।

मुरई (सं.) मूली।

मुरकना (क्रि.) मुड़ना।

मुरकू (सं.) जलेबी के आकार का एक नमकीन पकवान।

मुरकेटना (क्रि.) मोड़ना।

मुरक्की (सं.) दे. 'मोहरक्की'।

मुरगिरा (वि.) मूर्ख।

मुरचा (सं.) लोहे पर लगने वाली जंग, मोरचा।

मुरम (सं.) दे. 'मुरुम'।

मुरमुरा (सं.) दे. 'मुर्रा'।

मुरवा (सं.) कलाई।

मुरसरिया (सं.) दे. 'मुड़सरिया'।

मुरहर (वि.) दे. 'मुड़सरिया'।

मुरहर (वि.) अनाथ।

मुरहा (वि.) दे. 'मुरहर'।

मुरही (वि. स्त्री.) दे. 'मुरहर'।

मुरुम (सं.) कँकड़ीली मिट्टी।

मुरुख (वि.) मूर्ख।

मुरेला (सं.) मयूर।

मुर्रा (सं.) 1. भाड़ में भूने गए चावलों का खाद्य-विशेष, परवल 2. गाड़ी के चक्के के मध्य भाग में लगाया जानेवाला लोहे का ब्रुश।

मुलहा (वि.) जो मूल नक्षत्र में जन्मा हो। इसे शुभ नहीं मानते।

मुलुक (सं.) क्षेत्र, मुल्क, प्रदेश।

मुसकी (सं.) मुस्कान।

मुसकीरा (सं.) चूहों के खोदने से निकली हुई मिट्टी।

मुसकिल (सं.) दे. 'मुसकुल'।

मुसकुरी (सं.) मसखरी।

मुसकुल (सं.) मुश्किल, कठिन।

मुसरी (सं.) 1. मूसल 2. मुड़का (दे.) और पटिया (दे.) के बीच की लकड़ी।

मुसलेड़ी (सं.) दे. 'मुँहलेड़ी'।

मुसवा (सं.) चूहा।

मुहतूर (सं.) दे. 'मुहरुत'।

मुहरुत (सं.) मुहूर्त।

मुहाठेठी (सं.) साक्षात्कार।

मुही (सं.) खेत की मेड़ का कटा भाग जिससे होकर खेत का पानी बाहर जाता है।

मुहेला (सं.) 1. मुख्य द्वार 2. मुँहजोरी 3. अत्यधिक प्रेम।

मूँठ लेना (क्रि.) बुआई आदि का शुभारंभ करना।

मूँठा (सं.) दे. 'मुठा'।

मूँड़ (सं.) सिर।

मूँड़ना (क्रि.) 1. लूटना, ठगना 2. मुंडन करना।

मूँड़ा (सं.) छोर, किनारा।

मूँढ़र (सं.) दे. 'मुड़हर'।

मूँदना (क्रि.) बंद करना, ढकना।

मूँदी (सं.) अँगूठी।

मूर (सं.) मूल (धन)।

मूसर (सं.) मूसल।

मूसरी (सं.) 1. दे. 'मूसर' 2. एक पेड़ विशेष जिसकी गोल लंबी फली दवा के लिए प्रयुक्त की जाती है।

में (सर्व.) मैं।—(अव्य.) में।

मेंचका (सं.) मेढक।

मेंराना (क्रि.) उछलना-कूदना, इतराना।

मेंछर्रा (वि.) मूँछवाला।

मेंछा (सं.) मूँछ।

मेंहर (सर्व.) मैं, मैंने, मैं ही।

मेकरा (सं.) 1. मकड़ा 2. मकड़ी।

मेघी (वि.) मेघ के रंग का।

मेजजहिन (वि.) दे. 'मिजजहिन'।

मेट (सं.) दस-पंद्रह मजदूरों पर नियुक्त प्रमुख जो टाइम-कीपर का काम करता है।

मेटना (क्रि.) मिटाना।

मेटाना (क्रि.) 1. मिटाना 2. मिटना।

मेड़वार (सं.) फ़सल मींजने के लिए बैलों को गोलाई में घुमाने के लिए बीच में गाड़ी गई बिल्ली 2. बल्ली के पास का बैल।

मेढ़िया (सं.) दे. 'मेड़वार'।

मेर (अव्य.) पास, पर।

मेरखू (सं.) टूटे चावल। दे. 'खंडा'।

मेरुआ (सं.) दे. 'मरुआ'।

मेलेटरी (सं.) मिलिट्री।

मेहर (सं.) मोची।

मेहरइन (सं.) दे. 'मेहर'।

मेहला (सं.) हिजड़ा।

मेहेरिया (सं.) पत्नी।

मैन (सं.) 1. पकाया हुआ मोम 2. मधुमक्खी के छत्ते का मोम 3. लाख।

मैनी (सं.) 1. सेम, लाखड़ी आदि में होनेवाली एक बीमारी 2. गुड़ का फेन, चाशनी का मैला भाग।

मैलहा (वि.) मैला, गंदा।

मैरसा (सं.) मठा रखने का मिट्टी का हंडा।

मोंगर (वि.) छरछरा बदन।

मोंगरी (सं.) एक बहुत पौष्टिक मछली।

मोंजरा (सं.) 1. नर्तक की कला से खुश होकर दिया जानेवाला रुपया 2. किसी व्यक्ति के इर्द-गिर्द मटककर नर्तक द्वारा रखी जानेवाली माँग 3. गुच्छा, विशेषकर पौधों का।

मोंठ (वि.) दे. 'मोट्ठ'।

मोंहरी (सं.) 1. तुरही नामक वाद्य 2. नलकी 3. पतलून, पाजामे आदि का नीचे का घेरा 4. नाली।

मो (सर्व.) मुझ।

मोका (सर्व.) मुझको। दे. 'मोला'।

मोटरा (सं.) गट्ठा या गट्ठर।

मोटरी (सं.) छोटा गट्ठा, गठरी।

मोटियारी (सं.) युवती, तरुणी, लड़की।

मोट्ठ (वि.) मोटा।

मोड़ा (सं.) बग़ल का नाप (सिलाई, बुनाई में)।

मोना (क्रि.) मिलाना।

मोफत (वि.) मुफ्त।

मोमन (सं.) आटे आदि में मिलाया जानेवाला तेल या घी, मोयन।

मोर (सर्व.) मेरा, मेरे, मेरी।

मोरना (क्रि.) मोड़ना।

मोराना (क्रि.) अचार के लिए आम का उपयुक्त होना।

मोरी (सं.) 1. नाली 2. गन्ने की गठरी।

मोला (सर्व.) मुझे, मुझको।

मोवन (सं.) दे. 'मोमन'।

मोसा (सं.) मौसा।

मोसी (सं.) मौसी।

मोहनी (सं.) वशीकरण।

मोहर (सं.) 1. गले का एक आभूषण जो चाँदी या सोने के सिक्कों को गूँथकर बनाया जाता है 2. छाप, निशान, मुहर।

मोहरक्की (सं.) सज्जा के लिए पशुओं के थूथन पर बाँधा जानेवाला रस्सी का फंदा।

मोहलाइन (सं.) एक लता जिससे रस्सी बनाई जाती है।

मोहाना (सं.) मुहाना। –(क्रि.) मोहित होना।

मौता (सं.) मुर्दनी, मैयत, मौत।

मौर (सं.) 1. बौर 2. दूल्हा-दुल्हन को पहनाया जानेवाला मुकुट, मौर 3. दे. चूँदा'।

मौलहा (वि.) अधसूखा।

मौसा (सं.) दे. 'मोसा'।

य

याह (सर्व.) दे. 'ये'।

याहा (वि.) इतना अधिक।–(अव्य.) यह देखो।

ये (सर्व.) यह।

येखर (सर्व.) दे. 'एखर'।

येती (क्रि. वि.) दे. 'एती'।

येती-तेती (क्रि. वि.) यत्र-तत्र, इधर-उधर।

ये दे (क्रि. वि.) यहाँ, इस ओर।

येमन (सर्व.) ये लोग।

येमा (सर्व.) इसमें।

येला (सर्व.) दे. 'एला'।

येसों (क्रि. वि.) दे. 'आसों', 'एसों'।

येहर (सर्व.) दे. 'एहर'।

र

रँचना (क्रि.) धुएँ, काई आदि का जमना।

रँड़वा (वि.) विधुर।

रँड़सारी (सं.) 1. बिना किनारी की सफेद साड़ी 2. मृत महिला को दिया जानेवाला कपड़ा।

रँधनही (सं.) रसोईघर।

रँधनीघर (सं.) दे. 'रँधनही'।

रँहट (सं.) कुएँ से पानी खींचने का यंत्र विशेष, रहट।

रँहटा (सं.) 1. चरखा 2. हवाई झूला, चकरघिन्नी, चरखी।

रई (सं.) 1. बुरा समय, महामारी की बीमारी, अंत समय 2. मथानी।

रउताइन (सं.) 1. अहीरिन, ग्वालिन 2. घरों में गोबर-कचरा, पानी बतरन आदि की सफ़ाई का काम करने वाली औरत, कहारी, महरी, रावत (दे.) की पत्नी।

रउताइन-कीरा (सं.) वर्षा ऋतु में होनेवाला दर्जनों पैरोंवाला एक कीड़ा, कानसलाई नामक कीड़ा।

रउनियाँ (सं.) धूप।

रकजा (वि.) दे. 'बेर्रा'।

रकम-रकम के (वि.) भिन्न-भिन्न प्रकार के।

रक्सहूँ (सं.) दक्षिण दिशा।

रक्सा (सं.) 1. राक्षस 2. प्रकाश छोड़ता हुआ प्रेत।

रक्सेल (सं.) दे. 'रक्सहूँ'।

रखवार (वि.) फ़सल की रक्षा करने वाला।

रखिया (सं.) भूरा कुम्हड़ा, पेठा।

रगरगाना (क्रि.) 1. जलना 2. चमड़ी में जलन होना, नस में जलन होना 3. चमकना।

रगरना (क्रि.) रगड़ना।

रच (सं.) 'कड़क' की ध्वनि।

रचना (क्रि.) 1. बनाना, सजाना, आयोजन करना 2. ढेर लगाना।

रजवानी (वि.) सहमत, राज़ी।

रज्जुतिया (सं.) दे. 'रथदुतिया'।

रटन (सं.) रट।

रतिहा (सं.) रात।

रथदुतिया (सं.) आषाढ़ के शुक्ल पक्ष की द्वितीया जिसमें जगन्नाथ की रथयात्रा होती है। रथयात्रा का पर्व।

रथिया (सं.) रात्रि।

रद्दा (सं.) रास्ता।

रवाना (क्रि.) आवश्यकता से अधिक सूख जाना।

रन्न-भन्न (सं.) छिन्न-भिन्न, बिखरा हुआ, अव्यवस्थित।

रपटा (सं.) नदी-नालों पर बना कामचलाऊ रास्ता या कच्चा पुल।

रपोटना (क्रि.) एकत्रित करना, समेटना।

रफना (क्रि.) 1. जलना 2. जमना।

रमँजना (क्रि.) हाथ से मसलना।

रमकेरिया (सं.) भिंडी।

रमकेलिया (सं.) दे. 'रमकेरिया'।

रमना (क्रि.) 1. पानी का जमा होना 2. भाना, अच्छा लगना 3. तल्लीन होना, एकाग्र होना।

रमायन (सं.) रामायण।

ररहा (वि.) भुखमरा, अकिंचन, दीन।

रराय (सं.) भूख की तलब। –(वि.) किसी चीज़ को खाने की नीयत न दबा पानेवाला।

ररुहा (वि.) 1. दे. 'ररहा' 2. भैंस चराने वाला।

रवन (सं.) बैलगाड़ी के चकों से बना हुआ रास्ता।

रवना (सं.) बाज़ पक्षी।

रवनियाँ (सं.) दे. 'रउनियाँ'।

रसपूत (सं.) राजपूत, क्षत्रिय।

रसा (सं.) रस।

रसाना (क्रि.) 1. उबलते-उबलते रस का गाढ़ा हो जाना 2. दर्द का बढ़ना 3. रिझाना।

रस्दा (सं.) दे. 'रद्दा'।

रस्पताल (सं.) अस्पताल।

रहन (सं.) गिरवी।

रहपट (सं.) थप्पड़, रैपट, चाँटा।

रहस (सं.) 1. अटारी, बाल्कनी 2. रास लीला 3. रहस्य।

रहेटा काँड़ी (सं.) अरहर के सूखे डंठल।

राँड़ी (वि.) विधवा।

राँधवा (क्रि.) पकाना।

राँपा (सं.) फावड़ा।

राँपी (सं.) छोटा फावड़ा।

राउत (सं.) 1. ग्वाला, चरवाहा, कहार 2. हल के ऊपर भार डालने के लिए लगाई गई मिट्टी।

राचर (सं.) खलिहान आदि में लगा दरवाज़ा।

रायजाम (सं.) बड़ी जामुन।

राती भाजी (सं.) एक क़िस्म की भाजी।

रानीकीरा (सं.) लाल मख़मली रंगवाला एक बरसाती कीड़ा, वीरबहूटी।

राव (सं.) गन्ने का पकाया हुआ गाढ़ा रस।

रावन (सं.) दे. 'रवन'।

रास (सं.) 1. साफ़ करने के बाद तैयार अनाज की ढेरी। दे. 'पही' 2. राशि (वृषभ, मीन आदि)।

राहटा (सं.) चरखा।

राहना (क्रि.) 1. रहना 2. ठहराना, रुकना।

राहेर (सं.) अरहर।

रिंगी-चिंगी (वि.) रंग-बिरंगा।

रिकोना (क्रि.) 1. ढालना 2. ख़ाली करना।

रिता (वि.) 1. काम से निवृत्त। निठल्ला 2. ख़ाली।
रिताना (क्रि.) ख़ाली करना।
रित (सं.) ऋतु।
रितोना (क्रि.) 'रिकोना'।
रिन (सं.) ऋण।
रिनिया (वि.) ऋणी।
रिस (सं.) क्रोध, नाराज़गी।
रिसहा (वि.) क्रोधी।
रिसाना (क्रि.) क्रोध करना, रूठना, मान करना।
रीत (सं.) रीति।
रीस (सं.) दे. 'रिस'।
रीसा (सं.) बवासीर।—(वि.) दे. 'रिसहा'।
रँगना (क्रि.) असंतोष की भावना से कुछ और माँगना।
रुँधना (सं.) घेरा। —(क्रि.) घेरना।
रुँधा (सं.) दे. 'रुँधना'।
रुँआ (सं.) रोआँ, रोम।
रुक्का (सं.) निमंत्रण, आमंत्रण।
रुख्खा (सं.) नगदी।
रुख (सं.) वृक्ष।
रुखना (सं.) रूठना।
रुखराई (सं.) पेड़-पौधे।
रुखवार (वि.) वृक्ष पर चढ़ने वाला।
रुखानी (सं.) छोटा रंदा। दे. 'रेंदा'।
रुपिया (सं.) रुपया 2. रुपए के सिक्कों को गूँथ कर बनाया गया गले का आभूषण।
रुमका (सं.) पौधों का गुच्छा।
रुँगटही (वि.) बच्चों का खेल में बेईमानी करना, अपना नंबर आने पर इनकार करने वाला।
रेंगना (क्रि.) चलना।
रेंगान (सं.) रास्ता, पगडंडी।
रेंचुली (सं.) लकड़ी के खंभे पर घूमने वाला छोटा झूला जिस पर दो लोग एक साथ झूलते हैं।
रेंडी (सं.) एक तेलयुक्त बीज, अरंडी, अंडी।
रेंद (सं.) झगड़ा।
रेंदहा (वि.) दे. 'रेंधिया'।
रेंदना (क्रि.) 1. रंदा चलाना 2. गुस्सा करना।
रेंध (सं.) 1. लड़ाई, झगड़ा 2. हठ, ज़िद्द।
रेंधिया (वि.) लड़ाकू, झगड़ालू 2. ज़िद्दी, हठी।
रेंमट (सं.) नाक का गीला मैल, रेंट।
रेंमटा (वि.) जिसकी नाक सदैव बहती हो, रेंटू।
रेंहचुल (सं.) दे. 'रेंचुली'।
रेग (सं.) फ़सल के लिए ज़मीन का किराया।
रेगड़ा (वि.) दुबला-पतला।—(अव्य.) तुकारात्मक संबोधन शब्द।
रेगहा (वि.) रेग (दे.) पर लिया हुआ।
रेछा (सं.) मुँह का झाग।
रेड़वा (सं.) लकड़बग्घा।
रेड़ी (सं.) दे. 'रेंडी'।
रेडू (वि.) मरियल, दुबला-पतला।
रेतना (क्रि.) काटना, दाबना, कुचलना।
रेरी (सं.) पुकार।
रेलना (क्रि.) 1. चौपट करना, पूरी तरह विनष्ट करना 2. शामिल करना, समेटना।
रेलवाही (सं.) रेलवे।
रेला (सं.) 1. गाँव की नालियों से बहने वाला गंदा पानी 2. बहाव, छप्पर से दीवार पर पानी का बहाव।
रेसा (सं.) धागा।
रेहन (सं.) दे. 'रहन'।

रेहना (सं.) 1. भीगे चावलों को पीसकर बनाया गया घोल 2. चावलों का धोवन।

रैंदा (सं.) बढ़ई का एक बड़ा औज़ार जिसे दो आदमी चलाकर लकड़ी चिकनी करते हैं, रंदा।

रैमुनी (सं.) लाल रंग का पक्षी विशेष, रैमुनिया।

रोंगटहा (वि.) 1. गंदा, मैला 2. जिद्दी, रोअनटा।

रोंघट (वि.) अत्यधिक गंदा।

रोंठ (वि.) हृष्ट-पुष्ट, मोटा, बड़ा।
उदा.–'रोंठ-रोंठ छाँट के लाबे, लरिया मनला झन ले आबे' (मोटे-मोटे चुन के लाना, पतले-पतले मत ले आना)।

रोंगट्टी (वि. स्त्री.) दे. 'रोंगटहा'।

रोआसी (सं.) रोने का भाव, रुलाई, रोने की तलब।

रोक (सं.) रोकड़, रक़म, नक़दी, दे. 'रुक्खा'।

रोखना (क्रि.) छीलना, खुरचना, खरोंचना।

रोखनी (सं.) 1. जीभी 2. खरोंच कर साफ़ करने का साधन, रोखने (दे. 'रोखना') के लिए प्रयुक्त उपकरण।

रोगहा (वि.) रुग्ण।

रोगह गलर (सं.) रोगी।

रोगही (वि. स्त्री.) दे. 'रोगहा'।

रोट (सं.) 1. तीर्थ-यात्रा से आने के बाद या त्यौहार के समय बनाई जानेवाली विशेष प्रकार की मोटी रोटी जिसमें गेहूँ, दूध, गुड़, घी का उपयोग होता है 2. विशेषकर शंकर भगवान को चढ़ाया जानेवाला भोग। –(वि.) दे. 'रोंठ'।

रोनटा (सं.) खेल में बेईमानी करना।

रोनहा (वि.) रोने का आदी।

रोनही (वि. स्त्री.) दे. 'रोनहा'।

रोनाही (सं.) मुकरने का भाव, झूठ।

रोपना (क्रि.) रोपा (दे.) लगाना।

रोपा (सं.) एक जगह से उखाड़कर दूसरी जगह क्यारियों या खेतों में पुनः लगाया जानेवाला पौधा। –(वि.) प्रत्यारोपित किया गया।

रोल (सं.) पिटाई का निशान।

रोसाना (क्रि.) 1. सूजना, चमड़ी का फूल जाना 2. दर्द का बढ़ जाना।

रौताही (सं.) दे. 'मड़ई'।

रौतिया (सं.) कँवर एवं सतनामी जातियों का एक गोत्र।

रौन्निया (सं.) दे. 'रउनियाँ'।

ल

लँगड़ी (सं.) 1. एक पैर से चलकर अन्यों को छूने वाला एक खेल।–(वि. स्त्री.) 2. बदचलन 3. लँगड़ी।

लँगझँग (वि.) दे. 'मोफत'। –(क्रि. वि.) इधर-उधर।

लँग (सं.) तरफ़ ओर। –(अव्य.) पर।

लँगठा (वि.) 1. ग़रीब 2. फक्कड़।

लंठ (सं.) डंडा। –(वि.) धृष्ट।

लंद-फंद (सं.) तिकड़म।

लंदी-फंदी (सं.) अनपेक्षित काम करने वाला, तिकड़मी।

लंबरदार (सं.) 1. लगान वसूल करने वाला मुख्य मालगुजार 2. संपत्ति का अधिकारी प्रथम पुत्र।

ल (अव्य.) को।

लइ (अव्य.) दे. 'लाई'।

लइक (सं.) लायक।

लइकन-पिचकन (सं.) लड़के बच्चे।

लइका (सं.) बच्चा, शिशु।

लइकापना (सं.) बचपन।

लइकावार (वि.) बच्चे वाला।

लइकावारिन (वि. स्त्री.) दे. 'लइकोरी'।

लइकोरी (वि.) छोटे बच्चे की माँ।

लई (सं.) 1. दे. 'लई' 2. दे. 'लाई'।

लउखन (क्रि. वि.) अतिशीघ्र। दे. 'खउक्खन'।

लउर (सं.) जानवरों के गले के नीचे का उभरा हुआ मांस।

लउहा (सं.), (क्रि. वि.) दे. 'लहुआ'।

लउठी (सं.) लाठी।

लकठा (क्रि. वि.) पास, निकट।

लकड़हा (वि.) गंदा रहने वाला।

लकड़ियाना (क्रि.) किसी वस्तु का सूख कर कड़ा पड़ जाना।

लकर-धकर (क्रि. वि.) दे. 'लकर-लकर'।

लकर-लकर (क्रि.वि.) जल्दी-जल्दी, शीघ्रतापूर्वक।

लकरी (सं.) लकड़ी।

लकर्रा (वि.) जल्दबाज़।

लकर्री (वि. स्त्री.) दे. 'लकर्रा'।

लखुरी (सं.) लोमड़ी।

लगरना (क्रि.) सहलाना, हाथ-पैर दबाना, रगड़ना।

लगार (सं.) प्रेमी या प्रेमिका।

लगवार (सं.) सब्ज़ी को गाढ़ा करने के लिए डाला जानेवाला बेसन आदि।

लचका (सं.) 1. खिचड़ी 2. मोच।

लचकुरहा (वि.) शर्मीला, लजीला।

लचरहा (वि.) 1. दे. 'लछरहा' 2. अधपका 3. लचकदार।

लच्छन (सं.) लक्षण।

लच्छा (सं.) पैरों का गहना विशेष।

लच्छी (सं.) गुच्छा।

लछमी (सं.) 1. लक्ष्मी 2. गाय।

लछरहा (वि.) अस्पष्ट, झलक-जैसा।

लटपट (क्रि. वि.) यत्लपूर्वक, कठिनाई से।

लटलट ले (क्रि. वि.) अधिक संख्या में।

लटलटहा (वि.) चिपचिपा।

लटियाना (क्रि.) लटें बन जाना।

लटी (सं.) 1. लट 2. जटा 3. चोटी, शिखा।

लठँग-लठँग (क्रि. वि.) निठल्लेपन के साथ।

लठंगा (वि.) निठल्ला।

लठिंगरा (वि.) लठैत।

लड़ंका (वि.) लड़ाकू।

लड़ंकिन (वि. स्त्री.) दे. 'लड़ंका'।

लड़इ (सं.) लड़ाई।

लड़बड़हा (वि.) 'लड़बहेर'।

लड़बहेर (वि.) 1. तोतला 2. आवारा 3. भोंदू।

लडुआ (सं.) लड्डू।

लड़ेरना (क्रि.) 1. आँखें दिखाना, आँखें फटी रह जाना 2. ऊल-जलूल बकना 3. निगलना। उदा.—मोरेच खावे अउ मोहिच ला आँखी लड़ेरबे (मेरा ही खाएगा और मुझे ही आँखें दिखाएगा)।

लतका (सं.) बछवा (दे.) की गरदन पर वज़न उठाने की आदत डालने के लिए डाली जानेवाली मोटी लकड़ी।

लतियाना (क्रि.) लात से मारना या खिसकाना।

लदकना (क्रि.) दबाना, भार डालना।

लद्दी (सं.) कीचड़।

लनई (सं.) लाने का पारिश्रमिक।

लपचा (सं.) पढ़ीना (दे.) मछली का बच्चा।

लपटियाना (क्रि.) 1. लिपटना 2. लपेटना 3. एक तरफ़ होना, पक्ष लेना।

लपर-लपर (क्रि. वि.) जल्दी-जल्दी (बोलना या खाना)।

लपरहा (वि.) बीच-बीच में जब-तब अनावश्यक रूप से बोलने वाला।

लपरही (वि. स्त्री.) दे. 'लपरहा'।

लपलपाना (क्रि.) दे. 'लफलफाना'।

लपसी (सं.) आटे-गुड़ का हलुए जैसा गाढ़ा घोल।

लफलफाना (क्रि.) साँप आदि द्वारा जीभ का बार-बार निकालना।

लफालफ (सं.) 1. बिजली की कौंध 2. मछली, जोंक आदि के पानी की सतह पर तैरने की विधि।—(क्रि. वि.) लबालब, ऊपर तक।

लबकना (क्रि.) तत्पर होना, आतुर होना।

लबदियाना (क्रि.) लमडेना (दे.) डंडा आदि फेंक कर पेड़ से फल आदि तोड़ना।

लबदेना (सं.) दे. 'लमडेना'।

लबरा (वि.) झूठ बोलने वाला।

लबर्रा (वि.) झूठा।

लबारी (सं.) झूठ।

लबेदा (सं.) दे. 'लमडेना'।

लमगोड़ा (वि.) लंबे पैरोंवाला।

लमगोड़ी (वि. स्त्री.) दे. 'लमगोड़ा'।

लमडेना (सं.) हाथ की लंबाई की लकड़ी जिसे फेंककर पेड़ से फल गिराने का काम लिया जाता है।

लमरना (क्रि.) पहुँचाना।

लमसेना (सं.) 1. भावी पत्नी के यहाँ रहने वाला दामाद 2. आदिवासियों में प्रचिलन उपर्युक्त से संबंधित प्रथा।

लमहा (सं.) 1. खरगोश 2. प्रसव के बाद मासिक धर्म न होने की स्थिति में गर्भ ठहरने से उत्पन्न शिशु।

लमाना (क्रि.) लंबा करना, बढ़ाना, विस्तार करना।

लमेरा (सं.) बिना प्रयत्न के उगा पौधा।

लम्मा (वि.) लंबा।

लरम (वि.) नरम, कोमल।

लरा-जरा (सं.) 1. दूर का रिश्ता 2. रिश्ते-नाते।

लरिका (सं.) दे. 'लइका'।

लरिया (सं.) 1. उड़िया प्रभावित पूर्वी छत्तीसगढ़ी 2. मुनगे के समान एक सीधी लंबी फली। —(वि.) कोमल, अपरिपक्व। उदा.—'बगर भजन के जीवन गच्चा। बगर पोठाये गुनगा लरिया।'

लरी (सं.) 1. लड़ी, लड़ 2. चिथड़ा।

ललत्ता (वि.) अभाव के कारण तरसने वाला लालायित, लालची वृत्ति का (विशेषतः भोजन के मामले में)।

ललहा (वि.) लालची।

ललहारना (क्रि.) लालच देकर फुसलाना।

ललाना (क्रि.) लालायित रहना।

लवइया (वि.) ले आनेवाला।

लवाँग (सं.) लौंग।

लसुन (सं.) लहसुन।

लस्सी (सं.) 1. आम के ऊपर का लसदार भाग 2. लस्सी।

लहँग-लहँग (क्रि. वि.) दे. 'लठँग-लठँग'।

लहकना (क्रि.) 1. दहकना 2. चमकना 3. गर्मी के कारण जानवरों द्वारा जल्दी-जल्दी साँस लेना, हाँफना 4. झूम-झूम कर चलना।

लहटना (क्रि.) आदी हो जाना।

लहदर (क्रि. वि.) छककर, भरपेट।

लहरना (क्रि.) हिलना-डुलना।

लहर-बटोर (सं.) लहराता हुआ पहना हुआ वस्त्र, आवश्यकता से अधिक लंबा पहना हुआ वस्त्र।

लहसत (वि.) झूलता, हिलता-डुलता, एक तरफ़ झुका।

लहांग-लहांग (क्रि. वि.) चुस्ती और फुरती से।

लहसना (क्रि.) एक तरफ़ झुक जाना।

लहाना (क्रि.) किसी वस्तु के छेद में कील आदि की उपयुक्त स्थिति को जाँचना।

लहास (सं.) लाश।

लहुआ (सं.) शीघ्रता, उतावलापन।—(क्रि.वि.) शीघ्र।

लहुआ-लहुआ (क्रि. वि.) जल्दी-जल्दी।

लहुटना (क्रि.) लौटना।

लहुटाना (क्रि.) लौटाना, उल्टा करना, पलटना।

लहुर (वि.) छोटा।

लाँघन (क्रि. वि.) बिना खाए, खाली पेट।

ला (पर.) को। उदा.—'मोला', 'तोला', 'हमला' (मुझको, तुमको, हमको)।

लाइक (वि.) दे. 'लइक'।

लाई (सं.) धान की खीलें।

लाई लिगरी (सं.) चुगलखोरी।

लाख (सं.) 1. खेत में कटी अनाज की फ़सल 2. अरहर के समान एक सस्ती दाल 3. लाख नामक पदार्थ।

लाखड़ी (सं.) अरहर की तरह एक दलहन। दे. 'तिउरा'।

लाखा (सं.) किसी प्रकार का बँटवारा करने के लिए डाली गई चिट।

लागत (वि.) दुधारू।

लागा (सं.) उधार, ऋण, कर्ज।

लाटना (क्रि.) बहकाना।

लाटा (सं.) 1. महुआ-गेहूँ-मसूर-तिल मिलाकर बनाया गया एक कड़ा खाद्य 2. इमली को नमक-मिर्च के साथ कूटकर बनाया गया खाद्य 3. सूखी कटी झाड़ी का ढेर।

लाड़ू (सं.) लड्डू।

लादका (सं.) दे. 'लतका'।

लानना (क्रि.) लाना।

लाम (वि.) लंबा।

लाम्हा (सं.) 1. एक प्रकार की मछली 2. दे. 'लमहा'।

लायची (सं.) इलायची।

लालभाजी (सं.) लाल पत्तोंवाली भाजी विशेष।

लावा (सं.) बटेर।

लासा (सं.) गोंद।

लाहा (सं.) 1. फल 2. वट आदि वृक्षों की लटकने वाली जटाएँ।

लाहो (सं.) 1. अत्याचार 2. लहुआ।

लिगरी (सं.) चुगली।

लिज्झड़ (वि.) सुस्त, ढीला।

लिटिया (सं.) एक छोटी चिड़िया।

लिटी (सं.) शिखा, चोटी। दे. 'लटी'।

लितौना (क्रि.) दे. 'रितोना'।

लिमउ (सं.) नीबू।

लिमान (सं.) कछुआ। दे. 'केछुआ'।

लिमवान (सं.) दे. 'लिमान'।

लिमुआ (वि.) नीम। दे. 'लीम'।

लिलार (सं.) ललाट, मस्तक।

लीख (सं.) जूँ के अंडे।

लीम (सं.) नीम।

लीलकंठ (सं.) नीलकंठ।

लीलना (क्रि.) निगलना।

लीलम (सं.) नीलम।

लीलाथोथा (सं.) नीलाथोथा, तूतिया।
लुँदरा (वि.) कामचोर।
लुँदरी (सं.) कान का एक आभूषण। दे. 'ढार'।–(वि. स्त्री.) दे. 'लुँदरा'।
लुंज (सं.) सुन्न, संवेदना-शून्य।
लुआई (सं.) फ़सल काटने का कार्य।
लुआठ (वि.) अपशब्द-बोधक संबोधन। –(अव्य.) जलती हुई लकड़ी देने अर्थात् व्यंग्य या उपेक्षा में कुछ न देने का भाव, व्यर्थ ही।
लुआठी (सं.) जलती हुई या जली हुई लकड़ी।
लुकउला (सं.) लुका-छिपी का खेल।
लुकरहा (वि.) दे. 'लुकलुकहा'।
लुकलुकहा (वि.) जल्दबाज़।
लुकहा (वि.) छिपा हुआ।
लुकाए (वि.) गुप्त।
लुकाना (क्रि.) 1. छिपना 2. छिपाना।
लुकी (सं.) 1. लौ 2. चिनगारी 3. तीली आदि।
लुगरा (सं.) साड़ी।
लुगरी (सं.) छोटी साड़ी।
लुच्चई (सं.) लुच्चापन, बदमाशी, निर्लज्जता।
लुच्चा (वि.) निर्लज्ज, बदमाश।
लुटपुट (वि.) न अधिक गाढ़ा न अधिक पतला, लटपटा।
लुठी (सं.) दे. 'लुआठी'।
लुदरु (वि.) 1. कोमल 2. गोद में रहने का आदी।
लुरकी (सं.) कान का एक आभूषण।
लुलवा (वि.) लूला। दे. 'कोलवा'।
लुहुर-पुकुर (सं.) उतावलापन।
लुहुर-लुहुर (क्रि. वि.) जल्दी-जल्दी (चलना)।
लूक (सं.) अंगार।
लूकी (सं.) दे. 'लुकी'।
लूना (क्रि.) फ़सल काटना।
लेंझा (सं.) 1. हल चलाते समय पलटकर इकट्ठी होनेवाली मिट्टी 2. लोंदा।
लेंदा (सं.) लोंदा।
ले (पर.) से, के द्वारा, के लिए, के बदले।
लेई (सं.) 1. खेत में पानी भरकर तैयार किया गया कीचड़ 2. गारा 3. लेई।
लेई-चोपी (सं.) पहले से अंकुरित धान का खेत की गीली मिट्टी में छिड़काव।
लेका (सं.) लड़का। दे. 'लइका'।
लेकी (सं.) लड़की।
लेड़गा (वि.) मंद बुद्धि।
लेड़गा-बरी (सं.) जिमीकंद के डंठल से बनाई गई बड़ी।
लेड़गी (वि. स्त्री.) दे. 'लेड़गा'।
लेड़ा (सं.) लेंड़।
लेड़ी (सं.) मेंगनी।
लेदरा (वि.) सुस्त।
लेनहार (वि.) ले जानेवाला।
लेवई (सं.) शावक।
लेवना (सं.) मक्खन।
लेवा (सं.) 1. मेमना 2. गारा।
लेवाल (सं.) ख़रीदार।
लेवाली (सं.) बिक्री।
लेसना (क्रि.) जलाना।
लेसुआ (सं.) लसोड़ा।
लैट (सं.) टॉर्च।
लैन (सं.) पंक्ति।
लोंदवा (सं.) दे. 'लेंदा'।
लोकड़हिन (सं.) विवाहित पुत्री के साथ आरंभ में सेवा हेतु भेजी गई परिचारिका।
लोकड़ा (सं.) मधुमक्खी जैसी मधु इकट्ठा करने वाली छोटी मक्खी।

लोकरहा (वि.) निडर होकर झपटने वाला।

लोखन (सं.) तीसमारख़ाँ। –(वि.) अनोखा।

लोचनी (सं.) काँटा खींचने और नाक आदि के बाल उखाड़ने का चिमटीनुमा एक औज़ार।

लोच्चा (वि.) गाढ़ा।

लोटना (सं.) अनाज रखने के लिए विशेष प्रकार से रस्सी आदि बटकर बनाई गई घास-फूस की कोठी।

लोढ़हा (सं.) 1. जंगली कुत्ता 2. सिल का बट्टा, पीसने का पत्थर, लोढ़ा।

लोफ्फड़ (सं.) लोफ़र।

लोभिया (वि.) लोभी।

लोर (सं.) 1. मार का निशान 2. कान का निचला हिस्सा।

लोरी (सं.) दे. 'लुरकी' 2. लोरी।

लोलवा (सं.) गोल और चिकनी लाठी। –(वि.) लूला।

लोला (सं.) छोटे बच्चों के खेलने का छोटे डंबल-जैसा एक खिलौना।

लौकना (क्रि.) 1. बिजली का चमकना 2. चमकना 3. दिखना।

लौठी (सं.) दे. 'लौड़ी'।

लौड़ी (सं.) लाठी।

लौर (सं.) 1. दे. 'लोर' 2. पशु की गरदन का निचला हिलने वाला मांसल भाग।

लौहा (सं.) दे. 'लहुआ'।

स

सँउकेरहा (सं.) दिन ढलने से पूर्व का समय। –(क्रि. वि.) निर्धारित समय से पूर्व।

सँउज (सं.) तीन-चौथाई मालिक के और एक-चौथाई नौकरों के नाम उत्पादन का विभाजन।

सँउजिहा (सं.) उत्पादन का चौथाई हिस्सा लेकर काम करने वाला नौकर।

सँएदोहा (सं.) संदेशवाहक।

सँकरी (सं.) 1. छोटी साँकल या चिटकनी 2. गले में पहनी जानेवाली चेन।

सँकसी (सं.) दे. 'साँसी'।

सँगसी (सं.) 1. सँकरी गली, सँकरा स्थान 2. सुनारों का पाइपनुमा एक उपकरण।

सँघरना (क्रि.) 1. मिलना 2. शामिल होना।

सँघाती (वि.) साथ का।

सँढ़वा (सं.) साँड़।

सँथाना (क्रि.) सूखकर गाढ़ा होना।

सँदेसा (सं.) संदेश।

सँफरिहा (वि.) सहायक।

सँफुरहा (वि.) दुर्बल, दुबला-पतला।

सँवरा (सं.) सँपेरा जाति। –(वि.) साँवला।

सँवसाँझ (क्रि. वि.) संध्या होते ही, साँझ होते ही, सई साँझ।

सँवाँग (सं.) 1. ढोंग, छद्‌म, स्वाँग 2. शृंगार।

सँवाँगे (सर्व.) खुद, स्वतः। उदा.–'मोला आघू झन कर, तँय हर सँवाँगे जा के बात कर ले' (मुझे आगे मत करो, तुम खुद जाकर बात कर लो)।

सँसहा (वि.) 1. पानी सोखने वाली 2. जल्दी साँस फूलने की स्थिति वाला, हाँफने वाला। –(क्रि. वि.) जल्दी से।

सँसाना (क्रि.) 1. दे. 'सँथाना' 2. प्यास से व्याकुल होना।

सँहराना (क्रि.) दे. 'सहराना'।

सँही (वि.) 1. समान, सदृश 2. उचित, सही।

सँकेरहा (क्रि. वि.) दे. 'सँउकेरहा'।
संख (सं.) शंख।—(वि.) क्षीण।
संग (अव्य.) से, सहित, के साथ।
संगवारी (सं.) साथी, साथिन।
संगी (सं.) दे. 'संगवारी'।
संघिया (सं.) कुमारी लड़कियों द्वारा दीवार पर बनाया गया चित्र जिसकी पूजा फूलों से की जाती है।—(वि.) साथ चलने वाला।
संजकेरहा (सं., क्रि. वि.) दे. 'सँउकेरहा'।
संझा (सं.) संध्या।
संडैला (सं.) पटसन का डंठल।
संदे (सं.) संदेह।
संभक (वि.) पूरा।
संसा (सं.) 1. छिद्र या दरार जिससे भीतर झाँका जा सके 2. सँकरी जगह 3. साँस 4. संशय।
संसी (सं.) दे. 'साँसी'।
संसी (सं.) 1. चिंता 2. संशय।
सइँतना (क्रि.) 1. एकत्र करना, संचित करना 2. गोबर आदि को पाथने के पूर्व मिलाना 3. बुरी तरह से मारना 4. भात को पानी में डुबाना।
सइघा (वि.) दे. 'सइघो'।
सइघो (वि.) पूर्ण, साबुत।
सइत (वि.) समान, जैसा।—(अव्य.) सहित।
सइता (सं.) 1. सत्यता, ईमानदारी 2. धैर्य।—(वि.) व्यर्थ, बेकार।
सइतानास (सं.) सत्यानाश।
सइहा (सं.) सेई।
सउँहे (वि.) दे. 'सइघो'।—(क्रि. वि.) सामने।
सउघे (वि.) दे. 'सइघो'।
सक (सं.) 1. शक, भ्रम 2. शक्ति 3. शरीर।
सकती (सं.) शक्ति।
सकपकहा (वि.) डरपोक।
सकरकंद (सं.) शकरकंद, मीठाकंद।
सकरी (सं.) दे. 'सँकरी'।—(वि. स्त्री.) सँकरी।
सकल करमी (सं.) आवारा। —(वि.) बहुधंधी।
सकलाना (क्रि.) इकट्ठा होना।
सकेलना (क्रि.) एकत्र करना, समेटना, संचित करना।
सकेला (वि.) सँकरा, घिचपिच वाला।
सक्कर (सं.) शक्कर।
सख (सं.) शक्ति। दे. 'सक'।
सखरज (वि.) उत्साही।
सखरोज (सं.) किसी कार्य के लिए आवश्यक सामग्री के संकलन का कार्य।
सगरी (सं.) पानी भरने के लिए छोटा गड्ढा।
सगा (सं.) 1. अपनी जातिवाला 2. अतिथि 3. विवाह के लिए कन्या देखने को आया मेहमान।
सगुन (सं.) शुभ लक्षण, शकुन।
सग्गा (सं.) दे. 'सगा'।
सजुआ (सं.) नाई के औज़ारों की पेटी।
सटकना (क्रि.) 1. अटकना या फँस जाना 2. चुपचाप निकल भागना।
सड़वा (सं.) साँड़।
सड़हादेव (सं.) दइहान (दे.) का देवता जिसकी पूजा पशुओं की रक्षा के भाव से दीपावली के दूसरे दिन (गोवर्धन को) की जाती है।
सत (सं.) 1. सत्व 2. सत्य 3. पानी की ठंडाई, पीपरमिंट।
सतकलेवा (सं.) सात प्रकार के पकवान जिन्हें विवाहादि के अवसर पर खिलाया जाता है।
सतनामी (सं.) 1. एक अनुसूचित जाति 2. महंत घासीदास द्वारा चलाया गया पंथ।

सतनमहिन (सं.) सतनामी जाति की महिला।

सतभतारी (सं.) मिश्रण।

सतलडआ (सं.) विवाह की एक रस्म में वधू के हाथों में रखा जानेवाला लड्डूनुमा बेसन का गोला।

सतौरी (सं.) सात पीढ़ी तक के पूर्वज।

सत्या (सं.) दे. 'सइता'।

सधारन (वि.) साधारण।

सधौरी (सं.) दोहद (दे.) में दिए जानेवाले पकवान।

सन (सं.) पटसन।

सनडउआ (सं.) दे. 'सँडैला'।

सनसी (सं.) सँड़सी, सँडासी।

सनिच्चर (सं.) शनिवार।

सनिच्चरहा (वि.) बाधक।

सन्मान (सं.) सम्मान।

सपड़ना (क्रि.) 1. प्राप्त कर लेना 2. मुठभेड़ होना 3. पकड़ा जाना या पकड़ लेना।

सपरिहा (सं.) विशेषतः कृषि-कार्य के लिए नियुक्त नौकर, सहकर्मी नौकर (एक-दूसरे के लिए प्रयुक्त संबोधन)।

सपरहा (वि.) 1. बारीक 2. सनकी।–(क्रि. वि.) पर्याप्त मात्रा में, बराबर-बराबर।

सपोटा (सं.) दे. 'सप्पड़'।

सप्पड़ (सं.) चपेट।

सप्फा (वि.) 1. भरपूर, सब 2. साफ़।

सप्फो (वि.) सब।

सबरी (सं.) छोटा सब्बल।

सबुनाना (क्रि.) कपड़े में साबुन लगाना, साबुन लगाकर साफ़ करना।

सब्बो (सर्व.) सभी।

समुँहे (क्रि. वि.) दे. 'सउँहें'।

समे (सं.) समय।

समे सुकाल (सं.) 1. अनुकूल समय 2. अच्छी फ़सल।

समैया (सं.) समस्या।–(वि.) शामिल होनेवाला।

समोखना (क्रि.) 1. सहन करना 2. संतुष्ट होना 3. धीरज रखना 4. क्षमा करना।

समोना (क्रि.) मिलाना, सम्मिलित करना।

समौखों (वि.) संतुष्ट।

सम्मक (वि.) पूरा, सम्यक्।

सम्मत (सं.) 1. सलाह, सुमति 2. सुकाल 3. संवत्।

सम्मार (सं.) सोमवार।

सम्मे (सं.) दे. 'समे सुकाल'।

सम्हरइ (क्रि.) 1. पहनावा 2. सजावट।

सम्हरना (क्रि.) 1. शृंगार करना 2. सुसज्जित होना, सजना।

सय (सं.) 1. उपज की समृद्धि 2. बल।

सरई (सं.) साल का वृक्ष।

सरकी (सं.) चटाई।

सरक्की (सं.) घिरनी।

सरद (सं.) सरहज।

सरना (सं.) संध। –(क्रि.) 1. सड़ना 2. समाप्त होना।

सरपोटना (क्रि.) 1. तत्परता से खाना समाप्त करना 2. शीघ्रतापूर्वक समेटना।

सरबत (सं.) शर्बत।

सरबस (सं.) सर्वस्व।

सरसा (सं.) पशुओं के मुँह का एक रोग।

सरहा (वि.) सड़ा हुआ।

सराँगी (सं.) दे. 'सलाँगी'।

सरा (सं.) 1. बीस की इकाई, कोड़ी 2. ढेंकी (दे.) के पिछले हिस्से के मध्य में लगी कील जो आधार-खंभों पर टिकी होती है।

सरीख (अव्य.) के समान, सरीखा।

सरीर (सं.) शरीर।

सरति (सं.) शर्त।

सरेखा (सं.) 1. पूछताछ 2. पुष्टि।

सरोना (क्रि.) 1. सजना 2. विसर्जित करना।

सर्दी (सं.) जुकाम।

सर्पिन (सं.) 1. एक छोटा कँटीला पौधा 2. जलपरी।

सर्रट ले (क्रि. वि.) तेज़ी से।

सर्रा (सं.) पगडंडी। –(वि.) रेंटू।

सर्राना (क्रि.) 1. लगातार गालियाँ बकना 2. फाग गीत के प्रारंभ और अंत में ध्यानाकर्षण हेतु दोहे आदि के आगे-पीछे 'हो...' करना।

सलँगना (क्रि.) पेट के बल सरकना या रेंगना।

सलख (सं.) पीड़ा, दर्द। –(वि.) सीधा।

सलघना (क्रि.) दे. 'सलँगना'।

सलटहा (सं.) चुपके से वस्तु खिसका ले जानेवाला, चुपके से खिसक जानेवाला (चोर)।

सलबल-सलबल (क्रि. वि.) कृमि आदि के चलने का ढंग।

सलसलहा (वि.) ढीला, लटपटा।

सलाँगी (सं.) एक सस्ती पतली मछली।

सलूखा (सं.) ग्रामीण पुरुषों का अँगरखा।

सलौनी (सं.) 1. पलकों पर हो जानेवाली फुड़िया 2. मैदे से बना हुआ एक प्रकार का नमकीन पकवान।

सल्लाह (सं.) सलाह।

सवाद (सं.) स्वाद।

सवारथ (सं.) स्वार्थ।

सवारी (सं.) छोटी बैलगाड़ी।

दे. 'धमनी'।

ससन भर (क्रि. वि.) साँस भर।

सस्तहा (वि.) सस्ता।

सहजन (सं.) मुनगा नामक सब्ज़ी।

सहद्धारा (सं.) सहस्रधारा।

सहर (सं.) शहर।

सहराना (क्रि.) सराहना करना।

सहाजी (सं.) साझा।

सहाना (क्रि.) 1. क्षमता आज़माना 2. सहन कराना।

सहिनाव (सं.) समान नाम का व्यक्ति।

सहिस (सं.) सारथी।

सही (वि.) दे. 'सँही'।

साँकड़ा (सं.) 1. रास (बैल, घोड़े आदि की)। दे. 'काँसड़ा' 2. लोहे की साँकल।

साँकर (सं.) साँकल।–(वि.) सँकरा, संकीर्ण।

साँकुर (वि.) दे. 'साँकर'।

साँगा (सं.) डोली या अन्य बोझ उठाने के लिए प्रयुक्त बाँस या लकड़ी जिसके दोनों सिरों पर कंधा लगाया जाता है।

साँट (सं.) 1. धार्मिक कार्य हेतु किसी को पीटने के लिए प्रयुक्त विशेष प्रकार की रस्सी 2. अइड़सा (दे.) आदि पकवान के लिए तैयार किया गया चावल का आटा।

साँटना (क्रि.) 1. एक वस्त्र के ऊपर दूसरा वस्त्र तह करना, विशेषतः ओढ़ने के लिए 2. संयुक्त करना 3. अपने पथ में मिलाना।

साँटी (सं.) 1. बिना घुँघरू वाली पायल 2. दे. 'सूँटी'।

साँथा (सं.) 1. स्वस्तिक का चित्र जिसे दीवार या भूमि पर बनाकर पूजा की जाती है, सतिया 2. सूक्ष्म सूराख़ जिससे पानी रिसता हो।

साँथिया (सं.) स्वस्तिक। दे. 'साँथा'।

साँघी (सं.) दे. 'सँगसी'।

साँबर (सं.) दाल-सब्ज़ी से बना दक्षिण भारतीय पेय पदार्थ।

साँभर (सं.) हिरन।

साँवर (सं.) 1. हजामत 2. केश। –(वि.) साँवला।

साँवा (सं.) एक प्रकार का सस्ता बारीक अन्न।

साँसत (सं.) कष्ट। –(क्रि. वि.) साथ-साथ।

साखी (सं.) साक्षी, गवाह।

साखोच्चार (सं.) विवाह के अवसर पर किया जानेवाला शाकोच्चार या मंत्रोच्चार।

साज (सं.) 1. नाचने-गाने वालों का समूह 2. वाद्यों का समूह।

साजना (क्रि.) 1. बनाना 2. सजाना।

साक्षी (सं.) दे. 'सहाजी'।

साठ (अव्य.) ही, साथ।

साठा (सं.) वृद्ध।

साढ़ी (सं.) 1. दूध की मलाई 2. भात के माड़ की जमी पर्त।

सान (सं.) 1. शान 2. धार तेज़ करने का पत्थर 3. धार, पैनापन।

साफी (सं.) अँगोछा, गमछा।

साबर (सं.) सब्बल।

साबुनदाना (सं.) साबूदाना।

सामा (सं.) काँच।

साम्मर (सं.) दे. 'साँभर'।

साम्हू (क्रि. वि.) सामने।

साम्हा (सं.) दे. 'सामा'।

साया (सं.) पेटीकोट।

सार (सं.) 1. लकड़ी के बीच का कठोर भाग 2. सारांश।

सारना (क्रि.) सहलाना, मसलना।

सारा (सं.) छोटा साला, पत्नी का छोटा भाई।

सारी (सं.) छोटी साली, पत्नी की छोटी बहन।

सारे (सं.) 'साला' नामक गाली।

साल (सं.) 1. खाँचा 2. नेवले की जाति का एक जंतु जिसकी ऊपरी चमड़ी कठोर होती है 3. वर्ष 4. साल नामक वृक्ष।

सालोत (सं.) साले का पुत्र।

सालोती (सं.) साले की पुत्री।

साव (वि.) वैश्यों और तेलियों की एक उपाधि और उपजाति 2. सज्जन।

साहना (सं.) सराहना।–(क्रि.) दे. 'सहराना'।

साहित (सं.) 1. साहित्य 2. रचना 3. साक्षी।

साही (वि.) दे. 'सँही'।

सिंकहर (सं.) दूध की दोहनी (दे.) आदि को छत से लटकाने के लिए रस्सी आदि से बुना हुआ छींका।

सिंगार (सं.) 1. एक मछली, बड़ी चिंगरी (दे.) 2. श्रृंगार।

सिंघट (सं.) सूर्य की सिंह राशि में स्थिति का काल, जब शादी-ब्याह आदि के सॅस्कार नहीं होते।

सिंघरा (सं.) सिंघाड़ा।

सिंघल (सं.) रेलवे की मार्ग-प्रदर्शिका, रेलवे सिगनल। (वि.) अकेला, सिंगिल।

सिंघोलिया (सं.) लकड़ी की डिबिया जिसमें सिंदूर, काजल आदि रखा जाता है।

सिंधौरा (सं.) दे. 'सिंघोलिया'।

सिंसरी (सं.) सीटी।

सिकार (सं.) शिकार।

सिकोसी (सं.) बाँस की पिटारी।

सिगसिग ले (क्रि. वि.) लबालब, ऊपर तक।

सिग्घो (वि.) दे. 'सइघो'।

सिघियाना (क्रि.) 1. ऊपर तक भरना 2. बिखरी हुई वस्तुओं का सँजोना।

सिघोना (क्रि.) मटकी आदि को उपयोग में लाने के पूर्व उसमें पानी भरकर उसे मज़बूत करना।

सिझोना (क्रि.) दे. 'रीझना'।

सिटकिनी (सं.) चटकनी, अर्गला।

सिटिर-मिटिर (क्रि. वि.) रिमझिम-रिमझिम, हल्की-हल्की, मंद गति से।

सिट्ठा (वि.) स्वादरहति, फीका, सीठा।

सिढ़िया (सं.) ज़ीना।

सिताना (क्रि.) ठंडा होना।

सित्तो (क्रि. वि.) दे. 'सिरतों'।

सिधवा (वि.) दे. 'सोझवा'।

सिधोना (क्रि.) 1. मटकी को गरम पानी से धोना 2. तैयार करना, सिद्ध करना।

सिधौरी (सं.) दे. 'सधौरी'।

सिपाई (सं.) 1. बैलगाड़ी का दो पायों का स्टैंड। दे. 'टेकनी' 2. लकड़ी की सीढ़ी।

सिपुही (सं.) सिपाही।

सियान (सं.) वृद्ध, सयाना।

सियानिन (सं.) दे. 'सियान'।

सियारी (सं.) 1. धान की फ़सल 2. शीत ऋतु में आनेवाली कोई फ़सल।

सिरजम (वि.) उच्च वर्गीय।

सिरतों (क्रि. वि.) सचमुच। सच।

सिरतोन (सं.) दे. 'सिरतों'।

सिराना (सं.) सिरहाना।—(क्रि.) 1. समाप्त होना 2. डुबाना, विसर्जन करना दे. 'सरोना'। उदा.—'गनेस सिरा के लउटत रहेन, तभेच पानी हर आइस' (गणेश विसर्जित करके लौट रहे थे, तभी पानी आया।)

सिरोना (क्रि.) समाप्त करना।

सिरिफ (अव्य.) सिर्फ, केवल।

सिरी (सं.) श्री, समृद्धि।

सिलवट (सं.) सिलाई।—(वि.) सिला हुआ।

सिलवर (सं.) 1. एल्यूमोनियम 2. एल्यूमोनियम का भगोना।

सिलहट (सं.) स्लेट-पट्टी।

सिला (सं.) खेत में बिखरी हुई अन्न की बालियाँ, शालि।

सिलाना (क्रि.) 1. बीन-बीन कर एकत्रित करना 2. सिलाई कराना।

सिलौटी (सं.) छोटी सिल।

सिल्ला (सं.) पत्थर, शिला।

सिवाना (सं.) सीमा। –(क्रि.) सिलवाना।

सिकसा (सं.) उबटन।

सिसरा (सं.) 1. तरोई आदि का झागा 2. मधुमक्खी का सूखा छत्ता।

सिहाना (क्रि.) 1. नज़र लगाना 2. कुदृष्टि को दूर करने के लिए टोटका करना 3. रिझाना 4. अत्यधिक मारना।

सींका (सं.) छींका। दे. 'सिंकहर'।

सींगदाना (सं.) मूँगफली का बीज।

सींघा (सं.) 1. तेल रखने के लिए सींग से बना पात्र 2. बालतोड़।

सीटका (सं.) सियार।–(वि.) दुबला-पतला।

सीझन (सं.) छीजन।–(वि.) झड़ा हुआ, पसीजा हुआ।

सीझना (क्रि.) 1. पक जाना, पक्का हो जाना 2. जम जाना, युक्त हो जाना 3. छीजना।

सीत (सं.) 1. ओस 2. जाड़ा।

सीताफल (सं.) शरीफा।

सीथा (सं.) 1. भात का दाना 2. तेंदू के कच्चे फल का बीज 3. जूठन।

सीधा (सं.) दान की अन्न आदि सामग्री।

सील (सं.) मसाला आदि पीसने का पत्थर, सिल।

सीला (सं.) दे. 'सिला'।

सीली (सं.) बैलगाड़ी का पहिया।

सुँअरा (सं.) सुअर।
सुँतरी (सं.) सुतली।
सुँतिया (सं.) 1. हँसली 2. गहरा खेत।
सुँर्रा (सं.) 1. स्त्रियों के गले का एक आभूषण, कंठहार 2. ठंडी हवा।
सुँसरी (सं.) दे. 'सिंसरी'।
सुँबा (सं.) दे. 'सुम्मी'।
सुआ (सं.) 1. तोता 2. तोते को केंद्रित करके गाया जानेवाला गीत-विशेष।
सुआरी (सं.) 1. रसोइया 2. पत्नी।
सुइन (सं.) प्रसव के समय नाल काटने वाली दाई 2. धाय।
सुकवार (सं.) शुक्रवार।
सुका (वि.) चौथाई, पाव।
सुका आगर एक (वि.) सवा।
सुका घाट (वि.) पौन।
सुकाल (सं.) 1. अच्छा समय 2. अच्छी फ़सल का वर्ष।
सुकुआ (सं.) शुक्र तारा, भोर का तारा।
सुकुरदुम (वि.) स्तब्ध।
सुकुल (सं.) शुक्ल।
सुक्खा (वि.) 1. सूखा 2. ख़ाली।
सुखरा (वि.) सूखा, कमजोर, क्षीण।
सुखरी (वि. स्त्री.) दे. 'सुखरा'।
सुखसी (वि.) सूखी हुई मछली या सब्जी आदि।
सुखा बोरा (सं.) माघ-पूर्णिमा का चंद्रमा।
सुखौना (सं.) 1. सुखा देनेवाली वस्तु 2. अरगनी।
सुगा बेरा (सं.) तोतों के घर लौटने का समय अर्थात् संध्या काल, सूर्यास्त की बेला।
सुग्घर (वि.) सुघड़, सुन्दर।
सुजान (वि.) बालिग।
सुजानिक (वि.) ज्ञानी।
सुटुर-सुटुर (क्रि. वि.) चुपके से।
सुठौरा (सं.) सोंठ और अन्य गरम मेवों के मिश्रण से तैयार लड्डू जो सद्यःप्रसूता को खिलाए जाते हैं।
सुतई (सं.) सीप। दे. 'सुताई'।
सुतना (क्रि.) 1. सोना 2. लेटना।
सुतनिंदहा (वि.) निद्रातुर, अर्धनिद्रित, अर्धसुप्त, उनींदा।
सुताई (सं.) 1. सीप 2. सोने की लत।
सुद्धा (क्रि. वि.) 1. सहित 2. यथाशक्ति।
सुध (सं.) सुधि।
सुनसुनिया (सं.) चार पत्तोंवाली एक भाजी।
सुन्ना (सं.) शून्य। —(वि.) सूना।
सुपेती (सं.) रज़ाई।
सुपेलना (क्रि.) सूप से फटकना।
सुपेली (सं.) छोटे आकार का सूप।
सुभाव (सं.) स्वभाव।
सुभित्ता (सं.) फुरसत, सुभीता।—(क्रि. वि.) फुरसत से।
सुमत (सं.) सम्मति, सलाह।
सुमरना (क्रि.) याद करना।
सुमरनी (सं.) जाप करने के लिए बनाई गई माला।
सुमिरन (सं.) स्मरण।
सुमेर (सं.) गंग-जल रखने का पात्र-विशेष।
सुमेला (सं.) बैलगाड़ी के जुए में लगी लकड़ी या लोहे की लंबी खूँटी।
सुम्मी (सं.) चमड़े, टीन आदि के छेद करने का औज़ार, सुंबी।
सुर (सं.) 1. काँवर के समान बोझ उठाने की लकड़ी 2. धुन।
सुरकना (क्रि.) 1. नाक या मुँह से किसी द्रव को भीतर की ओर खींचना, सुड़कना 2. पटाखे का न फट कर सुर्र से आवाज़ करके रह जाना।

सुरझना (क्रि.) 1. सुलझना 2. सुलझाना।

सुरता (सं.) स्मरण, स्मृति।

सुरताना (क्रि.) काम के दौरान या उसके बाद थकावट दूर करने के लिए आराम करना, सुस्ताना।

सुररना (क्रि.) अँगुलियों की सहायता से वृक्ष या पौधे की डाल से सारे पत्तों को एक साथ खींचकर अलग कर देना 2. खींचना। 3. स्मरण करके तरसना।

सुरही (सं.) 1. सफेद पंखोंवाला कीड़ा जो धान या शकरकंद को खा जाता है 2. कामधेनु।

सुरहुत्ती (सं.) दीवाली, कार्तिक मास की अमावस्या का पर्व।

सुरि (सं.) स्त्रियों के गले का गहना।

सुरु (सं.) शुरू।

सुरुज (सं.) सूरज।

सुर्रा (सं.) दे. 'सुँर्रा'।

सुलसुलहा (वि.) 1. नरम 2. गुदगुदा।

सुल्लुंग (वि.) सीधा।

सुल्लुँग-सुल्लुँग (क्रि. वि.) ढीला-ढाला।

सुल्हरना (क्रि.) दे. 'सुररना'।

सुवासा (सं.) 1. विवाह में नेग आदि लेनेवाला मान का पात्र जो वर अथवा वधू का जीजा या फूफा होता है 2. साँस, श्वास।

सुवासिन (सं.) विवाह में नेग आदि लेनेवाली नारी जो वर अथवा वधू की बहन या बुआ होती है।

सुवासी (सं.) विवाह में नेग लेनेवाला नाई।

सुसकी (सं.) 1. सिसकन, सिसकी 2. भूनी गई मछली।–(वि. स्त्री.) दे 'सुखरी'।

सुहई (सं.) गाय के गले में बाँधी जानेवाली पलाश की जड़ आदि से बनी माला।

सुहाना (क्रि.) 1. शोभित होना 2. अच्छा लगना।

सूँघा (सं.) धान, गेहूँ की बाली में बीजों के साथ लगे लंबे रेशे।

सूँटी (सं.) पतली छड़ी, संटी, सोंटे का लघु रूप।

सूँता (सं.) गले में पहना जानेवाला चाँदी का एक आभूषण।

सूइन (सं.) दे. 'सुइन'।

सूका (सं.) चौथाई भाग।

सून (सं.) शून्य।

सूना (सं. वि.) दे. 'सुन्ना'।

सूपा (सं.) सूप।

सूम (सं.) कंजूस।

सूम्हा (सं.) 1. एक प्रकार की बहुत मज़बूत रस्सी 2. लकड़ी की कील।

सूर (सं.) फ़सल ढोने आदि के लिए प्रयुक्त किया जानेवाला बाँस। दे. 'सुर'।

सूरा (सं.) सुअर।

सूरी (सं.) 1. सुअरी 2. सूली।

सूली (सं.) अंकुर।

सेंटना (क्रि.) लिहाज़ करना, आदर देना।

सेंती-मेंती (वि.) मुफ्त। उदा.–'मोला ए माला सेंती-मेंती में मिल गे' (मुझे यह माला मुफ्त में मिल गई)।

सेंदरी (सं.) छोटी माता का रोग।–(वि.) सिंदूरी।

सेंदुर (सं.) सिंदूर।

सेंध (सं.) 1. दरार 2. चोरी करने के उद्देश्य से दीवार में बनाया गया छेद।

से (सं.) मुर्गियों को भगाने के लिए प्रयुक्त की जानेवाली ध्वनि।

सेइहा (सं.) एक जंगली जानवर जिसके शरीर पर लंबे-लंबे काँटे होते हैं, सेई।

सेज (सं.) बिस्तर।

सेड़मेड़हा (वि.) दुबला-पतला।

सेती (अव्य.) बदले, कारण, लिए।

हमाल (वि.) माल ढोनेवाला।

हमूँला (सर्व.) हमें भी, हमको भी।

हमेल (सं.) गले का एक आभूषण।

हमेलना (क्रि.) सिर से धक्का देना, विशेषतः पशुओं द्वारा।

हर (सं.) हल।–(पर.) दे. 'ह'।–(नि.) भी।

हरइ (सं.) जोतने के लिए सुविधा हेतु बनाया गया भूखंड।

हरक (सं.) दे. 'मुआभर'।

हरकना (क्रि.) 1. मोड़ना 2. सटा कर रखना।

हरदियाही (सं.) 1. विवाह के समय हल्दी लगाने की रस्म 2. तेलियों की एक उपजाति 3. हल्दी के रंग का, पीले रंग का।

हरदी (सं.) हल्दी।

हरदुल गाँठ (सं.) खेल में कच्ची लोई।

हरपना (क्रि.) सटाना, सटाकर रखना। दे. 'डटाना'।

हरपा (सं.) किसान स्त्रियों की जूती।

हरबर (सं.) शीघ्रता, आतुरता, हड़बड़ी।

हरहा (वि.) 1. दे. 'हड़हा' 2. खाने के लालच में खेत की ओर भागने वाला (पशु)।

हरहिंछा (वि.) स्वच्छंद।

हरहिंसा (सं.) 1. फुरसत 2. स्वेच्छाचारिता।

हरही (वि. स्त्री.) दे. 'हरहा'।

हरहुन (सं.) जल्दी पकने वाला अनाज।

हराही (सं.) भुखमरी, बार-बार खाने की आदत।

हरिना (सं.) हिरण।

हरिल (सं.) हरे रंग की चिड़िया।

हरिहर (वि.) हरा।

हरिया (सं.) दे. 'हरई'। –(वि.) दे.'हरियर'।

हरुआ धान (सं.) धान की एक क़िस्म जो जल्दी तैयार हो जाती है।

हरुप (वि.) हल्का।

हरुहन (सं.) दे. 'हरुआ धान'।

हरू (वि.) दे. 'हरुप'।

हरू-गरू (सं.) प्रसव।–(वि.) हल्का-भारी, कम-ज्यादा।

हरेली (सं.) 1. हरियाली 2. हरियाली का उत्सव, सावन-अमावस।

हरोना (क्रि.) हराना।

यसउसउहर्रसले (क्रि. वि.) अपेक्षा और उतावलेपन से।

हलबा (सं.) छत्तीसगढ़ की एक जनजाति, जो प्रमुखतः बस्तर में निवास करती है।

हलबी (सं.) हलबा जाति की बोली।

हलाकान (वि.) परेशान।

हलाना (क्रि.) हिलाना।

हलोरना (क्रि.) हिलाना।

हव (अव्य.) हाँ।

हवौं (क्रि.) हूँ।

हहो (अव्य.) 1. हाँ 2. पत्नी के द्वारा पति के लिए प्रयुक्त संबोधन।

हाँक (सं.) पुकारने के लिए की जानेवाली ऊँची आवाज़।

हाँका (सं.) 1. पुकार। दे. 'हाँक' 2. बुलावा।

हाँत (सं.) 1. हाथ 2. एक हाथ के बराबर नाप।

हाँथ (सं.) दे. 'हथवा'।

हाँथी (सं.) हाथी।

हाट (सं.) बाज़ार।

हाड़ा (सं.) हड्डी।

हाना (सं.) कहावत।

हालर (सं.) धान कूटने की मशीन।

हालडोल (सं.) चहलक़दमी, हिलने-डुलने की स्थिति।

हावे (क्रि.) है।

हाही (सं.) भूख।

हाहो (अव्य.) हाँ।

हिंछा (सं.) इच्छा।

हिंरवा (सं.) सोयाबीन की तरह की एक दाल।

हिजगा (सं.) 1. ईर्ष्यापूर्ण प्रतिस्पर्धा का भाव 2. हिज्जे।

हिरदे (सं.) हृदय।

हुँकारू (सं.) हुँकारी।

हुँड़रा (सं.) 1. लकड़बग्घा 2. भेड़िया।

हुकुम (सं.) 1. हुक्म 2. ताश के चार वर्गों में से एक वर्ग, काला पान।

हुचुर्रा (सं.) ललकार।

हुड़मा (सं.) युवक।

हुड़मी (सं.) युवती।

हुड़ियाना (क्रि.) लड़ने के लिए उकसाना या ताव दिलाना, चुनौती देना।

हुदकना (क्रि.) 1. धक्का देना, (विशेषतः कोहनी से) कोंचना 2. गाल को चुटकी से पकड़कर खींचना।

हुदरना (क्रि.) छड़ी आदि की नोक से कोंचना।

हुदा (सं.) कोहनी।

हुदियाना (क्रि.) दे. 'हुदकना'।

हुदी (सं.) दे. 'हुदा'।

हुदेनना (क्रि.) दे. 'हुरपेटना'।

हुदेना (सं.) दे. 'हुदा'।

हुदेरना (क्रि.) उकसाना।

हुदेलना (क्रि.) दे. 'हुदकना'।

हुमकी (सं.) 1. खुशी 2. उल्टी महसूस होने पर आनेवाली डकार।

हुमेल (सं.) उत्साह के क्षण।

हुमेलना (क्रि.) दे. 'हमेलना'।

हुरपेटना (क्रि.) सींगों से मारना।

हुरमत (सं.) 1. उपद्रव 2. भगदड़।

हुरसना (क्रि.) कोंचना।

हुर्रियाना (क्रि.) 'हुड़ियाना'।

हुलिस (सं.) पुलिस।

हुसियारी (सं.) होशियारी।

हूँ (नि.) भी।

हू (नि.) दे. 'हूँ'।

हूम (सं.) होम, हवन।

हेंजुवार (वि.) उजड्ड।

हेंडुहा (सं.) करील (दे.) का सूखा चूरा।

हेंढ़वा (सं.) दे. 'हेंडुहा'।

हे (क्रि.) है।

हेकरहा (वि.) ढीठ।

हेजना (क्रि.) समझना। दे. 'घेपना'।

हेढुआ (वि.) हठी, धृष्ट।

हेरना (क्रि.) निकालना।

हेराना (क्रि.) 1. खो देना, गुमाना 2. निकलवाना।

हेरोंही (वि.) 1. निंदित 2. आवारा।

हेल्ला (वि.) फैला, खुला।

होड़सा (सं.) रोटी बेलने का चकला।

होब (क्रि.) होगा।

होर-होर (सं.) ढोरों को रोकने या धीमे चलाने के लिए ध्वनि विशेष। —(क्रि. वि.) धीरे-धीरे।

होरा (सं.) फ़सल के ताजे हरे चनों आदि का भुना हुआ रूप।

होरिल (सं.) 1. जच्चा, सद्यःप्रसूता 2. सारस-जैसा एक बड़ा पक्षी।

होरी (सं.) होली।

होलहार (वि.) होली खेलने वाला।

होले (सं.) 1. होलिका-दहन का स्थान 2. होली।

होले-होले (क्रि. वि.) धीरे-धीरे, हौले-हौले।

हौं (क्रि.) हूँ।

(पर.) दे. 'हर'।

हौ (अव्य.) दे. 'हव'।

●●●